国家社会科学基金一般项目"基于家庭消费异质性的我国能源消费结构统计特征研究"（14BJY215）资助

国家社会科学基金项目（14BJY215）研究成果

能源消费结构统计特征研究

宋　辉◇著

中国社会科学出版社

图书在版编目（CIP）数据

能源消费结构统计特征研究/宋辉著．—北京：中国社会科学
出版社，2019.6

ISBN 978 – 7 – 5203 – 4910 – 9

Ⅰ.①能⋯　Ⅱ.①宋⋯　Ⅲ.①能源消费—消费结构—研究—
中国　Ⅳ.①F426.2

中国版本图书馆 CIP 数据核字（2019）第 174732 号

出 版 人	赵剑英	
责任编辑	卢小生	
责任校对	周晓东	
责任印制	王　超	

出　　版	中国社会科学出版社	
社　　址	北京鼓楼西大街甲 158 号	
邮　　编	100720	
网　　址	http：//www.csspw.cn	
发 行 部	010 – 84083685	
门 市 部	010 – 84029450	
经　　销	新华书店及其他书店	

印刷装订	北京市十月印刷有限公司	
版　　次	2019 年 6 月第 1 版	
印　　次	2019 年 6 月第 1 次印刷	

开　　本	710×1000　1/16	
印　　张	20.25	
插　　页	2	
字　　数	322 千字	
定　　价	98.00 元	

摘　要

《能源发展战略行动计划（2014—2020 年）》提出了绿色低碳战略，把发展清洁低碳能源作为调整能源结构的主攻方向，并规定，到 2020 年，煤炭消费比重控制在 62% 以内，非化石能源（本书称为清洁能源）比重达到 15%；《"十三五"节能减排综合工作方案》在强调地区能源消费总量控制与能源强度控制（双控）的前提下，进一步强调，到 2020 年，我国煤炭、非化石能源、天然气占能源消费总量比重目标分别调整为 58%、15% 和 10% 左右；优化能源消费结构正逐渐成为我国能源发展领域的重要战略之一。

实践中，往往强调产业结构优化对能源消费结构优化的重要性；从理论上说，更多的研究则强调能源消费结构优化对经济、社会发展及环境变化的重要性。显然，两者对能源消费结构成因认知不同。本书从居民消费异质性（终端需求）视角对我国能源消费结构统计特征进行研究，对我国"节能减排综合工作方案"的制定提供对策建议。

本书构建了我国能源消费系统，探讨了我国四类初级能源之间的替代关系，验证了研究的必要性。借助 VAR 模型，对我国 1996—2015 年由能源强度、煤炭、石油、天然气、清洁能源消费量等因素构成的能源消费系统进行分析，分析表明，这个时期我国的清洁能源、天然气消费对煤炭消费的替代机制初步显现，但没有形成天然气替代石油、清洁能源替代石油，以及石油替代煤炭的机制。为此，以 2020 年我国的能源消费结构目标为导向，构建了能源消费结构的综合衡量指标——能耗（能源消费）结构目标导向系数。

本书借助系统动力学模型，验证了 2011 年以来我国居民生活消费支出对能源消费结构的影响显著。在对我国 1996—2015 年各行业或部门能源消费结构研究的基础上，验证了我国主要行业能源强度并没有发挥出显著的格兰杰影响目标导向性行业能源消费结构的作用。借助系统动力学模型，在延续 2011—2015 年居民生活消费支出、能源强度的变化趋势和 2014—2015 年的不同行业初级能源消费弹性条件下，发现家庭居民消费支出、能源强度的变化都显著影响了能源消费结构，并且前者的影响更强。

本书采用结构分解法，对居民生活消费支出的间接能源消费增量进行分解，从一个侧面验证了居民生活消费支出的能源消费结构效应。借助 1996—2015 年，1997 年、2002 年、2007 年和 2012 年的不变价投入产出平衡表，对我国农村与城镇居民直接、间接能源消费状况进行了分析，城乡居民直接与间接能源消费的总能耗占比从 1997 年的 47.92% 逐渐降低到 2002 年的 36.31%，意味着居民生活消费支出对能源消费影响的杠杆作用在增强；结构分解验证了居民生活消费支出的能源消费结构效应是居民生活消费支出规模与结构、产业结构、行业直接能源强度、行业能源消费结构等各因素对能源消费结构影响的综合体现。

基于主成分分析法，在分析了我国城乡一体化阶段性特征基础上，发现城乡一体化各指标协调发展有助于我国目标导向性能源消费结构的实现。基于主成分分析法，将我国城乡一体化进程界定为社会进步进程、经济条件改善进程、基础保障完善进程，2003 年是我国城乡一体化进程的"分水岭"；主成分回归分析表明，城乡居民食品消费一体化、城乡居民收入一体化、城乡居民负担能力一体化、城乡居民教育文化消费一体化、城乡居民支出一体化等指标的改善有利于我国能源消费结构优化。

在分析我国主要地区能源消费与生产统计指标特征的基础上，本书采用家庭人口统计指标对地区进行划分，基于面板数据分析法，提出了实施能源消费结构目标控制的地区性重要关注点。地区能源资源禀赋或经济发展状况的差异，使我国省、自治区、直辖市的能源消费与生产统计时间、口径、格式、内容等都存在不一致性；在此基础上，将我国 30 个地区按家庭人口教育程度、老龄化程度和家庭规模三个标准，并分别界定为低、中、高三类地区；面板数据模型分析表明，高等教育水平中等程度地区、老龄化程度较低地区、家庭规模较高地区居民人均可支配收入及支出总体上呈现出对当地能源消费结构优化的抑制作用。为此，如果推行地区能源消费结构目标控制，则需要在强化地区能源生产与消费统计规则和标准的基础上，注重对相关地区（重庆、福建、广东、海南、黑龙江、吉林、宁夏、青海、山东、山西、内蒙古、甘肃、广西、贵州、河南、新疆、云南等）实施紧约束。

今后需要进一步研究领域是：清洁能源替代煤炭、清洁能源替代石油、天然气替代石油、石油替代煤炭等机制的形成及运行机理；城乡一体化过程中，地区能源消费结构约束性目标制定、实施及运行的社会经济效应。

目　录

第一章 绪论

第一节 问题提出

2006 年以来，可再生能源法及一系列可再生能源供给、消费激励措施的实施，一定程度上推动了我国能源消费结构优化的进程，煤炭、石油、天然气和清洁能源（水电、核电、风电等）四类初级能源的消费占比分别由 2006 年的 71.1%、19.3%、2.9% 和 6.7% 变为 2015 年的 64.0%、18.1%、5.9% 和 12.0%；煤炭、石油、天然气三种化石能源的储采比分别由 2006 年的 48 年、12.1 年、41.8 年演变为 2015 年的 30.6 年、18.0 年、27.8 年；也就是说，煤炭消费比例的下降没有带来煤炭储采比的上升，而天然气消费比例的上升却带来天然气储采比的下降；虽然储采比反映的是当年能源资源储量与上一年开采量的对比关系，这种关系会因为勘探技术进步带来能源资源储量的增加而有一定变化，但我国能源资源相对短缺却是不争的事实。能源消费影响因素的研究已经成为一个非常重要的课题（孙浦阳等，2011），能源问题已经不再是一个简单的单一产业发展和产业内供需不平衡的问题，能源问题实际上已经涉及产业间、政治外交、社会可持续发展等一系列重大事项（余翔，2007）。同时，能源消费结构差异对能源效率差异的影响也呈现出区域的特征（李梦蕴等，2014），这种区域性差异既体现在国家层面，也体现在省、自治区、直辖市等地区性层面。能源消费结构的变化通过影响能源效率（能源强度），进而在经济活动水平既定的条件下决定能源消费总量（牛晓耕、王海兰，2011）。因此，优化能源消费结构、提高我国清洁能源的利用比重不仅是克服我国能源短缺导致的能源安全问题，同时也是克服化石能源过度消耗所导致环境问题的重要举措。探究能源消费结构统计特征及左右这种特征趋势的能源消费结构演变机理，对于维持我国能源消费的可持续性，缓解环境过度污染等都具有重要现实意义。

能源消费结构是指不同能源消费量占能源消费总量的比例关系，称这种比例关系在连续时间节点的动态演变趋势为能源消费结构统计特征。在能源消费结构研究中，常常涉及宏观、中观和微观三个层面的内容，这三个层面又是彼此相互关联的。宏观层面主要是针对一个地区或国家，研究一定时期内不同具体能源消费量的比例关系演变与当地经济发展、环境保护、能源安全等问题之间的关系，比如可以从全球角度、国家角度对上述问题进行分析；中观层面将关注点放在地区行业或部门上，研究地区行业或部门的能源消费结构、能源消费效率、能源消费量及其之间的关系等问题；微观层面将关注重点放在企业或家庭的能源消费结构上，在家庭能源消费逐渐成为仅次于工业行业能源消费的第二大领域的情形下，家庭能源消费及能源消费结构正成为研究的重点领域。三个层次的能源消费结构之间存在一定影响和被影响的关系，基于层级还原论，一个地区或国家的能源消费结构是本地区、本国不同行业或部门能源消费结构的集中体现，诸多行业或部门按照其产品或劳务的上下游消费或服务关系，形成了上游行业或部门服务于中游行业或部门或中游行业或部门又服务于下游行业或部门的链条式供求和影响关系；能源是推动这条产业链或供求链正常运行的动力之源，在形成产品或服务链条的同时也形成了彼此之间能源消费及结构的对比关系。在一个固定的时间维度上，地区与地区之间的能源消费及能源消费结构、行业或部门与行业或部门之间的能源消费及能源消费结构、企业（或服务机构）与企业（或服务机构）之间的能源消费及能源消费结构会呈现出一个相对稳定的比例关系，这种比例关系的形成在一定程度上源于终端家庭居民消费的影响。因此，从这个意义上说，能源消费结构演变（优化）问题的研究可以从家庭消费入手，把家庭居民消费异质性指标作为衡量一个地区或国家能源消费结构演变（优化）问题的切入点。

<h1 style="text-align:center">第二节　文献综述</h1>

一　能源消费结构演变及推动力

能源消费系统内部之间的替代是一个自然过程。Marchetti（1977），Marchetti、Nakirenovi（1979）和 Hefner Ⅲ（2002）以社会效率、经济发展阶段和矿产资源等为主要考察变量，从揭示一种新能源替代的历程研究能源结构优化问题；Bodger 等（1986）、蔡福安（1994）等通过动态系统模型，仿真新型一次能源在给定时间进入现有能源市场的过程；张玉卓（2008）认为，能源价格、供应量、能源自身性能都是影响能源消费结构变化的重要因素。这类研究的一个特征是从宏观视角入手，主要着眼于能源消费系统内部能源之间的替代，达成的共识是一次能源之间的转换过程是非常有序的，尝试要改变这一替代过程是毫无意义的。田志勇等（2009）基于煤炭、石油和天然气三种能源探明储量构建信息熵，对我国 2001—2006 年的能源消费结构进行研究，试图揭示能源消费结构演变合理性判断准则，得出的结论认为，我国煤炭消费比例的变化并不是制约能源消费结构优化的因素，煤炭消费量的增加起到了促使能源消费结构向合理方向演进的作用。揣小伟等（2009）采用信息熵手段，分析了中国 1991—2006 年能源消费结构及其合理性，并采用主成分分析法，在假定一系列因素对能源消费结构有影响的条件下，间接地验证了经济发展水平、技术进步、产业结构等是影响中国能源消费结构的主要因素。Giuseppe（2005）、曹玉书和尤卓雅（2010）考察了技术变革对可再生能源的生产成本、经济增长率的影响，研究结果表明，如果可再生能源和不可再生能源在技术上不能实现完全替代，那么经济体不能达到最佳的发展路径。

经济发展会推动能源消费结构的变化。李国璋、霍宗杰（2010）采用 ARDL 模型，对我国经济增长、能源消费结构与能源消费间的关系进行研究，认为经济增长对能源消费、能源结构在长期和短期内有显著影响，并且在能源消费与能源消费结构间也存在相互影响关系；但是，能源消费、能源消费结构对经济增长不具有长期影响的作用。孙浦阳等（2011）对全球 55 个国家 1985—2007 年的面板数据进行研究，认为金融发展会促进传统化石能源（煤、石油和天然气）、替代能源（水电和核能、地热能、太阳能等）的消费，减少可再生能源（固体生物质能、液体生物质能、生物沼气）的消费，从而对能源消费结构的改善有着一定的促进作用。杨大光、刘嘉夫（2012）在构建产业结构变化值和能源消费结构变化值的基础上，采用面板数据模型，对我国 10 个地区单位 GDP 的碳减排量对其产业结构和能源消费结构的影响进行研究，认为发展碳金融有利于促进各省、自治区、直辖市（以下简称省份）产业结构和能源消费结构的优化调整。梁毕明（2015）采用 HP 滤波对中国总产出波动与能源消费结构演变关系进行了分析，认为中国能耗总额在 1970—2002 年呈顺经济周期，在 2003—2010 年表现为逆经济周期：石油、煤炭、天然气、核能以及水能消耗的周期波动与能源消耗总额的波动存在较高的一致性，而可再生能源消耗在 2006 年前呈非周期性。宋辉、魏晓平（2013a）采用移动平均、HP 滤波、VAR 模型等方法对我国能源消费结构的循环及趋势特征进行分析，认为化石能源通过 GDP 波动对新能源消费产生影响。另外，新能源的消费与煤炭（石油）消费之间存在一种制衡机制，即煤炭（石油）消费量的增加会拉动新能源消费量的增加，而新能源消费量的增加会抑制煤炭（石油）消费量的增加。杜杰慧（2008）采用模糊 C 均值聚类方法，根据各省份煤、油、热电、其他能源使用比例将我国各省份的能源消费结构归结为五类，并认为资源禀赋、科技与人力资本素质、产业结构、区位条件等是决定我国地区能源消费结构的主要因素。

政策手段助推能源消费结构优化。在优化我国能源消费结构方面，征收硫税有利于促进含硫量低的能源对含硫量高的能源的替代，从而推动能源消费结构的低碳化，并有利于控制能源消费规模（马士国，2008）。张平淡等（2012）采用对数平均的迪氏分解法，对中国 1998—

2009 年二氧化硫排放强度降低的技术效应考察发现，污染排放处理贡献最大，其次是能源消耗强度，而能源消费结构效应的贡献最小。能源税是节能减排的有效途径，可优化能源消费结构和产业结构，而能源效率的提升尽管可以大幅降低单位 GDP 的能耗和污染物排放量，但不利于能源消耗总量和污染物排放总量的控制，不利于产业结构的优化（郭志等，2014）。发展碳金融有利于促进各省份产业结构和能源消费结构的优化调整（杨大光、刘嘉夫，2012）。师博（2007）采用滚动检验方式对我国 1952—2005 年的能源消费时间序列数据进行结构突变分析，认为"大跃进"终结与大庆油田的量产引发了能源结构的变迁，导致1961 年能源消费出现结构突变；并强调我国煤炭占能源消费比重的下降，大多是由于石油消费水平提高而产生的替代作用，能源消费只有结构变动而缺乏明显的结构优化。王迪等（2011）综合考虑江苏省经济增长、节能、减排的目标，运用改善的遗传算法与直接搜索工具箱（GADS）对多目标优化方案下江苏能源消费结构进行优化模拟。刘明磊等（2011）将煤炭、石油、天然气、劳动、资本作为投入要素，经济产值、二氧化碳排放量作为产出要素，利用非参数距离函数方法研究了能源消费结构约束下的我国省级地区碳排放绩效水平和二氧化碳边际减排成本，强调各地区二氧化碳边际减排成本差异较大，碳强度越低的地区，所要付出的宏观经济成本越高，减排难度也就更大。另外，能源优惠价格和提高能源利用效率存在正向关系（Jaffe et al.，2003；Volle-bergh，2012），分布式能源系统独立运行的可行性会影响政府补贴效应的发挥，政府减少对工业电力的补贴，从而相对地增加了工业用电大户的电价，但带来了其在太阳能、风能技术方面更多的专利创新（Diaz Arias and Van Beers，2013）。

综上所述，宏观角度对能源消费结构的演变或优化的认识可以分为两种情况：其一，强调能源消费结构演变就是能源消费系统内部不同能源之间的替代，这种替代是一个自然过程。当然，部分是从地区或国家经济视角（如金融发展）研究能源消费结构演变的，其潜在的基础也是如此。其二，强调外力推动能源消费结构演变，持这种观点的学者认为，能源消费结构影响了地区或国家能源的安全或环境质量，从而建议应该采用政策措施（如税收、政府补贴等）等手段来推动清洁能源的消费。这类研究的一个鲜明特点是探究社会和经济发展过程中能源消费结构的演变规律，但是，对于影响能源消费结构演变主体的认知却是模糊的或者是指代不清楚的，因此，其对策建议多数局限于方向性的，可操作性不够。

二 能源消费结构的经济与社会效应

（一）能源消费结构的改善有利于我国的能源安全

鞠可一等（2010）构造了能源生产安全性指标（能源生产量、净进口量、能源自给率）和能源使用安全性指标（碳强度、能源强度、能碳强度、碳足迹），采用回归分析法，寻找不同能源（煤炭、石油、天然气、核能、水电、其他新能源）消费比重与各个能源安全指标之间的相关关系，强调单位新能源消费结构的变化对能源安全的贡献能力远大于传统能源，我国能源安全现状不容乐观，在很大程度上是由于不合理的能源消费结构造成的。李爽等（2015）采用系统动力学方法，对我国能源安全和能源消费结构的关联机制进行了模拟，认为能源消费结构的改善对抑制我国能源消费量有着决定性作用。

（二）不同初级能源消费的经济、技术效应不同

Chien 和 Hu（2007）采用 DEA 模型，以 2001—2002 年 45 个经济体为研究对象，劳动力、资本积累和能源消费为投入因素，真实 GDP是单一的产出要素，对可再生能源对技术效率的影响进行研究，认为可再生能源消费的稳定增长推动了经济技术效率的提高；相较于非经合组织（OECD）经济体来说，OECD 经济体经济有着更高的技术效率和可再生能源中较高比率的地热能、太阳能、潮汐能和风能。Sari 等（2008）采用自回归分布滞后模型（ARDL）对美国 2001 年 1 月至 2005年 6 月的分能源消费（煤炭、化石燃料、传统水电、太阳能、风能、天然气、木料及废弃物）与工业产出的关系进行研究，认为实际产出和就业是衡量分类能源消费的长期推动变量（Forcing Variables）。郭菊娥等（2008）利用通径分析法测算了 1980—2004 年我国一次能源消费结构、技术、管理因素与单位 GDP 能耗强度的关系，认为技术水平及管理水平等不可测因素对我国单位 GDP 能耗起决定作用，而石油消耗比例是

单位 GDP 能耗变化的主要限制性因素。曾胜等（2009）以 GDP 与四种初级能源消费量的增长率分别为因变量与自变量，在考虑到一阶自相关条件下，对上述变量进行回归，得出在促进我国经济增长方面，煤炭的贡献最大，其次是电力、石油、天然气。雷明和虞晓雯（2015）将能源消费结构用煤炭消费占比表示，纳入包括外商直接投资、对外贸易、产业结构、地方财政支出的面板 VAR 模型中，分析了其对我国低碳经济增长的动态影响，认为对外贸易、产业结构和能源消费结构是低碳经济增长的原因，并且能源消费结构不合理度的冲击则对我国低碳经济增长率有长期负效应。

（三）产业结构升级与能源消费结构优化

在产业结构升级与能源消费结构优化方面，一种观点认为，产业结构升级推动了能源消费结构优化。范晓（2010）以煤炭消费比重代表能源消费结构、第三产业产出比重表示经济结构，验证了我国台湾地区的能源消费结构和能源强度之间存在长期协整关系，且经济结构与能源强度和能源消费结构之间均存在单向因果关系。周江和李颖嘉（2011）运用面板数据模型，对中国能源消费结构与产业结构的关系进行分析，认为在产业结构中，工业对能源消费结构的影响最大，在能源消费结构中，煤炭对产业结构影响最大，非工业部门则对电力较敏感。张馨（2014）分别用三个产业产值与第二产业产值的比重之和衡量陕西省的产业结构演进系数，用信息熵衡量陕西省的能源消费结构，考察了两者的关系，认为随着工业化水平不断提升，能源消费结构的熵值进入快速上升期；同时，还考察了陕西省产业结构演进对能源消费量在不同时期影响的不同特征。另一种观点则认为，能源消费结构优化助推了产业结构升级。姚景源（2011）采用主成分分析法与回归分析法相结合，在对我国 1980—2008 年三次产业增加值与四种初级能源消费量进行分析后，认为：我国能源消费结构对经济结构存在单向因果关系；第三产业与能源消费关系最紧密，其次是第二产业，最后是第一产业；清洁能源电力对经济发展影响最大，其次是煤炭，最小的是天然气。张峰（2016）选取煤炭、原油和电力消费比重、增加值、工资增长、制造业国际竞争力水平为主要研究指标，构建了 VAR 模型，研究表明，逐步提高以电力能源为代表的清洁能源消费比重，控制煤炭等高污染能源消费有助于提升制造业国际竞争力。张雷和黄园淅（2010）强调，城镇的生存和发展对能源消费的依赖日趋强烈，既体现在总量增长方面，也体现在质量提高方面，中国城镇化发育过程伴随着能源消费总量增速过快、能源消费结构演进缓慢、能源效率提升缓慢等现象。

（四）能源消费结构优化有助于能源效率的提升

增加清洁能源的有效利用不仅能够提高经济的技术效率（Hartwig et al.，2017；Sari，Ewing and Soytas，2008），同时也有助于显著影响能源消费结构的变化（李治国、郭景刚，2012）。刘畅等（2009）将我国一次能源消费中煤炭消费所占比重的对数和电力消费所占比重的对数作为能源消费结构的衡量指标，与第三产业产值占国内生产总值的比重、重工业产值占工业总产值的比重、能源最高历史价格变量、能源价格恢复变量、能源价格下降变量、能源消耗强度等一起构建了结构向量误差修正模型（SVECM），对我国能源强度的变动机制进行研究，认为能源消费结构对我国能源消耗强度的变动有着显著的长期影响。渠慎宁（2012）构建了以 GDP 为因变量、分类能源消费量为自变量的能源消费状态空间模型，分析表明，韩国可再生能源的开发利用对石油资源呈现出一定程度的替代效应，中国清洁能源的开发利用主要对煤炭消费产生替代；姜磊、吴玉鸣（2010）采用广义矩估计方法和岭回归方法，以1996—2007 年中国省际面板数据研究对象，对煤炭、石油、天然气和电力的边际效率及其之间的边际替代率进行了研究，认为能源边际效率由高到低排序为天然气、电力、石油、煤炭，因此，强调能源消费结构不合理是导致我国能源效率较低的原因。曾胜、靳景玉（2013）借助 C—D 生产函数，分析了四种能源消费增量所带来的我国 GDP 增量，运用 DEA 方法对我国 1981—2010 年的能源效率进行测算，认为能源技术效率水平低下导致了我国能源效率较低，降低煤炭的使用量，增加石油、电力、天然气的使用量可以提高能源效率。史丹（2006）将单位 GDP 能源消费量的倒数作为能源经济效率的衡量指标，对中国能源经济效率区域性差异进行了分析，研究发现，能源消费结构、产业结构、能源资源禀赋、对外开放度对能源经济效率均有一定的影响。浦勇超等

（2012）将能源消费结构与技术进步、经济结构、能源价格变化和资本深化等作为影响能耗强度的因素，依据 2001—2009 年各省份统计年鉴数据，采用面板数据分析法，印证了技术进步、结构变化是主导能耗强度变化最关键因素的同时，强调能源消费结构优化也对能源效率的改善发挥着积极作用。但是，刘叶和王磊（2009）采用指数分解方法，对影响工业能源强度变动的因素进行了研究，认为行业能源消费结构调整对行业能源强度变化的影响不明显。

（五）能源消费结构优化有助于我国节能减排的战略实施

柳亚琴和赵国浩（2015）借助路径分析方法，论证了能源消费量约束、经济发展水平、能源价格和能源禀赋对能源消费结构优化起着间接推动作用，并且论证了碳排放量约束会直接导致能源消费结构中煤炭比重下降的同时，还间接地导致能源消费结构中煤炭比重上升。李爽等（2015）运用多目标规划方法，考虑到二氧化碳排放、能源消费总量、各种能源消费比例的约束条件，以能源消费成本最小和二氧化碳排放最小为目标函数，给出了我国不同省份的能源消费结构优化方案。唐建荣和廖祥宾（2014）采用碳夹点图解技术，对江苏省能源消费结构优化路径进行研究，强调能源结构不合理是碳减排目标不能达成的主要原因。牛晓耕和王海兰（2011）采用偏离份额模型（SSM），对黑龙江省能源消费结构与碳排放关系进行了研究，认为黑龙江省相对于全国参照区存在能源消费结构优势弱化和竞争力下降等特征，这就推高了能源消费的碳排放综合系数，增大了碳排放压力。王韶华和于维洋（2013）采用通径分析方法，对我国一次能源消费比例与碳强度的直接、间接关系进行研究，煤炭消费比例是碳强度增长的主要推动因素，强调在管理水平、技术水平等没有达到相应高度时，无限制地降低煤炭消费比例，反而会提高碳强度。陈闻君和佘开勇（2014）利用路径分析法，对新疆 1985—2011 年的一次能源消费结构对碳强度的影响进行了分析，并通过岭回归测度了一次能源消费结构对碳强度及 GDP 贡献，在此基础上形成了保障经济增长不受影响的一次能源消费结构变动对碳强度影响的灵敏度矩阵。范德成等（2012）用煤炭消费比重代表一次能源消费结构，借助路径分析方法，在 Amos Graphics 中建立路径图，在对能耗量约束、碳排放约束、经济增长、人口、产业结构等因素对能源消费结构的影响进行分析后认为：能耗量约束和 GDP 增长对能源消费结构的优化起直接推动作用；在碳强度和能耗强度保持不变的条件下，碳排放约束和能耗量约束对能源消费结构的优化起抑制作用。周五七和聂鸣（2012）运用 ARDL 模型和边界检验方法，研究认为，碳排放强度与煤炭消费比重、工业比重和人口城市化呈显著正相关，与能源效率呈显著负相关，与外贸依存度呈微弱负相关，能源效率和人口城市化对碳排放强度的短期影响最为显著。陈继勇等（2011）借助中国 30 个省份 2001—2008 年的面板数据，考察了经济发展水平、外商直接投资、一次能源消费结构中煤炭占比、产业结构中重工业占比对中国碳强度的影响，认为一次能源消费结构中煤炭占比与产业结构中重工业占比对以碳强度衡量的总体或区域生态环境具有负面影响。孙敬水等（2011）在对浙江省低碳经济发展的驱动因素分析中，将能源消费结构（煤炭消费占能源消费的比重）与人均 GDP、能源强度、人口规模、单位能耗碳排放量、产业结构、城市化水平、国际贸易分工等一起纳入 STIRPAT 模型中，认为能源消费结构对碳排放总量有显著正向影响，但与其他变量相比，其影响程度最小。Wang 和 Li（2016）利用 STIRPAT 模型，分析了 1996—2011 年中国人口、人均 GDP、电力消费比例对二氧化碳排放的影响，认为人口、人均 GDP、电力消耗占比变化 1%，分别会导致碳排放变化率为 1.207%、0.901% 和 -1.188%，因此，提高化石能源利用率和发展可再生能源有利于二氧化碳的减排。李正辉和崔衍安（2011）构建了能源消费结构多元化系数 $\sum$（C/C，O/C，G/C，H/C），认为中国的能源消费结构多元化改变不明显，但是，实证分析表明，能源消费结构多元化系数的改变对碳排放变化的作用显著。同样，牛晓耕和牛建高（2015）在构建能源结构演进的状态值的基础上（能源消费结构多元化系数），用单位 GDP 碳强度与能源消费结构状态值的比值来衡量碳强度与能源消费结构的关联度，认为能源消费结构的优化有助于抑制二氧化碳的排放。王韶华（2016）在 Kaya 恒等式碳强度分解的基础上，用单位能源消费的碳排放作为衡量能源消费结构的指标，构建了包括以经济增长、能源消费量和技术进步为投入要素的超越对数生产函数，对中国工业行业碳强度影响因素进行分析，认为能源消费结构的优化和技术进步抑制了工业行业碳强度的增长。

以上研究从强调能源消费结构对能源消费效率（能源强度）、经济结构、低碳经济、节能减排（碳排放）等众多方面因素的影响来强调能源消费结构的重要性，既然能源消费结构在社会经济发展中如此重要，那么能源消费结构是怎样形成的、受到什么因素影响等问题，上述研究中大多都没有涉及，也就是说，要解决能源消费结构不合理可能导致的诸多负面效应，必须要了解、掌握能源消费结构的影响因素及形成原因。

三　基于主体行为的能源消费结构研究

工业能源消费与生活能源消费是能源消费的两大主体。对于前者，虽然有对工业企业的综合能耗（Tso et al.，2013）、企业能效的驱动因素（Cagno and Trianni，2013）及抑制中小企业提高能效"瓶颈"因素（Kostka et al.，2013）的研究，但是，更多的是侧重于产业层面，比如，鉴于化石能源消费的不可持续性、经济转型（Wu and Xu，2013）、经济增长（武红等，2011）、工业化进程（余翔，2007）、产业结构（汪小英等，2013）、碳排放（叶晓佳等，2011）、能源效率（郭菊娥、柴建、席酉民，2008；廖华、魏一鸣，2010）、能源价格（林伯强、牟敦国，2008）等被论证为影响能源消费结构优化的因素而受到关注，这类研究从产业异质性入手，为政府能源消费结构优化的产业政策制定提供了决策参考，但是，从层级还原论（威尔金森，2012）的能源消费结构统计特征形成逻辑来看，能源消费影响产业发展、产业发展服务于经济需求、经济需求取决于经济系统中最终消费实体（家庭居民）的消费。事实上，80%以上的能源消耗与二氧化碳排放都源于家庭消费需求以及为支撑家庭消费需求的经济活动（Bin and Dowlatabadi，2005），家庭通过直接和间接能耗两种途径对总体能源消费产生影响（赵晓丽、李娜，2011）。

（一）居民直接能源消费

家庭外部环境条件（地理条件、资源状况、人口密度、经济发展水平、能源技术、能源价格、市场条件、环境政策、社会文化规范等）对能源消费的影响。Permana 等（2008）对发展中国家（以万隆为例）受控的居住商业区、未规划的城市边缘区和规划的卫星城镇三种城市拓展形式的能源消费进行研究，认为未规划区域单位收入的能耗超过了规划和受控的区域、低收入群体在能耗上的支出占其收入的百分比超过高收入群体。Yu 等（2013）综合 Logit 模型和资源配置模型，研究了在能耗效率提高条件下家用电器能耗的回弹效应，电冰箱、电风扇、燃气淋浴、电视与电脑的能耗没有明显能耗回弹效应，而空调、洗衣机、微波炉和家用汽车不仅存在直接回弹效应，而且也存在间接回弹效应。影响住户烹饪能源消费的主要因素有燃料（电力、天然气、木料等）生产与传输的效率、燃具的效率、消费者烹饪的习惯等（Hager and Morawicki，2013）。相对于建筑物的使用寿命等技术性影响能源消耗的因素，人们的节能习惯对能源消费的影响更明显（Kim et al.，2013）。通过实施"绿色电价规划"，也就是说，通过消费者支付电价溢价、购买绿色电力以增加需求，从而带动绿色电力供给，这样，不仅可以减少电力的消费总量，还可以减轻过度发电对环境的影响（Anna Javellana and Lising，M. P. P.，2012）。政府的政策、可再生能源电力消费市场及可再生能源发电项目工程效率是影响推动私营部门加入可再生能源资源发电市场的最重要的因素（Aslani et al.，2012）。在英国，商业、交通运输和房地产业几乎导致了80% 的所有终端使用者温室气体（Hamza and Gilroy，2011）。Nässén（2014）采用横截面多元回归与结构分解方法，对瑞典 1993—2006 年的家庭消费总支出与温室气体排放数据的研究，认为家庭总支出是决定家庭能源消费和温室气体排放的重要因素，两者的支出弹性分别为0.77 和 0.85。相对于公寓式住房，居住于独栋房子的家庭需要消耗更多的能源，年龄与总能耗和温室气体排放显示出正相关，而受教育水平在这方面的作用并不明显。在能源使用的影响方面，提高能源消费技术效率比调整消费结构具有双倍功效。家庭能源消费既受到经济因素，也受到非经济因素的影响，Allcott（2009）对美国明尼苏达州消费者的消费行为对电力消费影响进行了考察，强调信息、关注点、社会规范等非经济因素对电力消费影响的重要性。Weber 和 Perrels（2000）

试图将家庭消费方式引入他们的消费者能源消费模型来分析联邦德国、法国、荷兰等国的经济与非经济因素对能源消费的影响。Wiedenhofer等（2013）强调家庭消费引致的能源消费源于经济过程的所有产出环节，家庭消费引致的能源消费水平、结构及决定性因素都成为探究的重要渠道，因此，他们从空间、社会、经济驱动视角对澳大利亚的城市、乡镇、农村家庭能源消费进行了研究。

家庭特征（家庭收入、消费水平、家庭规模、住房面积、家庭人口结构及户主年龄等家庭特征因素也是家庭直接能耗碳排放的影响因素）对能源消费的影响。家庭人口统计特征（年龄结构、家庭规模、城市或农村居住地等）作为对碳排放影响、对气候变化影响的一个主要因素（蒋耒文，2010；彭希哲、朱勤，2010），对能源消费结构影响也逐渐被关注。Fan等（2017）借助澳大利亚智能电网数据对悉尼居民电力巅峰需求的影响因素进行研究，结论认为，居民的空调拥有量、家庭设备数量、游泳池拥有情况及衣服干燥器的使用等是主要影响因素。郑风田和刘杰（2010）对贵州省织金县296个农村家庭妇女的样本分析，认为家庭能源消费结构中用电量的增加会导致家庭妇女家务劳动时间的减少、空闲时间的增多，但对家庭妇女参与市场性工作的时间没有显著影响。赵晓丽和李娜（2011）将居民直接能源消费分为交通、家电、采暖和其他燃料燃气四种方式，采用指数因素分解法（LMDI），对影响居民直接能耗的原因进行分析，认为导致居民能源消费快速增长的最重要原因是居民购买力增强和居民能源消费结构向能源密集型产品的转变，能源消费节约主要源于能源消费产品结构的升级，能源价格变化对居民能源消费具有一定的影响作用。宁亚东等（2013）通过对我国1995—2010年城市住宅能源消费情况的定量研究发现，城市住宅能源结构已经基本完成了从固体能源向电力、热力、液体能源和气体能源等高效清洁能源的转变。Ding等（2014）认为，性别是研究能源问题的一个重要方面，这是因为，在经济落后地区，太阳能炊具、沼气消化器、节能炉具等可再生能源多种方式的利用，改变了农村妇女的日常捡拾生物燃料的劳动强度，改善了其健康状况，提高了其生活水平，甚至会让男性来分担一些家庭烹饪事务，因此，能源与妇女的生活是通过不同方式联系在一起的。Chitnis 和 Hunt（2012）将非经济变量年度平均气温、能源强度和经济变量单一品种能源价格、家庭可支配收入作为解释变量纳入自回归分布滞后模型，对英国家庭的交通与建筑能耗进行研究，认为非经济因素对家庭两类能源消耗的影响处于相对重要的地位。Achão 和 Schaeffer（2009）运用指数因素分解法，分析了巴西的居民电力能源消费，认为在发展中国家，政府计划、居民收入、普遍服务对居民能源消费有影响。Abrahamse 和 Steg（2013）对荷兰 189 个家庭 2002 年 10 月至 2013 年 3 月直接和间接能源消费与节约行为进行跟踪，发现人口社会统计量（家庭月收入和家庭人口数）、心理变量与家庭能源消费和节约关系的重要性进行了验证，结果显示，人口社会统计量决定了能源消费，能源消费的变化（能耗节约）与家庭心理变量相关。实现可持续性的能源系统，重要的是降低或控制能源的社会需求量。控制或减少能源的消费不仅依赖于能源效率的提高，还要依赖于能源消费方式的变革。家庭收入、规模与年龄等家庭社会经济参数之间的差异并不能够解释家庭能源需求的不同。因此，Vringer 等（2007）对家庭能源需求与消费者价值观（消费者通过产品和服务的消费来达到抱负、独立、安慰、自由、快乐等理想目标的实现）的关系进行了研究，考虑到家庭经济状况的差异，不同价值观的家庭在能源需求方面并没有表现出明显的不同，外力强化的节能动机却产生比较好的能源消费节约效果，这意味着个人内在环境责任式的自我规制式能源政策并不能有利于能源节约。这标志着节能难以实现（一种社会困境产生）的原因之一是人们的消费方式与他们的价值观、对问题的认识和节能动机之间并不一致。苏本营等（2011）以北京市门头沟区农民家庭不同类型能源消费量（煤炭、电能、液化气、生物质）及消费量比例为应变量、人均收入为自变量分别考察其线性和非线性关系。发现随着家庭人均收入的增加，家庭传统生物质等可再生能源的消费量降低；煤炭、传统生物质等非清洁型能源的消费在家庭能源消费结构中的比重下降，液化气、电能等清洁型能源的消费比重则上升。

家庭成员个人特征（家庭成员的能源知识、能源消费行为和能源意识等）是对能源消费影响的重要因素（张艳、秦耀辰，2011）。家庭收入、规模与年龄等家庭社会经济参数之间的差异并不能解释家庭能源需求的不同。控制或减少能源消费不仅依赖于能源效率的提高，还要依赖于能源消费模式的变革。因此，De Lauretis 等（2017）强调，家庭生活方式、行为习惯在很大程度上影响家庭能源消费，除收入显著影响家庭能源消费以外，家庭人员构成及家庭住户类型也是影响能源消费方式及强度的潜在因素。有老年人或退休人员的家庭更有可能在家中采用光伏发电装置来供电，这主要是因为老年人有时间办理光伏发电的费用手续问题或者他们计划总待在家中（Schelly，2014）。发展中国家小型（可再生）能源设施发展的可持续性决定于项目技术的可靠性、主人翁意识、顾客满意度、知识技能的有效性、电网连接、组织的承诺，而与社会文化、政治及生态背景关系不大（Terrapon - Pfaff et al.，2014）。人们对能源的消费表现出意图与行为之间的分歧，美国、英国及其他一些欧洲国家的统计数据表明，50%—90%甚至更多的人赞成可再生能源资源的利用，但是，实际上只有不足3%的人支付了可再生能源。在确定的信息、心里账户、框架依赖、诱因、社会规范、潜意识等影响消费者选择可再生能源的因素中，Momsen 和 Stoerk（2014）认为，只有人们的潜意识，才会对可再生能源的消费有着显著的影响。高碳能源消费方式的内在惯性强化了高碳能源消费环境的路径依赖，进而抑制家庭高碳能源消费结构的改变，形成了家庭能源消费的碳锁定（吕涛等，2014）。AIO 调查法是识别家庭生活方式的一种基本方法，虽然学者在目前的研究中对生活方式给予了明确的界定，但是，生活方式对电力消费的影响结论依然很模糊，因此，Hayn 等（2014）聚焦于人口统计学因素［如家庭规模、家庭月纯收入、家庭人口年龄、就业状况、家庭成员受教育水平、家庭居住地（城乡差别）、住房面积与类型、住宅的建筑年限、所有权结构等］、家用电器、家庭电热负载供给技术对欧洲电力耗费总量29%的家庭电力消费需求进行研究。Botetzagias 等（2014）采用层次二元逻辑回归模型，对雅典家庭节电行为进行研究，认为节电行为依赖于年龄、性别、认知行为控制等解释变量的不同组合，对多数节电行为都是统计有效的；由于道德感是心理因素的产物，对节电行为都是统计无效的。

（二）居民间接能源消费

居民间接能源消费的影响因素。李艳梅和张雷（2008）构建结构分解分析模型，对中国居民间接生活能源消费的增长原因进行了实证分析，认为促使间接生活能源消费增加的因素有居民生活消费总量增加、消费结构变化、城乡消费比例变化和中间生产技术变化，而起到抑制能源消费增加的因素唯有以直接能源消耗系数大幅下降为标志的节能技术进步。王妍和石敏俊（2009）利用投入产出分析方法，基于 1995—2004 年的相关数据，分析了我国城镇居民生活消费、不同收入阶层和不同省份的城镇居民支出变量对完全能源消耗诱发效果，认为以交通出行和居住消费为特征的生活方式转变是诱发能耗增加的重要因素。Feng等（2011）运用 CLA 方法，重点研究了我国 2005—2007 年家庭消费的间接能耗效应，认为家庭收入对间接能耗的影响是巨大的，高收入家庭的间接能耗也高，并且能源消费也呈现多样化特征。张馨等（2011）对我国居民家庭的直接能源消费、间接能源消费及碳排放问题进行研究，在处理直接、间接能耗及碳排放的方法上，关注具体能源的消费量和碳排放，而对间接能源相关问题的研究是从整体能源角度进行的，没有对居民家庭间接能源消费涉及的能源类型进行分析。秦翊和侯莉（2013）借助 1997 年、2002 年和 2007 年我国投入产出表，基于食品、衣着、家庭设备用品及服务、教育文化娱乐用品及服务、医疗保健、交通和通信、居住、杂项商品及服务等消费支出数据对城镇居民间接能耗进行研究，提出了城镇居民间接能耗的收入弹性是一般消费收入弹性的三倍的观点，并且得出了 1995—2010 年城镇居民间接能源消费量趋势线。

居民间接能源消费的环境效应。能源消费和相应的二氧化碳排放是与人们的生活方式和生活水平密切相关的，因此，居民间接能源消费的外部效应问题受到了国内外学者的关注。Liu 和 Wu（2013）采用投入—产出分析法认为，2007 年中国的二氧化碳、二氧化硫、化学需氧量、氮氧化物和氨氮化合物大约 42.17%、33.67%、33.11%、28.83% 和 30.38% 的排放来源于家庭消费。李艳梅等（2014）采用投入产出等分析方法，对北京市城乡家庭能源消费与二氧化碳排放差异进行分析，认为城镇的人均消费总量增长太快导致了城镇家庭的人均间接能源消费及二氧化碳排放远远高于农村。Wang 和 Yang（2014）基于我国城乡居民消费支出数据，采用消费者生活方式法（CLA）、净初级产出率、能源生态足迹等方法对城乡居民的间接能源消费进行分析，并且用城镇化水平、经济水平、恩格尔系数、能源强度和产业结构等变量对间接能源消费进行了研究。城镇居民间接能耗生态足迹在上升，城镇化水平、人均收入和第三产业比率对其呈正向影响，而恩格尔系数、能源强度对其呈负向影响；农村居民的生态足迹则相反。20 世纪 80 年代后期，研究人员将人们的生活方式纳入个人能源消费中。Schipper 等（1989）认为，能耗总量的 45%—55% 源自个人交通、服务及家庭等的消耗。为了能清楚家庭能源消费模式，Vringer 和 Blok（1995）对荷兰家庭能源需求进行了预测；Lenzen（1998）对澳大利亚源自家庭活动导致的能源消费与温室气体排放量的关系进行了评估；Pachauri 和 Spreng（2002）对印度家庭能源需求进行了研究；Reinders 等（2003）对欧洲 11 个国家家庭能源直接和间接的能源需求进行了研究；欧洲住宅能源消费占总能耗的 40%，二氧化碳排放量占总排放量的 36%（Zhao and Magoulès，2012）。凤振华等（2010）采用 CLA（Consumer Lifestyle Approach）方法，研究了城镇居民与农村居民消费水平、居民生活方式、地区差异等变量对居民二氧化碳排放量的影响。终端消费上升常常抵消了生态效率和技术创新生产环节带来的能源和环境效益。Cellura 等（2012）研究表明，第三产业、电力、天然气和蒸汽成为意大利最高能源消费部门，因此，它们应关注节能策略。Liu 等（2014）借助 SDA 分析方法，对中国和美国之间的能源强度差异进行研究，结论表明，两国在间接能耗上存在明显差异，技术水平是导致间接能耗差异的主要原因，而技术与产业结构变化是解释两国能源强度不同的关键因素。

在家庭居民直接能源消费及直接能源消费结构的研究中，更多地考虑到了家庭成员人口统计指标相关的因素（如资源状况、人口密度、经济发展水平、家庭收入、消费水平、家庭规模、住房面积、家庭人口结构及户主年龄等）对居民能源消费选择或能源消费结构的影响；而在家庭居民间接能源消费方面，关注的因素主要是家庭居民收入或消费支出等因素，可见，研究的视角不同，关注的影响因素也就有差别。另外，在研究家庭间接能源消费或间接能源消费的碳排放问题时，有些研究并没有注意到分类型能源消费会对研究结论可能产生的影响，这种忽视了能源消费类型的居民间接能源消费研究范式不利于从源头阐述能源消费结构优化的对策。

四　借鉴与拓展

（一）产业视角的能源消费结构研究

产业视角的能源消费结构问题内容涉及很广，比如，能源消费与经济增长的关系（钱晓英、杨娟，2009；武红等，2011），一次能源消费构成比例对单位 GDP 能耗的影响（郭菊娥等，2008；田志勇等，2011），经济转型与能源强度（贺灿飞、王俊松，2009），中国工业化进程与能源消费结构（余翔，2007），能源价格对能源消费结构的影响（杭雷鸣，2007），能源消费、经济增长与生态环境（高晓燕，2017），能源消费结构与碳排放的关系（Kennedy et al.，2010；贾彦鹏、刘仁志，2010；刘竹等，2011；牛晓耕、王海兰，2011），强势国家的能源约束转移（黄莹莹、张明之，2008），等等，这类研究的对策建议主要体现在注重产业结构演进和改善、形成价格倒逼机制（吴江等，2013）、提升低碳或者零碳能源使用率（胡晓岑、黄栋，2012）、注重能耗与经济总量约束（范德成等，2012）、强化技术进步与经济结构调整（刘晓逸，2012；汪克亮等，2012）等措施，实现能源消费结构优化。在产业能源消费方面，不同行业的能源消费结构状况及产业消费结构与能源强度的关系等问题的研究值得进一步拓展。

（二）家庭生活消费视角的能源消费研究

城镇化进程带来能源消费量的增加（张馨等，2011），家庭能源消费呈现升级的态势（李艳梅、杨涛，2013），甚至在一些发达国家居民家庭能源消费已超过了工业部门（陆莹莹、赵旭，2008），因此，家庭部门正在成为能源消费结构优化的关注对象。目前的研究主要聚焦于家庭消费异质性因素，比如收入水平（Permana et al.，2008），生活消费水平（Druckman and Jackson，2008；姚建平，2009），居住地、家庭人员构成（Druckman and Jackson，2008），用能习惯（Yu et al.，2013），直接与间接能源消费方向（寇建平等，2008），消费增速（邓可蕴、贺亮，2000），对温室气体排放量的影响（方齐云等，2013）等，关于居民家庭能源消费的研究多集中在直接用能上，包括用能结构、数量、成本及其环境经济效应，能源利用效率和用能技术的改进，可再生能源和生物质能的开发利用，能源政策管理等方面。这类问题的研究值得借鉴的是，其在研究家庭直接能源消费或能源消费结构时，考虑到了家庭居民的人口统计特征，这一点在本书中将予以借鉴。

（三）城乡居民消费支出视角的能源消费结构问题研究

城乡居民消费支出可以分为能源类消费支出和非能源类消费支出，前者形成城乡居民的直接能源消费，后者则是城乡居民间接能源消费的来源。从城乡居民的直接能源消费支出来看，居民人均收入水平和生活消费水平的升级提高了对能源消费的需求，对高品位商品能源（主要是电力和液化气）的需求迅速增长，并大量替代传统燃料，是小康阶段与温饱阶段家庭能源消费的主要区别（姚建平，2009）；随着经济发展、能源市场开放，中国农民对生活质量的追求使商品能源的消费以较快的速度增长（邓可蕴、贺亮，2000；寇建平等，2008），能源消费结构由生物质秸秆能源主导型向商品能源主导型转变（翟辅东，2003）；同时，实际消费支出因素在影响生活能源需求的因素中处于支配地位，因而中国居民生活能源强度将会持续提高（陈迅、袁海蔚，2008）。城乡居民的间接能源消费主要源于其基本消费支出（食品、衣着、居住、家庭设备及用品、交通和通信、文化娱乐、医疗保健、杂项及服务），居民收入水平和生活水平的升级必然会导致居民间接能源消费规模及消费结构的变化，显然，这种源于城乡居民消费支出而形成的能源消费及结构，其实是对逐项消费支出所对应的产业能源消费及结构的反映，也就是说，城乡居民消费支出带动了相关产业发展，也带来了该产业的能源消费，并形成了产业能源消费结构的演变，因此，居民生活消费支出及支出结构是推动能源消费及能源消费结构变化的原动力。因此，确立了基于家庭消费视角来研究我国能源消费结构统计特征的主题。这个研究视角是立足于家庭消费的微观视角来研究能源消费结构变化的宏观问题；而常规的能源消费结构研究思路是关注地区或产业结构，并且多局限在顶层研究，或者关注家庭的能源消费及消费行为的选择，多是底层研究范式。显然，在家庭居民消费支出如何影响地区或国家能源消费结构方面呈现出一个研究断层，这是本书研究的基点。

（四）有待深入的能源消费结构领域问题

能源消费结构常规意义上说是指初级能源消费结构，严格意义上说，能源消费结构还包括终端能源消费结构，终端能源消费结构是指地区或行业形成产品或劳务所消耗的初级能源、二次能源的构成，一般情况下，终端能源消费结构相对于初级能源消费结构比较繁杂，同时也不利于揭示地区或行业所消费能源来源的高碳属性还是低碳属性，比如，地方或行业所消费的电力，既可能来源于煤炭类的高碳能源，也可能来源于水电或风电等清洁能源，所以，终端能源消费结构相对于初级能源消费结构来说，在分析地区、行业能源消费的安全性、环境效应等方面的价值并不太大。那么在分析行业、地区能源消费结构时，根据地区、行业终端能源消费的统计状况推演出其初级能源消费结构则是对能源消费结构类问题进行研究的基础，但目前这方面的研究还有待规范化。另外，目前关于能源消费结构问题的研究范式值得改进：一是能源消费结构概念的厘清。没有厘清初级能源消费结构与终端能源消费结构的联系和区别，这样就会影响到研究结论合理性。二是能源消费结构研究领域的研究假设。在目前部分关于能源消费结构问题研究中，研究重心大多都是将能源消费结构作为一个既定（影响）变量或因素，去探讨其对能源安全、经济增长、产业结构、能源消费量、温室气体排放等问题的解释程度，忽视了能源消费结构形成机理的探讨。三是能源消费结构问题研究的割裂。能源消费结构问题的研究依然停留在宏观层面的地区、行业能源消费结构问题以及微观层面的家庭能源消费结构问题，两者是被割裂的，很少有从终端居民消费的视角研究地区（国家）能源消费结构问题的。四是能源消费结构内涵的综合性衡量。一般情况下，能源消费结构指代的是初级能源消费结构，即煤炭、石油、天然气、清洁能源（或可再生能源）占同期能源消费总量的比重构成。从某种程度上说，能源消费结构是一个复合概念，目前缺乏采用一个统一的统计指标对其加以量化，这样，就为在一般的研究中，无论是将能源消费结构设定为解释变量还是被解释变量都带来了困难，尤其要揭示能源消费结构演变的机理，更加不方便。

第三节　研究问题界定

一　基本概念界定

（一）家庭居民消费异质性

家庭居民消费异质性主要是指与居民生活消费支出密切相关而又性质、功能不同的指标。本书采用的家庭居民消费异质性指标主要涉及家庭居民人均消费支出（食品、衣着、居住、家庭设备用品及服务、交通和通信、教育文化娱乐服务、医疗保健、杂项商品和服务）、人均收入（工薪收入、经营净收入、财产净收入、转移收入）以及家庭人口统计特征指标（受高等教育水平、老龄化、家庭规模）等。

（二）能源消费结构

能源消费结构与能源生产结构相对，是指不同类型能源一定时期的消费量占总消费量的对比关系。与能源生产结构不同，能源消费结构又包括初级能源消费结构和终端能源消费结构。初级能源消费结构是指地区或行业在特定时间范围内所消耗的不同类型初级能源量占同期初级能源消费总量比重的对比关系。我国初级能源包括煤炭、石油、天然气和其他能源（水电、风电、核电等）四类。随着《中华人民共和国可再生能源法》及一系列法规政策颁布实施，有力地促进了其他能源中太阳能、风能、生物质能、地热、海洋能等可再生能源的消费，也促进了核电消费，提高了这些环境友好型能源对传统化石能源（煤炭、石油、天然气）的替代能力，基于能源消费的趋势及表述简洁、准确（严陆光等，2007；Demirba，2000）的需要，称水电、风电、核电等其他能源为清洁能源（Clean Energy，CE）。这样，我国初级能源消费结构就是指同期煤炭（Coal）、石油（Oil）、天然气（Gas）和清洁能源（CE）的消费量占能源消费总量比重的对比关系。终端能源消费结构反映的是地区、行业生产、消费环节所消耗的不同形式的一次、二次能源占同期总能耗比重的对比关系。相对于初级能源，终端能源的形式复杂多变，并且不方便区分其中二次能源的真正来源，这对于分析能源消费结构的环境效应、能源效率等问题带来不便。鉴于此，在没有特别说明的情况下，本书提到的能源消费结构就是指初级能源消费结构。

（三）能源消费结构优化

能源消费结构优化并没有约定俗成的定义，在这类问题的研究中，更多的是将能源消费结构优化与经济、环境（Nakata，2004）、技术、资源状况（Jebaraj and Iniyan，2006）等约束条件相联系，从某种程度上说，能源消费结构优化一般是作为碳（或二氧化碳）减排的代名词加以使用，如何量化能源消费结构优化没有确定的方式。在我国，初级能源结构的演变（林伯强等，2010）应该考虑节能、碳排放约束以及由此造成的经济成本对宏观经济系统的影响。因此，本书将能源消费结构优化界定为在一定的经济、技术、环境约束条件下，不同类型初级能源占能源消费总量的比重趋于合理的过程，表现为低碳能源替代高碳能源、清洁能源替代化石能源、能源效率不断提升的低碳化过程；能源消费结构优化可以采用能源消费结构综合的评价指标演变趋势加以衡量，当然，也可以通过地区或产业单位产出的碳强度加以衡量。

二　研究问题界定

（一）能源消费结构的衡量

鉴于目前我国的能源消费结构现状，降低煤炭消费比重，提升天然气和清洁能源的消费比重是我国能源消费结构优化的主要方向，因此，目前在相当数量的研究中，通常是采用年度煤炭消费量在总能耗中的占比作为能源消费结构的指标加以衡量（柴建等，2008；范德成等，2012；李国璋、霍宗杰，2010；刘东霖、张俊瑞，2010；刘淑花等，2014；王琴梅等，2012）；也有研究在分析能源消费结构与我国其他经济变量之间关系时，只考虑了三类化石能源（姜磊、季民河，2011），没有将水电、风电、核电等清洁能源考虑到能源消费结构体系内。以上这些做法当然存在其合理性，毕竟这种采用单一能源消费量的总能耗占比衡量能源消费结构或只通过部分能源消费体系替代整体的做法不能全面衡量能源消费结构的整体特征，因此，以上这些设定能源消费结构的做法，同时也有值得商榷之处。在能源消费结构方面，我国《能源发展战略行动计划（2014—2020年)》提出，到2020年，清洁能源占一次能源消费比重达到15%，天然气比重达到10%以上，煤炭消费比重控制在62%以内。衡量能源消费结构的统计指标应该不仅能够反映出能源消费结构的演变趋势，而且还应该具有时代性及区域性，所谓时代性，是指所设计的能源消费结构统计指标能够很好地彰显其目标导向性；所谓区域性，是指所设计的能源消费结构统计指标能够很好地揭示出区域能源消费结构的演变特征。这是本书要展开的一个探索。

（二）行业初级能源消费结构与各省份初级能源消费结构

可查阅的行业、地区能源消费统计数据，主要是以终端能源消费的统计数据体现，统计口径不一致，给研究行业、地区能源消费结构，揭示能源消费结构的低碳化进程带来了不便。为此，需要将既定的行业、地区能源消费数据还原出其初级能源的形式。本书借助《中国能源统计年鉴》中的工业分行业终端能源消费与中国能源平衡表统计数据，构造了中国能源综合平衡表，借助中国能源综合平衡表将中国主要行业终端能源消费还原为初级能源的形式，获得了行业初级能源消费结构；借助分地区能源平衡表还原出我国主要省份的初级能源消费及初级能源消费结构。

（三）能源消费结构统计特征的研究视角

家庭通过直接和间接能耗两种途径对总体能源消费产生影响（赵晓丽、李娜，2011），这两种途径对能源消费或能源消费结构的影响都体现在居民生活消费支出分配上。因此，在经济城镇化及人口城镇化的大背景下，本书在关注居民家庭人口特征的条件下，对居民经济收入、支出等因素对能源消费结构的影响进行考察，试图揭示居民诸多经济、社会性因素对国家层面、地区层面能源消费结构的影响机理，为从消费终端提供优化能源消费结构举措提供对策建议。另外，在本书研究的时间区间选择方面，考虑城镇化进程影响到我国社会、经济的方方面面，并借鉴城镇化阶段划分标准①，以 1996 年为界，1996 之前我国人口城镇化率没有达到 30%，属于城镇化初期阶段；1996 年（我国人口城镇化率为 30.48%）及之后我国进入城镇化快速发展阶段。因此，本书主要研究我国进入城镇化快速发展时期的国家、地区能源消费结构的统计特征；鉴于数据的可获得性及翔实性，在研究我国各省份不同地区能源消费结构的居民生活消费支出效应问题时，研究的时间范围被局限在 2005—2015 年。

三 研究目的

遵循层级还原论（威尔金森，2012）逻辑，能源消费的终极目的是指向居民生活消费的，即能源支撑产业、产业支撑社会（服务）、产业与社会（服务）支撑着家庭居民消费，显然，在家庭居民消费与国家或地区的能源消费及能源消费结构之间存在一种内在需求依赖关系，这种依赖关系并没有被研究人员所重视。也就是说，目前依然存在家庭消费影响能源消费结构机制的研究真空，本书的主要目的就是对这一领域进行适当的探索。由于能源消费结构优化对能源效率的改善具有积极作用（浦勇超、王祥、潘祺志，2012；王韶华、于维洋，2013），所以，厘清能源消费结构优化的机理，并提出相应的对策建议，无论是从优化能源消费结构的理论层面还是从优化政府能源消费结构对策层面来说都具有重要意义。

欧盟家庭居民能源需求在 20 世纪 90 年代已经超过工业能源需求（彭希哲、朱勤，2010）；美国 80% 以上的能源消耗与二氧化碳的排放都源于消费者的需求及支撑需求的经济活动（Bin and Dowlatabadi，

---

① 诺瑟姆认为，城镇化的进程要经历三个阶段。（1）城镇化初期阶段：城镇化水平较低，一般在 30% 以下，农业人口占绝对优势，工业生产力水平较低，工业提供就业机会有限，农村剩余劳动力释放缓慢。（2）城镇化加速阶段：城镇化水平达到 30%—70% 时，城市工业基础雄厚，经济实力明显增强，农业劳动生产率大幅度提高，大批农业人口转为城市人口，城镇化水平可在较短时间内突破 50%，进而上升到 70%。（3）城镇化稳定阶段：城镇化水平超过 70% 后，农业现代化基本完成，农村人口相对稳定，城镇人口的增加渐趋缓慢甚至停滞，最终城镇人口比重稳定在 90% 以上的饱和状态，后期城市化不再表现为农村人口向城市人口的转移，而是第二产业向第三产业转移（资料来源：http://wiki. zhulong. com/sj10/type106/topic657269_ 3. html）。

2005）；麦肯锡咨询公司 Jonathan Woetzel 在 2014 年美国能源信息署能源会议上指出，中国的能源需求增长正在从产业需求驱动向消费需求驱动转变。[1] 在能源消费需求从产业驱动向消费驱动的背景下，《"十三五"节能减排综合工作方案》在节能减排的控制策略上主要涉及各地区能耗总量和强度"双控"目标、行业和部门节能指标、地区化学需氧量（氨氮、二氧化硫、氮氧化物、挥发性有机物）排放总量控制计划等，没有明确的地区能源消费结构控制性目标，只是在总体（国家）能源结构优化策略方面规定："到 2020 年，煤炭占能源消费总量比重下降到 58% 以下，电煤占煤炭消费量比重提高到 55% 以上，非化石能源占能源消费总量比重达到 15%，天然气消费比重提高到10% 左右。"因此，探讨家庭居民消费支出的能源消费结构效应，对于从需求终端探求节能减排的地区能源消费结构约束目标安排意义深远。

第四节 研究内容

一 基本内容

（一）初级能源替代机理与目标导向性能源消费结构的衡量

能源消费结构的演变表现为初级能源煤炭、石油、天然气、清洁能源消费之间的替代关系，厘清我国四类初级能源一段时间以来其内在结构的系统性演变机理，奠定了从家庭居民消费支出异质性视角探讨能源消费结构统计特征的必要性。同时，基于热当量的能源消费结构，提出目标导向性能源消费结构的综合衡量指标。

（二）行业能源消费结构特征比较研究

借助能源消费综合平衡表，实现终端能源向初级能源形式的转化，探讨我国 1996—2015 年不同行业及城乡居民的初级能源消费结构状况；借助能耗结构目标导向系数对不同行业能耗结构的演变特征

---

[1] http：//www.eia.gov/conference/2014/? src = home – f2.

进行分析，并通过构建系统动力学模型，对 2011 年以来我国居民生活消费支出与行业能源强度对能源消费结构影响进行分析。

（三）城乡居民间接能源消费及结构分解

基于 1996—2015 年的 1997 年、2002 年、2007 年和 2012 年的不变价格投入产出表，对城镇、农村居民消费支出（终端需求）的直接能源消费及结构、间接能源消费及结构的效应进行比较性研究；结构分解结果说明，行业能源消费结构、产业直接能源强度、产业结构、居民生活消费支出等因素对能源消费结构的综合影响表现为居民生活消费支出的能源消费结构效应。

（四）城乡一体化进程中的能源消费结构统计特征

城乡一体化过程是城镇与农村居民消费异质性指标不断趋同的过程，设计包括城乡居民消费支出、经济基础与社会基础的城乡一体化指标体系；探索性地分析各类城乡一体化指标对能源消费结构可能存在的影响；在此基础上，采用主成分分析法，重新界定了我国城乡一体化的社会进步进程、经济条件改善进程、基础保障完善进程，考察了我国城乡一体化所呈现出的阶段性特征；基于主成分回归分析法，分析了具体城乡一体化指标对目标导向性能源消费结构的影响。

（五）区域能源消费结构统计特征

在对我国各省份能源生产与消费结构分析的基础上，借助面板数据模型分析了家庭居民人均可支配收入四项指标（工资性收入、经营净收入、财产净收入和转移收入）、消费支出八项指标（食品、衣着、居住、家庭设备及用品、交通通信、文教娱乐、医疗保健和杂项及其他服务）对能源消费结构又会呈现出怎样的影响，并从区域性家庭人口统计指标角度提出了地区能源消费结构目标约束的建议。

二　基本观点

（一）能源消费结构统计特征的形成与演变受家庭消费水平与结构的影响

工业与家庭是直接能源消费的主体，并且家庭还通过工业部门间接消耗能源，所以说，家庭居民生活消费是导致最终能源消费的推动力，其消费水平与结构对能源消费结构的影响会通过家庭居民消费支出、产业结构、行业能源消费强度、行业能源消费结构等环节融合而形成，最终导致能源消费结构统计特征形成及演变，因此，家庭消费异质性指标与我国能源消费结构统计特征之间存在必然的联系。

（二）地区家庭居民能源消费异质性指标对本地区能源消费结构的优化呈现出促进和抑制并存的情形

诸多家庭居民消费衡量指标之间存在相互影响或因果关系，这些指标不仅会因为消费者所处地区不同而有差异，并且也会受居民自身内在因素（比如受高等教育水平、老龄化、家庭规模等）的影响而表现出对能源消费结构不同的影响范式，也就是说，家庭居民消费指标对能源消费结构的影响会呈现出较强的不确定性，尤其在不同地区之间。揭示这种不同地区家庭居民消费指标对地区能源消费结构优化的促进或抑制作用，有利于对地区能源消费结构实施目标约束提供对策建议。

第五节　思路和方法

本书基于层级还原论视角探讨家庭居民消费的异质性对能耗结构统计特征的影响，借助统计手段对我国家庭居民消费异质性指标及我国能源消费结构、行业能源消费结构、地区能源消费结构呈现的特征进行研究，在此基础上，探讨居民生活消费支出的能源消费结构影响机制，从城乡一体化、家庭居民人口统计特征（受教育程度、老龄化、家庭规模）视角探讨了居民生活消费异质性指标对能源消费结构统计特征的影响，并提出对策。

一　广泛阅读能源消费领域的文献资料，为合理甄选与规整数据奠定基础

广泛阅读国内外相关文献，把握能源消费结构优化领域的前沿问题，规范、梳理、界定相关概念体系，为数据甄选提供科学理论基础；考察拟研究的我国能源消费结构问题，分析目前可以直接利用的数据以及有待规整的数据，借鉴"中国能源平衡表""工业分行业能源平衡表"构建中国综合能源平衡表，获取行业的初级能源消费结构数据。

二 构建系统动力学模型，对我国居民生活消费支出与能源强度对能源消费结构的影响进行分析

在 1996—2015 年我国居民生活消费支出与不同产业或部门能源消费总量分布之间存在相对稳定的协同机制、行业能源消费强度对行业能源消费结构格兰杰影响不显著条件下，对 2011 年以来我国行业能源强度的变化趋势及居民生活消费支出的变化趋势对能源消费结构的影响进行系统动力学分析，为探讨居民生活消费支出的能源消费结构影响机制奠定基础。

三 采取适当的统计分析法并构建计量模型，对我国能源消费结构内在的替代规律、地区能源消费结构的演变特征予以分析

借助非参数统计手段对家庭居民消费的经济、社会异质性指标和不同能源消费量（或比例）的相关度进行界定；并通过建立回归分析模型（VAR）对我国能源消费结构内在替代规律进行探讨；在分析城乡一体化过程中居民生活消费支出一体化指标对能源消费结构影响时，鉴于城乡一体化指标之间的相关性较高特点，采用主成分分析法和主成分回归法揭示城乡一体化过程中不同指标对能源消费结构的影响方式；以能源消费结构目标均衡导向系数作为应变量，借助面板数据分析法，剖析地区家庭居民消费的经济、社会异质性指标对地区能源消费结构的影响。

第六节　研究创新

一　提出了国家与地区层面的能源消费结构综合衡量指标

能源消费结构反映一个国家或地区一定时期高碳、低碳、清洁能源的消费构成，能源消费结构的变化与同期经济运行、产业结构、能源强度、环境质量等问题密切相关，研究者从不同角度对能源消费结构予以界定。能源消费结构已经成为我国能源战略规划试图要达成的一个重要目标，基于此，本书在设定我国 2020 年能源消费结构目标的前提下，从信息熵角度提出了国家层面的能耗（能源消费）结构目标导向系数作为衡量我国能源消费结构的指标，比较不同类型初级能源能耗结构目标导向系数的演变趋势量，确定下一个时期该类型初级能源如何演变才有利于能源消费结构合目的性转变；采用国家层面的能耗结构目标导向系数对地区能源消费结构的信息熵均衡度进行调节，形成了地区能源消费结构衡量指标，即能耗结构目标均衡导向系数，该指标值持续上升意味着地区能源消费结构处于不断优化过程中，这为比较地区能源消费结构之间的关系提供了标准。

二　给出了产业、地区初级能源消费结构计算方法

将《中国能源统计年鉴》中的"工业分行业终端能源消费"的数据纳入为"中国能源平衡表"中形成中国能源综合平衡表，将能源加工转化过程中的损失量还原相关能源，将电力、热力等终端能源还原为各初级能源，形成从行业终端能源考察其初级能源消费构成的方法。我国各省份的能源消费统计缺乏统一的统计模式，给地区能源消费结构的研究带来了不便，为此，借助《中国统计年鉴》中的地区能源平衡表设计对地区能源消费结构数据进行推定的方法。在此基础上，初步按地理区划标准对我国各地区能源消费及生产状况进行梳理。鉴于各地区能源消费结构的差异性，构建了与地区能源煤炭消费比重高度负相关的、地区能源消费结构综合衡量指标——能耗（能源消费）结构目标均衡导向系数。基于该指标良好的时间与空间上的属性，对我国各地区能源消费结构进行合理、比较合理、欠合理三个等级的划分，值得注意的是，我国的能源消费大省往往能源消费结构欠合理、中部地区多数省份能源消费结构不合理。

三　基于结构分解法，初步探讨了居民生活消费支出的一种能源消费结构效应影响机制

为揭示我国居民生活消费支出能源消费结构效应，对居民生活消费支出导致间接消费的初级能源消费增量进行结构分解，结论表明，居民生活消费支出能源消费结构影响机制表现为伴随着居民生活消费支出的能源消费结构直接高碳化影响，产业结构、行业直接能源消费强度、行业能源消费结构都表现出一定程度的能源消费结构低碳化（尤其是 2007 年以来）；也就是说，居民生活消费支出能源消费结构效应是居民生活消费支出状况、产业结构、行业直接能源消费强度、行业能源消费结构协同运行效果的体现，从这一点来看，考察居民生活消费的异质性有利于揭示能源消费结构变化。当然，居民生活消费异质性对能源消费结构的影响机制会因为观察或研究视角的不同而变化，也就是说，居民生活消费异质性的能源消费结构影响机制是复杂多样的。

四　揭示了我国城乡一体化进程的特点

基于家庭消费支出一体化，研究我国城乡一体化过程中家庭消费支出能源消费结构效应时，主成分分析表明，自 1996 年我国人口城镇化进入快速发展时期以来，城乡一体化进程以 2003 年前后为转折点：2003 年以前，我国的城乡一体化水平处于下降态势，标志着我国城乡一体化各指标发展协调度不高；2003 年以来，城乡一体化水平是处于不断的上升阶段，意味着我国城乡一体化各指标协调度在提高。这个结论的发现不仅为接下来的研究奠定了基础，也为评价我国城镇化建设的质量提供了参考。

五　基于家庭人口统计特征的区域划分，提出了地区能源消费结构约束性目标制定的依据

基于居民接受高等教育水平、老龄化、家庭规模等指标的低、中、高三个水平，对我国各省份进行划分，分别考察不同区域居民人均收入与支出对地区能源消费结构的影响，结果表明：在我国高等教育水平中等程度地区、老龄化程度较低地区、家庭规模较高地区（重庆、福建、广东、海南、黑龙江、吉林、宁夏、青海、山东、山西、内蒙古、甘肃、广西、贵州、河南、新疆、云南）人均收入与支出都表现出对地区能源消费结构优化（低碳化）抑制的特征，这为推行我国地区能源消费结构目标约束提供了理论指导。

第二章　初级能源替代机理与能源
消费结构的衡量

能源消费结构的演变表现为初级能源煤炭、石油、天然气、清洁能源消费比重之间此消彼长的关系，探讨家庭消费支出异质性条件下能源消费结构统计特征，首要的是要厘清我国四类初级能源一段时间以来其内在结构的系统性演变机理，为接下来的研究奠定基础。基于热当量的能源消费结构是利用各类能源消耗量的占比来表示的，这种做法能够很好地揭示每种能源在既定时间范围内消费量的分布情况，但并不利于从总体上把握能源消费结构特征，也不利于对能源消费结构类问题展开深入研究。为此，本章对目前不同的能源消费结构研究方式予以解析，并提出能源消费结构衡量的综合指标。

第一节　能源消费的替代机理

能源消费结构的低碳化。低碳经济是相对于以高碳化石能源为基础的高碳经济而言的，是以低能耗、低污染、低排放为基础的经济模式，是建立生态文明的保证，同时也是人类社会继农业文明、工业文明之后的又一次重大进步；低碳经济实质上是能源高效利用、清洁能源开发、追求绿色 GDP 的问题；因此，低碳经济实现的重点在于调整能源结构，降低能源消费的碳排放强度（王韶华等，2015），从而实现能源消费的低碳化。可见，能源消费的低碳化追求的是能源消费导致的碳排放减少和单位产出所需能源消耗降低，实现碳生产能力不断提高的要求（鲍健强等，2008；方时姣，2010）。由此可见，能源消费结构演变的合理性可以借助能源消费结构演变过程中地区或行业的能源消费效率即能源强度（Energy Intensive，EI）或单位产出的碳强度来衡量，以鉴定能源消费结构的演变是否实现了能源消费结构优化。为了揭示我国能源消费结构内部四类初级能源的系统性演变规律，宋辉和魏晓平（2013a）把 GDP 作为能源消费结构的一个主要影响因素，采用 VAR 模型，对我国 1981—2010 年的能源消费结构特征进行分析，给出了 GDP 增长在能源消费结构演变过程中的作用。鉴于能源消费结构演变能源消费效率提升、低碳排放的时代性要求，借鉴宋辉和魏晓平的做法，将能源强度纳入我国的四种初级能源消费系统之中，采用 VAR 模型对我国进入城镇化快速发展阶段（1996—2015 年）四类初级能源消费量之间在能源强度作用下内在的演变机理进行分析。

一　初级能源消费量的 VAR 模型

（一）数据获取及调整

能源强度是衡量能源消费效率的一个常用指标标量，一般采用单位 GDP 的能源消费量来表示（吨标准煤/万元），为了实现不同年份能源强度的可比性，在计算能源强度之前，对 1996—2015 年每年 GDP 的值，以 2005 年为基期，进行了折算，在此基础上，获取我国不同时期的能源强度指标值。年度国家 GDP 产出、能源消费总量及煤炭、石油、天然气和清洁能源（CE）消费量等数据来源于《中国统计年鉴》和《中国能源统计年鉴》。为了消除序列异方差性，对我国煤炭（LCL）、石油（LOL）、天然气（LGS）和清洁能源（LCE）四类能源的时间序列数据进行了自然对数处理。

（二）时间序列平稳性检验

分别对 LCL、LOL、LGS、LCE、EI 时间序列进行单位根检验，根据 AIC 最小准则，验证序列的单整阶数。结果表明，LCL 与 LCE 分别在 10% 和 5% 的显著性水平下是平稳的，LOL、LGS 和 EI 时间序列都是不平稳的（见表 2 - 1）；5 个变量相互之间的单整阶数显然不同，但是，由于 3 个以上非平稳变量存在经过线性组合构成低阶单整序列的可能（李子奈，2005），故对 LOL、LGS 和 EI 的一阶差分时间序列

D(LOL)、D(LGS)、D(EI)的平稳性再次进行单位根检验，结果显示，这三个时间序列分别在 1%、5% 和 5% 的显著性水平下是平稳的，这说明 LOL、LGS 和 EI 都是一阶单整时间序列 I（1），意味着三序列存在线性组合构成低阶时间序列的可能。由于 5 个时间序列的单整阶数分为零阶单整和一阶单整，为了验证三个一阶单整时间序列的线性组合可以降低组合时间序列的单整阶数，同时也为了建立 VAR 模型，故对 5 个时间序列之间是否存在协整关系进行验证。

表 2 - 1　　　　　初级类能源消费量时间序列的单整性检验

变量	检验形式 (c, t, k)	临界值			ADF 统计量	P 值	结论
		0.01	0.05	0.10			
LCL	(c, 0, 4)	-3.959	-3.081	-2.681	-3.054	0.053	平稳
LOL	(c, t, 0)	-4.533	-3.674	-3.277	-1.922	0.604	不平稳
LGS	(c, t, 0)	-4.533	-3.674	-3.277	-3.221	0.110	不平稳
LCE	(c, 0, 4)	-3.959	-3.081	-2.681	-3.133	0.046	平稳
EI	(c, t, 4)	-4.728	-3.760	-3.325	-2.079	0.515	不平稳
D (LCL)	(c, t, 2)	-4.668	-3.733	-3.310	-2.240	0.439	不平稳
D (LOL)	(c, 0, 0)	-3.857	-3.040	-2.661	-4.632	0.002	平稳
D (LGS)	(c, 0, 0)	-3.857	-3.040	-2.661	-3.088	0.046	平稳
D (LCE)	(c, t, 2)	-4.668	-3.733	-3.310	-7.888	0.000	平稳
D (EI)	(c, t, 4)	-4.800	-3.791	-3.342	-4.524	0.016	平稳

注：检验形式中的 c 和 t 表示常数项和趋势项，k 表示滞后期数。滞后期 k 的选择标准是以 AIC 和 SIC 值最小为准则；D 是对原数列进行一阶差分，D（·，2）表示对数列进行二阶差分。

（三）时间序列间的协整性检验

由于 LCL、LOL、LGS、LCE、EI 时间序列的单整阶数不一致，故对能耗时间序列的协整性进行检验；在确定滞后期数上，既考虑到即将建立 VAR 模型的动态性，又兼顾模型的自由度，选择原时间序列一阶差分条件下的滞后 1 期（相当于原时间序列 2 期滞后）滞后；同时，结合单整检验的结果，检验假设原序列有确定性线性趋势、协整方程有截距的情形进行检验，结果显示，LCL、LOL、LGS、LCE、EI

时间序列之间在 5% 的显著性水平下至少存在 3 个协整关系（见表 2-2），这表明，四类能源消费量与能源强度之间存在长期均衡关系。

表 2-2　　　　　　　　初级类能源消费量时间序列协整关系

原假设	特征值	迹统计量（Trace）	标准值（0.05）	P 值
没有*	0.994	184.273	79.341	0.000
至少 1 个*	0.907	92.694	55.246	0.000
至少 2 个*	0.828	49.930	35.011	0.001
至少 3 个	0.636	18.229	18.398	0.053
至少 4 个	0.003	0.060	3.841	0.806

（四）初级能源消费量的 VAR 模型

结合单个序列的稳定性检验，并考虑到 VAR 模型的动态性和自由度限制，故建立以 LCL、LOL、LGS、LCE、EI 为内生变量的滞后 2 期的 VAR（2）模型。对 VAR（2）稳定性进行检验，结果显示，所有根模的倒数都小于 1，说明该模型满足稳定性的条件；同时对模型的滞后阶数验证的结果如表 2-3 所示，也说明，建立以 LCL、LOL、LGS、LCE、EI 为内生变量的 VAR（2）模型是合理的，运行结果如式（2-1）所示。

表 2-3　　　　　　　　　　VAR 模型滞后阶数检验

Lag	LogL	LR	FPE	AIC	SC	HQ
0	99.291	NA	0.000	-10.477	-10.229	-10.443
1	207.479	144.251*	0.000	-19.720	-18.236	-19.515
2	249.546	32.718	0.000*	-21.616*	-18.896*	-21.241*

注：*表示 10% 的显著性水平。

$$
\begin{pmatrix} LCL \\ LOL \\ LGS \\ LCE \\ EI \end{pmatrix} = \begin{pmatrix} -0.465 \\ 3.029 \\ -10.862 \\ 4.508 \\ 1.521 \end{pmatrix} +
$$

$$\begin{pmatrix} 1.378 & 0.066 & -0.258 & 0.362 & 0.086 \\ 0.445 & 0.184 & -0.164 & 0.014 & 0.275 \\ 0.810 & 0.990 & -0.018 & -0.056 & -1.238 \\ 1.467 & -0.496 & 0.548 & 0.273 & -0.059 \\ 0.568 & -0.078 & -0.222 & 0.142 & 0.984 \end{pmatrix} \begin{pmatrix} LCL(-1) \\ LOL(-1) \\ LGS(-1) \\ LCE(-1) \\ EI(-1) \end{pmatrix} +$$

$$\begin{pmatrix} -0.080 & -0.367 & -0.177 & 0.090 & -0.464 \\ 0.025 & -0.059 & 0.061 & 0.210 & -0.681 \\ 0.190 & -0.013 & 0.000 & -0.049 & 0.059 \\ -1.068 & 0.226 & 0.199 & -0.531 & -0.417 \\ -0.292 & -0.324 & 0.051 & 0.019 & -0.507 \end{pmatrix} \begin{pmatrix} LCL(-2) \\ LOL(-2) \\ LGS(-2) \\ LCE(-2) \\ EI(-2) \end{pmatrix}$$

$$(2-1)$$

二 初级能源消费量间的格兰杰关系

VAR 模型格兰杰因果关系检验的实质在于检验一个变量是否会受到其他变量的滞后变量影响，以及这个变量是否是内生变量。初级能源消费量的 VAR（2）的格兰杰因果检验结果如表 2-4 所示。

在 LCL 方程中，石油消费量不是煤炭消费量的格兰杰原因，天然气、清洁能源及能源强度（用能技术）分别在 10%、1% 和 10% 的显著性水平下拒绝了原假设，也就是说，我国进入城镇化快速发展阶段，煤炭消费量受到来自天然气、清洁能源消费量以及能源利用效率的影响。我国石油的消费量之所以外生于煤炭消费量，说明这两类能源在我国各地区或行业的消费中很难实现石油对煤炭的消费替代，这也与目前石油与煤炭的消费领域交融性低有关；随着化石能源消费的环境效应逐渐被人们所认识，无论是政府层面的政策导向，还是居民层面的环境保护意识的提升都有力地促进了低碳能源（天然气）、清洁能源对高碳能源（煤炭）的替代，尤其是在目前我国的电力 70% 左右来源于煤炭的条件下，清洁能源（水电、核电、风电等）对煤炭消费量的（替代）影响会更加显著；表现为天然气、清洁能源的消费量显著影响到煤炭的消费；同时，能源消费技术的提升也在促进煤炭消费增速的下降。总之，从石油、天然气、清洁能源消费量、能源强度技术指标与煤炭消费量之间的格兰杰因果影响关系以及这四个解释变量综合起来高显著度（P 值为 0.001）的格兰杰影响着煤炭消费量，这些情况都说明，1996 年以来，甚至今后的一定时期内，实现我国能源消费结构调整和优化的主要手段就是不断提升天然气、清洁能源的消费比重，从而降低煤炭的消费比重。

表 2 - 4　　　　　　　　　　格兰杰因果检验结果

方程	原假设	卡方统计值	自由度	P 值
LCL	LOL 不是引起 LCL 的格兰杰原因	2.793	2	0.247
	LGS 不是引起 LCL 的格兰杰原因	5.075	2	0.079
	LCE 不是引起 LCL 的格兰杰原因	13.563	2	0.001
	EI 不是引起 LCL 的格兰杰原因	4.929	2	0.085
	LOL、LGS、LCE、EI 不是同时引起 LCL 的格兰杰原因	26.414	8	0.001
LOL	LCL 不是引起 LOL 的格兰杰原因	5.479	2	0.065
	LGS 不是引起 LOL 的格兰杰原因	0.569	2	0.752
	LCE 不是引起 LOL 的格兰杰原因	2.241	2	0.326
	EI 不是引起 LOL 的格兰杰原因	6.707	2	0.035
	LCL、LGS、LCE、EI 不是同时引起 LOL 的格兰杰原因	31.925	8	0.000
LGS	LCL 不是引起 LGS 的格兰杰原因	7.663	2	0.022
	LOL 不是引起 LGS 的格兰杰原因	2.217	2	0.330
	LCE 不是引起 LGS 的格兰杰原因	0.154	2	0.926
	EI 不是引起 LGS 的格兰杰原因	10.595	2	0.005
	LCL、LOL、LCE、EI 不是同时引起 LGS 的格兰杰原因	22.136	8	0.005
LCE	LCL 不是引起 LCE 的格兰杰原因	1.368	2	0.505
	LOL 不是引起 LCE 的格兰杰原因	0.307	2	0.858
	LGS 不是引起 LCE 的格兰杰原因	1.695	2	0.428
	EI 不是引起 LCE 的格兰杰原因	0.802	2	0.670
	LCL、LOL、LGS、EI 不是同时引起 LCE 的格兰杰原因	13.681	8	0.091
EI	LCL 不是引起 EI 的格兰杰原因	7.083	2	0.029
	LOL 不是引起 EI 的格兰杰原因	5.511	2	0.064
	LGS 不是引起 EI 的格兰杰原因	2.741	2	0.254
	LCE 不是能引起 EI 的格兰杰原因	4.873	2	0.088
	LCL、LOL、LGS、LCE 不是同时引起 EI 的格兰杰原因	51.129	8	0.000

在 LOL 方程中，煤炭消费量、能源强度分别在 10%、5% 的显著性水平下是石油消费量变化的格兰杰原因，天然气、清洁能源的消费量对石油消费量则不存在格兰杰影响。这意味着，煤炭消费量的变化一定程度上会影响到石油的消费，从 VAR（2）模型的回归结果式（2-1）来看，无论是煤炭滞后 1 期还是滞后 2 期，煤炭消费量变化对石油消费的影响都是正向作用，也就是说，1996—2015 年，在煤炭消费量增加（降低）的条件下，会带动石油消费量的增加（降低），两者之间呈现出互补关系；能源强度对石油消费量的影响表现为滞后 1 期的正向影响和滞后 2 期的反向影响，综合效应要看前后两期的综合效果。天然气、清洁能源的消费量没有表现出对石油消费量的格兰杰效果，这说明天然气、清洁能源的消费量变化不能有效地影响石油消费量的变化，从能源消费替代角度来说，天然气和清洁能源并不能显著发挥替代石油消费的作用。综合来看，煤炭、天然气、清洁能源消费量以及能源强度联合高显著度（P 值为 0.000）地影响着石油的消费量，因此，实现石油消费量的调整，除可以单方面注重调整煤炭消费量、降低能源强度来实现以外，更应该多方面系统考虑石油消费量的影响因素。

在 LGS 方程中，煤炭的消费量、能源强度分别在 5%、1% 的显著性水平下格兰杰影响着天然气的消费量，石油与清洁能源的消费量并没有表现出对天然气消费量的格兰杰影响。1996—2015 年，从煤炭消费变化对天然气的影响方式来看，与煤炭对石油的消费量影响类似，也表现出煤炭消费量滞后 1 期和 2 期都对天然气有正向影响，并且滞后 1 期影响的强度远大于滞后 2 期的影响强度 ［见式（2-1）］，两者之间呈现出互补关系；能源强度对天然气消费量的影响更为显著（P 值为 0.005），其影响方式是，滞后 1 期呈现出较强的反向影响、滞后 2 期呈现出相对较弱的正向影响，也就是说，伴随着能源强度下降，其滞后 1 期显著促进了天然气消费量的上升，但滞后 2 期的能源强度却在一定程度上抑制了天然气的消费增加。石油与清洁能源的消费量不是天然气消费量的格兰杰原因，从能源消费的替代性角度看，1996—2015 年，石油、清洁能源对天然气基本没有发挥替代作用，式（2-1）中 LGS 回归方程中石油、清洁能源的回归系数也说明了这一点。综合来看，煤炭、石油、清洁能源消费量以及能源强度共同对天然气消费量呈现出高显著度（P 值为 0.005）的格兰杰影响，因此，试图提高或增加天然气的消费比重，在注重煤炭的互补作用发挥、能源消费效率提高的前提下，还应注重能源消费系统作用的发挥。

在 LCE 方程中，三类化石能源（煤炭、石油、天然气）的消费量格兰杰都不会影响清洁能源的消费量，这说明从三类化石能源到清洁能源的替代作用不显著，这与能源消费系统的煤炭替代薪柴、低碳能源替代高碳能源、新能源替代传统化石能源的规律相一致；同时还说明，从三类化石能源消费到清洁能源消费之间的互补作用也不显著，这意味着清洁能源消费的相对独立性。另外，能源强度对清洁能源消费量也没有表现出格兰杰的影响，这与加强清洁能源生产与消费的政策促进相一致。虽然煤炭、石油、天然气消费量及能源强度都没有表现出格兰杰影响清洁能源消费的作用，但是，作为一个系统，在10%的显著性水平下影响清洁能源消费，也就是说，增强清洁能源消费结构占比，应该注重优化能源消费系统，而不是推行单打一的对策。

在 EI 方程中，煤炭、石油、清洁能源的消费量分别在5%、10%、10%的显著性水平下格兰杰影响能源强度，表现在 VAR（2）中，煤炭消费量的滞后 1 期、滞后 2 期分别对能源强度呈现出正向影响和反向影响，石油消费量的滞后 1 期、滞后 2 期对能源强度呈现出反向影响，清洁能源消费量的滞后 1 期、滞后 2 期呈现出正向影响；对三类能源实际消费量的变化情况做具体分析，可以发现，1996—2015 年，真正能够推动能源强度下降，即能源消费效率提高的是石油消费量的增加。另外，天然气的消费量没有呈现出格兰杰影响能源强度的特征。综合来看，四类初级能源消费量变化高显著度（P 值为 0.000）的格兰杰影响着能源强度，也就是说，降低能源强度（提升能源消费效率）建立在合理的调整能源强度基础之上。

综合以上分析可以发现：第一，1996—2015 年，我国四类初级能源消费之间呈现出初步的能源替代关系。根据初级能源消费量及能源强度 VAR（2）的格兰杰因果关系分析，综合各个变量之间的关系，形成图 2 - 1（图中：箭头指向的是结果变量，箭线上的数据是 P

值）。能源替代主要是指低碳能源对高碳能源的替代（如石油、天然气对煤炭的替代，表现为能源消费总额中煤炭消费比重的下降，石油、天然气消费比重的上升）以及清洁能源对化石能源消费的替代。在我国的四类初级能源消费中表现出两种影响关系：一是高碳能源消费影响低碳能源消费。这种关系更多地体现为互补关系，伴随着煤炭消费量的上升，石油、天然气的消费量也上升，这是一种高碳能源拉动低碳能源的消费。二是低碳能源消费影响着高碳能源消费。这种关系一般应体现为替代关系，天然气、清洁能源消费量的上升在一定程度上抑制了煤炭消费量的过快上升，这是一种典型的低碳能源替代高碳能源的形式。之所以说我国初级能源消费之间呈现出了初步的能源替代关系，是因为在我国的能源消费系统中没有呈现出石油替代煤炭、天然气替代石油、清洁能源替代石油的特征；同时还体现在我国清洁能源消费刚性，清洁能源消费量不仅不受其他能源消费量的影响，同时也不受能源强度等技术指标的影响。第二，在能源消费系统中，能源强度接受三类初级能源消费量的影响，同时也对三类初级能源消费形成影响。煤炭、石油、清洁能源的消费量格兰杰影响着能源强度，在推动能源强度下降（能源消费效率上升）方面，石油消费量的作用比较明显；能源强度格兰杰影响着煤炭、石油、天然气的消费量，仅从能源强度滞后 1 期作用效果看，能源强度的下降导致了煤炭、石油消费量的下降以及天然气消费量的上升。由此可见，技术进步、能源消费效率上升是有效推动我国能源消费结构低碳化的有效手段。

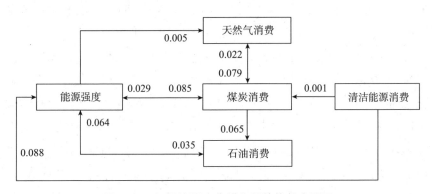

图 2 - 1　初级能源消费量之间的格兰杰原因

三　初级能源消费量间的脉冲效应

在运用 VAR 模型对一个经济系统进行分析时，往往不分析一个变量的变化对另一个变量的影响，而是注重分析模型受到某种冲击（一个误差项的变化）对系统产生的动态影响，即脉冲响应。如果要知道某一种变量（能源消费量）的变化对其自身及其他变量产生的动态影响，比如提高一个单位煤炭的消费会对一年后天然气有多大的影响，需要采用正交化的脉冲响应函数（因为未正交化的脉冲响应函数无法厘清各变量冲击的单独影响，从而分析的意义不大），但是，正交化脉冲响应函数依赖于变量的排序。为此，对变量间格兰杰因果关系进行考察发现，5 个变量之间能够形成前后因果关系的只有两条线路，一是 LCE、LCL、LOL、EI、LGS；二是 LCE、EI、LGS、LCL、LOL；比较 VAR（2）模型变量残差之间的相关性发现，LCE 与 LCL 之间相关系数最大值出现在两者的当期时间序列之间，相关系数是 -0.370；LCE 与 EI 之间的相关性最大值出现在 EI 与滞后 10 期的 LCE，相关性系数是 -0.477，从两者的相关性绝对值来看，确定变量间的排序是 LCE、EI、LGS、LCL、LOL，即清洁能源消费量、能源强度、天然气消费量、煤炭消费量、石油消费量。

（一）煤炭消费量单位标准差信息的冲击效果

1996—2015 年，包含有能源强度的我国能源消费系统接受单位煤炭消费量标准差的冲击产生的效果：正向作用于能源强度、煤炭消费量及清洁能源消费量，反向作用于天然气和石油的消费量（见图 2 - 2）。能源强度的响应在第 5 期达到最大，响应值为 0.059，煤炭消费量自身在第 5 期实现最大响应值 $e^{0.052}$ 万吨标准煤，清洁能源消费量在第 4 期达到最大响应值 $e^{0.039}$ 万吨标准煤，石油消费量在第 4 期达到最低响应值 $e^{-0.024}$ 万吨标准煤，天然气消费量在第 8 期达到最小响应值 $e^{-0.008}$ 万吨标准煤。综上，可见煤炭消费量出现增加性波动的效果，在提升清洁能源消费量的同时，也会从第 3 期开始抑制石油和天然气的消费，更为重要的是，这种煤炭消费量递增波动会拉高年度的能源强度。相反，如果能源消费系统接受的是一个反向煤炭消费量标准差冲击，清洁能源的第 1 期响应则是增长的，自第 2 期始，其响应量转为降低，但是，这种冲击却能够带来显著的能源强度的下降、石油与天然气消费量的上升。比较该能源消费系统接受煤炭消费单位标准差正向冲击所导致的其他四类能源前10期的波动情况，煤炭消费脉冲响应都大于其他三类能源，这意味着，在1996—2015年我国的能源消费系统下，煤炭消费量的正向增加不利于我国能源消费结构的调整与优化。从图2-3可以看出，煤炭单位标准差变动对能源消费系统内不同要素影响的强度从强到弱依次是能源强度、煤炭消费量、清洁能源消费量、石油消费量和天然气消费量。

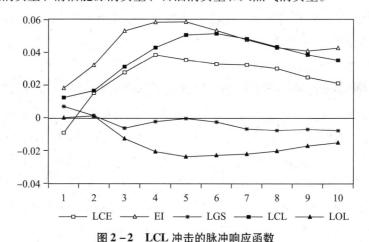

图2-2　LCL冲击的脉冲响应函数

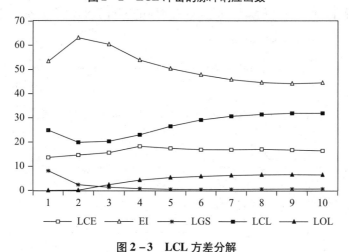

图2-3　LCL方差分解

（二）石油消费量单位标准差信息的冲击效果

1996—2015年，来自石油消费量标准差的冲击见图2-4。在能源消费系统中，石油消费量的第 1 期响应量最大（$e^{0.018}$ 万吨标准煤），到第 3 期，石油消费量响应由正变负，第 4 期响应量达到 $e^{-0.010}$ 万吨标准煤；煤炭消费量第 1 期的响应值为 $e^{-0.006}$ 万吨标准煤，第 2 期开始转为正，第 4 期响应值达到最大值 $e^{0.019}$ 万吨标准煤；天然气消费量第 1 期的响应值为 $e^{0.013}$ 万吨标准煤，而后逐渐下降，到第 5 期响应值达到 $e^{0.008}$ 万吨标准煤；清洁能源消费量经过前两期的波动，第 3 期响应值达到最大（$e^{0.024}$ 万吨标准煤）；能源强度经过第 1 期的反向变动，到第 4 期达到最大值 0.018。也就是说，能源消费系统在接受石油消费量单位标准差的冲击条件下，前两期变量受影响呈现出的规律性较弱，从第 3 期开始，这种冲击的响应规律性逐渐显现出来，如图 2-5 所示，自第 4 期起，石油单位标准差对能源消费系统内不同要素影响的强度从强到弱依次是清洁能源消费量、能源强度、煤炭消费量、石油消费量和天然气消费量。比较该能源消费系统接受石油消费单位标准差正向冲击所导致的其他四类能源前 10 期的波动情况，第 1 期清洁能源、天然气、石油消费量的脉冲响应都强于煤炭，在以后各期中，只有清洁能源分别在第 3 期、第 4 期、第 8 期的脉冲响应强于煤炭，因此，石油消费量的正向波动短期内有利于增强清洁能源、天然气、石油对煤炭消费的替代，并且在提高清洁能源消费方面作用更强；因此，提高我国目前消费系统中的石油消费，一定程度上可以起到优化我国能源消费结构的作用。

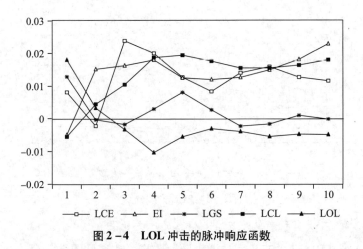

图 2-4 LOL 冲击的脉冲响应函数

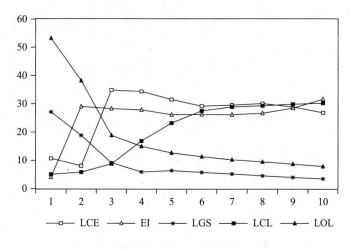

图 2 - 5 LOL 方差分解

（三）天然气消费量单位标准差信息的冲击效果

1996—2015 年，能源消费系统接受天然气消费量单位标准差冲击条件下（见图2 - 6），煤炭、石油消费量的第 1 期没有响应，但随后，煤炭响应越来越强，第 12 期响应值最大（$e^{0.055}$ 万吨标准煤），石油前 4 期有正响应，第 5 期开始转为负响应，第 9 期达到最小值 $e^{-0.021}$ 万吨标准煤；清洁能源消费量在第 9 期达到最大值 $e^{0.044}$ 万吨标准煤；能源强度前两期呈现出反向响应，第 3 期开始，响应转为同向，第 10 期达到最大值 0.057。总之，系统在接受天然气消费量冲击的主体特征是前 3 期各变量响应有收敛的趋势，第 4 期开始，各因素响应在递增或递减中趋于收敛；结合图 2 - 7，可以发现，天然气消费量变化对系统的冲击，清洁能源消费量的响应强度较显著。比较该能源消费系统接受天然气消费单位标准差正向冲击所导致的其他四类能源前十期的波动情况，第 1、第 2 期天然气、石油消费量的脉冲响应都强于煤炭，第 4、第 5 期清洁能源的脉冲响应强于煤炭，因此，给该能源系统天然气消费量的正向冲击，短期内有利于提高清洁能源、天然气、石油消费的相对占有率。

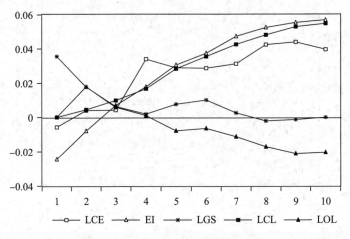

图 2 - 6　LGS 冲击的脉冲响应函数

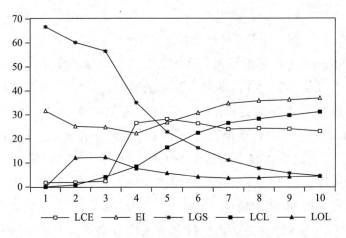

图 2 - 7　LGS 方差分解

（四）清洁能源消费量单位标准差信息的冲击效果

1996—2015 年，受一个单位清洁能源标准差的冲击（见图 2 - 8），在能源消费系统中，清洁能源消费量在第 1 期的响应值最高，是 $e^{0.073}$ 万吨标准煤，滞后连续两个时期的响应值为 $e^{0.000}$ 万吨标准煤，到第 4 期响应值又提升到 $e^{0.040}$ 万吨标准煤，之后响应值处于波动并趋于收敛；煤炭和石油在第 1 期的响应值都为 $e^{0.000}$ 万吨标准煤，之后煤炭消费量响应值在水平轴的上方波动，并趋于收敛，石油消费量的响应值在经过第 2、第 3、第 4 期的下降、上升、再下降的波动后进入下降阶段，波动并收敛；天然气消费量的响应值在第 2 期达到最大值 $e^{0.023}$ 万吨标准煤；能源强度的响应值在前时期震荡上行，第 10 期的响应值为 0.044。结合图 2 - 9，可以发现，清洁能源一个单位标准差对系统的冲击，煤炭消费量的响应强度较为显著。比较该能源消费系统接受清洁能源消费单位标准差正向冲击所导致的其他四类能源前 10 期的波动情况，第 1、第 5、第 9 期清洁能源的脉冲响应超过煤炭，第 1—3 期天然气的脉冲效应超过煤炭，第 1 期石油的脉冲响应与煤炭相同，其他各期都是煤炭脉冲响应较强，因此，给该能源系统清洁能源消费量的正向冲击，同样会产生优化能源消费结构的功效。

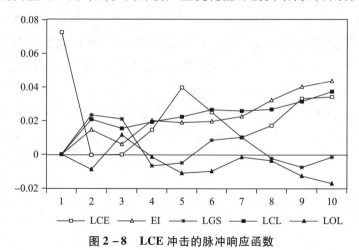

图 2 - 8　LCE 冲击的脉冲响应函数

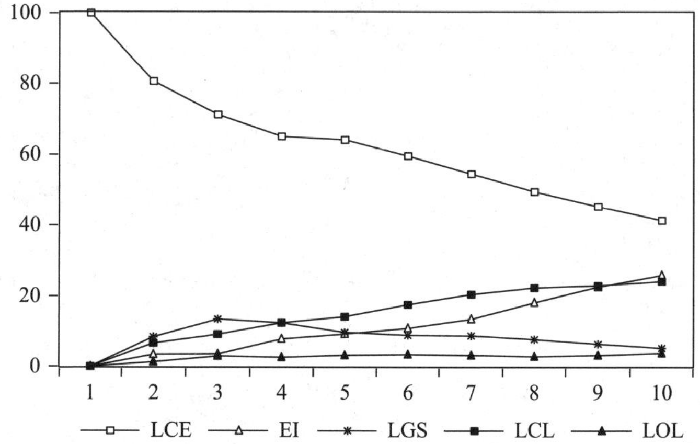

图 2 - 9　LCE 方差分解

（五）能源强度单位标准差信息的冲击效果

1996—2015 年，一个单位能源强度的反向冲击（考虑到能源强度指标的逆向性）（见图 2 – 10）：能源强度、煤炭消费量、清洁能源消费量的响应值呈现先降后升特征，之后在波动中收敛，其中，能源强度在第 4 期达到最小值 – 0.021，煤炭消费量响应值在第 5 期达到最小值 $e^{-0.025}$ 万吨标准煤，清洁能源消费量的响应值在第 4 期达到最小值 $e^{-0.036}$ 万吨标准煤；石油、天然气消费量的响应值相反，在第 4 期和第 3 期分别达到最大值 $e^{0.018}$ 万吨标准煤和 $e^{0.009}$ 万吨标准煤。结合图 2 – 11，可以发现，能源强度一个单位标准差的反向冲击，煤炭、清洁能源的响应轻度较为显著。比较该能源消费系统接受能源强度单位标准差正向冲击所导致的其他四类能源前 10 期的波动情况，清洁能源、天然气、石油的脉冲响应都不强于煤炭（图中清洁能源、天然气、石油每年对应的脉冲响应强度都在煤炭脉冲响应强度的下方），考虑到能源强度的演变趋势，系统实际接受的应该是能源强度单位标准差的反向冲击，由此所产生的将是清洁能源、天然气、石油的脉冲响应主体上都强于煤炭。因此，能源强度在能源消费结构低碳化改变上的作用最为全面。

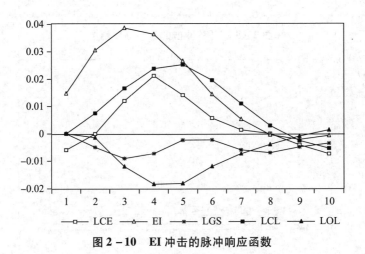

图 2 – 10　EI 冲击的脉冲响应函数

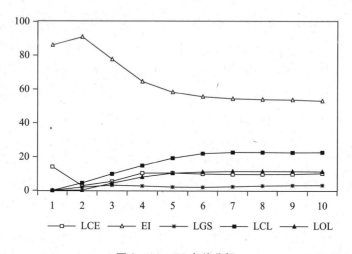

图 2 - 11　EI 方差分解

第二节　能源消费结构衡量的常用方法

反映能源消费结构演进的一个直观的衡量方式就是用同年度内每种能源消费量占该年度能源消费总量的比重来反映地，这种方法能够直观展示各种能源在同年度消费中的权重，由于无法正确地把握其间的能量交换方式和准确地衡量这种方式的变化进程（张雷，2003），也对这类问题的深入研究造成了不便，为此，探究这类经济结构问题研究的综合衡量范式是深入该领域研究的一个基础。

一　能源消费结构多元化系数

能源消费结构可以用能源消费结构变化系数加以衡量。能源消费结构变化系数（张雷，2003）是以国家或地区工业化年度主导能源消费品种为基准，年度每种能源的消耗量与基准能源消费量比值的加总，其基本计算公式为：

$$ESCD = \sum (CL/CL, OL/CL, GS/CL, CE/CL) \qquad (2-2a)$$

其中，ECSD 为能源消费结构变化系数，CL 为煤炭消费量，OL 为石油消费量，GS 为天然气消费量，CE 为清洁能源消费量（水电、风电、核电等）。式（2－2a）的含义是：在我国目前能源消费主体为煤炭的条件下，以当年煤炭消费量为比较基准，四类初级能源相对消费份额的累计，这就是能源消费多元化系数。对式（2－2a）的另外一种表述如式（2－3b）所示，其含义是同一年度不同初级能源消费比重相对于当年主要能源消费比重的重要程度：

$$ESCD = \sum (\frac{CL/ENC}{CL/ENC}, \frac{OL/ENC}{CL/ENC}, \frac{GS/ENC}{CL/ENC}, \frac{CE/ENC}{CL/ENC}) \qquad (2-2b)$$

其中，$ENC = CL + OL + GS + CE$，即年度能源消费总量。

显然，式（2－2b）在计算能源消费结构多样化方面与式（2－2a）是完全等价的。由于能源消费结构变化系数包括同年度四类初级能源消费的信息，这一做法的提出克服了在研究与能源消费结构相关联的经济性问题中仅用煤炭消费的年度比重替代我国能源消费结构的用局部信息替代全局信息的不足。当然，也应该看到，这种能源消费结构的衡量指标还有待于进一步优化和调整：其一，在主要参照物式能源的选择上，能源消费结构变化系数是选择年度消费量或消费比重最大的能源为参照对象，在能源消费结构不断演变的过程中，这种主要能源的地位是在不断发生变化的，这种变化是否会导致能源消费结构变化系数揭示的能源消费结构特征含义发生变化，这一点值得商榷。其二，主要（参照物式）能源年度消费比重相同的年份，能源消费结构变化系数失去了能源消费结构的区分能力。比如，在能源消费总量发生变化时，石油、天然气、清洁能源的消费量相对份额也有明显变化，而煤炭消费比重相同的两个年度，能源消费多元化的系数会呈现出相同的数值。1996—2015 年，我国煤炭消费比重为 72.4% 的就有两个年份（2005 年和 2006 年），消费比重为 70.2% 的有 3 个年份（2003 年、2004 年和 2011 年），消费比重为 68.5% 的有 3 个年份（2000 年、2002 年和 2012 年）；煤炭消费比重相同的年份，能源消费结构多元化系数是相同的。例如，2000年、2002 年和 2012 年的煤炭消费比重都是 68.5%，根据式（2－2a）所计算出的 3 个年度的能源消费结构多元化系数都是 1.460（见图2－12）；比较 3 个年度其他三类能源消费比重，可以发现，是石油消费比重的下降（从 2000 年的 22% 下降到 2012 年的 17%）带来了天然气（从 2000 年的 2.2% 提升到 2012 年的 4.8%）与清洁能源（从 2000 年的 7.3% 提升到 2012 年的 9.7%）消费比重显著提升；可见，能源消费结构多元化系数并不能准确揭示能源消费结构的演变特征。

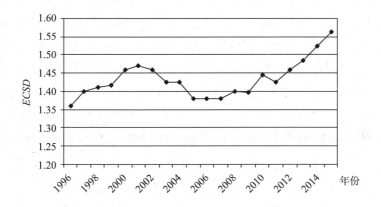

图 2 - 12 能源消费结构多元化系数

二 能源消费结构变化值

产业结构变动值在能源消费结构衡量上的应用。杨大光和刘嘉夫（2012）在构建能源消费结构衡量指标时，首先确定能源消费结构变化值（Energy Consumption Structure Variation，ECSV）的衡量基年，利用式（2-3）计算能源消费结构变化值：

$$ESCV = \sum_{i=1}^{4} |P_{it} - P_{i0}| \qquad (2-3)$$

其中，P_{1t}、P_{2t}、P_{3t}、P_{4t} 分别表示煤炭、石油、天然气、清洁能源消费量占当年能源消费总量的比重，P_{i0} 表示基年的各种能源消费各占当年能源消费总量的比重。能源消费结构变化值指标强调能源消费结构相对于基点的变化态势，包含所有初级能源消费的相对变化，便于衡量不同年份能源消费结构相对变化幅度。当然，由于参照基年的选择不同，根据式（2-3）获得的能源消费结构变化值会有所不同。

能源消费结构变化值的不确定性。能源消费结构变化值是采用不同能源消费比重份额变动的绝对值加总来衡量能源消费结构变化的指标，基年的确立是该指标使用的基础，也是导致 ECSV 不确定的重要因素。《能源发展"十三五"规划》要求："十三五"时期，我国能源消费结构优化的目标是：煤炭消费比重要降低到58%以下，清洁能源与天然气增量合计约为4.8亿吨标准煤，其中，清洁能源消费比重要提高到15%以上，天然气消费比重力争达到10%。因此，取目标年（2020年）的我国煤炭、石油、天然气、清洁能源的消费比重分别为58%、17%、10%和15%，以此为基年，考察我国1996—2015年能源消费结构变化情况；作为对比，以1996年为基年，做相同计算，结果如图2-13和图2-14所示。结果表明：第一，基年指标的确定影响了对能源消费结构变化的认识。分别以2020年（目标年）和1996年的能源消费结构为基准，获得的能源消费结构变化值（ECSV）显然不同，虽然在统一基准下，ECSV 的差异在一定程度上说明了能源消费结构的变化，但这种变化是否与能源消费结构优化（或低碳化）的方向一致，则没有办法确定，因为 ECSV 大小反映的是不同初级能源消费所占比重的变动幅度的加总，这一数值与能源消费结构低碳化或被优化仍然值得深入探究；第二，不同年份相同的ECSV 值对应着不同的能源消费结构。作为能源消费结构变化的衡量指标，当不同年份的 ECSV 不相等时，其对应的能源消费结构应该不同；而当不同年份 ECSV 值相等时，其对应的能源消费结构也不相同。以1996年能源消费结构为基准的 ECSV 的值在2003年和2004年都是0.066（见图2-13），而以2020目标年能源消费结构为基准的ECSV 的值在2003年和2004年分别是0.306和0.302（见图2-14）。可见，采用能源消费结构变化值来衡量能源消费结构，虽然一定程度上该指标包含有四类初级能源消费的全部信息，但是，评价能源消费结构的基年选择不同，会形成对能源消费结构认识的差异，这种差异表现在：一是两个年度相同的能源消费结构变化值并不表示这两个年度的能源消费结构相同；二是基年选择的不同会导致对两个年份的能源消费结构有着不同的认识，比如，分别以1996年和2020年为考察的标准年，得出2003年和2004年的能源消费结构是相同和不同的结论。

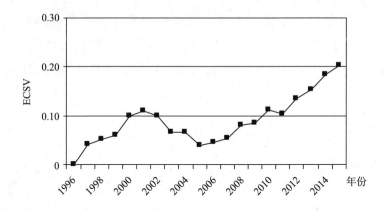

图 2 - 13　能源消费结构变化值（1996 年为基年）

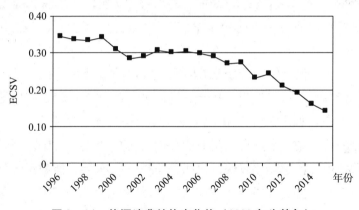

图 2 - 14　能源消费结构变化值（2020 年为基年）

三　能源消费结构转换系数

这种做法主要是将产业结构中的研究方法运用于能源消费结构的研究。能源消费结构转换系数分为能源消费结构转换速度系数和能源消费结构转换方向系数。能源消费结构转换速度系数是用来衡量能源消费结构转换快慢问题的，相对于总能耗变化速度来说，一种能源消费变化的速度越快，这种能源消费结构比例转换的速度也将越快；反之则相反（罗光华等，2010）。一般采用式（2-4）进行计算。由于这种算法在考虑能源消费结构变化的快慢上没有考虑到其变化的方向，因此，为了全面地了解能源消费结构转换问题，还需要对不同能

源对能源消费结构的影响方式（是正向影响还是负向影响），用式
（2-5）进行判断：当 $\beta_{it} > 1$ 时，意味着第 t 年能源 i 在总能耗中的比
重提升；当 $0 < \beta_{it} \leqslant 1$ 时，意味着第 t 年能源 i 在总能耗中的比重
下降。

$$\delta_t = \sqrt{\sum_{i=1}^{n} \frac{(R_{it} - R_{Et})^2 \cdot P_{it}}{R_{Et}}} \tag{2-4}$$

$$\beta_{it} = (1 + R_{it}) / (1 + R_{Et}) \tag{2-5}$$

其中，δ_t 表示第 t 年能源消费结构转换速度系数，β_{it} 表示能源 i
在第 t 年的消费结构转换方向系数；R_{it} 是能源 i 使用在第 t 年的年均变
化速度，即能源 i 前后两年消费量的变化率（E_{it} 表示第 i 种能源 t 年
的消费量）：$E_{it} - E_{i,t-1}$；R_{Et} 是能耗总量在第 t 年的年均变化速度，即
能源消费总量前后两年的变化率：$(E_t - E_{t-1}) / E_{t-1}$；$P_{it}$ 是能源 i 在
第 t 年的使用比重。

基于能源消费结构转换系数的我国能源消费结构特征。以年度为
考察时间单位，可以发现，1996—2015 年，我国能源消费结构处在不
断变化之中（如图 2-15 中的能源消费结构转换速度系数）。一个较
为显著的特征是，当前后两年的能源消费规模变化相对比较小时，能
源消费结构转换速度比较快，比如，1996—1997 年，能源消费总量基
本前后持平，但是，1997 年的能源消费结构在 1996—2015 年的转换
速度是最快的；能源消费结构演变速度较慢的 2002 年、2003 年、
2004 年、2005 年、2006 年、2007 年、2009 年，相对于前一年的能
源消费增长率分别为 9.02%、16.22%、16.84%、13.50%、9.60%、
8.72%、4.84%。随着"十一五"及"十二五"期间我国推出和强
化地区能源消费总量控制及能源消费强度控制的"双控"约束，虽然
2010 年、2011 年的能源消费年度增速分别为 7.30%、7.32%，但是，
我国的能源消费结构伴随着较强的改变。另外，从中可以发现，这些
年份中，煤炭转换方向系数都大于 1，也就是说，煤炭消费在总能耗
中的比重是上升的。其他连续时间区间，比如，1996—2001 年、
2012—2015 年，表现出了相反的情况，煤炭消费方向系数小于 1，带
来了能源消费结构较大的变动，从这一点来看，能源消费结构转换速

度系数在一定程度上揭示了能源消费结构的低碳化态势，也就是说，能源消费结构转换速度系数相对上一个年度较低的煤炭消费比重。虽然如此，如果要真正判断能源消费结构演变方式，还要参照各类初级能源的结构转换方向系数，因此，该指标方法在使用上不甚方便。

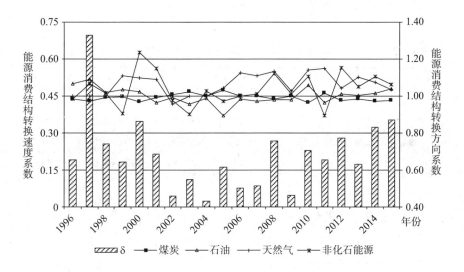

图 2-15 能源消费结构转换速度系数与转换方向系数

我国能源消费结构与城镇化进程。城镇化进程一般包括经济城镇化和人口城镇化，人口城镇化是目前城镇化进程衡量的常用指标，为此，我们将我国人口城镇化进程与我国能源消费结构转换系数之间的关系进行比较，试图从中找出两者之间的一些内在关系。1996年，我国进入城市化进程的快速发展阶段以来，我国城镇化的快速发展经历了初期阶段（1996—2002年，城镇化率从30%上升至40%）、中期阶段（2003—2010年，城镇化率由40%上升至50%）和后期阶段（2011年以来，城镇化率超过50%），相对于城镇化的快速发展中期阶段，初期阶段和后期阶段的能源消费结构转换速度较快，呈现出的主要是煤炭消费比率的下降、天然气和清洁能源消费比率的上升（见表2-5）。也就是说，我国处于城镇化快速发展时期的初期阶段，能源消费规模小幅度上升，伴随着能源消费结构低碳化的进程；城镇化处于快速发展的中期阶段，能源消费规模大幅度提升，伴随着能源消费结构的高碳化；城镇化进入快速发展的后期阶段，能源消费在高规模上小幅度上升，伴随着能源消费结构的低碳化。由此可以发现，我国能源消费结构变化并没有遵循稳定的演变模式，而是在不同城镇化阶段呈低碳化与高碳化的交替过程。

表 2 – 5　　　　　　　　　　城镇化进程与能源消费结构转换系数

年份	城镇化进程	能源消费结构转换速度系数 δ	能源消费结构转换方向系数 β			
			煤炭	石油	天然气	清洁能源
1996—2002	30%—40%	0.1115	0.9881	1.0264	1.0372	1.0485
2003—2010	40%—50%	0.0573	1.0020	0.9770	1.0714	1.0173
2011—2015	50% 以上	0.1440	0.9872	0.9999	1.0938	1.0504

四　穆勒结构变化值

穆勒（Moore）结构变化值运用空间向量测定法，以向量空间中夹角为基础，在将能源消费类型界定为 n 类条件下，构成一组 n 维向量，从而可以计算出两个时期（两组向量）间的夹角，以此作为能源消费结构变化程度的指标。其计算公式为：

$$M_t^+ = \frac{\sum_{i=1}^{n} P_{it} \cdot P_{it+1}}{\sqrt{\sum_{i=1}^{n} P_{it}^2} \cdot \sqrt{\sum_{i=1}^{n} P_{it+1}^2}} \qquad (2-6)$$

其中，P_{it} 表示 t 期第 i 类能源消费占总能耗的比重，P_{it+1} 表示 $t+1$ 期第 i 类能源消费占总能耗的比重；M_t^+ 表示能源消费结构的穆勒结构变化值。

此时，两个时期（两组向量）间的夹角为：

$$\theta = Arccos M_t^+ \qquad (2-7)$$

可见，θ 越大（M_t^+ 越小），表明能源消费结构变化程度越强，意味着前后两期能源消费结构差异性较强；反之，θ 越小（M_t^+ 越大），表明能源消费结构变化程度越弱，意味着前后两期能源消费结构相似度较高。相对于能源消费结构变化值法，穆勒结构变化值能灵敏细致地反映结构变化的动态过程与程度（刘志彪、安同良，2002）。

　　显然，穆勒结构变化值与能源消费多元化系数不同，其实质反映的是当期与基期能源消费结构的相关系数，因此，基期的选择决定了穆勒结构变化值或其对应 θ 值的取值情况。出于考察近年来我国能源消费结构与目标年能源消费结构的相似度，选择 2020 年为目标基年，获得我国 1981—2015 年我国能源消费结构与目标能源消费结构的相关性程度系数，即穆勒结构变化值及其对应的 θ 值（见图 2 - 16 和图 2 - 17）。穆勒结构变化值本质反映的是不同年度能源消费结构与基期能源消费结构的相关程度，从相对于 2020 年目标性能源消费结构来看，1996—2015 年，我国能源消费结构的穆勒结构变化值最小值是 0.977（出现在 1996 年），最大值是 0.995（出现在 2015 年）；从能源消费结构的穆勒结构变化值分布来看，不同时期的能源消费结构与目标能源消费结构的相似度很高。如果选定的基年是 1996—2015 年的某一年，那么计算出的能源消费结构的穆勒值应该更大，并且更接近。这一方面反映了我国能源消费结构的相对稳定性，这种稳定性主要源于产业或部门能源消费选择的相对稳定；另一方面说明我国能源消费结构的演变存在刚性约束，比如，"富煤、缺油、少气"的资源禀赋现状决定了在一个相当长的时期内，能源消费结构的高煤炭消费比重不容易改变，而变化幅度较小的穆勒结构变化值不便于进一步深入刻画能源消费结构的变化。

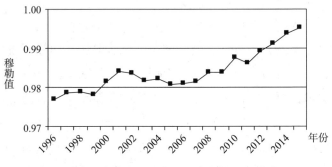

图 2 - 16　穆勒能源消费结构变化值（2020 年）

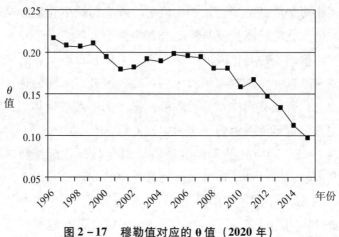

图 2 – 17　穆勒值对应的 θ 值（2020 年）

五　能源消费结构碳系数

能源消费结构不仅仅可以采用物理量（热当量）来测度，还可以采用经济量（成本）来测度（廖华、魏一鸣，2010），当然，也可以采取碳排放加以表示。能源消费结构反映的是四类初级能源消费量的年度总能耗占比，用 P_{it} 表示 t 年第 i 种能源的总能耗占比，同时也表示第 t 年单位总能耗（假定单位是万吨标准煤）中第 i 种能源的消费量为 P_{it} 万吨标准煤，那么，该年度单位能耗（$\sum_{i=1}^{4} P_{it} = 1$）的碳排放量 r_t^c 可以表示为：

$$r_t^c = \sum_{i=1}^{4} r_{it}^c P_{it} \tag{2 – 8}$$

其中，r_{it}^c 是第 i 种能源的碳排放系数，表示吨标准煤的碳排放量，是对 IPCC（2006）碳排放系数的转化，其计算的方式为：IPCC 碳排放系数（吨碳/太焦）×平均低位发热量（太焦/吨）×折标准煤系数（吨标准煤/吨）。虽然我国的终端能源消费涉及众多的二次能源，比如焦炭、汽油、煤油、柴油、燃料油、热电等，考虑到其初级能源形式只有煤炭、石油（原油）和天然气三类，其碳排放系数分别采用原煤、原油、天然气的碳排放系数表示；清洁能源主要包括水电、风电及小部分核电，为此参照文献（能源研究所中国可持续发展能源暨碳排放分析课题组，2003；徐国泉等，2006）的做法，将初级能源清洁能源的碳排放系数设定为 0。为此，我国初级能源消费结构的碳排放系数具体表示为：

$$r_t^c = 0.7552 \times P_{1t} + 0.5854 \times P_{2t} + 0.4449 \times P_{3t} + 0 \times P_{4t} \qquad (2-9)$$

我国各类能源的碳排放系数如表 2-6 所示。

表 2-6　　　　　　　　　　我国各类能源的碳排放系数

能源名称	碳排放系数 （吨碳/太焦）	平均低位发热量 （太焦/吨）	折标准煤系数 （吨标准煤/吨）	吨标准煤碳排放系数 （吨碳/吨标准煤）
原煤	25.8	0.0209	0.7143	0.7552
焦炭	29.2	0.0284	0.9714	0.8547
原油	20.0	0.0418	1.4286	0.5854
燃料油	21.1	0.0418	1.4286	0.6176
汽油	19.1	0.0431	1.4714	0.5591
煤油	19.6	0.0431	1.4714	0.5737
柴油	20.2	0.0427	1.4571	0.5913
液化石油气	17.2	0.0502	1.7143	0.5035
天然气	15.3	0.0389	1.3300	0.4479

注：碳排放系数（吨碳/太焦）数据来源于 IPCC；平均低位发热量（太焦/吨）、折标准煤系数（吨标准煤/吨）。

资料来源：《中国能源统计年鉴》。

　　能源消费结构碳系数与煤炭消费比重的比较。比较能源消费结构碳系数与同期煤炭消费的能耗比重，两者的时间序列图的波动幅度显然存在差异 [见图 2-18（a）]，这意味着用煤炭消费比重与用能源消费结构碳系数考量能源消费结构存在一定的差异；这种差异可以通过两者的年变化率变动趋势加以衡量 [见图 2-18（b）]。显然，能源消费结构碳系数相对稳定，而用煤炭消费比重的相对波动幅度较大，这就夸大了能源消费结构的波动，也就是说，当潜在的能源消费结构特征值较小时，煤炭消费比重衡量会使该值变得更小；当潜在的能源消费结构特征值较大时，煤炭消费比重衡量会使该值变得更大，这一点表现在煤炭消费比重变化（绝对）幅度大于能源消费结构碳系数变化（绝对）幅度。从这一点来看，在分析与能源消费结构相关的问题时，单纯地采用煤炭消费比重表示当年的能源消费结构，存在过分夸大能源消费结构变化特征的可能。

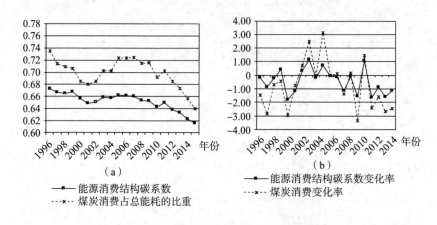

图 2－18　能源消费结构碳系数与煤炭消费比重

　　能源消费结构碳系数与其他能源消费结构衡量方法的比较。能源消费结构多元化系数与单一的使用煤炭的能源消费结构占比衡量能源消费结构的方式没有明显差异，因为当两年的煤炭消费占比一致时，计算得到的能源消费结构指标值相等；能源消费结构变化值考察的主要是能源消费结构的相对变化状况，该指标值会因为选择基年的不同而有明显差异，同时也存在与能源消费结构多元化系数相同的问题，即能源消费结构明显不同的年份，其能源消费结构变化值却相同；用能源消费结构转换系数对能源消费结构变化情况予以说明，要涉及能源消费结构转换系数和反映单一能源消费结构变化的转换方向系数两个变量，这种复合变量的衡量方式，在研究能源消费结构影响或被影响的复杂问题中暴露出不方便使用的不足；穆勒结构变化值的实质是两个时期能源消费结构之间的相关系数，其指标值也会因为所选择的基期能源消费状况而有所变化，这一点与能源消费结构变化值的处理范式类似。综合来看，以上关于能源消费结构的衡量指标在一定程度上存在不足。能源消费结构碳系数是一个复合指标，既融入了年度每种能源的消费结构占比，还融入了年度每种初级能源的碳排放系数，不受参考基期的影响，反映了能源消费结构的演变趋势。综上所述，能源消费结构碳系数是一种比较好的衡量能源消费结构低碳化的一类指标，但是，也应该看到，在能源消费结构碳系数的计算中，清洁能源实质上是被忽略的量，并没有全面反映能源消费结构的全部内涵，因此，在目前全球都在提倡清洁能源替代常规化石能源的背景下，使用能源消费结构碳系数对能源消费结构加以衡量也存在一定的片面性。

　　以上研究表明，在能源消费结构方面，为了能够深入揭示能源消费结构内在演变规律，学界一直在探索如何采用一种综合的、有效的指标对能源消费结构加以衡量，以便能够进一步深入地展开这类问题的研究，上述探索从不同侧面对能源消费结构的衡量都给出了有效的探索，为本书提供了一个很好的研究向导和基础。应该看到，以上研究都是探索性研究过程中的一个个环节，对这些研究进行进一步升华是本书接下来将要展开的工作。

第三节　信息熵与目标信息熵

一　信息熵及应用

　　香农（Shannon）信息熵是揭示经济结构演变特征的一个有效手段。香农（1948）借助热力学和统计力学中熵的概念，提出了由概率定义的信息论和控制论中的信息熵，其计算公式是：$H = -\sum_{i=1}^{n} P_i \ln P_i$，其中，$P_1$，$P_2$，$\cdots$，$P_n$ 是一个不确定性系统 $\{X_1, X_2, \cdots, X_n\}$（$n \geq 2$）中每个变量随机取值的概率，并且 $\sum_{i=1}^{n} P_i = 1$。在香农看来，信息熵是一种采用概率方式定量描述系统不确定性的手段，对于上述不确定性系统，在 P_1，P_2，$\cdots$，P_n 中有且只有唯一 P_i 值为 1、其余系统变量概率是 0 的条件下，信息熵取最小值（H = 0），意味着系统结构是确定性的；在 $P_1 = P_2 = \cdots = P_n = 1/n$ 条件下，信息熵取最大值（H = lnn），意味着系统结构的不确定性最高；在其他条件下，是介于 0 与 lnn 之间的正值。显然，信息熵考虑了系统中逐个结构变量，熵值揭示了系统完整的结构特征，因此，香农信息熵被广泛地用于决策方案优选和系统分析、评估中。国内学者在诸多领域进行了尝试，比如区域生态状况（迟国泰等，2012）、城市建设用地结构（谭永忠、吴次芳，2003；谢汀等，2014）、能源消费结构（揣小伟等，2009；耿海青等，2004）、产业结构（刘春霞、朱青，2005；刘红琴等，2014）、区域经济结构（刘红琴等，2014）等；在这些不同领域问题的研究中，研究者对系统结构变量概率设定方式类似：都是将同一时期系统内各变量在统一单位下占总量的比重设定为该结构变量的概率。这种设定系统变量概率的范式有待改进。

二 潜在假设与目标信息熵

（一）信息熵成立的一个潜在假设

系统变量对系统终极影响程度是一致的。信息熵在信息论中的核心作用体现在对系统内部变量信息不确定性的衡量，伴随着熵值增大，系统的不确定性程度或复杂程度会不断提高，在系统内部所有变量对系统影响程度达到一致（$P_1 = P_2 = \cdots = P_n = 1/n$），也就是达到了系统的终极状态时，系统的复杂程度最高。显然，这是信息熵理论对系统可能存在的一种终极状态假设，也是系统信息熵值现实意义得以成立的基础；并且对于系统来说，这种终极状态具有唯一性。也就是说，衡量系统不确定性程度的信息熵机理建立在系统内部每个变量对系统存在终极影响，并且程度一致的潜在假设基础之上，由此形成信息熵的熵值大小反映系统与其终极状态接近的程度。因此，在使用信息熵对系统结构进行分析时，必须合理确定系统合理的终极状态并基于系统终极状态设定变量的概率分布。

（二）目标信息熵

基于系统结构阶段性目标的信息熵。与一般的信息系统不同，能源消费结构的演变既受能源资源状况、能源供给市场、能源消费效率等不确定性因素的影响，同时也受国家或地区能源消费结构阶段性调整目标的影响，在特定时期内，后者的作用往往处于相对重要的地位。因此，在衡量系统中各要素彼此之间数量对比关系的"涨落"状况时，能源消费结构阶段性目标作为一个重要客观影响因素，应该作为随机变量的重要影响因素纳入随机变量的构造之中，以反映为能源消费结构信息熵的目标导向功能，即当经济结构越接近既定目标结构时，其信息熵的熵值也就越大，直至系统达到目标结构，此时，信息熵的熵值最大。比如，在能源消费结构方面，我国《能源发展战略行动计划（2014—2020 年）》提出：到 2020 年，清洁能源占一次能源消费比重达到 15%，天然气比重达到 10% 以上，煤炭消费比重控制在 62% 以内。对于这类阶段性经济结构问题，其信息熵的确立必须以阶段性经济结构目标为基础，同时兼顾信息熵理论中系统变量对系统终极影响一致的假设，由此影响系统的随机变量。这种建立在系统结构阶段性目标基础之上的信息熵，本章称之为目标信息熵。

三 潜在假设引致的偏误

借助信息熵对实际系统结构进行分析、评估，系统变量概率设定是重要环节。上文列举的相关研究中，将系统内变量占同期总额的百分比设定为该系统变量的概率，这种系统变量的确立方式是基于系统变量对系统终极影响程度是一致的假设，这种做法没有考虑到实际系统结构的阶段性目标，由此形成不同时期系统结构的信息熵，常表现出以下一些不足。

第一，基于系统变量对系统终极影响程度是一致而设定的变量系统常常与事实相背离。以谭永忠和吴次芳（2003）的城市建设用地问题为例，假如城镇建设用地涉及城市建设用地、农村居民点用地、交通运输用地、采矿用地和水利设施用地 5 种结构性用地，如果采用每种用地的占比作为系统的随机变量，按照香农信息熵的潜在假设，那么，该城市建设用地系统的终极状态是 5 种结构性用地各占 20%，显然，这并不是富有成效的城镇建设用地结构要求，也就是说，对于一个实际系统结构问题，没有考虑到系统变量事实终极状态的特征，而将系统变量的概率设定为统一单位下系统变量占总量的比重的做法常常是以违背经济事实为代价的。

第二，基于系统变量对系统终极影响程度是一致而设定的变量系统形成的信息熵不能有效地评价经济结构系统的优劣。以我国能源消费结构的优化问题研究为例，2013 年，我国煤炭、石油、天然气和清洁能源四类初级能源消费分别占 67.40%、17.10%、5.30%、10.2%（发电煤耗计算法），根据香农信息熵公式，高碳能源消费结构的信息熵是 0.9564；假定经过长期努力，未来某年我国煤炭、石油、天然气和清洁能源四类初级能源消费分别占 10.2%、17.10%、5.30% 和 67.40%（煤炭与一次电力等能源的消费占比实现了反转），同样，根据香农信息熵公式，此时，低碳能源消费结构信息熵依旧是 0.9564。因此，将系统变量的概率设定为统一单位下系统变量占总量的比重，这一做法影响了借助信息熵对经济结构演变优劣的评价功效。

第三，基于系统变量对系统终极影响程度是一致而设定的变量系统形成的信息熵不便于解释系统结构演变的目标导向性。以经济系统为例，一个经济结构系统包含诸多结构子系统，各子系统结构的演变或优化各有特点，一定时期内，既有倾向于结构变量分布均衡化的子系统，也有倾向于特定结构变量主导化的子系统，其各有演进的目标。比如，以煤炭、石油、天然气、清洁能源等为主要变量的能源消费结构系统，降低煤炭消费占比，同时提高其他三类能源消费占比是我国近期能源消费结构优化的主导方向；以初级产品、工业制成品为主要变量的出口贸易产品结构系统，不断降低初级产品的比重、提高工业产品出口的比重是我国近期提高产品附加值的贸易出口产品结构优化主导方向。计算两者近年来的信息熵，可以发现，前者呈现逐步上升、后者呈现逐步下降的特征，这只反映了经济结构演变趋势，并不能判断既定时期经济结构演变与既定经济结构目标接近的程度。同时，这种做法和结论也违背了最大信息熵原理（Jaynes，1957）。

四　目标信息熵的实现

系统阶段性结构目标是指在既定时期系统受内外因素作用而导致结构变量相对重要程度演变的趋势值。在经济系统中，结构变量相对重要程度借用其在同期总量中的占比表示。现实的系统结构（尤其是经济结构系统）演进或优化受到一定的外在条件（政府政策、技术水平、市场约束、资源状况等）的影响或制约，呈现出阶段性演进特征，因此，系统阶段性结构目标是系统结构优化的导向性推动手段，比如，我国能源消费结构、产业结构等方面，就明确了一定时期的结构优化方向及目标。

在使用信息熵对经济结构系统演变进行研究时，重点是合理预测系统阶段性结构目标（科学确立经济结构阶段性的终极状态）、基于系统变量阶段性目标确立系统变量合理概率分布，进而形成经济结构的目标信息熵。简单地说，目标信息熵就是用系统结构阶段性目标对系统变量占总量的比重进行调整的信息熵，对于系统结构 $\{\zeta_1, \zeta_2, \cdots, \zeta_n\}$（$n \geq 2$，$\zeta_i$ 为系统变量），其目标信息熵计算过程是：系统变量结构比率→系统变量目标达成度（系统阶段性结构目标）→系统变量目标达成度相对份额→系统结构目标信息熵，具体设计方法如下：

第一步，计算系统变量 ζ_i 实际占有率 P_i，即 $P_i = \dfrac{\xi_i}{\sum\limits_{i=1}^{n} \xi_i}$，且 $\sum\limits_{i=1}^{n} P_i = 1$。

第二步，根据系统结构阶段性特征，预测或确立系统 $\{\zeta_1, \zeta_2, \cdots, \zeta_n\}$ 中变量 ζ_i 的目标占有率 P_i，在这一过程中要满足对不同结构的结构目标预测方式应尽量一致，且满足 $\sum\limits_{i=1}^{n} P_i = 1$；一般地，目标占有率受经济发展形势、政府政策等因素的影响，是经济结构演化或调整的阶段性目标导向。

第三步，计算系统变量 ζ_i 的目标达成度相对份额 ρ_i。首先，计算系统变量 ζ_i 的目标达成度，即 P_i/P_i^T；系统变量目标达成度反映的是不同系统变量在特定时期实现（距离或超越系统变量）目标的程度，当系统中的每个变量都达到目标值时，目标达成，此时每个变量的目标达成度都为 100%，从这个层面来说，系统变量目标达成度存在理想的均衡状态，这一点与信息熵中系统变量的终极影响程度一致性的潜在假设相吻合；在此基础上，形成目标达成度相对份额基数 $\sum\limits_{i=1}^{n} \dfrac{P_i}{P_i^T}$，即每个系统变量的目标达成度的加总。其次，计算出系统变量 ζ_i 的目标达成度相对份额 ρ_i，即：

$$\rho_i = \frac{P_i}{P_i^T} \Big/ \sum_{i=1}^{n} \frac{P_i}{P_i^T} \tag{2-10}$$

第四步，计算系统 $\{\zeta_1,\ \zeta_2,\ \cdots,\ \zeta_n\}$ 目标信息熵 H^T：

$$H^T = -\sum_{i=1}^{n} \rho_i \ln\rho_i \tag{2-11}$$

进而有能源消费结构均衡度（目标信息熵与最大熵的比值）：

$$ENCTH = -\frac{1}{\ln n} \sum_{i=1}^{n} \rho_i \ln\rho_i \tag{2-12}$$

其中，$\ln n$ 是为最大目标信息熵值。显然，$ENCTH \in [0,\ 1]$，其值越大说明各类能源消费结构的目标达成度差别越小，也就是各类能源消费比重越接近于能源消费的目标结构，因此，从这个角度来看，基于目标信息熵的能源消费结构均衡度，反映了系统结构演变接近目标系统结构的程度，是一种综合反映能源消费结构演变趋势和特征的综合指标，故称能源消费结构目标信息熵的均衡度为能源消费结构目标导向系数，简称能耗结构目标导向系数。

五 能耗结构目标导向系数与分能源消费比重的关系

为了揭示能耗结构目标导向系数 ENCTH 与能源 i 消费比重的关系，也就是明确每种能源占总能耗消费比重变化对能耗结构目标导向系数的影响，对式（2-12）求导，得到式（2-13）：

$$\frac{\mathrm{d}ENCTH}{\mathrm{d}\rho_i} = -\frac{1}{\ln n(1 + \ln\rho_i)} \tag{2-13}$$

根据式（2-10）有：

$$\frac{\mathrm{d}\rho_i}{\mathrm{d}P_i^R} = \left(P_i^T \cdot \sum_{i=1}^{n} \frac{P_j}{P_j^T} - P_i \right) \Big/ \left(P_i^T \cdot \sum_{i=1}^{n} \frac{P_j}{P_j^T} \right)^2 \tag{2-14}$$

从而有：

$$\frac{\mathrm{d}ENCTH}{\mathrm{d}P_i} = \frac{1}{\ln n}(1 + \ln\rho_i)\left(P_i^T \cdot \sum_{i=1}^{n} \frac{P_j}{P_j^T} - P_i \right) \Big/ \left(P_i^T \cdot \sum_{i=1}^{n} \frac{P_j}{P_j^T} \right)^2$$

$$\tag{2-15}$$

能源 i 对能耗结构目标导向系数的影响方向容易验证。在能源消费系统中，在实际消费能源种类不低于 2 种的情况下，式（2 – 14）的值一定大于零。所以，式（2 – 15）取值符号函数为：

$$\text{sign}\left(\frac{\mathrm{d}ENCTH}{\mathrm{d}P_i^R}\right) = \text{sign}\left[-\frac{1}{\ln n}(1 + \ln\rho_i)\right] \quad (2-16)$$

显然：

$$\text{sign}\left(\frac{\mathrm{d}ENCTH}{\mathrm{d}P_i^R}\right) = -\text{sign}(1 + \ln\rho_i) \quad (2-17)$$

根据 ρ_i 的定义，容易推导出能源消费结构潜在的演变趋势系数：

$$\text{sign}\left(\frac{\mathrm{d}ENCTH}{\mathrm{d}P_i}\right) < 0 \overset{\Leftrightarrow}{\Leftrightarrow} \text{sign}\left(\frac{\mathrm{d}ENCTH}{\mathrm{d}P_i}\right) = -1，当 \frac{P_i}{P_i^T} > \frac{1}{e}\sum_{j=1}^{n}\frac{P_i}{P_i^T} 时$$

$$(2-18)$$

$$\text{sign}\left(\frac{\mathrm{d}ENCTH}{\mathrm{d}P_i}\right) = 0，当 \frac{P_i}{P_i^T} > \frac{1}{e}\sum_{j=1}^{n}\frac{P_i}{P_i^T} 时 \quad (2-19)$$

$$\text{sign}\left(\frac{\mathrm{d}ENCTH}{\mathrm{d}P_i}\right) < 0 \overset{\Leftrightarrow}{\Leftrightarrow} \text{sign}\left(\frac{\mathrm{d}ENCTH}{\mathrm{d}P_i}\right) = 1，当 \frac{P_i}{P_i^T} > \frac{1}{e}\sum_{j=1}^{n}\frac{P_i}{P_i^T} 时$$

$$(2-20)$$

　　能耗结构因子是基于既定目标结构判断能源消费结构演变趋势的指标变量。之所以要进行能源消费结构优化，其原因在于，能源消费系统（煤炭、石油、天然气、清洁能源）中，部分能源消费比重远超过目标能源消费结构，而其他能源消费比重远低于目标能源消费结构；能源消费结构优化实质在于通过技术、产业结构调整，用能方式等手段不断降低目前能源消费系统中高比重的能源消费，提高目前能源消费系统中低比重的能源消费，达到能源消费多样化、低碳化等目标性要求。为了科学衡量能源消费结构优化进程（状态），以既定能源消费结构目标为准则，可以通过式（2 – 18）至式（2 – 20）判断降低或提高某种能源消费比重的能源消费结构存在的优化效应：当能源 i 的目标达成度超过能源消费系统中各类能源消费达成度之和的1/e 倍时，当期能源 i 消费比重下降有利于能耗结构目标导向系数上升；反之则相反；当能源 i 的目标达成度恰好等于能源消费系统中各类能源消费达成度之和的 1/e 倍时，此时，当期能源 i 消费占比重适度变化(上升或下降)不会导致能耗结构目标导向系数的变化。

为了更精确地了解某种能源消费比重变化对接下来能源消费结构潜在的变化趋势影响,可以根据式(2-15)获取结论。

六 能耗结构目标导向系数及能耗结构特征

结合我国四类初级能源消费结构状况、能耗结构目标导向系数、能耗结构目标导向系数潜在趋势,可以将我国能源消费结构呈现出的演变状态分为四种类型。

(一) 目标导向性能源消费结构的确立

在能源消费结构目标的设立上,我国《能源发展战略行动计划(2014—2020年)》提出,到2020年,我国煤炭、天然气、清洁能源消费占比分别控制在62%、10%和15%左右。显然,按照这种结构安排,石油的消费比重会相对较低;参照我国近年来石油的消费状况,考虑到居民生活水平提高对交通便利的追求,将2020年我国煤炭、石油、天然气、清洁能源的消费比重分别设定为58%、17%、10%和15%,以此为能源消费结构的导向性目标,计算我国能耗结构目标导向系数,对我国能源消费结构特征进行考察。

(二) 能源消费结构特征

1. 多碳、多油型能源消费结构

所谓多碳、多油型能源消费结构是指相对于目标能源消费结构,降低煤炭、石油的消费比重有利于推动既定能源消费结构向目标能源消费结构演变;这种能源消费结构的煤炭、石油演变趋势系数为-1,天然气、清洁能源演变趋势系数为1,也就是说,在既定的能源消费结构状态下,煤炭、石油消费比重下降和天然气、清洁能源消费比重上升能够推动能耗结构目标导向系数的增加。1996—2000年与2002—2005年我国能源消费结构呈现的是该种状态(见表2-7)。当然,能耗结构目标导向系数的实际变化既取决于能源消费结构这种内在的趋势,又取决于能源消费结构中每种能源实际消费比重变化情况。以1996年和1997年为例,在1996年的能源消费结构状态下,降低煤炭、石油消费比重与提高天然气、清洁能源消费比重都有利于提高我国能耗结构目标导向系数,但实际情况是,相对于1996年石油

表2-7　我国能耗结构目标导向系数（1996—2015年）

年份	初级能源合计（万吨标准煤）	分能源消费比重				结构目标导向系数	结构演变趋势系数				能耗结构目标导向系数趋势量			
		煤炭	石油	天然气	清洁能源		煤炭	石油	天然气	清洁能源	煤炭	石油	天然气	清洁能源
1996	135192	0.735	0.187	0.018	0.060	0.846	-1	-1	1	1	-0.038	-0.013	4.127	1.406
1997	135909	0.714	0.204	0.018	0.064	0.848	-1	-1	1	1	-0.024	-0.060	4.079	1.310
1998	136184	0.709	0.208	0.018	0.065	0.849	-1	-1	1	1	-0.020	-0.070	4.068	1.288
1999	140569	0.706	0.215	0.020	0.059	0.846	-1	-1	1	1	-0.018	-0.091	3.800	1.441
2000	146964	0.685	0.220	0.022	0.073	0.870	-1	-1	1	1	-0.002	-0.079	3.528	1.124
2001	155547	0.680	0.212	0.024	0.084	0.889	1	-1	1	1	0.002	-0.042	3.310	0.924
2002	169577	0.685	0.210	0.023	0.082	0.885	-1	-1	1	1	-0.001	-0.041	3.419	0.955
2003	197083	0.702	0.201	0.023	0.074	0.879	-1	-1	1	1	-0.013	-0.026	3.444	1.095
2004	230281	0.702	0.199	0.023	0.076	0.882	-1	-1	1	1	-0.013	-0.017	3.443	1.055
2005	261369	0.724	0.178	0.024	0.074	0.887	-1	1	1	1	-0.027	0.057	3.367	1.083
2006	286467	0.724	0.175	0.027	0.074	0.896	-1	1	1	1	-0.026	0.077	3.073	1.085
2007	311442	0.725	0.170	0.030	0.075	0.906	-1	1	1	1	-0.026	0.108	2.813	1.066
2008	320611	0.715	0.167	0.034	0.084	0.924	-1	1	1	1	-0.018	0.144	2.507	0.907
2009	336126	0.716	0.164	0.035	0.085	0.927	-1	1	1	1	-0.018	0.162	2.438	0.890
2010	360648	0.692	0.174	0.040	0.094	0.943	1	1	1	1	0.000	0.137	2.131	0.770
2011	387043	0.702	0.168	0.046	0.084	0.947	-1	1	1	1	-0.005	0.165	1.816	0.924
2012	402138	0.685	0.170	0.048	0.097	0.958	1	1	1	1	0.007	0.176	1.734	0.739
2013	416913	0.674	0.171	0.053	0.102	0.967	1	1	1	1	0.016	0.186	1.534	0.686
2014	425806	0.656	0.174	0.057	0.113	0.976	1	1	1	1	0.030	0.192	1.402	0.574
2015	430000	0.640	0.181	0.059	0.120	0.979	1	1	1	1	0.041	0.173	1.348	0.516

的消费比重不降反升、天然气的消费比重却保持不变，这两种能源消费比重的变化整体上不利于提高我国能耗结构目标导向系数（不利于实现我国能耗结构向目标结构演进），煤炭消费比重下降转化为石油消费比重的大幅度加大上升与清洁能源小幅上升，最终结果是能耗结构目标导向系数小幅增长。

2. 多碳型能源消费结构

这种能源消费结构的煤炭结构演变系数为 −1，其他三类初级能源的结构演变趋势系数为 1，也就是说，在既定的多碳型能源消费结构状态下，煤炭消费比重下降和石油、天然气、清洁能源消费比重上升能够推动能耗结构目标导向系数增加。这是我国能源消费结构呈现出的主要形式，1996—2015 年、2005—2009 年、2011 年的能源消费结构呈现这种状态。

多油型能源消费结构。这种能源消费结构状态在我国能源消费系统中出现的情况非常少，1996—2015 年，只是出现了 1 次，即 2001 年。也就是说，在这种情况下，降低石油消费比重，提升其他三类能源消费比重，有利于我国能源消费结构向目标接近。相对于 2001 年，2002 年的能耗结构果然出现了石油消费比重下降、煤炭消费比重上升，但天然气、清洁能源消费比重却下降；比较 2001 年四类能源结构目标导向系数的增量状况，天然气、清洁能源消费比重单位下降导致的能耗结构目标导向系数下降幅度远大于煤炭消费比重单位上升与石油消费比重单位下降可能带来的能耗结构目标导向系数上升的幅度，因此，2002 年的能耗结构目标导向系数相对于 2001 年增长幅度较小。

3. 混沌型能源消费结构

混沌型能源消费结构是指四类初级能源消费比重同时表现出上升的可能。这是一种看似矛盾却客观存在的能耗结构演变趋势，这种情形只出现了 5 次，即 2010 年、2012—2015 年。虽然从能源消费结构自身状况来看，四类能源消费比重的提升有助于能耗结构目标导向系数的上升，但从四类能源的能耗结构目标导向系数趋势来看，很显然，按天然气、清洁能源、石油、煤炭次序合理安排能源消费比重是有利于能源消费结构向目标转化的。

综合以上我国能源消费结构所处的状态，也就是能源消费结构合理的演变趋势，可以发现：第一，我国能源消费结构演变特征是低碳化的，表现为煤炭与石油消费比重处于下降的态势；第二，从能耗结构目标导向系数增量的相对强度来看，近期在推动我国能源消费结构向目标结构转变的过程中，应注重天然气、清洁能源、石油、煤炭次序的能耗比重安排，也就是说，注重提升天然气、清洁能源消费比重，适度控制石油消费比重，严格控制煤炭消费比重。

本章小结

从人口城镇化率演变进程看，我国城镇化经历了快速发展期的初期阶段（1996—2002年）和中期阶段（2003—2010年），目前正处于城镇化快速发展的后期阶段（2011年至今）。人口城镇化率作为社会、经济发展的一项综合指标，能源消费是其演进的重要动力源之一，能源消费结构是其演进进程的重要特征之一。

能源消费系统的替代特征。能源消费效率不断提高（能源强度不断下降）与实现碳生产能力不断提高是能源消费结构的两个主要特征，前者以技术不断升级为基础，伴随着能源消费结构演变的过程，后者建立在能源消费结构演变技术基础之上，是能源消费结构演变过程的结果。鉴于能源消费结构的技术推动性特征，考察了1996—2015年，包括能源强度、煤炭、石油、天然气、清洁能源消费量等因素的我国能源消费系统，在这个能源消费系统中，初级能源消费量之间的格兰杰因果揭示了我国四类初级能源消费之间影响关系：高碳能源煤炭的消费格兰杰影响低碳能源石油与天然气的消费，低碳能源消费影响高碳能源消费方面只体现在清洁能源、天然气消费影响煤炭消费；系统的脉冲响应函数验证了这种格兰杰影响的性质：煤炭消费对石油和天然气消费的影响主要是抑制性的，而清洁能源、天然气消费对煤炭消费的影响则呈现出替代作用。因此，1996—2015年，能够形成我国能源消费结构优化只是体现在清洁能源、天然气对煤炭的替代上，并没有形成天然气替代石油、清洁能源替代石油，以及石油替代煤炭的内在消费机制。

能源强度与初级能源消费量之间的关系。从能源强度与初级能源消费量之间的格兰杰因果关系看，煤炭、石油、清洁能源的消费量会格兰杰影响能源强度，而能源强度也在一定程度上格兰杰影响煤炭、石油、天然气的消费量。在能源消费系统中，这些格兰杰因果作用主要表现在初级能源消费量波动正向作用于能源强度，这意味着在1996—2015年我国四类初级能源消费量总体上处于不断增加的过程中，所以说，初级能源消费变化总体上是在助推能源强度的上升，阻碍了能源消费效率的提升；而其间之所以能源强度呈现出下降的趋势，原因在于非能源消费领域技术的进步推动。应该看到，在既定的能源消费系统中，如果能源消费量的变化是降低一个单位标准差方式，此时能源消费量会非常有效地助推能源强度的下降，从能源消费的四个子系统（煤炭、石油、天然气、清洁能源消费量方程）能源消费量变动的能源强度效果来看，煤炭消费量的效应会更强。所以，倡导用低碳能源替代高碳能源、清洁能源替代化石能源，尤其是清洁能源对煤炭的替代举措是有利于在我国目前的能源消费系统下推动能源消费效率提升的。比较系统的脉冲响应，系统接受石油、天然气、清洁能源消费量变动冲击而产生的抑制煤炭消费的替代效应都不及能源强度冲击的效果，由此可以看出，在我国能源消费系统中，低碳能源替代高碳能源、清洁能源替代低碳能源的机制还没有建立的情况下，注重能源消费技术的提升是当前优化我国能源消费结构的有效策略。

能源消费结构多元化系数、能源消费结构变化值、能源消费结构转换系数、穆勒结构变化值、能源消费结构碳系数是从不同视角探索、综合分析、衡量我国能源消费结构的方法，虽然各自都有待改进的空间，但在分析我国能源消费结构方面，其主要结论是一致的。基于能源消费结构演变的目标导向性特征，从系统目标达成角度，在能源消费结构信息熵的基础上提出了国家层面的能源消费（能耗）结构目标导向系数这一综合衡量能源消费结构的方法，根据能耗结构演变趋势系数、能耗结构目标导向系数趋势量可以合理确定国家不同时期为实现既定能源消费结构应该进行的能源消费结构的调整。1996—2015 年，相对于既定的能源消费结构目标，我国能源消费结构分别呈现出四种类型：多碳多油型能源消费结构、多碳型能源消费结构、多油型能源消费结构和混沌型能源消费结构。要实现我国能源消费结构调整和优化，目前，应注重天然气、清洁能源、石油、煤炭次序的能耗比重安排，推动我国能源消费结构向目标结构转变。

第三章   行业能源消费结构特征比较

行业生产与居民生活是终端能源消费的两种方式，从终端需求角度看，行业发展服务于居民生活消费，从某种程度上说，行业能源消费源于居民生活消费。本章在对我国不同行业及城乡居民的终端能源消费状况考察的基础上，借助能源消费综合平衡表，实现终端能源向初级能源形式的转化，探讨我国 1996—2015 年不同行业及城乡居民的初级能源消费结构状况；借助能耗结构目标导向系数，对不同行业能耗结构的演变特征进行分析，并通过构建系统动力学模型，对居民生活消费支出对能源消费结构的影响进行分析。

第一节   行业初级能源消费结构

中国能源综合平衡表、工业分行业终端能源消费等行业能源消费统计数据反映的是各行业终端能源的消费状况，不同行业所消耗的终端能源类型不一，其中，终端能源热力及电力的主要部分等都源于初级能源转化，因此，为了考察行业的初级能源消费结构呈现的特征，需要将电力、热力等非初级能源转化为煤炭、石油、天然气等初级能源。

一   中国能源综合平衡表

中国能源综合平衡表将我国直接能源消费终端分为七大门类：农林牧渔水利业，工业，建筑业，交通运输、仓储和邮政业，批发、零售业和住宿、餐饮业，城乡家庭居民消费业（城乡居民直接能源消费），其他行业等。以上各行业的能源消费量、城乡居民能源消费量是指其实际发生的能源消费量，包括能源转换中投入产出的能源加工转换损失量（指一定时期内国内投入加工转换的各种能源数量之和与产出目标能源之和的差额）以及能源损失量（一定时期内在能源输送、分配、储存过程中发生的损失和由客观原因造成的各种损失量）。

为了考察具体工业行业的能源消费结构状况，特将《中国能源统计年鉴》的"工业分行业终端能源消费"的数据纳入中国能源综合平衡表中，从而形成包括农林牧渔水利业、工业（具体行业）、服务业以及居民直接能源消费等综合平衡表。鉴于从 2010 年起，"工业分行业终端能源消费"涉及的行业在 2010 年前的基础上有所拓展和细分，为了实现研究的时间段内行业的前后一致性，将 2010 年及其后期的"非金属矿采选业、开采辅助活动、其他采矿业"归并为非金属矿采选业、"汽车制造业、铁路、船舶、航空航天和其他运输设备制造业"归并为交通运输设备制造业、"其他制造业、废弃资源综合利用业、金属制品、机械和设备修理业"归并为其他制造业，这样就形成了包括具体工业行业在内的 42 个行业能源消费量统计表，包括：农林牧渔水利业 1 个，工业 36 个，建筑业 1 个，交通运输、仓储和邮政业 1 个，批发、零售业和住宿、餐饮业 1 个，其他行业 1 个，城乡家庭居民生活消费业 1 个（城镇、农村居民直接能源消费）。所研究的数据主要来源于 1997—2015 年《中国统计年鉴》《中国能源统计年鉴》等资料。

二　还原终端能源为初级能源到各行业

为了揭示不同行业（包括城乡居民消费部门）能源消费的初级能源结构构成，对我国行业能源消费形式进行考察，煤炭资源消耗的中间或终端能源形式表现为原煤、洗精煤、其他洗煤、型煤、煤矸石、焦炭、焦炉煤气、高炉煤气、转炉煤气、其他煤气、其他焦化产品等；石油资源消耗的中间或终端能源表现为原油、汽油、煤油、柴油、燃料油、石脑油、润滑油、石蜡、溶剂油、石油沥青、石油焦、液化石油气、炼厂干气、其他石油制品等；天然气资源消耗的中间或终端能源表现为天然气、液化天然气等形式；清洁能源资源消耗的中间或终端能源表现为电力（水电、风电、核电等）、其他能源等。我国电力的主体部分来源于火电，火电主要源于煤炭、石油和天然气三类化石能源，其中以煤电为主，火电也是我国主要二次能源；我国消费的另一种主要二次能源是热力，热力主要是通过三类化石能源、其他能源转化而来（本书将"能源综合平衡表"中的其他能源视为清洁能源）。显然，为了探讨行业终端能源消费的初级能源构成，需要将电力、热力等主要二次能源的初级能源来源构成进行界定。当然，为了较为准确地确立行业初级能源消费结构，能源消费损失也是一个必须思考的问题。

（一）能源损失量的行业还原

能源消费总量由行业终端能源消费量、能源加工转换损失量、能源运输及管理过程损失量构成。不同行业（包括城镇与农村居民生活）的分类能源消费量分列在能源综合平衡表的"终端能源消费"项目中；能源加工转换损失量列在"加工转换投入（-）产出（+）量"项目中，2010—2015 年的能源综合平衡表中，在该项目下有"火力发电、供热、洗选煤、炼焦、炼油及煤制油（油品再投入量）、制气（焦炭再投入量）、天然气液化、煤制品加工、回收能"九种形式的能源加工转换形式；1996—2009 年的能源综合平衡表将"回收能"单列在"可供本地区消费的能源量"的项目下，为此，将1996—2009 年"能源综合平衡表"中的"回收能"调整到"加工转换投入（-）产出（+）量"项目中，便于实现整个时间区间计算的一致性。

第一步，能源"加工转换"过程损失量计算。根据每种能源加工转换过程的能源投入与产出，即用每个过程的"能源产出量-该过程的能源投入量"，计算出前八种能源加工转换形式［火力发电、供热、洗选煤、炼焦、炼油及煤制油（油品再投入量）、制气（焦炭再投入量）、天然气液化、煤制品加工］所造成的能源损失量。

第二步，能源"加工转换"过程损失量的能源还原渠道。将八种能源加工转换所形成的能源损失量根据能源加工转换的形式分别归并到电力、热力、洗精煤、焦炭、油品合计、天然气、天然气液化、型煤的终端能源形式。

第三步，能源使用过程净损失量的计算。将每个能源加工转换过程损失能对应归并为八类终端能源量（鉴于"油品合计"是原油、汽油、煤油、柴油、燃料油等 14 种之多的终端石油形式构成，为了尽可能做到精确，采用每种终端石油占油品合计比重的形式，将加工转换过程损失量分配到每种终端油品中去），并与"能源综合平衡表"中的"损失量"合并，同时再减去"回收量"，即"损失量 + 中间过程损失 – 回收量"，这样就形成了能源使用过程的净损失量。

（二）行业消耗电力、热力的初级能源折算与还原

行业终端能源消费是相对于能源加工转换环节而言的，是能源消费的最后一个环节，这个环节的能源消费包括未经加工转换的一次能源（比如用作燃料的原煤、用作动力的水电等）及经过加工转换的二次能源（比如用作动力的火电、用作燃料的焦炭等）。热力作为我国主要的动力能源之一，主要是通过煤炭、石油、天然气、其他能源等初级能源或相关二次能源①转化而来；电力是动力能源，同样是煤炭、石油、天然气及其他能源转化而来，呈现的主要形式是火电，与水电、风电、核电等清洁能源电力共同构成了我国完整的电力供应。鉴于在我国的火电中，有部分是来源于二次能源热力，因此，在对电力、热力进行初级能源还原时，先考虑电力，即首先分辨出电力中的燃煤发电、燃油发电、燃气发电、热力发电、其他能源发电；其次再将热力发电折算为燃煤发电、燃油发电、燃气发电、其他能源。另外，在进行电力折算与还原之前，为了保证分析的结论与国内目前主导的电力衡量做法保持一致，采用年度发电煤耗当量与热电煤耗当量之间的关系系数，将能源综合平衡表中的热电煤耗当量衡量的电力转化为煤耗当量衡量的电力。

电力的初级能耗还原。我国电力虽然是以煤电和水电为主，为了

---

① 煤炭主要包括原煤、洗精煤、其他洗煤、煤矸石、焦炭、焦炉煤气、高炉煤气、转炉煤气、其他煤气等；石油主要包括原油、汽油、煤油、柴油、燃料油、石油沥青、石油焦、液化石油气、炼厂干气、其他石油制品等；天然气主要包括气化天然气、液化天然气等；其他能源主要是可再生能源，比如生物质能。

比较准确地把握终端能源消费结构特征，根据能源综合平衡表，我国电力主要包括燃煤发电、燃油发电、燃气发电、热力发电、水电、风电、核电及其他能源发电等。由于热力、电力主要源于煤炭、石油、天然气及其他能源，借助热力的来源结构，将热力、电力分配到煤炭、石油和天然气及其他能源上，最终电力的来源结构如表 3 – 1 所示。结果表明，电力消费总量增速较快；在电力构成上，70% 以上的电力源于煤炭，近年来有所下降；水电比重维持在 17% 左右，近年来水电、核电、风电等清洁能源不断提升带来了我国电力消费结构煤电比重的下降。

热力的初级能源还原。根据能源综合平衡表，煤炭、石油、天然气及其他能源都有转化为热力的状况，在不考虑热力转化的损失条件下，可以计算出四种初级能源热力转化的投入比重。在热力产出规模上，相对于 1996 年的热力产出，2015 年的热力相当于在 1996 年的基础上翻了两番；在热力产出构成上，热力的 90% 来源于煤炭，源于燃油的供热呈现出逐年下降趋势、源于燃气的供热则相反，而其他能源供热比重相对比较稳定。

行业终端能源消费的初级能源还原。行业终端能源消费量、中间电力折算的初级能源消费量、热力折算的初级能源消费量、能源损失量等的累加形成行业的初级能源消费量。折算分三步进行：

第一步：将损失能源折算到各行业。折算方法是：用各行业对能源 j 的消费量占这种能源行业消费总量的比重 γ_{ij} 去分配能源 j 的损失量 $E_{lost,j}$，即 $E_{ij}^{lost} = \gamma_{ij} \cdot E_{lost,j}$。

第二步：将电力折算并还原为初级能源到各行业能源消费量。折算方法是：用电力的不同化石能源来源系数（$\alpha_{power,j}$）去折算并还原行业 i 所耗费的电力为（到）不同的化石能源 j，即 $E_{ij}^{power} = E_{i,power} \cdot \alpha_{power,j}$。

第三步：将热力折算并还原为初级能源到各行业能源消费量。折算方法同上，即用热力的不同化石能源来源系数（$\alpha_{thermo,j}$）去折算并还原行业 i 所耗费的热力为（到）不同的化石能源 j，即 $E_{ij}^{thermo} = E_{i,thermo} \cdot \alpha_{thermo,j}$。

将电力、热力还原为三类化石能源（一次能源、二次能源的具体

表 3 - 1　电力源分布

年份	电力产出（万吨标准煤）	燃煤发电（%）	燃油发电（%）	燃气发电（%）	其他能源发电（%）	水电（%）	核电（%）	风电（%）	热力产出（万吨标准煤）	燃煤供热（%）	燃油供热（%）	燃气供热（%）	其他能源供热（%）
1996	43314.2	76.79	4.10	0.22	0.16	17.40	1.33	0.00	4991.3	87.49	11.80	0.07	0.64
1997	46286.8	75.44	5.18	0.56	0.28	17.28	1.27	0.00	5113.3	88.95	10.12	0.15	0.79
1998	46353.3	76.25	4.03	0.42	0.25	17.84	1.21	0.00	5442.0	85.38	12.19	1.18	1.25
1999	48050.5	78.68	3.67	0.35	0.20	15.89	1.21	0.00	6577.9	88.22	8.74	1.89	1.14
2000	51975.1	78.46	3.25	0.39	0.22	16.43	1.24	0.00	7196.8	87.37	8.65	2.63	1.35
2001	56207.5	76.40	3.10	0.31	0.25	18.77	1.18	0.00	7537.9	87.19	8.46	2.90	1.45
2002	61211.4	77.54	2.99	0.24	0.27	17.44	1.52	0.00	7319.8	87.28	8.39	3.09	1.24
2003	69043.2	79.23	3.09	0.26	0.28	14.87	2.27	0.00	8390.6	89.48	7.28	2.22	1.01
2004	77632.1	77.48	3.44	0.33	0.38	16.07	2.29	0.00	9200.5	89.71	6.63	2.94	0.72
2005	87810.2	78.61	2.61	0.48	0.28	15.90	2.13	0.00	10712.0	91.23	5.39	2.88	0.51
2006	100135.1	80.10	1.93	0.50	0.32	15.24	1.92	0.00	11214.8	91.41	5.49	2.53	0.58
2007	112337.0	80.80	1.13	0.96	0.37	14.84	1.90	0.00	11552.0	91.73	5.32	2.28	0.68
2008	114577.2	79.02	0.78	0.95	0.27	16.99	1.99	0.00	12153.6	91.02	4.98	2.34	1.65
2009	119529.9	78.90	0.60	1.49	0.32	16.78	1.91	0.00	12450.6	90.93	4.54	2.75	1.79
2010	133385.8	77.20	0.51	1.85	0.29	17.31	1.77	1.07	13585.9	89.83	6.04	2.85	1.28
2011	148715.0	79.11	0.32	2.02	0.30	14.91	1.84	1.50	14608.7	91.09	4.89	2.66	1.37
2012	155383.4	75.95	0.28	1.94	0.35	17.59	1.96	1.94	15780.7	91.37	4.24	2.82	1.57
2013	168788.2	75.83	0.24	1.89	0.40	16.98	2.06	2.61	17429.2	91.76	3.51	3.19	1.55
2014	173777.2	73.30	0.23	1.93	0.47	18.93	2.36	2.78	17798.0	90.49	3.98	3.87	1.66
2015	176401.5	71.03	0.23	2.36	0.62	19.59	2.96	3.22	18897.9	90.50	3.52	4.34	1.64

注：统计表中 2010 年前没有热力、电力及风电的统计资料；2010 年起这两类能源数据开始在统计表中出现。基于还原的目的，将热力、电力还原为煤、油、气及其他能源。

形式）后，按照煤炭、石油、天然气分别归类，从而完成行业终端能源消费、加工转换能源损失、能源运输及管理过程损失量借助行业终端能耗占比、火电与热力的化石能源来源比重还原为初级能源。其中，还原损失量到各行业依据的是行业能源消费量占比，没有考虑到每个行业的能源使用效率等问题，从而会造成还原结果出现一定的误差；但是，从最终结果来看，以 2014 年为例，将计算结果（煤炭、石油、天然气、清洁能源的消费占比分别为 65.56%、17.50%、5.74%、11.20%）与当年四类初级能源消费比重（《中国能源统计年鉴》数据反映煤炭、石油、天然气、清洁能源的消费占比分别为 65.60%、17.40%、5.70%、11.30%）比较，误差（分别为 -0.05%、0.57%、0.65%、-0.89%）相对较小，结论精确度较高。

三 我国终端能源消费的主要形式

根据我国电力、热力源的分布情况可以发现，近年来，电力、热力作为终端能源在我国的能源消费总量中的比重呈现逐年递增趋势（见表 3-2），尤其是"十二五"期间，两类终端能源的消费量在年度总能耗中的比重逐年上升，从 2011 年的 42.20% 递增至 2015 年的45.42%，电力、热力已经成为我国终端能源消费的主要形式，其中煤电、煤热总能源消费比重维持在 33%—35%，由于年度总能源消费的逐年递增，导致年度用于煤电、煤热总煤炭消费比重也在增加，从 2011 年的 48.20% 上升到 2015 年的 51.74%。

表 3-2 煤电、煤热消费量的变化特征

年份	能源消费总量（万吨标准煤）	电力、热力总能耗比重（%）	煤电、煤热总能源消费比重（%）	煤电、煤热总煤炭消费比重（%）
1996	135192	35.73	27.83	37.87
1997	135909	37.82	29.04	40.67
1998	136184	38.03	29.37	41.42
1999	140569	38.86	31.02	43.94
2000	146964	40.26	32.03	46.75
2001	155547	40.98	31.83	46.81

续表

年份	能源消费总量 (万吨标准煤)	电力、热力总 能耗比重(%)	煤电、煤热总能源 消费比重(%)	煤电、煤热总煤炭 消费比重(%)
2002	169577	40.41	31.76	46.36
2003	197083	39.29	31.57	44.97
2004	230281	37.71	29.70	42.31
2005	261369	37.69	30.15	41.64
2006	286467	38.87	31.58	43.62
2007	311442	39.78	32.55	44.89
2008	320611	39.53	31.69	44.32
2009	336126	39.27	31.43	43.89
2010	360648	40.75	31.94	46.15
2011	387043	42.20	33.83	48.20
2012	402138	42.56	32.93	48.08
2013	416913	44.67	34.54	51.24
2014	425806	44.99	33.70	51.37
2015	430000	45.42	33.12	51.74

在电力、热力成为终端主要消费能源的条件下,消费1吨标准煤电力就相当于间接消费了超过0.7吨标准煤煤炭、消费1吨标准煤热力就相当于消费超过0.9吨标准煤煤炭。因此,优化我国电力、热力的来源结构,强化电力、热力的可再生能源来源渠道是缓解我国过度依赖于煤炭资源、优化我国初级能源消费结构的有效手段。

第二节 行业初级能源消费结构特征

一 居民生活消费支出的行业分布

居民生活消费支出主要是指居民人均消费支出,在我国,居民人均消费支出按照城镇、农村居民分别进行统计,从统计资料前后的延续性来看,本书主要考察城镇居民人均消费支出(以"城镇居民现金消费支出"衡量城镇居民人均消费支出)、农村居民人均消费支出,作为最终需求的一个主要构成部分,两者的统计口径是一致的,主要包括食品消费支出,衣着消费支出,家庭设备用品及服务消费支出,教育、文化、娱乐服务消费支出,医疗保健消费支出,交通通信消费支出,居住消费支出,杂项商品与服务消费支出八类,这些支出与三次产业的产品和劳务相关,根据居民不同消费支出涉及的产品和劳务①,确定居民不同消费支出的直接关联行业,参照文献(Wei, Y. et al., 2007;张馨等,2011)的做法(见表3-3),食品消费支出直接关联行业3个,衣着消费支出直接关联行业3个,家庭设备用品及服务消费支出直接关联行业3个,教育、文化、娱乐服务消费支出直接关联行业3个,医疗保健消费支出直接关联行业1个,交通通信消费支出直接关联行业2个,居住消费支出直接关联行业5个,杂项商品与服务消费支出直接关联行业2个。居民生活消费依赖于(同时也创造了)产品和服务的中间产品行业和中间产品基础行业(杨治,1985),只有依赖这些产业的中间产品或半成品原料,居民生活消费支出直接关联行业才有产品或劳务形成的基础。当然,为满足居民家庭基础消费需求,电信和其他信息传输服务、软件和信息技术服务、货币金融和其他金融服务行业作为居民生活消费支出的服务性基础(中国能源综合平衡表中的"其他"部分)是不可或缺的。因此,居民生活消费支出不仅带来直接关联行业能源消费及能源消费结构的变化,同时也会带来中间产品行业和居民消费支出(服务)基础行业能源消费及能源消费结构的变化。为此,有必要探讨居民生活消费支出导致的直接关联行业、居民生活消费支出中间产品行业(中间产品行业、中间产品基础行业)、居民生活消费支出(服务)基础行业的能

---

① 食品:粮食、淀粉及薯类、干豆类及豆制品、油脂类、肉禽及制品、蛋类、水产品类、蔬菜类、调味品、糖类、烟草类、酒和饮料、干鲜瓜果类、糕点类、奶及奶制品、其他食品、在外用餐、食品加工服务费;衣着:服装、衣着材料、鞋类、衣着加工服务费;居住:住房、水电燃料及其他;家庭设备及用品:耐用消费品、室内装饰品、床上用品、家庭日用杂品、家具材料、家庭服务;交通通信:交通、通信;文教娱乐:文化娱乐用品、教育、文化娱乐服务;医疗保健;其他:其他商品、其他服务。

源消费及能源消费结构变化的对比关系。

表3-3　　　　　　　家庭居民消费支出关联行业及其能源消费

	消费与消费基础	关联行业
居民生活消费支出	食品	农副食品加工业，食品制造业，酒、饮料和精制茶制造业
	衣着	纺织业，纺织服装、服饰业，皮革、毛皮、羽毛及其制品和制鞋业
	家庭设备用品及服务	木材加工和木、竹、藤、棕、草制品业，家具制造业，电气机械和器材制造业
	教育文化娱乐服务	造纸和纸制品业，印刷和记录媒介复制业，文教、工美、体育和娱乐用品制造业
	医疗保健	医药制造业
	交通通信	交通运输设备制造业，计算机、通信和其他电子设备制造业
	居住	电力、热力生产和供应业，燃气生产和供应业，水的生产和供应业，非金属矿物制品业，金属制品业
	杂项商品与服务	批发、零售业和住宿、餐饮业，烟草制品业
消费支出基础及中间产品行业	消费支出中间产品行业	化学原料和化学制品制造业、橡胶和塑料制品业、通用设备制造业、专用设备制造业、仪器仪表制造业、其他制造业、化学纤维制造业、黑色金属冶炼和压延加工业、有色金属冶炼和压延加工业、建筑业
	消费支出中间产品基础行业	农林牧渔水利业，煤炭开采和洗选业，石油加工、炼焦和核燃料加工业，黑色金属矿采选业，有色金属矿采选业，非金属矿采选业，石油和天然气开采业
	基础行业（服务）	交通运输、仓储和邮政业，其他行业

注：其他行业，包括：电信和其他信息传输服务、软件和信息技术服务、货币金融和其他金融服务、资本市场服务金融、房地产、租赁、商务服务、研究和试验发展专业技术服务、科技推广和应用服务、水利管理、生态保护和环境治理、公共设施管理、居民服务、其他服务、社会工作、新闻和出版、社会保障。

资料来源：结合 GDP 核算支出项目中居民生活消费支出的分类法及文献（Wei, Y. et al., 2007；张馨等，2011）整理得出。

二 能源消费量的行业分布

包括家庭居民生活能源消费在内,我国 42 个主要行业或部门年度能源消费份额占比相对比较稳定(见表 3 - 4)。

(一)家庭居民消费支出直接关联行业能源消费的总能耗占比情况

1996—2015 年,人均食品消费支出涉及 3 个行业,其年度能源消费的总能耗占比呈现下降并趋稳的特征,尤其在 2011 年以后("十二五"期间),农副食品加工业、食品制造业与酒、饮料和精制茶制造业的年度总能耗占比基本稳定在 0.95%、0.46%、0.37% 左右。人均衣着消费支出涉及的纺织业能源消费的总能耗占比下降趋势明显,这种趋势到"十二五"期末基本稳定在 1.75% 左右;而纺织服装、服饰业与皮革、毛皮、羽毛及其制品和制鞋业 2 个行业能源消费的能耗占比基本稳定在 0.24% 和 0.15% 左右。人均家庭设备用品及服务消费支出涉及的木材加工和木、竹、藤、棕、草制品业总能耗消费占比经历了由低到高,再由高到低的转化过程,到"十二五"期间基本稳定在 0.35% 左右;家具制造业与电气机械和器材制造业的总能耗占比分别相对稳定在 0.07%、0.66% 左右。人均教育文化娱乐服务消费支出涉及的造纸和纸制品业总能耗占比呈现出下降趋势,2011 年后稳定在 1.08%;而印刷和记录媒介复制业与文教、工美、体育和娱乐用品制造业的总能耗占比相对比较稳定,分别是 0.11%、0.09%。人均医疗保健消费支出涉及的行业医药制造业,其总能耗占比总体上呈现出下降趋势,2011 年后稳定在 0.53% 左右。人均交通通信消费支出涉及的交通运输设备制造业的总能耗占比相对比较稳定,2011 年后稳定在 1.05%;而计算机、通信和其他电子设备制造业的总能耗占比上升趋势比较明显,但 2011 年后也相对稳定在 0.74% 左右。人均居住消费支出涉及 5 个行业,其中电力、热力生产和供应业,燃气生产和供应业,水的生产和供应业 3 个行业的能耗总量占比下降趋势明显,这意味着 3 个行业在提供电力(热力)、燃气、水等产品的效率在提升,2011 年后 3 个行业的总能耗占比分别稳定在 3.69%、0.14%、0.30% 左右;而非金属矿物制品业和金属制品业的总能耗占比相对比较稳定,2011 年后分别稳定在 9.14%、1.13%。人均杂项商品与服务

单位:%

表 3－4　　能源消费的行业分布

	年份	1996	1997	1998	1999	2000	2001	2002	2003	2004	2005	2006	2007	2008	2009	2010	2011	2012	2013	2014	2015
食品	农副食品加工业	1.36	1.38	1.48	1.21	1.18	1.21	1.21	0.95	1.17	1.21	1.19	1.27	1.33	1.25	1.03	0.96	0.82	0.98	1.00	0.99
	食品制造业	0.93	0.77	0.81	0.86	0.80	0.76	0.75	0.58	0.62	0.63	0.64	0.60	0.63	0.60	0.52	0.50	0.46	0.46	0.44	0.43
	酒、饮料和精制茶制造业	0.69	0.58	0.67	0.63	0.59	0.55	0.54	0.48	0.59	0.59	0.57	0.56	0.57	0.53	0.39	0.39	0.35	0.40	0.37	0.36
衣着	纺织业	2.44	2.33	2.25	2.15	2.15	2.17	2.22	2.14	2.41	2.40	2.46	2.38	2.28	2.10	2.03	1.99	1.87	1.87	1.73	1.75
	纺织服装、服饰业	0.23	0.21	0.26	0.26	0.26	0.26	0.26	0.24	0.26	0.26	0.28	0.28	0.27	0.25	0.24	0.23	0.25	0.24	0.23	0.22
	皮革、毛皮、羽毛及其制品和制鞋业	0.14	0.12	0.16	0.16	0.15	0.15	0.15	0.15	0.15	0.15	0.18	0.17	0.16	0.15	0.14	0.12	0.17	0.16	0.15	0.15
家庭设备用品及服务	木材加工和木、竹、藤、棕、草制品业	0.26	0.26	0.25	0.27	0.26	0.27	0.26	0.28	0.32	0.36	0.38	0.39	0.42	0.42	0.37	0.38	0.33	0.37	0.36	0.32
	家具制造业	0.13	0.13	0.06	0.08	0.07	0.08	0.07	0.07	0.05	0.06	0.07	0.07	0.07	0.07	0.07	0.07	0.06	0.06	0.09	0.09
	电气机械和器材制造业	0.47	0.49	0.48	0.48	0.47	0.46	0.51	0.52	0.59	0.56	0.61	0.62	0.66	0.63	0.68	0.68	0.67	0.66	0.64	0.63
教育文化娱乐	造纸和纸制品业	1.59	1.47	1.53	1.53	1.62	1.62	1.69	1.51	1.60	1.59	1.52	1.39	1.45	1.42	1.27	1.24	1.12	1.06	1.01	0.98
	印刷和记录媒介复制业	0.15	0.13	0.13	0.15	0.15	0.16	0.14	0.21	0.16	0.12	0.13	0.12	0.12	0.12	0.12	0.11	0.12	0.11	0.11	0.11
	文教、工美、体育和娱乐用品制造业	0.06	0.06	0.10	0.08	0.09	0.10	0.11	0.08	0.09	0.08	0.09	0.08	0.08	0.07	0.07	0.07	0.08	0.09	0.10	0.10

续表

年份		1996	1997	1998	1999	2000	2001	2002	2003	2004	2005	2006	2007	2008	2009	2010	2011	2012	2013	2014	2015
医保	医药制造业	0.73	0.63	0.66	0.70	0.69	0.70	0.65	0.64	0.60	0.59	0.59	0.57	0.59	0.52	0.52	0.53	0.47	0.55	0.53	0.54
交通通信	交通运输设备制造业	1.08	1.16	1.13	1.10	1.09	1.13	1.15	0.98	0.96	0.81	0.84	0.85	0.91	0.94	1.09	1.08	1.13	1.04	1.01	0.99
	计算机、通信设备和其他电子设备制造业	0.26	0.37	0.40	0.48	0.50	0.51	0.54	0.59	0.60	0.61	0.69	0.71	0.73	0.69	0.75	0.73	0.78	0.71	0.74	0.77
居住	非金属矿物制品业	9.81	9.52	9.52	9.83	8.08	8.42	8.28	9.12	10.32	10.25	9.69	9.53	9.82	9.48	9.49	10.41	8.59	9.27	9.01	8.41
	金属制品业	0.84	0.80	0.82	0.87	0.89	0.95	1.03	0.98	0.95	0.95	1.05	1.06	1.08	1.01	1.12	1.02	1.13	1.19	1.19	1.13
	电力、热力生产和供应业	4.31	5.28	5.00	5.18	5.04	5.09	5.22	5.17	4.17	3.83	3.76	3.62	3.65	3.56	3.54	3.82	3.90	3.65	3.51	3.59
	燃气生产和供应业	0.24	0.26	0.24	0.34	0.34	0.34	0.30	0.26	0.22	0.18	0.16	0.16	0.14	0.13	0.12	0.11	0.14	0.14	0.13	0.14
	水的生产和供应业	0.39	0.44	0.43	0.47	0.45	0.42	0.36	0.31	0.31	0.29	0.28	0.27	0.27	0.27	0.29	0.28	0.32	0.29	0.30	0.31
杂项	烟草制品业	0.19	0.19	0.19	0.25	0.22	0.22	0.20	0.17	0.11	0.11	0.09	0.08	0.08	0.07	0.07	0.08	0.07	0.07	0.06	0.06
商品与服务	批发、零售业和住宿、餐饮业	2.10	2.10	2.12	2.14	2.17	2.13	2.09	2.08	2.03	1.94	1.94	1.91	1.87	1.99	1.99	2.11	2.47	2.65	2.66	2.75
基础行业	交通运输、仓储和邮政业	7.40	7.31	7.37	7.67	7.70	7.49	7.35	7.28	7.38	7.16	7.20	7.17	7.23	7.17	7.38	7.53	8.88	8.44	8.67	9.05
	其他行业	4.05	4.03	4.04	4.12	4.10	3.98	3.86	3.80	3.74	3.72	3.76	3.75	3.84	3.96	4.00	4.12	4.80	4.94	4.91	5.29
中间产品型行业	化学原料和化学制品制造业	14.63	11.54	10.73	9.96	9.91	9.71	10.16	10.32	11.12	10.98	11.07	11.06	10.68	10.27	10.52	10.93	10.73	11.07	11.67	11.94
	化学纤维制造业	0.81	1.05	1.22	1.26	1.36	1.27	1.22	0.87	0.75	0.70	0.64	0.62	0.54	0.50	0.48	0.49	0.45	0.47	0.45	0.45
	橡胶和塑料制品业	1.00	0.99	1.01	0.98	1.01	1.02	0.97	0.93	1.03	1.15	1.18	1.12	1.16	1.10	1.12	1.05	1.13	1.10	1.10	1.07
	黑色金属冶炼和压延加工业	13.87	13.88	13.73	13.75	14.66	15.18	14.86	15.93	15.66	17.82	18.33	19.34	18.95	20.31	16.55	16.63	17.80	17.94	17.79	16.41

续表

	年份	1996	1997	1998	1999	2000	2001	2002	2003	2004	2005	2006	2007	2008	2009	2010	2011	2012	2013	2014	2015
中间产品型行业	有色金属冶炼和压延加工业	2.44	2.61	2.71	2.93	3.01	2.95	3.07	3.17	3.13	3.18	3.56	3.98	3.98	3.78	4.00	4.08	4.34	4.21	4.32	5.06
	通用设备制造业	1.39	1.21	1.11	1.00	0.93	0.93	0.96	0.92	0.91	0.99	1.02	1.05	1.12	1.06	1.09	1.23	1.01	0.90	0.90	0.87
	专用设备制造业	0.77	0.69	0.66	0.68	0.64	0.61	0.58	0.57	0.53	0.52	0.54	0.53	0.54	0.51	0.57	0.55	0.53	0.50	0.50	0.46
	仪器仪表制造业	0.12	0.09	0.10	0.12	0.11	0.11	0.12	0.12	0.09	0.09	0.10	0.10	0.10	0.09	0.11	0.09	0.09	0.08	0.08	0.08
	工艺品及其他制造业	0.71	0.75	0.83	1.00	1.00	0.94	0.88	0.72	0.45	0.47	0.44	0.41	0.41	0.42	0.40	0.41	0.49	0.35	0.36	0.37
	建筑业	1.52	1.54	1.59	1.58	1.55	1.51	1.48	1.44	1.41	1.36	1.37	1.38	1.23	1.41	1.79	1.58	1.77	1.74	1.82	1.85
中间产品基础行业	农林牧渔水利业	2.87	2.84	2.82	2.82	2.80	2.78	2.69	2.64	2.59	2.43	2.31	2.09	1.95	1.94	1.87	1.81	1.95	1.98	1.94	1.95
	煤炭开采和洗选业	2.85	2.84	3.06	2.80	2.68	2.72	2.64	2.68	2.00	1.88	1.80	1.77	1.78	2.22	2.02	2.08	2.45	2.08	1.70	1.44
	石油和天然气开采业	1.84	2.37	2.22	2.44	2.55	2.57	2.41	2.09	1.58	1.41	1.25	1.17	1.23	1.15	1.13	1.04	1.08	1.02	1.00	0.98
	黑色金属矿采选业	0.27	0.28	0.29	0.27	0.27	0.27	0.29	0.33	0.40	0.46	0.49	0.52	0.55	0.47	0.58	0.58	0.54	0.56	0.53	0.40
	有色金属矿采选业	0.49	0.36	0.30	0.28	0.31	0.31	0.30	0.34	0.34	0.33	0.33	0.32	0.32	0.29	0.30	0.33	0.35	0.33	0.32	0.29
	非金属矿采选业	0.42	0.41	0.42	0.46	0.50	0.51	0.49	0.48	0.45	0.39	0.41	0.40	0.41	0.48	0.35	0.37	0.57	0.35	0.35	0.39
	石油加工、炼焦和核燃料加工业	2.66	4.50	4.91	5.03	5.33	5.15	4.99	4.83	4.98	4.38	4.29	4.36	4.26	4.63	4.17	4.22	4.07	4.00	4.16	4.29
生活	城乡居民生活能源消费	11.23	11.20	11.23	11.24	11.01	10.80	10.52	10.40	10.24	10.06	10.07	10.28	10.35	10.49	10.16	10.20	10.43	11.44	11.58	12.12

资料来源：根据行业初级能源转换结果与年度能源消费统计数据计算而得，因此，部分年份部门能源消费比重加总有稍许偏差。

消费支出涉及 2 个行业，其中，烟草制品业的总能耗占比总体上呈现出下降趋势，2011 年后稳定在 0.07% 左右；批发、零售业和住宿、餐饮业的总能耗占比呈现上升趋势，2015 年其总能耗占比上升至 2.53%。

综上所述，与家庭居民消费支出直接关联的大多数产业能源消费的总能耗占比呈现一定程度的下降，综观 1996—2015 年，家庭居民消费支出直接关联行业的能源消费比重从 1996 年的 28.40% 总体上逐步递减到 2015 年的 24.84%，也就是说，家庭居民消费支出直接关联行业总能耗比重呈现出相对缓慢的下降趋势。

（二）家庭居民消费支出的中间及基础行业能源消费的总能耗占比情况

1. 中间产品型行业能源消费的总能耗占比情况

消费支出中间产品型行业共涉及 10 个行业，根据历年行业能源消费的总能耗比重，可以将其划分为三类能源消费的总能耗比重相对稳定的行业和能源消费的总能耗消费比重递减并趋稳的行业、能源消费的总能耗消费比重递增并趋稳的行业。

第一，能源消费的总能耗比重相对稳定的行业有化学原料和化学制品制造业、橡胶和塑料制品业、通用设备制造业、仪器仪表制造业 4 个行业，2011 年以后，这 4 个行业能源消费的总能耗比重分别在 11.27%、1.09%、0.98%、0.08% 上下波动，其中，化学原料和化学制品制造业在我国能耗结构中处于比较重要的地位。

第二，能源消费的总能耗比重递减并趋稳的行业有化学纤维制造业、专用设备制造业、工艺品及其他制造业 3 个行业，其中，化学纤维制造业能源消费的总能耗比重波动最为明显，专用设备制造业能源消费的总能耗比重波动较弱，工艺品及其他制造业能源消费的总能耗比重波动居于两者之间；2011 年后，3 个行业能源消费的总能耗比重分别在 0.46%、0.51%、0.40% 左右波动。

第三，能源消费的总能耗消费比重递增并趋稳的行业有黑色金属冶炼和压延加工业、有色金属冶炼和压延加工业、建筑业 3 个行业，2011 年后，3 个行业能源消费的总能耗比重分别在 17.31%、4.40%、

1. 75% 左右波动，其中，建筑业能源消费的总能耗比重依然有递增的可能。

2. 中间产品基础行业能源消费的总能耗比重变化情况

消费支出中间产品基础行业共涉及 7 个行业，根据历年行业能源消费的总能耗比重可以将其划分为四类。

第一，能源消费的总能耗比重递减并趋稳的行业。农林牧渔水利业能源消费的总能耗比重由 1996 年的 2.87% 演变到 2015 年的 1.95%，其递减趋势比较明显，2011 年后这种递减趋势减弱，该行业年度能源消费的总能耗比重在 1.92% 上下变动；相对于农林牧渔水利业的能源消费总能耗占比，有色金属矿采选业能源消费的总能耗比重递减趋势较弱，从 1996 年的 0.49% 演变到 2015 年的 0.29%，2011 年后该行业的能源消费的总能耗比重在 0.32% 上下浮动。

第二，能源消费的总能耗比重递减行业。煤炭开采和洗选业、石油和天然气开采业作为我国能源生产与提供的主要能源型行业，虽然 1996—2015 年，行业能源消费的总能耗比重有所波动，但是，总体递减趋势依然比较明显，这说明，与其他行业相比，在能源生产提供方面，我国能源行业效率呈现出了比较优势，2011 年后，这种趋势依然存在，其中，煤炭开采和洗选业 2011 年能源消费的总能耗占比从 2.08% 演变到 2015 年的 1.44%；石油和天然气开采业能源消费的总能耗占比从 2011 年的 1.04% 演变到 2015 年的 0.98%。

第三，能源消费的总能耗比重递增并趋稳的行业。黑色金属矿采选业能源消费的总能耗比重相对比较稳定，经历了由增到降，再到相对平稳的过程，2011 年后稳定在 0.32%。

第四，能源消费的总能耗比重相对稳定的行业。1996—2015 年，非金属矿采选业与石油加工、炼焦和核燃料加工业能源消费的总能耗占比虽有上下波动，但总体来看，这种波动幅度不大。2011 年后，这两个行业能源消费的总能耗比重分别在 0.41% 和 4.15% 上下波动。

3. 基础（服务）行业的能源消费总能耗占比情况

2010 年以前（包括 2010 年），交通运输、仓储和邮政业的能源消费量在年度总能耗中的比重相对比较稳定，其值在 7.35% 上下波动，也就是说，该行业的发展与国民经济中其他行业发展处于同步的发展状态。自 2011 年起，该行业在年度总能耗终端比重呈现出逐年递增趋势，到 2015 年，该行业总能耗比重增加至 9.05%，这说明交通运输、仓储和邮政业在国民经济发展的重要地位在逐渐提升。其他行业是一个包含众多服务于居民生活消费支出的行业，其他行业的能源消费量在年度总能耗中比重特点比较鲜明，以 2005 年为拐点，前期该行业消耗的总能耗占比从 1996 年的 4.05% 逐步递减到 2005 年的 3.72%，后期该行业年度能源消费量的总能耗占比从 2005 年的 3.72% 逐步上升到 2015 年的 5.29%，结合近年来我国能源消费效率不断提高及该行业能源消费演变特征，说明我国第三产业服务部门的居民生活消费支出基础质量提升快于国民经济发展的其他部门。

综观居民生活消费支出的中间产品业、中间产品基础业以及消费支出基础（服务）业的总能耗比重变化情况，在时间维度上，具体到各行业存在有能源消费比重上升、下降或趋稳等情形，综合这些行业总能耗的变化情况看，1996 年，这些行业的总能耗占 60.10%；2015 年，这些行业的总能耗占 62.65%，也就是说，这些中间产品或服务于中间产品，或服务于最终消费的行业能源消费总量虽然存在能耗比重递增的趋势，但这种变化趋势比较平缓。

（三）居民生活性能源消费的总能耗占比变化情况

居民生活消费支出不仅依赖于关联行业、中间产品产业、中间产品产业的服务业及基础（服务）行业，同时，居民生活消费支出必然伴随着居民能源直接能源消费的发生。这种居民生活性能源消费量的总能耗占比相对比较稳定，1996—2015 年，居民直接能源消费比重从 1996 年的 11.23% 逐步递减到 2005 年的 10.06%，而后有所回升至 2015 年的 12.12%，可见，居民直接能源在年度总能耗中的比重波动是相对平稳的。

综上所述，居民生活消费支出行业、消费支出中间产品行业、消费支出中间产品基础行业、消费支出基础行业以及居民直接能源消费，在不同年度，所涉及的行业能源消费占总能耗的比重是相对稳定的，尤其在 2011 年后，这种不同行业间能源消费比重相对稳定的特征更趋明显；如果将 42 个行业或部门划分为居民生活消费支出的关联行业、中间（基础）产业和居民生活三个部分来分析的话，会发现居民人均消费支出与各产业能源消费总量之间存在一种比较稳定的比例关系；也就是说，居民生活消费支出不仅带来其直接相关行业的能源消费，同时也会间接导致其他逐个行业的能源消费，因此，居民生活消费所引致的能源消费是一个系统问题，第三章第四小节将采用系统动力学的分析方法，对居民人均消费变化与能源消费量及能源消费结构之间的关系进行研究。另外，在 42 个行业或部门中，传统高耗能行业（黑色金属冶炼和压延加工业，化学原料和化学制品制造业，非金属矿物制品业，有色金属冶炼和压延加工业，石油加工炼焦和核燃料加工业，电力、热力生产和供应业）、消费支出基础行业（交通运输、仓储和邮政业，其他行业）以及居民生活等行业或部门的能源消费比重较大，以下结合能耗结构目标导向系数对这些行业或部门的能源消费结构进行分析。

三 部分行业的能源消费结构

根据四类初级能源的结构演变趋势系数可以将能源消费的 9 个主要行业归类为多碳型能源消费结构行业和多油型能源消费结构行业。

（一）多碳型行业的能源消费结构

基于既定的能源消费结构目标，黑色金属冶炼和压延加工业，化学原料和化学制品制造业，非金属矿物制品业，有色金属冶炼和压延加工业，电力、热力生产和供应业，居民生活 6 个行业的煤炭消费结构演变趋势系数主体上为 -1，因此，总体来看，这 6 个行业属于多碳型能源消费结构行业（见附表 3-1 至附表 3-9）。

1. 单一多碳型能源消费结构行业

黑色金属冶炼和压延加工业、非金属矿物制品业属于多碳型能源消费结构行业，也就是说，1996—2015 年，年度总能耗占 16.47% 的黑色金属冶炼和压延加工业以及年度总能耗占 9.34% 的非金属矿物制品业的能源消费结构演变呈现出相似特征，不断降低煤炭消费比重，同时提升石油、天然气、清洁能源消费比重，有利于推动既定行业的能源消费结构向目标能源消费结构演变并提高能耗结构目标导向系数。对于黑色金属冶炼和压延加工业来说（见图 3 – 1），其能耗结构目标导向系数始终在低位徘徊（1996—2015 年，能耗结构目标导向系数最小值为 0.452、最大值为 0.572）；能耗结构目标导向系数较小意味着该行业的能源消费结构距离目标能源消费结构甚远，能耗结构目标导向系数相对稳定则意味着能源消费结构演变存在较强的刚性。虽然如此，从煤炭、石油、天然气、清洁能源消费比重对能耗结构目标导向系数的影响强度来看，1996—2010 年，提高天然气消费比重更有利于提高该行业的能耗结构目标导向系数；2011—2015 年，提高石油消费比重更有利于提高该行业的能耗结构目标导向系数。对于非金属矿物制品业来说，其能耗结构目标导向系数从 1996 年的 0.597 演变到 2015 年的 0.876，相比较于黑色金属冶炼和压延加工业，该行业的能源消费结构演变具有较强弹性；比较四类能源消费比重变化对能耗结构目标导向系数的影响强度来看，近期提高天然气消费比重更有利于该行业能源消费结构优化。

2. 多碳、混沌型行业的能源消费结构

1996—2015 年，年均总能耗占 11.27% 的化学原料和化学制品制造业总体上呈现多碳型能源消费结构状态下，分别在 1999—2003 年及 2010—2015 年两个阶段表现出混沌型能耗结构特征；与化学原料和化学制品制造业的能耗结构类似，年均总能耗占 11.15% 的居民生活部门自 2007 年起，其能耗结构也表现出混沌特征。为此，称这两个行业或部门的能源消费结构为多碳、混沌型能源消费结构。行业或部门能耗结构变化与能耗潜在趋势不一致，减缓了行业或部门能耗结构目标导向系数递增的速度，其能耗结构目标导向系数演变趋势的刚性也说明了这一点；而能耗结构目标导向系数较大则说明这两个行业或部门的能耗结构已接近目标能耗结构。在推动行业能源消费结构向目标能耗结构演变方面，应注重提升清洁能源消费比重，优化化学原料和化学制品制造业的能耗结构，合理安排天然气与清洁能源的消费比重，优化居民生活的能耗结构。

3. 多碳、多清洁能源行业的能源消费结构

1996—2015 年，年均总能耗占 4.40% 的有色金属冶炼和压延加

工业与年均总能耗占 3.69% 的电力、热力生产和供应业的能源消费在呈现出多碳型能耗结构的同时，分别自 2012 年与 2008 年起，清洁能源结构目标演变系数由正变负，为此称这种特定时间段的行业能源消费结构为多碳、多清洁能源型能源消费结构。由于实际能源消费结构并没有按行业能源消费结构的演变趋势变化，导致了行业能耗结构目标导向系数增长减缓甚至反转下降（见图 3-1）。同时，结合有色金属冶炼和压延加工业与电力、热力生产和供应业的能耗结构目标导向系数演变趋势可以发现，这两个行业的能源消费结构在向目标能源消费结构演变过程中存在刚性约束。从有效实现能源消费结构演变的角度，结合四类初级能源消费比重单位变化的行业能耗结构目标导向系数影响强度，提高这两个行业的能耗结构目标导向系数要在关注提升天然气消费比重的同时，分别自 2012 年和 2013 年还要将关注重点转向石油消费比重的提升。

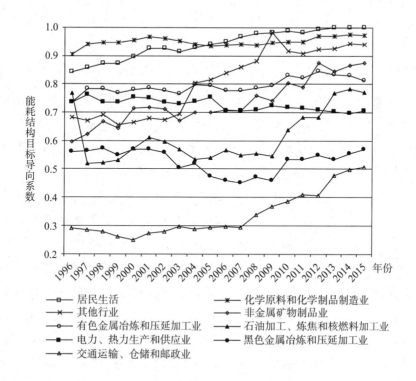

图 3-1　部分行业能耗结构目标导向系数

（二）多油型行业的能耗结构

年均总能耗占比分别为 4.15%、8.51% 和 4.81% 的石油加工、炼焦和核燃料加工业，交通运输、仓储和邮政业，其他行业 3 个行业是石油生产与消费的主要行业，相对于目标能源消费结构，这 3 个行业的石油消费结构演变趋势系数是 -1，这 3 个行业的多油型能源消费结构比较明显。从 3 个行业的能耗结构目标导向系数分布来看，其他行业比石油加工、炼焦和核燃料加工业，交通运输、仓储和邮政业的能源消费结构更接近于目标能源消费结构。相对于多碳型能源消费结构行业，多油型能源消费结构行业的能耗结构变动弹性更强些，也就是说，这 3 个行业的能耗结构依然有着较强的优化空间。在能源消费结构的演变上，交通运输、仓储和邮政业，石油加工、炼焦和核燃料加工业分别在 2008 年、2010 年以后辅以清洁能源消费比重的提升，加速其能耗结构优化进程；总体来看，提升天然气消费比重是优化 3 个行业能源消费结构的通用策略。

第三节　行业能源消费结构与行业能源强度

在能源消费结构与能源强度（效率）关系问题的研究中，研究的问题主要聚焦在能源消费结构变化对能源强度的影响，能源消费结构主要采用煤炭消费量在总能耗中的比重来衡量（Wu and Xu，2013；林伯强、牟敦国，2008；汪小英等，2013；武红等，2011；余翔，2007；朱妮、张艳芳，2015），因此，以上问题也就转化为煤炭消费比重对能源强度的影响（孔婷等，2008）；有研究分别对煤炭、石油、天然气、清洁能源等一次能源消费比重对能源强度的影响进行分析（郭菊娥等，2008）；还有研究强调，能源强度是能源消费结构（煤炭消费占一次能源消费比重）的格兰杰原因（任晓松、赵涛，2014）。当然，以上问题的研究视角主要集中在国家宏观经济层面，那么，我国行业能源强度与行业能源消费结构关系如何？以下将对此进行探讨。

一　行业能源强度的阶段性特征

农林牧渔水利业，工业，建筑业，交通运输、仓储和邮政业，批发、零售业和住宿、餐饮业及其他行业及居民生活包括我国居民生活消费支出、消费支出中间产品、消费支出中间产品基础、消费支出（服务）基础等行业，当然也包括居民生活。为了获得以上 7 个行业或部门的能源强度（能源效率），并实现年度之间能源强度的可比性，以 2005 年为基年，对以上 7 个行业或部门支出法下的产出或支出进行折算，并结合年度行业能耗量，计算出该行业不同年度的能源强度。行业能源强度（单位产出的能源消费量，单位：吨标准煤/万元）是行业技术水平的一个衡量指标（见图 3 - 2）。在行业能源强度高低比较上，工业，交通运输、仓储和邮政业的能源强度相对较高，其他 5 个行业或部门的能源强度相对较低。在行业能源强度变化趋势上，工业与居民生活消费部门的能源强度变化趋势比较一致，1996—2015 年，以 2002 年、2005 年为两个拐点，经历了递减、递增、递减的整体递减演变过程，这意味着，我国两个重要的能源消费部门〔工业部门年度能源消费比重在 70% 左右、居民直接能源消费比重在 11% 左右（见表 3 - 5）〕，能源消费效率在不断提升；交通运输、仓储和邮政业，建筑业，批发、零售业和住宿、餐饮业，其他服务业的能源强度经历了工业，交通运输、仓储和邮政业相似的两个拐点，只是在 2005 年以后、自 2007 年开始，能源强度下降趋势趋于缓和，甚至一些年份不降反增，这意味着，近年来我国这些行业存在能源消耗效率上升的"瓶颈"；农林牧渔水利业的能源强度以 2005 年为分界点，呈现"钟形"状态，2005 年以后、自 2007 年开始，其能源强度趋于稳定，同样意味着，近年来该行业能源消费效率的提升也存在着技术"瓶颈"。综上所述，在提升我国能源消费效率方面，有效的方式是重点关注工业、居民直接能源消费方面效率的提升。当然，在其他行业方面也应当保证既定能源效率的前提下，不断加强技术创新。

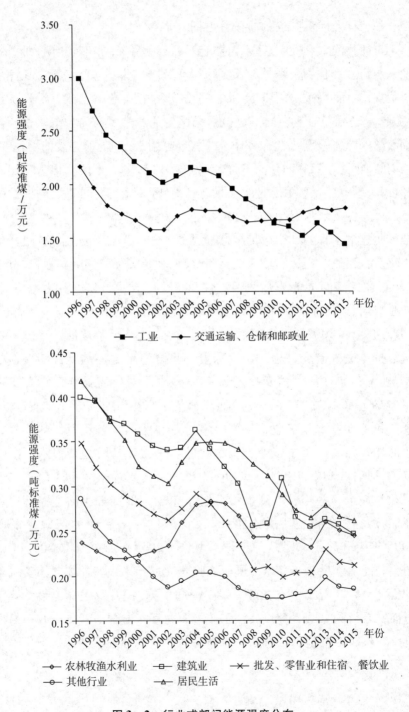

图 3-2 行业或部门能源强度分布

表 3 – 5　　　　　　　行业或部门能源消费比重　　　　单位:%

年份	农林牧渔水利业	工业	建筑业	交通运输、仓储和邮政业	批发、零售业和住宿、餐饮业	其他行业	居民生活
1996	2.87	70.84	1.52	7.40	2.10	4.05	11.23
1997	2.86	70.85	1.55	7.34	2.11	4.05	11.25
1998	2.84	70.64	1.60	7.41	2.13	4.07	11.30
1999	2.82	70.43	1.58	7.67	2.14	4.12	11.24
2000	2.83	70.38	1.56	7.78	2.19	4.14	11.12
2001	2.87	70.33	1.56	7.74	2.21	4.12	11.17
2002	2.86	70.22	1.58	7.82	2.22	4.11	11.19
2003	2.83	70.37	1.54	7.81	2.23	4.07	11.15
2004	2.79	70.44	1.52	7.96	2.19	4.04	11.05
2005	2.69	70.47	1.50	7.93	2.15	4.11	11.14
2006	2.56	70.49	1.51	7.97	2.15	4.17	11.15
2007	2.32	70.51	1.53	7.96	2.12	4.16	11.41
2008	2.15	70.88	1.36	7.95	2.05	4.22	11.38
2009	2.13	70.44	1.55	7.86	2.18	4.34	11.50
2010	2.11	69.39	2.02	8.31	2.24	4.50	11.43
2011	2.01	69.64	1.75	8.35	2.34	4.57	11.33
2012	1.95	68.55	1.77	8.88	2.47	4.80	11.57
2013	1.98	68.82	1.74	8.44	2.65	4.94	11.44
2014	1.94	68.42	1.82	8.67	2.66	4.91	11.58
2015	1.95	66.98	1.85	9.06	2.76	5.29	12.13

二　行业能源消费结构与行业能源强度相关性

鉴于行业能源强度的阶段性特征,在行业能源消费结构与其能源强度相关性分析上,考虑了1996—2005年、2006—2015年和1996—2015年三个时期;基于比较分析的需要,分别考虑了能耗结构目标导向系数、煤炭消费比重和能源强度的相关性,结果如表3 – 6所示。

工业,交通运输、仓储和邮政业,批发、零售业和住宿、餐饮业三个行业或部门的能源消费结构与能源强度相关性比较一致。无论是行业煤炭消费比重与能源强度之间，还是行业能耗结构目标导向系数与能源强度之间的相关性都表现出比较一致的特征，表现为：所考察的三个时间阶段，能源强度与行业煤炭消费比重都呈正相关、与行业能耗结构目标导向系数都呈负相关；这说明伴随着行业能源效率的不断提升（能源强度不断下降），行业的煤炭消费比重也在不断降低，同时行业的能耗结构目标导向系数也在不断增加，这意味着，行业能源消费结构在不断地向目标能源消费结构转化。

表 3 – 6　　主要行业或部门能源消费结构与能源强度的相关性

目标结构	能耗结构目标导向系数			煤炭消费比重		
	1996—2005 年	2006—2015 年	1996—2015 年	1996—2005 年	2006—2015 年	1996—2015 年
农林牧渔水利业	− 0.781	− 0.679	− 0.408	− 0.817	− 0.119	− 0.619
工业	− 0.875	− 0.976	− 0.918	0.704	0.915	0.413
建筑业	0.877	− 0.905	0.138	0.897	− 0.199	0.691
交通运输、仓储和邮政业	0.420	0.521	− 0.028	0.784	− 0.554	0.600
批发、零售业和住宿、餐饮业	− 0.879	− 0.876	− 0.937	0.828	0.606	0.830
其他行业	− 0.289	− 0.269	− 0.677	− 0.120	0.225	− 0.589
居民生活	− 0.798	− 0.903	− 0.857	0.752	0.892	0.864

　　农林牧渔水利业和其他行业的能源消费结构与能源强度相关性表现较为一致。农林牧渔水利业的能源强度与煤炭消费比重呈现出负相关，1996—2005 年、2006—2015 年及 1996—2015 年，这种负相关分别表现为强负相关、弱负相关及中度负相关，这意味着，伴随行业能源消费技术水平的提高（能源强度下降），行业煤炭消费比重会提高，这种行业能耗技术水平提升在一定程度上加速了行业煤炭消费比重的现象说明该行业对煤炭消费存在技术依赖性。农林牧渔水利业的能源强度与行业能耗结构目标导向系数在 1996—2005 年、2006—2015 年及 1996—2015 年主要呈现为中度负相关，这说明行业能源消费技术水平进步有利于提高行业能耗结构目标导向系数，推动目

前行业能源消费结构向目标能源消费结构的转化；之所以存在行业能
耗技术水平的提高在提升行业煤炭消费比重的前提下依然能够不断优
化行业能源消费结构，原因在于，该行业目前的煤炭消费比重低于目
标能耗结构中的煤炭比重或在目标能耗结构中的煤炭比重左右波动。
其他行业能源强度与煤炭消费比重在 2006—2015 年呈现出弱正相关，
能源消费技术水平的提高推动了行业煤炭消费比重的下降，但是，
1996—2015 年，该行业的能源强度与能源消费结构的相关性与农林牧
渔水利业相似，也存在对煤炭消费的行业依赖性。

　　建筑业，批发、零售业和住宿、餐饮业的能源消费结构与能源强
度相关性表现较为一致。1996—2005 年，两个行业伴随着能源消费技
术水平的提高，煤炭消费比重逐渐下降，同时行业能源消费结构在不
断偏离目标能源消费结构（因为同期能源消费技术升级带来了行业能
耗结构目标导向系数的不断降低）。由此可见，行业能耗技术水平升
级的直接效应是强化该行业能源消费内在的固有选择，强化了行业固
有能源消费体系的选择。比如批发、零售业和住宿、餐饮业的能源消
费主体是石油，那么该行业的能耗技术升级主要在于推动石油或石油
替代能源的消费（比重）增加，而抑制煤炭等低替代性能源的消费
（比重），本书将这种技术进步（升级）所导致的行业能源消费倾向
性称为行业能源消费技术选择性。行业能源消费技术选择性可能会强
化某种形式能源的消费，同时弱化其他形式能源的消费，这种效应有
时会背离全局层面的能源消费结构目标要求。2006—2015 年和
1996—2015 年，这两个行业能源强度与能耗结构之间呈现出比较复杂
的表现形式，这与行业的能源强度变化特征直接相关。

三　行业能源消费结构与行业能源强度格兰杰因果关系

　　能源消费结构目标导向系数揭示的是能源消费结构与目标能源消
费结构接近的程度，时间维度上的能源消费结构目标导向系数变化情
况在一定层面揭示了能源消费结构优化的进程；能源强度是单位产出
能耗量，时间维度上的能源强度在一定层面揭示了经济过程技术化进
程，是对能源消费效率的衡量，一般地，能源强度越小意味着经济系
统的技术水平越高，能源消费效率越高。因此，基于目标导向性的

行业能源消费结构演变状况是否会影响到经济系统能源效率（技术水平）变化或相反，两者之间的关系可以通过行业能耗结构目标导向系数与行业能源强度的格兰杰因果关系来测度。

1. 行业能源消费结构与行业能源强度的协整关系

两个变量时间序列都是平稳的或两者之间存在协整关系是检验这两个变量是否存在格兰杰因果关系的前提，为此，对农林牧渔水利业，工业，建筑业，交通运输、仓储和邮政业，批发、零售业和住宿、餐饮业，其他行业，居民生活7个行业或部门各自的能耗结构目标导向系数与同期能源强度进行单位根检验（AIC 最小取值准则确定单位根检验结论），结果如表 3－7 所示。

其一，建筑业、农林牧渔水利业的能耗结构目标导向系数与能源强度时间序列在特定的显著性水平下都是平稳的，通过验证也说明这2个行业的能耗结构目标导向系数与能源强度之间存在协整关系，因此，对这两个行业的能源消费结构与能源强度可以进行格兰杰因果检验。

其二，农林牧渔水利业，工业，批发、零售业和住宿、餐饮业，其他行业，居民生活消费的能耗结构目标导向系数与能源强度时间序列的一阶差分在特定显著性水平下也都是平稳的，因此，这4个行业各自的能耗结构目标导向系数与能源强度时间序列都是一阶单整的，验证说明这4个行业的能源消费结构与能源强度之间存在协整关系。

其三，交通运输、仓储和邮政业的能耗结构目标导向系数时间序列是非平稳的，而其能源强度时间序列在5%的显著性水平下是平稳的，两者之间不存在协整关系，从而也就无法确定两者之间的格兰杰因果影响关系。

2. 行业能源消费结构与行业能源强度的格兰杰因果影响关系

基于 AIC 值最小的判断准则，确立7个行业或部门的能耗结构目标导向系数与能源强度之间格兰杰因果关系的合理滞后阶数（对滞后1—4期的格兰杰因果关系进行考察），对两类变量之间及两类变量一阶差分时间序列的格兰杰因果关系进行逐一验证，结果呈现出以下三种状况：

表3-7　行业或部门能耗结构目标导向系数与能源强度单位根检验

行业或部门	变量	检验形式 (c, t, k)	临界值 0.01	临界值 0.05	临界值 0.10	ADF统计量	P值	结论
农林牧渔水利业	ENCTH	(c, t, 4)	-4.728	-3.760	-3.325	-0.924	0.925	不平稳
	EI	(0, 0, 0)	-2.692	-1.960	-1.607	0.012	0.674	不平稳
	D (ENCTH)	(0, 0, 0)	-2.700	-1.961	-1.607	-2.984	0.005	1%的显著水平下平稳
	D (EI)	(0, 0, 0)	-2.700	-1.961	-1.607	-3.233	0.003	1%的显著水平下平稳
工业	ENCTH	(0, 0, 0)	-2.692	-1.960	-1.607	2.012	0.986	不平稳
	EI	(c, t, 4)	-4.728	-3.760	-3.325	-3.396	0.090	5%的显著水平下不平稳
	D (ENCTH)	(c, 0, 0)	-3.857	-3.040	-2.661	-4.307	0.004	1%的显著水平下平稳
	D (EI)	(0, 0, 0)	-2.700	-1.961	-1.607	-2.782	0.008	1%的显著水平下平稳
建筑业	ENCTH	(c, 0, 0)	-3.832	-3.030	-2.655	-3.426	0.023	5%的显著水平下平稳
	EI	(c, t, 1)	-4.572	-3.691	-3.287	-3.298	0.098	10%的显著水平下平稳
交通运输、仓储和邮政业	ENCTH	(c, t, 4)	-4.728	-3.760	-3.325	0.227	0.995	不平稳
	EI	(c, t, 4)	-4.728	-3.760	-3.325	-4.180	0.025	5%的显著水平下平稳

续表

行业或部门	变量	检验形式 (c, t, k)	临界值 0.01	0.05	0.10	ADF统计量	P值	结论
批发、零售业和住宿、餐饮业	ENCTH	(c, t, 0)	-3.832	-3.030	-2.655	-3.359	0.026	5%的显著水平下平稳
	EI	(c, t, 4)	-4.728	-3.760	-3.325	-3.872	0.042	5%的显著水平下平稳
其他行业	ENCTH	(c, t, 0)	-4.533	-3.674	-3.277	-1.953	0.588	不平稳
	EI	(c, 0, 1)	-3.857	-3.040	-2.661	-2.494	0.133	不平稳
	D (ENCTH)	(c, 0, 0)	-3.857	-3.040	-2.661	-3.957	0.008	1%的显著水平下平稳
	D (EI)	(0, 0, 0)	-2.700	-1.961	-1.607	-3.292	0.003	1%的显著水平下平稳
居民生活	ENCTH	(c, 0, 2)	-3.887	-3.052	-2.667	-2.192	0.216	不平稳
	EI	(c, t, 4)	-4.728	-3.760	-3.325	-2.690	0.253	不平稳
	D (ENCTH)	(c, t, 4)	-4.800	-3.791	-3.342	-3.666	0.061	10%的显著水平下平稳
	D (EI)	(0, 0, 0)	-2.700	-1.961	-1.607	-2.165	0.033	5%的显著水平下平稳

注：①ENCTH 表示能耗结构目标导向系数，EI 表示行业能源强度（单位：吨标准煤/万元）；②（c，t，k）中 c 表示常数项，t 表示趋势项，k 表示滞后阶数；③滞后期以 AIC 最小为标准。

其一，能源消费结构与能源强度之间的格兰杰因果关系无法确立的行业。交通运输、仓储和邮政业的能源消费结构与能源强度指标之间不存在协整关系，使确定两者之间格兰杰因果关系没有意义，也就是说，1996—2015 年，该行业的目标导向性能源消费结构与行业能源强度之间没有表现出格兰杰影响关系。

其二，能源消费结构与能源强度之间表现出协整关系，没有表现出格兰杰因果影响关系的行业。这类行业主要有建筑业，批发、零售业和住宿、餐饮业，居民生活等，其共同特征是：AIC 最小值对应于其格兰杰因果检验滞后 1 期，此时，其能源消费结构与能源强度之间并不表现出格兰杰因果影响关系。

其三，能源消费结构与能源强度之间表现出协整关系，并表现出了格兰杰因果影响关系（见表 3 - 8）。1996—2015 年，7 大类行业中，农林牧渔水利业的能源消费规模相对较低，并且增速相对稳定，其能源消费结构在滞后 1 期条件下格兰杰影响其能源消费强度；反过来，农林牧渔水利业的能源强度在滞后 3 期条件下显著地影响着其能源消费结构，也就是说，农林牧渔水利业能源消费强度与能源消费结构之间的互动推动了该行业能源消费结构合目的性转化。对于工业行业来说，在滞后 1 期条件下，其能源强度（EI_{ind}）不能格兰杰影响到该行业的能源消费结构（$ENCTH_{ind}$）；但是，在滞后 4 期和 10% 的显著性及其能源消费结构格兰杰影响到该行业的能源强度，也就是说，1996—2015 年，我国工业能源消费结构的调整带来该行业能源消费效率的提高。对于其他行业来说，在滞后 1 期和 10% 的显著性水平下，该行业的能源强度（EI_{oth}）格兰杰影响其能源消费结构（$ENCTH_{oth}$），但是，该行业的能源消费结构并没有展现出格兰杰影响其能源强度的作用，这意味着，居民生活消费服务行业能源消费效率的提高推动该行业的能源消费结构改进和优化。

综上所述，我国综合性 7 大类行业或部门的能源强度与能源消费结构格兰杰因果影响关系中，工业是我国能源消费主要部门，其能源消费量一般占年度总能源消费量的 70% 左右，1996—2015 年，该行业能源消费结构格兰杰影响其能源强度的特征标志着我国工业行业的

表 3 – 8　　　　部分行业能源消费结构与能源强度格兰杰关系

原假设	滞后期数	AIC	F 统计量	Prob > F	结论
dEI_{agr} 不是格兰杰引起的 $dENCTH_{agr}$	3	– 96.26	6.82	0.0108	拒绝
$dENCTH_{agr}$ 不是格兰杰引起的 dEI_{agr}	1	– 104.35	3.59	0.0775	拒绝
EI_{ind} 不是格兰杰引起的 $ENCTH_{ind}$	1	– 117.29	1.62	0.2350	接受
$ENCTH_{ind}$ 不是格兰杰引起的 EI_{ind}	4	– 41.30	4.05	0.0519	拒绝
EI_{oth} 不是格兰杰引起的 $ENCTH_{oth}$	1	– 80.82	3.33	0.0866	拒绝
$ENCTH_{oth}$ 不是格兰杰引起的 EI_{oth}	1	– 130.32	0.41	0.5299	接受

能源消费不仅能源消费结构处于不断优化过程中，而且其能源利用效率也在不断地提升中；其他行业表现出能源强度格兰杰影响其能源消费结构，这意味着注重该行业能源消费效率的提高有助于优化其能源消费结构；农林牧渔水利业的能源消费结构与能源强度双向格兰杰影响关系，带来了行业能源消费结构和目的性演变，这为其他行业的能源消费结构的调整提供了借鉴。同期，其他四类行业在能源消费结构与能源强度演变上没有表现出显著的格兰杰因果影响关系，这也就意味着，这些行业能源强度的变化（降低）没有显著推动行业能源消费结构的合目的性演变。从全局角度看，我国的能源强度变化（降低）对能源消费结构是否产生了影响，能源强度与居民生活消费支出共同作用如何影响我国的能源消费结构，下面将从系统动力学的视角予以分析。

第四节　能源消费结构统计特征系统动力学模型构建与分析

以上分析了我国主要行业初级能源消费结构，阐述了基于家庭居民消费基础上行业的划分及家庭居民消费支出直接关联行业、中间产品及服务行业、消费支出基础服务行业的能源消费与家庭居民人均消费支出之间相对稳定的协同比例关系，并且对我国主要产业的能源消费结构与其能源强度之间的关系进行了探讨。那么，我国居民年度人均消费支出对能源消费及能源消费结构如何影响，并且按照近期（2014—2015 年）不同类型初级能源消费量变化方式，到 2020 年能否实现既定的能源消费结构目标？对于以上问题，以下通过构建系统动力学模型，设计包括由能源强度、消费支出决定的 9 种情景，对以上问题进行回答。

一　能源消费结构系统动力学模型设计的理论基础

居民人均消费支出建立在对直接关联行业产品需求及居民生活消费（直接能源消费）的基础上，直接关联行业的发展及居民生活消费需求变迁带动了关联行业及居民生活消费的分类能源消费及总能源的消费，同时也激发了消费支出基础行业（服务）的发展及该行业分类能源及总能源的消费；而这些行业的正常运行依赖于中间产品行业及中间产品基础行业的支撑，从而形成了这些行业分类能源及总能源消费的需求。也就是说，居民生活消费支出的发生同时引致了消费支出直接关联行业、生活消费（直接能源消费）部门、中间产品行业、中间产品基础行业及基础服务行业能源消费及结构变化；将后三类行业合并为"中间产品行业"，这样就形成了并行的行业能源消费子系统：居民生活消费支出直接关联行业子系统，涉及 22 个具体行业；居民生活消费子系统；中间产品行业子系统，涉及 19 个具体行业。各个并行子系统的能源消费汇总为同年度的能源消费总量，在既定的年度能源强度条件下，便可以获取年度 GDP；在年度居民生活消费支出系数作用下，形成了年度居民生活消费支出。这样就形成了基于居民生活消费支出的能源消费结构演变系统动力（见图 3 – 3）。

二　能源消费结构系统动力学模型变量设计

基于以上分析，从居民生活消费支出涉及的 GDP、三大类行业的四种能源消费的情形，模型中涉及的主要变量如下：

（一）基本指标变量

pay：居民人均消费支出（元）；

delay – pay：滞后一期居民人均消费支出（元）；

coe – pay：居民生活消费支出系数；

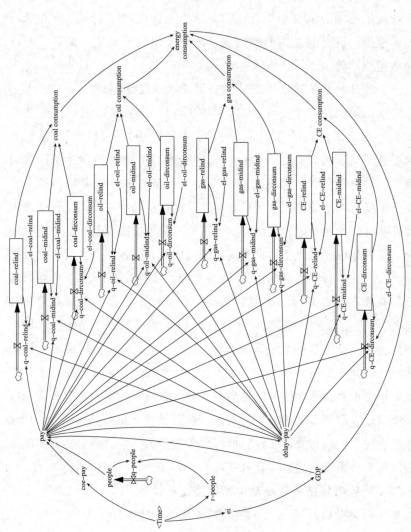

图 3 − 3 基于居民生活消费支出的能源消费结构演变系统动力

people：年度总人口（万人）；

q – people：年度人口增长；

r – people：年度人口增长（万人/年）；

ei：能源强度（吨标准煤/万元）；

coal consumption：煤炭消费量（万吨标准煤）；

oil consumption：石油消费量（万吨标准煤）；

gas consumption：天然气消费量（万吨标准煤）；

CE consumption：清洁能源消费量（万吨标准煤）；

energy consumption：能源消费总量（万吨标准煤）。

GDP：国内生产总值（万元）。

（二）居民生活消费支出关联行业相关变量

coal – relind：消费支出关联行业煤炭消费量（万吨标准煤）；

q – coal – relind：消费支出关联行业煤炭消费变化率（万吨标准煤）；

el – coal – relind：消费支出关联行业煤炭需求弹性系数；

oil – relind：消费支出关联行业石油消费量（万吨标准煤）；

q – oil – relind：消费支出关联行业石油消费变化率（万吨标准煤）；

el – oil – relind：消费支出关联行业石油需求弹性系数；

gas – relind：消费支出关联行业天然气消费量（万吨标准煤）；

q – gas – relind：消费支出关联行业天然气消费变化率（万吨标准煤）；

el – gas – relind：消费支出关联行业天然气需求弹性系数；

CE – relind：消费支出关联行业清洁能源消费量（万吨标准煤）；

q – CE – relind：消费支出关联行业清洁能源消费变化率（万吨标准煤）；

el – CE – relind：消费支出关联行业清洁能源需求弹性系数。

（三）居民生活消费支出基础与中间行业相关变量

coal – midind：消费支出中间行业煤炭消费量（万吨标准煤）；

q – coal – midind：消费支出中间行业煤炭消费变化率（万吨标准煤）；

el – coal – midind：消费支出中间行业煤炭需求弹性系数；

oil – midind：消费支出中间行业石油消费量（万吨标准煤）；

q – oil – midind：消费支出中间行业石油消费变化率（万吨标准煤）；

el – oil – midind：消费支出中间行业石油需求弹性系数；

gas – midind：消费支出中间行业天然气消费量（万吨标准煤）；

q – gas – midind：消费支出中间行业天然气消费变化率（万吨标准煤）；

el – gas – midind：消费支出中间行业天然气需求弹性系数；

CE – midind：消费支出中间行业清洁能源消费量（万吨标准煤）；

q – CE – midind：消费支出中间行业清洁能源消费变化率（万吨标准煤）；

el – CE – midind：消费支出中间行业清洁能源需求弹性系数。

（四）居民直接能源消费相关变量

coal – dirconsum：居民直接煤炭消费量（万吨标准煤）；

q – coal – dirconsum：居民直接煤炭消费变化率（万吨标准煤）；

el – coal – dirconsum：居民直接煤炭需求弹性系数；

oil – dirconsum：居民直接石油消费量（万吨标准煤）；

q – oil – dirconsum：居民直接石油消费变化率（万吨标准煤）；

el – oil – dirconsum：居民直接石油需求弹性系数；

gas – dirconsum：居民直接天然气消费量（万吨标准煤）；

q – gas – dirconsum：居民直接天然气消费变化率（万吨标准煤）；

el – gas – dirconsum：居民直接天然气需求弹性系数；

CE – dirconsum：居民直接清洁能源消费量（万吨标准煤）；

q – CE – dirconsum：居民直接清洁能源消费变化率（万吨标准煤）；

el – CE – dirconsum：居民直接清洁能源需求弹性系数。

三 能源消费结构系统动力学模型关系方程

（一）居民生活消费支出类的基本变量及关系设定

居民生活消费支出系数。居民生活消费支出系数是指年度居民生活消费支出占当年国内生产总值比重，首先采用年度居民人均消费支出（八种基本消费支出的和）与年度总人口的乘积得出年度居民生活总消费支出，再除以年度 GDP，得到居民生活消费支出系数。鉴于居民消费支出系数的动态性，对 2011—2015 年 5 年的消费支出系数建立 GM（1，1）模型，同时，考虑到年度居民生活消费支出数据的年度变化随机性，而其实际发生时间序列数据的一阶弱化与二阶弱化下形成的时间序列不同程度地降低了原序列数据波动的随机性。鉴于此，针对居民生活消费支出的原数据、一阶弱化数据、二阶弱化数据分别构建灰模型，从而考察居民生稍有消费支出系数实际情景下、一阶弱化平稳情景下、二阶弱化平稳情景下对能源消费结构的影响情况，形成居民生活消费支出系数的演变方程分别为：

$$coe-pay(t+1) = 0.3380e^{0.0239t} \tag{3-1a}$$

$$coe-pay(t+1) = 0.3563e^{0.0097t} \tag{3-1b}$$

$$coe-pay(t+1) = 0.3537e^{0.0043t} \tag{3-1c}$$

人口增长率（r-people）与总人口数（people）。人口增长率反映当年居民人口相对于上一年的变化情况，采用与居民生活消费支出系数相同的思路获取人口增长率的动态时间序列的白化方程，鉴于我国近年来推行的"二孩"政策，在获取人口增长率白化方程方面，是通过对 2011—2015 年的人口增长率构建 GM（1，1）获取的，人口增长率的演化方程为 $r-people(t+1) = 0.0049e^{0.0060t}$。在此基础上，以 2015 年为基年，得到水平变量年度总人口（people）的以人口增长率为积分变量、2015 年总人口为初始值的积分表达式。

能源强度、国内生产总值与居民人均消费支出。能源强度是反映一定时期国内能源消费效率的一个指标，用单位 GDP 产出的能源消费量表示，近年来，我国能源强度在国家近期的"双控"约束（能源消费总量控制和能源消费强度控制）下，我国的能源强度下降趋势比较迅速，因此，为了探讨能源强度对能源消费结构的影响，故对 2011—2015 年能源强度的实际时间序列数据、一阶弱化平稳时间序列数据、二阶弱化平稳时间序列数据，分别构建 GM（1，1）模型，形成能源强度演变的方程为：

$$el(t+1) = 1.1346e^{0.0486t} \tag{3-2a}$$

$$el(t+1) = 1.0355e^{-0.0268t} \tag{3-2b}$$

$$el(t+1) = 0.9833e^{-0.0142t} \tag{3-2c}$$

在假定年度能源消费总量已知的条件下，根据年度能源消费总量与能源强度的比值确定年度的 GDP；在此基础上，获得居民人均消费支出。

（二）能源消费类变量及关系设定

在居民生活消费关联行业的能源消费、基础与中间行业的能源消费、居民直接能源消费上，分类根据居民生活消费支出的能源消费弹性来获得各产业不同类型能源消费的时间序列值。鉴于产业及居民的不同类型能源消费量的处理思路基本一致，故只分析居民生活消费支出的关联行业煤炭消费量的获取方式。

消费支出关联行业煤炭需求弹性系数。消费支出关联行业煤炭需求弹性系数是指相对于居民生活消费支出的变化率引致的居民生活消费支出直接关联行业煤炭需求的变化率（以下简称关联行业煤炭需求弹性）；用 X_t、X_{t+1} 表示本期和下一期居民人均消费支出，用 E_t、E_{t+1} 表示本期和下一期及居民生活消费支出直接关联企业的煤炭消费量，则关联行业煤炭需求弹性 ε 可表示为：

$$\varepsilon = \frac{E_{t+1} - E_t}{(E_{t+1} + E_t)/2} \bigg/ \frac{X_{t+1} - X_t}{(X_{t+1} + X_t)/2} \tag{3-3}$$

为了降低时间节点之间时间间隔差异对所计算弹性的影响，故采用弧弹性。从近年来我国行业初级能源需求的弹性分布状况来看：首先，不同行业的同类型能源同期的需求弹性不一致，以 2015 年为例，居民生活消费支出关联行业、基础及中间产品行业的煤炭需求弹性分别为 −0.428、−0.222，而居民直接煤炭需求弹性为 0.152，这标志着煤炭消费在居民生活消费的关联行业领域呈现出比上一年下降的趋势，但是，居民直接能源消费方面，煤炭消费量却在增加。不同时间节点上的弹性因为年度间不同能源消费的变化而呈现出不稳定性。其次，同行业同类型能源的不同时间点上的能源需求弹性也呈现出变化性。2013—2015 年，居民生活消费支出直接关联行业的煤炭需求弹性分别为 1.587、−0.395、−0.428，也就是说，在这个时间区间上，相关行业的煤炭消费呈现逐年下降的趋势，这符合能源消费结构优化的要求。考虑到我国近年来能源消费结构演变趋势，采用 2014—2015 年的不同行业分类能源的消费支出需求弹性均值对其进行衡量（见表 3 - 9），也就是说，在设定三种行业分类能源需求弹性为 2014—2015 年的弹性均值基础上，探讨家庭居民消费支出对我国能源消费结构的影响。

表 3 - 9　　　　　　**行业分类能源消费支出需求弹性系数**

	煤炭	石油	天然气	清洁能源
直接关联行业	- 0. 411	- 0. 177	1. 290	1. 198
中间产品或基础行业	- 0. 064	0. 594	0. 684	1. 287
居民生活	- 0. 017	1. 613	0. 911	1. 221

消费支出关联行业煤炭消费变化率（q - coal - relind：万吨标准煤）。消费支出关联行业煤炭消费变化率是指与家庭居民消费支出直接关联行业本期煤炭消费量相对于前期煤炭消费量的变化量（或称为增量）；在假定居民生活消费支出确定的条件下，可以借助家庭居民消费支出的关联行业煤炭需求弹性对消费支出关联行业煤炭消费变化率进行求解。整理式（3 - 3）得：

$$E_{t+1} = E_t + \frac{2E_t\varepsilon(X_{t+1} - X_t)}{(1-\varepsilon)X_{t+1} + (1+\varepsilon)X_t} \qquad (3-4)$$

由式（3 - 4）可知，居民生活消费支出直接关联行业当期煤炭需求量由于居民生活消费支出的变化导致相对于上期的变化率（增量）为 $\frac{2E_t\varepsilon(X_{t+1} - X_t)}{(1-\varepsilon)X_{t+1} + (1+\varepsilon)X_t}$，基于此，形成系统动力学模型中消费支出关联行业煤炭消费变化率的表达式。

（三）研究问题的情境设定

基于研究居民生活消费支出的能源消费结构效应，作为比较，考察能源强度与居民生活消费支出系数单位变化对能源消费结构的影响。在假定我国各类初级能源在既定的居民生活消费支出能源需求弹性条件下，分别设定能源强度、居民生活消费支出系数当前变化趋势、一阶弱

化趋势、二阶弱化趋势各三种情形，共 9 个情景的条件下（见表 3 -
10），对我国能源消费结构的演变特征进行研究。对小样本时序数据进
行弱化缓冲，可以弱化数据的随机性，使根据其预测的结果能呈现出应
有的规律（谢乃明、刘思峰，2003）。当然，通过弱化数据进行事物规
律的预测，这也表明决策分析者的保守性，也就是说，在越高阶的弱化
数据基础上做决策，则显示出决策者越保守。这样看来，9 种情景中，
如果称（0，0）情景决策是常态风险决策的话，那么（1，1）可以称
为中度保守决策，（2，2）则可以称为高度保守决策。

表 3 -10　　　能源强度、居民生活消费支出系数对能源消费结构影响情景

		居民生活消费支出系数		
		当前变化趋势	一阶弱化趋势	二阶弱化趋势
能源强度	当前变化趋势	（0，0）	（0，1）	（0，2）
	一阶弱化趋势	（1，0）	（1，1）	（1，2）
	二阶弱化趋势	（2，0）	（2，1）	（2，2）

（四）基本数据来源及处理

居民生活消费支出数据的处理。我国居民生活消费支出分为城镇
居民消费支出（城镇居民现金消费支出）和农村居民消费支出，为了
获得部分城乡的国内居民人均消费支出，从以下三个步骤进行处理。

第一步，由于 2013 年及其后的城乡居民人均消费支出的数据来
源于国家统计局开展的城乡一体化住户收支与生活状况调查，与之前
的数据统计口径不一致，基于 2014 年《中国统计年鉴》中 2013 年城
镇居民人均现金消费支出，以 2016 年《中国统计年鉴》中 2014 年、
2015 年"城镇居民人均消费支出"相对于 2013 年的增长率为调整系
数，获得 2014 年和 2015 年的城镇居民人均现金消费支出，保证统计
数据前后的延续性。

第二步，分别采用城乡居民生活消费价格指数对各类支出进行
折算。

第三步，使用城镇化率对城乡居民消费进行加总平均得到居民生

活消费支出。

以上数据来源于《中国统计年鉴》（1997—2016）。行业能源消费相关数据来源于本章前面对行业终端能源消费的初级能源转化形成的数据，行业能源消费数据来源于《中国能源统计年鉴》（1997—2016）。

四　能源消费结构系统动力学模型运行及结果

（一）家庭居民消费支出、能源强度变化显著影响能源消费结构

比较观察情景 1、情景 2、情景 3，也就是在能源强度与其他因素保持不变的条件下（见表 3 - 11），不仅能源消费总量会因为消费支出系数变化所导致的消费支出不同而不同，并且四类初级能源消费的结构差异也很明显，在居民生活消费支出系数依次处于当前变化趋势、一阶弱化趋势、二阶弱化趋势的情况下，其能源消费总量的递增趋势依次表现出趋缓的趋势，并且煤炭消费占比的递减，石油、天然气、清洁能源消费占比的递增也都依次呈现出逐步趋缓的特征，这一点也综合反映在能源消费结构目标导向系数的变化上。同样，在能源强度一阶弱化、其他条件不变（或能源强度二阶弱化、其他条件不变）的情况下，居民生活消费支出的能耗结构效应也是明显的。相反，在假定居民生活消费支出系数及其他因素不变的条件下，观察能源强度分别处于当前变化趋势、一阶弱化趋势、二阶弱化趋势（情景 1、情景 4、情景 7）条件下，此时的能源消费总量与四类初级能源消费结构的占比都呈现出不同的特征，这一点也可以从不同情景下的能耗结构目标导向系数加以说明，也就是说，能源强度的变化不仅会影响能源消费总量，也会影响能源消费结构。比较居民生活消费支出的能耗结构弹性（居民生活消费支出系数单位相对变化量所引起的能耗结构目标导向系数的单位相对变化量）的绝对值与能源强度的能耗结构弹性（能源强度的单位相对变化量所引起的能耗结构目标导向系数的单位变化量）的绝对值，可以发现在常态风险决策（0，0）、中度保守决策（1，1）、高度保守决策（2，2）三种情景中，前者的值总是大于后者，这从一个侧面说明，相对于通过能源强度控制来实现我国近期"节能减排"的战略目标，引导居民生活消费支出更有利于能源消费总量及能源消费结构的调整。

表 3 - 11　　分情景居民生活消费支出的能源消费结构效应

情景	年份	能耗量（万吨标准煤）	煤炭占比（%）	石油占比（%）	天然气占比（%）	清洁能源占比（%）	目标导向系数	消费支出系数	能源强度	能耗结构消费弹性	能耗结构强度弹性
情景 1 (0, 0)	2016	435167	0.619	0.191	0.062	0.128	0.982	0.381	0.890	0.137	0.067
	2017	444679	0.598	0.198	0.065	0.139	0.985	0.390	0.848	0.112	0.055
	2018	456330	0.574	0.206	0.068	0.152	0.986	0.399	0.807	0.053	0.026
	2019	470330	0.549	0.214	0.072	0.165	0.986	0.409	0.769	0.016	0.008
	2020	487168	0.522	0.222	0.076	0.180	0.983	0.419	0.733	0.090	0.044
情景 2 (0, 1)	2016	433667	0.622	0.190	0.061	0.126	0.981	0.374	0.890	0.276	0.055
	2017	440886	0.606	0.196	0.064	0.135	0.984	0.378	0.848	0.252	0.050
	2018	449436	0.588	0.202	0.066	0.144	0.985	0.381	0.807	0.164	0.033
	2019	459340	0.569	0.208	0.069	0.155	0.986	0.385	0.769	0.061	0.012
	2020	470791	0.548	0.214	0.072	0.166	0.986	0.389	0.733	0.049	0.010
情景 3 (0, 2)	2016	433105	0.624	0.190	0.061	0.126	0.981	0.371	0.890	0.569	0.050
	2017	439492	0.609	0.195	0.063	0.133	0.983	0.373	0.848	0.538	0.047
	2018	446961	0.593	0.200	0.066	0.142	0.985	0.375	0.807	0.382	0.033
	2019	455492	0.576	0.205	0.068	0.151	0.986	0.376	0.769	0.196	0.017
	2020	465210	0.558	0.211	0.071	0.160	0.986	0.378	0.733	0.004	0.000

续表

情景	年份	能耗量（万吨标准煤）	煤炭占比（%）	石油占比（%）	天然气占比（%）	清洁能源占比（%）	目标导向系数	消费支出系数	能源强度	能耗结构消费弹性	能耗结构强度弹性
情景4 (1, 0)	2016	432877	0.624	0.189	0.061	0.125	0.981	0.381	0.906	0.097	0.087
	2017	438932	0.610	0.194	0.063	0.133	0.983	0.390	0.882	0.094	0.083
	2018	445974	0.595	0.199	0.065	0.141	0.985	0.399	0.858	0.068	0.061
	2019	453973	0.579	0.204	0.068	0.149	0.986	0.409	0.836	0.038	0.034
	2020	463029	0.562	0.210	0.070	0.158	0.986	0.419	0.814	0.006	0.005
情景5 (1, 1)	2016	431431	0.628	0.188	0.060	0.124	0.980	0.374	0.906	0.170	0.062
	2017	435437	0.618	0.192	0.062	0.128	0.982	0.378	0.882	0.178	0.064
	2018	439939	0.608	0.195	0.063	0.134	0.984	0.381	0.858	0.152	0.055
	2019	444867	0.597	0.198	0.065	0.139	0.985	0.385	0.836	0.118	0.043
	2020	450235	0.586	0.202	0.067	0.145	0.985	0.389	0.814	0.082	0.030
情景6 (1, 2)	2016	430889	0.629	0.188	0.060	0.123	0.980	0.371	0.906	0.324	0.052
	2017	434154	0.621	0.191	0.061	0.127	0.982	0.373	0.882	0.349	0.056
	2018	437775	0.613	0.193	0.063	0.131	0.983	0.375	0.858	0.311	0.049
	2019	441682	0.604	0.196	0.064	0.136	0.984	0.376	0.836	0.259	0.041
	2020	445876	0.595	0.199	0.065	0.140	0.985	0.378	0.814	0.204	0.032

续表

情景	年份	能耗量（万吨标准煤）	煤炭占比（%）	石油占比（%）	天然气占比（%）	清洁能源占比（%）	目标导向系数	消费支出系数	能源强度	能耗结构消费弹性	能耗结构强度弹性
情景 7 (2, 0)	2016	431590	0.627	0.188	0.060	0.124	0.981	0.381	0.916	0.072	0.122
	2017	435817	0.617	0.192	0.062	0.129	0.982	0.390	0.903	0.075	0.126
	2018	440586	0.606	0.195	0.064	0.135	0.984	0.399	0.890	0.063	0.106
	2019	445827	0.595	0.199	0.065	0.140	0.985	0.409	0.878	0.048	0.080
	2020	451561	0.584	0.203	0.067	0.147	0.986	0.419	0.865	0.031	0.053
情景 8 (2, 1)	2016	430175	0.631	0.187	0.060	0.122	0.980	0.374	0.916	0.105	0.071
	2017	432487	0.625	0.189	0.061	0.125	0.981	0.378	0.903	0.117	0.080
	2018	435005	0.619	0.191	0.062	0.128	0.982	0.381	0.890	0.110	0.075
	2019	437671	0.613	0.193	0.063	0.131	0.983	0.385	0.878	0.098	0.067
	2020	440475	0.607	0.195	0.064	0.134	0.984	0.389	0.865	0.086	0.059
情景 9 (2, 2)	2016	429645	0.632	0.187	0.060	0.121	0.980	0.371	0.916	0.171	0.051
	2017	431265	0.628	0.188	0.060	0.123	0.980	0.373	0.903	0.196	0.059
	2018	433006	0.624	0.190	0.061	0.126	0.981	0.375	0.890	0.191	0.057
	2019	434821	0.620	0.191	0.062	0.128	0.982	0.376	0.878	0.178	0.053
	2020	436702	0.615	0.193	0.062	0.130	0.983	0.378	0.865	0.163	0.049

在目前我国大力倡导通过"双控"手段实现"节能减排"战略目标的情况下，应革新"节能减排"战略的实施措施，也就是说，在直接推行"双控"对策的同时，更要辅之以强化居民生活消费支出及消费支出结构的引导，加快"节能减排"战略的落实。

（二）天然气能源消费结构目标达成有赖于外在能源系统力量的推动

在将 2014—2015 年我国主要行业的能源需求弹性设定为不变条件下，能源强度、居民人均消费支出处于动态变化条件下，到 2020 年，9 种情景下的我国能源消费总量都在 48 亿吨标准煤左右徘徊或低于 48 亿吨标准煤，这意味着无论是常态化风险性决策或是其他各种类型的决策，能源消费总量相对比较容易实现。但是，从能源消费结构来看，风险性较高的（0，0）决策，2020 年的天然气消费的总能耗比重为 7.56%，远没有达到 10% 的目标；而其他伴有一定程度保守的决策配对下，能源消费总量都低于 48 亿吨标准煤，并且天然气消费量的总能耗比重都低于 7.56%。由此可见，要在实现能源消费总量可控的目标下，实现天然气在总能耗中的消费比重目标，需要采用能源强度、居民生活消费支出手段之外的对策，而这类对策更有效的是注重天然气的有效供给，所谓有效供给，是指不单单保证足够的天然气供给量，而且要合理开发市场需求，拓展天然气的使用范围，开拓天然气替代石油的领域。

（三）基于能耗结构目标导向系数达成的对策选择

延续 2011—2015 年居民生活消费支出、能源强度的变化趋势，将 2014—2015 年的居民生活消费支出直接关联行业、中间行业及居民生活消费的不同能源需求弹性均值作为设定为三大类行业的后期能源需求弹性，构建了基于居民生活消费支出的能源消费结构系统动力学模型，模型运行结果中，能够实现能源消费结构能够快速接近于目标性能源消费结构（煤炭占 58%、石油占 17%、天然气占 10%、清洁能源占 15%）的是：情景 1 的 2018 年，该年的能耗结构目标导向系数是 0.986；情景 2 的 2019 年，该年的能耗结构目标导向系数是 0.986；情景 4 的 2020 年，该年的能耗结构目标导向系数是 0.983。

如果在情景 1 下，对能源强度及居民生活生活消费支出系数的预测是正确的、风险性不大的话，那么情景 1 下的决策则是较为理想的，因为这种情景下，能源消费总量接近于目标 48 亿吨标准煤，能源消费结构也在向目标逼近；并且能源强度在 2018 年为 0.807 吨标准煤/万元，按这个趋势到 2020 年能源强度会降到 0.733 吨标准煤/万元。假如这种情况下，能源强度或居民生活消费支出系数被高估，不是延续 2011—2015 年的趋势，而是有所衰减，此时情景 2 和情景 4 则是备选方案，也就是弱化（或保守控制）能源强度或居民消费支出系数，同样可以实现既定的能源消费总量目标并基本达成能源消费结构目标，这两种情景下的能源消费总量都低于情景 1 对应年份的能源消费量，因此也不失为比较好的战略举措。

本章小结

将《中国能源统计年鉴》的"工业分行业终端能源消费"的数据纳入"中国能源平衡表"中形成中国能源综合平衡表，将能源加工转化过程中的损失量还原到相关能源，将电力、热力等终端能源还原到各初级能源，形成从行业终端能源考察其初级能源消费构成的方法。

相对于目标能源消费结构，我国主要行业或部门的能源消费结构可以分为多碳型、多油型，相对于多油型行业，多碳型行业的能耗结构演变呈现出刚性，能耗结构目标导向系数较低的黑色金属冶炼和压延加工业、非金属矿物制品业、有色金属冶炼和压延加工业抑制了我国能耗结构演变、优化的进程。居民生活消费支出及结构的变化与其直接关联行业、基础（服务）行业、中间产品行业、中间产品基础行业能源消费及结构存在一种内在协同一致的关系。

行业能源强度与行业能源结构并没有显现出理论上的格兰杰影响关系。我国 7 大类行业中，农林牧渔水利业的能源消费结构（能耗结构目标导向系数）与其能源消费强度之间呈现出了相互的格兰杰影响关系；工业行业能源消费结构单向格兰杰影响该行业的能源强度；其他服务业的能源强度单向格兰杰影响其能源消费结构。而建筑业，交通运输、仓储和邮政业，批发、零售业和住宿、餐饮业，居民生活等行业或部门的能源消费结构与能源强度之间没有表现出明显的格兰杰因果关系。这意味着，行业的能源消费结构选择不仅与能源消费结构的目标导向性相关，而且还取决于行业能源消费的技术选择，也就是说，行业发展特征在一定条件下决定了行业能源消费的结构安排，也就是说，能耗结构目标导向性与行业能源消费技术选择性共同决定了行业能源消费结构演变特征，当行业能源消费的技术选择与能耗结构的目标导向一致时，行业能源技术选择水平才会加速行业能耗结构目标导向系数的增加，推动行业能源消费结构向目标能耗结构转化；当行业能源消费的技术选择与能耗结构的目标导向不一致时，行业能源技术选择水平则会延缓行业能耗结构目标导向系数的增加，甚至降低行业能耗结构目标导向系数、行业能耗结构背离目标结构而演变。

延续 2011—2015 年居民生活消费支出、能源强度的变化趋势，将 2014—2015 年的居民生活消费支出直接关联行业、中间产品行业及居民生活消费的不同能源需求弹性均值作为三大类行业的未来能源需求弹性，构建了基于居民生活消费支出的能源消费结构系统动力学模型，模型验证了家庭居民消费支出、能源强度变化都显著影响着能源消费结构，并且消费支出行业能源需求弹性大于能源强度导致的能源需求弹性，因此，在节能减排战略的贯彻执行上，更应该注重引导居民生活消费的合理支出；并且要实现天然气能源消费结构目标的达成，必须注重能源系统外在动力的开发。

第四章　城乡居民间接能源消费及结构分解

　　上一章在分析行业初级能源消费结构的基础上，论证了家庭居民消费支出对我国能源消费及能源消费结构的影响。在此基础上，本章拟基于1996—2015年的1997年、2002年、2007年和2012年的不变价格投入产出表，对城镇、农村居民消费支出（终端需求）的直接能源消费及结构、间接能源消费及结构效应进行比较研究；并采用结构分解方法，探讨行业能源消费结构、行业直接能源强度、产业结构、消费支出规模等因素对城乡居民间接能源消费及结构的影响机理。

第一节　城乡居民间接能源消费的
相关研究基础

　　家庭居民能源消费由家庭居民直接能源消费和间接能源消费构成，由交通、家电、采暖或其他方式产生的能源消费属于家庭居民直接能源消费（赵晓丽、李娜，2011）；为提供居民生活所需的非能源商品和服务而发生的能源消费属于家庭居民间接能源消费（李艳梅、张雷，2008）。20世纪70年代，家庭居民消费的直接能源消费与间接能源消费效应已经成为科学研究的主题，尤其是在目前家庭能源消费已经成为能源需求增长和碳排放增长主要来源（IEA，2010）、中国的能源需求增长正在经历从产业需求驱动向消费需求驱动转变（Woetzel，2014）① 的背景下，关注能源消费、环境等可持续性问题

---

① http：//www. eia. gov/conference/2014/？ src＝home－f2.

的研究越来越多地从供给侧都转向需求侧。

　　Wei 等（2007）在分析家庭居民生活方式对能源消费及二氧化碳排放影响时，对 1999—2002 年的城乡居民生活消费诱发的能源消费变化进行了研究；王妍和石敏俊（2009）对 1997 年和 2002 年完全能源消费系数采用指数平滑处理来获取 1995—2004 年完全能源消费系数的方式，对 1995—2004 年中国城镇居民生活消费诱发的间接能源消耗进行了测算，认为以交通出行和居住消费为特征的生活方式转变是诱发能耗增加的重要因素；Kahrl 和 Roland - Holst（2009）分析了中国出口、投资等最终需求因素对国内能源消费的影响，认为出口是导致中国能源消费加速增长的主要原因；刘瑞翔和姜彩楼（2011）认为，在消费、投资、出口等最终需求中，通过消费拉动经济增长有利于降低我国经济发展对能源的依赖；Butnar 和 Llop（2011）在拓展投入产出子系统模型的基础上，借助 2000 年和 2005 年经济环境数据，对西班牙服务业进行分析，强调满足终端需求的非服务行业碳排放是服务业碳排放增长的主要原因；Thomas 和 Azevedo（2013）综合消费者需求理论，在家庭消费直接回弹效应基础上，拓展了投入产出的环境分析法，提出了家庭消费支出的能源间接回弹效应分析模型，来分析美国家庭消费支出对能源消费的影响。可见，最终需求的间接能耗问题已经成为关注当前我国能源消费状况的重要切入点。为此，向书坚和柴士改（2014）基于投入产出模型提出了最终需求间接能源消费核算模型。

　　相较于其他研究方法，投入产出模型更有利于分析国内最终消费所引致的能源消费效应（刘洪涛，2011）。李艳梅和张雷（2008）采用结构分解法（SDA），对 1987 年、1992 年、1997 年和 2002 年中国居民间接生活能源消费的增长原因进行分析，认为节能技术是抑制居民间接能源消费的唯一因素，而居民生活消费总量增加、消费结构变化、城乡消费比例变化和中间生产技术变化等因素促使居民间接生活能源消费的增加。尚红云和蒋萍（2009）以最终需求总量为主要考察对象，采用投入产出表对煤炭、石油、天然气和电力的消耗变动从能源强度、技术进步和最终需求等方面予以分析；梁进社等（2009）基于结构分解法的本质，采用一种新的能源分解方法对我国城市化进程中的能源消费增长进行研究，提出 2006 年以前，我国产业结构调整在减少能源消费过程中并没有发挥作用。

以上研究为本章提供了比较丰富的研究基础，不过，其研究主要侧重于终端需求总量的间接能耗总量或终端需求总量的分类型间接能耗等问题；在居民生活消费间接能耗方面，对城镇与农村居民间接能源消费结构的异同及在结构因素影响下如何演变等问题依然有待深入研究。本章以 1996—2015 年的 1997 年、2002 年、2007 年和 2012 年的不变价格投入产出表为研究工具，设计能源资源禀赋决定的能源消费结构、技术水平决定的行业直接能源强度、经济发展水平决定的产业结构、城乡居民消费倾向决定的消费支出等结构因素，探讨城乡居民直接与间接能源消费结构的差异、城乡居民总能耗占比变化趋势、城乡居民间接能源消费结构特征、结构因素对城乡居民间接能源消费的影响等问题。

第二节　研究方法设计

一　总产出的能源消耗

在投入产出模型 $X = (I - A)^{-1}Y$ 中，X 是总产出 $(n \times 1)$ 列向量 $([x_j]_{n \times 1})$，其中，x_j 表示行业 j 的总产出量；$(I - A)^{-1}$ 是 $(n \times n)$ 列昂惕夫大逆矩阵；Y 是 $(n \times 1)$ 列向量，是最终需求在 n 行业上的表现，由农村居民消费支出 (Y^R)、城镇居民消费支出 (Y^U)、政府消费支出 (Y^G)、资本形成 (Y^I) 及净出口 (Y^X) 等构成，即 $Y^i = (Y^R, Y^U, Y^G, Y^I, Y^X)$。

令 w_j 是行业 j 直接能耗强度（单位产出的直接能源消费量），即 $w_j = \dfrac{e_j}{x_j}$（单位：标准煤/万元），其中，e_j 为行业 j 能源消费总量。受到能源资源禀赋及性能约束（张玉卓，2008），产业运行、居民生活中的能源消费涉及煤炭、石油、天然气、电力 4 类，用 e_{kj} 表示行业 j

的能源 k 消耗量,从而 $e_j = \sum_{k=1}^{4} e_{kj}$,因此,行业 j 对能源 k 消耗量的

同期占比 ρ_{kj} 可以表示为 $\dfrac{e_{kj}}{e_j}$。显然,既定时期行业 j 的能源 k 消耗量可

以通过等式(4 - 1)给出:

$$e_{kj} = \rho_{kj} \cdot w_j \cdot x_j \qquad\qquad (4-1)$$

显然,全部行业对能源 k 的消耗量为 $\sum_{j=1}^{n} e_{kj}$,同一时期全部行业

对 4 类能源消耗量可以表示为:

$$E = PWX \qquad\qquad (4-2)$$

其中,$P = \left[\rho_{kj}\right]_{4 \times n}$,是以 ρ_{kj} 为元素的 $4 \times n$ 矩阵,本书称为行业
能源消费结构矩阵;$W = \left[W_j\right]_{n \times n}$,是以 W_j 为主对角线元素的 $n \times n$
对角矩阵,本书称为行业直接能源强度矩阵;E 为 4×1 矩阵,表示
总产出对 4 类能源的消费量。

二　居民间接能源消费

(一)居民间接能源消费与行业能源消费的关系

居民间接能源消费通过居民对行业产品(服务)消费而形成的,
这里的行业产品(服务)既包括能源行业〔比如,国民经济行业分
类(2011)中涉及的煤炭开采和洗选业,石油和天然气开采业,电
力、热力生产和供应业等〕也包括非能源行业的产品(服务)。因为
居民直接消耗的能源产品源于能源行业的提供,能源行业为居民提供
的能源产品而进行的能源投入属于居民间接能源消费。当然,非能源
行业为居民提供产品(服务)而消耗的能源同样属于居民间接能源消
费。因此,在界定终端能源消费为生活能源消费与行业能源消费两类
消费的基础上,行业能源消费是考察居民间接能源结构特征的基础。

(二)居民间接能源消费的计算

用 $(I - A)^{-1}Y$ 替代式(4 - 2)中的 X,并令 $B = (I - A)^{-1}$,
则有:

$$E = PWBY \qquad\qquad (4-3)$$

显然,城镇居民消费支出(Y^U)与农村居民消费支出(Y^R)作
为最终需求(Y)的构成元素,其引致能源(煤炭、石油、天然气、

电力）消费量可以通过式（4-3a）和式（4-3b）求得：

$$E^U = PWBY^U \tag{4-3a}$$

$$E^R = PWBY^R \tag{4-3b}$$

根据式（4-3a）与式（4-3b）计算得到的城镇与农村居民消费支出所引致的能源消费建立在行业能源消费基础上，是居民生活消费支出引致的行业完全能耗，与既定的居民直接能源消费相对，是居民间接能源消费。

令 $D = PWB = \begin{bmatrix} d_{11} & \cdots & d_{1j} & \cdots & d_{1n} \\ d_{21} & \cdots & d_{2j} & \cdots & d_{2n} \\ & & \cdots & & \\ d_{41} & \cdots & d_{4j} & \cdots & d_{4n} \end{bmatrix}$ ，由式（4-3）可知，矩

阵 D 的元素 d_{kj} 的含义是行业 j 提供单位最终需求产品的第 k 种能源消耗系数，而 $\sum_{k=1}^{4} d_{kj}$ 是行业 j 提供单位最终需求产品能源强度。由此可见，在特定年份，由行业能源消费结构（P）、行业直接能耗强度（W）及产业结构（B）共同决定的行业完全能源强度矩阵 D 已经确定的条件下，城镇居民消费、农村居民消费所引致不同类型能源的间接消费则完全取决于 Y^U、Y^R 的产业结构分布及规模状况。可见，是行业能源消费结构（P）、行业直接能耗强度（W）、产业结构（B）与居民生活消费支出的耦合形成了居民间接能源消费量与结构。

（三）城乡居民间接能耗的行业分布计算

根据式（4-3）、式（4-3a）和式（4-3b）可以计算城乡居民对不同行业产品（或服务）消费而形成的对第 k 类能源间接消费量（ $d_{kj} Y_j$、$d_{kj} Y_j^U$、$d_{kj} Y_j^R$ ），进而有行业、城乡居民间接能源消费的行业分布：行业 j 产出产生的第 k 类能源消费的行业分布为 $d_{kj} Y_j^u / \sum_{j=1}^{n} d_{kj} Y_j \cdot 100\%$ 、农村居民消费支出产生的第 k 类能源间接消费的行业分布为 $d_{kj} Y_j^R / \sum_{j=1}^{n} d_{kj} Y_j^R \cdot 100\%$ 、城镇居民间消费支出产生的第 k 类能源间接消费的行业分布为 $d_{kj} Y_j^U / \sum_{j=1}^{n} d_{kj} Y_j^u \cdot 100\%$ 。

三 居民间接能源消费的结构分解

为了揭示最终需求的居民生活消费间接能源消费变化特征，比较行业能源消费结构、行业直接能耗强度、产业结构与居民生活消费对能源消费的影响程度，采用两极分解法进行研究，具体思路如下：

$$E_t - E_0 = P_t W_t B_t Y_t - P_0 W_0 B_0 Y_0 \qquad (4-4)$$

其中，下标 0 和 t 分别表示变量在第 0 期和第 t 期上的实际值，由于：

$$E_t - E_0 = \Delta P W_t B_t Y_t + P_0 \Delta W B_t Y_t + P_0 W_0 \Delta B Y_t + P_0 W_0 B_0 \Delta Y \qquad (4-5)$$

$$E_t - E_0 = \Delta P W_0 B_0 Y_0 + P_t \Delta W B_0 Y_0 + P_t W_t \Delta B Y_0 + P_t W_t B_t \Delta Y \qquad (4-6)$$

据此，居民间接能源消费变化效应可分解为行业能源消费结构效应、行业直接能耗强度效应、产业结构效应和居民生活消费效应 4 个方面，如式（4-7）所示：

$$E_t - E_0 = \frac{1}{2} (\Delta P W_t B_t Y_t + \Delta P W_0 B_0 Y_0)(\Delta E_P \text{ 为行业能耗结构效应}) +$$

$$\frac{1}{2} (P_0 \Delta W B_t Y_t + P_t \Delta W B_0 Y_0)(\Delta E_W \text{ 为行业直接能耗强度效应}) +$$

$$\frac{1}{2} (P_0 W_0 \Delta B Y_t + P_t W_t \Delta B Y_0)(\Delta E_B \text{ 为产业结构效应}) +$$

$$\frac{1}{2} (P_0 W_0 B_0 \Delta Y + P_t W_t B_t \Delta Y)(\Delta E_Y \text{ 为居民生活消费效应})$$

$$(4-7)$$

四 居民间接能源消费弹性

为了进一步探讨结构因素对城乡居民间接能源消费影响程度的差异，基于式（4-7），构建了居民间接能源消费弹性计算方法，即式（4-8）：

$$\varepsilon_f^{k,i} = \frac{\Delta E_f^{k,i}}{\frac{1}{2}(E_t^{k,j} + E_0^{k,j})} \bigg/ \frac{(Y_t^i + Y_0^i)}{\frac{1}{2}(Y_t^i + Y_0^i)} \qquad (4-8)$$

居民间接能源消费弹性是指间接能源消费受结构性因素如行业能源消费结构（P）、行业直接能耗强度（W）、产业结构（B）和居民消费（Y^U、Y^R）作用而形成的变化率与居民生活消费变化率之比。式（4-8）

中, $i = U$、R; $f = P$、W、B、Y。显然, 有: $\varepsilon^{k,i} = \sum_f \varepsilon_f^{k,i}$, 为了降低时间节点之间时间间隔差异对所计算弹性的影响, 故采用弧弹性。

第三节　数据及规整

一　投入产出表的选择

我国投入产出表编制分为基年和扩展年两种, 基年投入产出表行业部门划分比较细, 比如我国 1997 年、2002 年、2007 年和 2012 年的投入产出表分别包含 124 个、122 个、135 个和 139 个部门; 而扩展年的投入产出表的部门划分与基年相比, 则相对粗线条。在研究居民家庭特定消费支出的能耗效应时, 这种粗线条的部门划分, 不能很好地实现行业部门与家庭居民消费支出涉及部门的对应, 比如, 我国城镇居民家庭年人均现金消费支出及农村居民家庭年人均消费支出主要涉及食品、衣着、居住、家庭设备及用品、交通通信、文教娱乐、医疗保健及其他八类; 扩展年的投入产出表中没有将居民生活消费支出涉及的医疗保健单独作为一个部门列出。为此, 借助投入产出表对家庭生活消费间接能耗效应, 主要采用我国基年投入产出表。

二　不变价投入产出表

在分析能源消费增量的结构因素分解、间接能源消费弹性时, 涉及不同年度的最终使用支出, 投入产出表主要是基于当年价编制的, 因此, 为了实现不同指标变量之间的可比性, 需要对 (价值型) 投入产出表中数据进行折算。

首先, 对行业部门进行适当规整。由于问题研究中涉及行业能源消费、行业投入产出值及行业投入产出值的不变价折算, 需要合理规整综合能源平衡表 (除农村、城镇居民的直接能源消费部门以外, "能源综合平衡表" 共有 46 个部门)、投入产出表 (120 个部门以上)、按工业行业分生产者出厂价格指数表 (PPI, 41 个部门) 及国内生产总值指数表 (7 个部门) 等所涉及行业, 故以《国民经济行业分类》（GB/T4754 – 2011）为参照标准，调整合并投入产出表中的部门，统一三者之间部门分类的口径，以达到行业对应、数据匹配的目的，结果如表 4 – 1 所示。

表 4 – 1　　　　　　　行业规整及价格折算指数选择

编号	投入产出表行业分布	能源消费行业分布	平减指数行业分布
1	农林牧渔水利业	农林牧渔水利业	农林牧渔水利业
2	煤炭开采和洗选业	煤炭开采和洗选业	煤炭开采和洗选业
3	石油和天然气开采业	石油和天然气开采业	石油和天然气开采业
4	黑色金属矿采选业	黑色金属矿采选业	黑色金属矿采选业
5	有色金属矿采选业	有色金属矿采选业	有色金属矿采选业
6	非金属矿采选业	非金属矿采选业 开采辅助活动 其他采矿业	非金属矿采选业 开采辅助服务和其他采矿产品
7	农副食品加工业	农副食品加工业	农副食品加工业
8	食品制造业	食品制造业	食品制造业
9	酒、饮料和精制茶制造业	酒、饮料和精制茶制造业	酒、饮料和精制茶制造业
10	烟草制品业	烟草制品业	烟草制品业
11	纺织业	纺织业	纺织业
12	纺织服装、服饰业	纺织服装、服饰业	纺织服装、服饰业
13	皮革、毛皮、羽毛及其制品和制鞋业	皮革、毛皮、羽毛及其制品和制鞋业	皮革、毛皮、羽毛及其制品和制鞋业
14	木材加工和木、竹、藤、棕、草制品业	木材加工和木、竹、藤、棕、草制品业	木材加工和木、竹、藤、棕、草制品业
15	家具制造业	家具制造业	家具制造业
16	造纸和纸制品业	造纸和纸制品业	造纸和纸制品业
17	印刷和记录媒介复制业	印刷和记录媒介复制业	印刷和记录媒介复制业
18	文教、工美、体育和娱乐用品制造业	文教、工美、体育和娱乐用品制造业	文教、工美、体育和娱乐用品制造业
19	石油加工、炼焦和核燃料加工业	石油加工、炼焦和核燃料加工业	石油加工、炼焦和核燃料加工业
20	化学原料和化学制品制造业	化学原料和化学制品制造业	化学原料和化学制品制造业

编号	投入产出表行业分布	能源消费行业分布	平减指数行业分布
21	医药制造业	医药制造业	医药制造业
22	化学纤维制造业	化学纤维制造业	化学纤维制造业
23	橡胶和塑料制品业	橡胶和塑料制品业	橡胶和塑料制品业
24	非金属矿物制品业	非金属矿物制品业	非金属矿物制品业
25	黑色金属冶炼和压延加工业	黑色金属冶炼和压延加工业	黑色金属冶炼和压延加工业
26	有色金属冶炼和压延加工业	有色金属冶炼和压延加工业	有色金属冶炼和压延加工业
27	金属制品业	金属制品业	金属制品业
28	通用设备制造业	通用设备制造业	通用设备制造业
29	专用设备制造业	专用设备制造业	专用设备制造业
30	交通运输设备制造业	汽车制造业 铁路、船舶、航空航天和其他运输设备制造业	交通运输设备制造业
31	电气机械和器材制造业	电气机械和器材制造业	电气机械和器材制造业
32	计算机、通信和其他电子设备制造业	计算机、通信和其他电子设备制造业	计算机、通信和其他电子设备制造业
33	仪器仪表制造业	仪器仪表制造业	仪器仪表制造业
34	其他制造业	其他制造业 废弃资源综合利用业 金属制品、机械和设备修理业	其他制造业 废弃资源综合利用业
35	电力、热力生产和供应业	电力、热力生产和供应业	电力、热力生产和供应业
36	燃气生产和供应业	燃气生产和供应业	燃气生产和供应业
37	水的生产和供应业	水的生产和供应业	水的生产和供应业
38	建筑业	建筑业	建筑业
39	交通运输、仓储和邮政业	交通运输、仓储和邮政业	交通运输、仓储和邮政业
40	批发、零售业和住宿、餐饮业	批发、零售业和住宿、餐饮业	批发、零售业和住宿、餐饮业
41	其他行业	其他行业	其他行业

其次，对投入产出表中数值进行折算。考虑到问题研究的延续性，在不变价投入产出表处理上，以 2005 年为研究基期，分别以工业生产者出厂价格指数（PPI）和农林牧渔水利业，建筑业，批发、零售业和住宿、餐饮业，交通运输、仓储和邮政业，金融业，房地产业，其他行业的平减指数（见表 4 - 2）对投入产出表中的各个行业产出值进行调整。对于投入产出表、能源消费表及平减指数表不完全匹配的行业，用行业能源消费量占比作为权重对平减指数进行加权获得相应复合行业的平减指数，以（投入产出表中的）其他制造业为例，该复合行业的能源消费包括（能源消费行业中的）其他制造业，废弃资源综合利用业，金属制品、机械和设备修理业，为此，以这三个行业总能耗为基数获取三个行业的能耗权重，进而折算出（投入产出表中的）其他制造业的平减指数（"金属制品、机械和设备修理业"的平减指数用"废弃资源综合利用业"的指数替代）。

表 4 - 2　　　以 2005 年为基期 44 个行业产出值平减指数

标号	行业	1997 年	2002 年	2007 年	2012 年
1	农林牧渔水利业	0.7565	0.8720	1.0893	1.3589
2	煤炭开采和洗选业	0.6279	0.6695	1.0899	1.6807
3	石油和天然气开采业	0.3153	0.5404	1.2444	1.7136
4	黑色金属矿采选业	0.5822	0.5551	1.0677	1.2285
5	有色金属矿采选业	0.7371	0.6632	1.3895	1.7291
6	非金属矿采选业	0.8957	0.8622	1.0568	1.3770
7	开采辅助服务和其他采矿产品	0.8957	0.8622	1.0020	1.0242
8	农副食品加工业	0.9734	0.8423	1.1341	1.4853
9	食品制造业	1.1098	0.9603	1.0373	1.2710
10	酒、饮料和精制茶制造业	1.0538	0.9961	1.0171	1.1615
11	烟草制品业	0.8574	0.9745	1.0090	1.0396
12	纺织业	1.0641	0.9371	1.0292	1.1957
13	纺织服装、服饰业	1.0711	0.9970	1.0161	1.1181
14	皮革、毛皮、羽毛及其制品和制鞋业	1.0152	0.9698	1.0363	1.1353

标号	行业	1997 年	2002 年	2007 年	2012 年
15	木材加工和木、竹、藤、棕、草制品业	1.1595	0.9699	1.0598	1.1771
16	家具制造业	1.0303	0.9603	1.0180	1.1127
17	造纸和纸制品业	1.1256	0.9864	1.0171	1.0667
18	印刷和记录媒介复制业	1.1967	1.0486	1.0030	1.0591
19	文教、工美、体育和娱乐用品制造业	1.1373	0.9574	1.0292	1.1371
20	石油加工、炼焦和核燃料加工业	0.5368	0.6563	1.2390	1.8694
21	化学原料和化学制品制造业	0.9077	0.8089	1.0422	1.1623
22	医药制造业	1.2257	1.0186	1.0067	1.1087
23	化学纤维制造业	1.0224	0.8455	1.0454	1.0585
24	橡胶和塑料制品业	1.0824	0.9196	1.0559	1.1825
25	非金属矿物制品业	1.0617	0.9661	1.0282	1.1938
26	黑色金属冶炼和压延加工业	0.8198	0.7296	1.0358	1.0967
27	有色金属冶炼和压延加工业	0.8084	0.7164	1.3953	1.3900
28	金属制品业	1.0347	0.8917	1.0363	1.1229
29	通用设备制造业	1.0402	0.9547	1.0150	1.0772
30	专用设备制造业	1.0556	0.9688	1.0272	1.0932
31	交通运输设备制造业	1.1508	1.0517	0.9960	1.0119
32	电气机械和器材制造业	1.1038	0.9545	1.1137	1.1097
33	计算机、通信和其他电子设备制造业	1.6371	1.1776	0.9419	0.8373
34	仪器仪表制造业	1.1029	1.0571	0.9811	0.9664
35	其他制造业	1.0561	0.8918	1.0691	1.2465
36	废弃资源综合利用业	0.8628	0.7286	1.0795	1.1073
37	金属制品、机械和设备修理业	0.8628	0.7286	1.0795	1.1073
38	电力、热力生产和供应业	0.8263	0.9288	1.0506	1.1781
39	燃气生产和供应业	0.8191	0.8978	1.1193	1.4010
40	水的生产和供应业	0.5737	0.8772	1.1151	1.3125
41	建筑业	0.5092	0.7112	1.3621	2.4322
42	交通运输、仓储和邮政业	0.4715	0.7401	1.2295	1.7371
43	批发、零售业和住宿、餐饮业	0.4745	0.7305	1.3351	2.1729
44	其他行业	0.4902	0.7502	1.3646	2.0520

第四节　实证分析

根据式（4-3），有 $E^i = PWBY^i (Y^i = Y^R, Y^U, Y^G, Y^I, Y^X)$，由此，可以分别计算出五类终端需求引致的不同类型能源消费状况。基于此，进一步考察居民直接能源消费与间接能源消费的特征。

一　行业直接能耗结构与行业最终使用产品能耗结构特征比较

行业直接能耗结构与完全能耗结构。行业直接能耗是对行业终端能耗的初级能源折算获得的，反映了行业年度的直接总能耗，其中，每种能源的消费量（煤炭、石油、天然气、清洁能源）与当年该行业产值的比揭示了行业直接能源消费强度，就是 PW 矩阵［根据式（4-3）可知］；根据行业直接能源消费强度（单位产出的不同形式能源消费量），可以得出行业单位产品直接能耗结构。同样，根据完全能源强度矩阵 D(PWA)，可以得出行业单位产品完全能耗结构。对1997—2012 年 4 年数据的分析，发现：

（1）典型年份（1997 年、2002 年、2007 年和 2012 年）的行业产品直接能耗强度远远小于行业产品完全能耗强度。原因在于：其一，产品的生产经历了由原料到半成品到成品的过程，这一过程伴随着上游行业的能源消费，直到最终产品的产生，形成了最终产品对能源完全消费。其二，行业产品的贸易赤字改变了我国行业最终使用产品的能源消费布局。相对于出口带来我国能源消费的输出，进口则带来了能源消费的输入，我国常规的部分高能耗行业通过进口实现了能源消费的输入，比如，1997—2012 年的典型年份采矿业（煤炭开采洗选业、石油和天然气开采业、黑色金属矿采选业、有色金属矿采选业、非金属矿采选业）、部分制造业（石油加工、炼焦和核燃料加工业，化学原料和化学制品制造业，有色金属冶炼和压延加工业）等，因为贸易赤字带来对应行业终端使用产品能源消费规模的减小（见附表 4-1 至附表 4-4），使该行业的能源消费在最终使用产品生产过程中流转其他行业，造成了该行业最终使用产品能耗总量的下降，同时也带来了该行业终端使用产品能源消费结构的变化。其三，典型年份（1997 年、2002 年、2007 年和 2012 年）的行业产品直接能耗强度小于常规分析中的单位 GDP 产出能耗强度，还与常规单位 GDP 能耗强度计算中将城乡居民直接能耗份额纳入进去有关。

（2）建筑业与其他行业等推动了我国能源消费结构的高碳化。比较 41 个行业的直接能源消费结构与完全能源消费结构，从优化我国能源消费结构角度入手，对 1997 年、2002 年、2007 年、2012 年煤炭消费结构的煤炭消费占比进行考察，最终使用产品能耗结构中煤炭消费比重提升的行业主要有石油和天然气开采业，石油加工、炼焦和核燃料加工业等行业（见表 4-3），其余行业最终使用产品能源消费结构的煤炭消费占比都主要呈现出一定程度的下降趋势。相对于行业直接能源消费结构，建筑业，石油和天然气开采业，交通运输、仓储和邮政业，石油加工、炼焦和核燃料加工业 4 个行业的最终使用产品在完全能耗结构方面，煤炭消费占比上升幅度较大，尤以建筑业的上升幅度最强，1997—2012 年的前后 4 年[①]最终使用产品的煤炭消费比重相对于行业直接的煤炭消费比重分别上升了 28.19%、36.57%、43.13%、38.02%。另外，从行业完全能耗总量与行业直接能耗总量对比来看，通用设备制造业、专用设备制造业、交通运输设备制造业、电气机械和器材制造业、建筑业、其他行业能耗的上升幅度较强、消费规模较大，在时间维度上，建筑业、其他行业最终产品完全能耗的上升速度最快（见附表 4-1 至附表 4-4）。因此，根据行业最终产品的完全能耗规模及其相对于行业直接能耗结构的变化，可以认为，建筑业、其他行业的运行抑制了我国能源消费结构的优化进程。

---

① "1997—2012 年的前后 4 年"是指 1997 年、2002 年、2007 年、2012 年，下文没有特殊说明，都是指代这 4 年。

表 4 - 3　　　　　　　　　影响煤炭消费构成的行业　　　　　　单位:%

行业	行业直接能源消费结构（煤炭）				行业终端产品完全能源消费结构（煤炭）			
	1997 年	2002 年	2007 年	2012 年	1997 年	2002 年	2007 年	2012 年
农林牧渔水利业	64.17	57.59	58.14	55.56	66.79	62.91	65.66	58.81
煤炭开采和洗选业	87.03	86.02	89.36	87.47	81.34	79.39	80.90	79.50
石油和天然气开采业	40.79	35.67	32.13	30.26	48.95	45.65	58.50	50.72
黑色金属矿采选业	77.42	77.95	83.01	72.80	73.52	72.71	75.01	67.05
有色金属矿采选业	75.83	77.21	82.51	73.95	70.18	67.92	73.46	68.12
非金属矿采选业	80.02	77.49	82.86	67.53	69.13	69.33	73.39	65.69
农副食品加工业	85.24	79.73	83.42	79.86	71.39	68.41	70.28	60.82
食品制造业	88.14	84.63	87.38	79.59	74.51	70.91	73.41	63.62
酒、饮料和精制茶制造业	88.40	87.34	89.67	81.89	75.11	74.33	76.07	65.90
烟草制品业	82.79	72.06	83.06	72.11	72.98	68.64	72.79	64.59
纺织业	83.71	80.68	85.62	80.07	72.78	70.15	75.63	69.59
纺织服装、服饰业	76.85	71.26	78.99	73.87	70.78	68.26	73.67	66.82
皮革、毛皮、羽毛及其制品和制鞋业	77.73	73.28	79.62	74.30	70.47	66.92	71.24	64.46
木材加工和木、竹、藤棕、草制品业	86.45	86.12	78.26	79.07	75.11	68.39	71.35	65.35
家具制造业	79.23	77.22	75.46	67.57	71.11	69.03	73.91	66.65
造纸和纸制品业	87.54	85.16	87.30	84.53	77.83	75.31	78.05	72.46
印刷和记录媒介复制业	76.47	69.20	76.71	71.37	74.28	70.36	74.94	68.13
文教、工美、体育和娱乐用品制造业	71.90	67.27	70.85	64.45	71.75	69.03	73.98	67.46
石油加工、炼焦和核燃料加工业	34.31	35.60	40.34	31.80	44.91	43.43	52.82	45.72
化学原料和化学制品制造业	71.35	69.38	73.84	65.27	69.72	66.84	70.92	62.85

续表

行业	行业直接能源消费结构（煤炭）				行业终端产品完全能源消费结构（煤炭）			
	1997 年	2002 年	2007 年	2012 年	1997 年	2002 年	2007 年	2012 年
医药制造业	85.19	84.44	88.13	80.04	75.47	72.93	74.92	65.25
化学纤维制造业	59.66	58.24	79.31	79.49	65.91	60.99	71.80	66.45
橡胶和塑料制品业	79.91	75.86	80.65	75.99	71.12	67.83	72.52	65.24
非金属矿物制品业	89.85	84.79	88.90	81.59	79.90	79.11	82.38	74.48
黑色金属冶炼和压延加工业	91.72	91.61	94.62	92.31	84.92	84.08	87.38	83.32
有色金属冶炼和压延加工业	80.02	79.47	82.05	75.06	75.32	74.67	77.44	71.12
金属制品业	79.24	75.43	78.87	74.18	79.32	77.32	81.27	75.38
通用设备制造业	82.25	80.81	83.49	78.16	78.53	75.47	80.11	73.21
专用设备制造业	83.63	77.13	80.95	73.75	79.13	76.43	80.15	73.02
交通运输设备制造业	78.72	78.49	76.52	69.43	77.47	75.33	78.29	70.53
电气机械和器材制造业	74.30	70.70	74.21	71.32	74.70	72.46	76.53	69.70
计算机、通信和其他电子设备制造业	64.52	61.67	71.84	72.65	72.13	69.77	73.58	66.73
仪器仪表制造业	78.34	71.54	74.18	72.14	75.68	72.43	74.85	69.00
其他制造业	79.14	73.22	79.55	75.63	73.66	70.92	74.68	70.11
电力、热力生产和供应业	81.90	80.84	82.34	78.07	76.39	74.90	76.53	73.14
燃气生产和供应业	85.06	76.85	48.96	70.35	77.42	70.19	57.85	58.79
水的生产和供应业	75.55	77.58	80.46	75.77	73.76	74.95	77.24	72.75
建筑业	46.08	34.92	32.93	33.20	74.27	71.49	76.06	71.22
交通运输、仓储和邮政业	19.50	12.80	9.88	8.85	34.75	34.40	34.60	28.07
批发、零售业和住宿、餐饮业	76.40	72.74	73.59	69.55	69.77	66.89	66.15	61.20
其他行业	50.16	50.31	58.93	56.38	64.10	64.56	67.86	59.77

二 居民间接能源消费的行业分布

（一）城乡居民间接能源消费波及众多行业

基于式（4-3），可以计算出农村、城镇居民消费不同行业产品（或服务）消费而形成的对第 k 类能源间接消费量 $d_{kj}y_j^R$、$d_{kj}y_j^U$。从城乡居民煤炭间接消费的行业分布来看（见表4-4及附表4-5至附表4-7），居民生活消费支出直接关联的产业众多，涉及居民生活消费支出行业、基础行业以及消费支出中间产品行业和中间产品基础行业；与居民生活消费支出没有直接关联的只有黑色金属矿采选业、有色金属矿采选业、有色金属冶炼和压延加工业3个行业。其中，农林牧渔水利业，农副食品加工业，食品制造业，批发、零售业和住宿、餐饮业、其他行业是居民生活消费支出间接能源消费的主要行业。

表4-4　　　　　　　　城乡居民煤炭间接消费的行业分布　　单位：万吨标准煤

行业	农村居民消费				城镇居民消费			
	1997 年	2002 年	2007 年	2012 年	1997 年	2002 年	2007 年	2012 年
农林牧渔水利业	4055.6	2371.9	1895.1	1594.0	2177.6	2659.6	2202.6	2488.9
煤炭开采和洗选业	133.4	113.1	94.7	65.5	29.8	222.4	65.6	42.2
石油和天然气开采业	0.0	0.0	0.0	0.0	12.7	36.9	0.0	0.0
黑色金属矿采选业	0.0	0.0	0.0	0.0	0.0	0.0	0.0	0.0
有色金属矿采选业	0.0	0.0	0.0	0.0	0.0	0.0	0.0	0.0
非金属矿采选业	11.1	6.1	0.0	0.0	11.1	22.9	0.0	0.0
农副食品加工业	899.5	692.3	1061.0	1017.2	1334.0	1173.6	2804.6	3205.0
食品制造业	1183.1	672.5	795.6	987.0	1066.6	1613.0	2872.2	2438.2
酒、饮料和精制茶制造业	922.6	418.4	463.2	646.9	718.9	632.7	1000.6	1142.9
烟草制品业	276.0	104.5	166.6	91.4	309.9	182.0	383.0	222.6
纺织业	460.3	337.9	180.2	164.4	343.3	710.4	248.8	279.2
纺织服装、服饰业	485.1	233.8	580.0	679.7	1051.9	1234.6	2290.4	2882.0

行业	农村居民消费				城镇居民消费			
	1997 年	2002 年	2007 年	2012 年	1997 年	2002 年	2007 年	2012 年
皮革、毛皮、羽毛及其制品和制鞋业	145.8	87.1	149.3	70.9	403.9	482.6	995.0	354.8
木材加工和木、竹、藤棕、草制品业	163.5	22.2	24.2	20.9	325.9	75.0	67.9	68.7
家具制造业	18.8	51.1	55.5	82.6	19.9	217.1	254.3	301.6
造纸和纸制品业	72.7	64.6	22.1	24.1	65.4	121.5	101.2	93.4
印刷和记录媒介复制业	5.0	1.5	5.5	6.5	6.4	9.3	17.1	15.4
文教、工美、体育和娱乐用品制造业	54.6	34.6	42.7	152.1	179.4	279.6	242.0	650.4
石油加工、炼焦和核燃料加工业	42.0	52.8	74.6	90.5	51.0	119.3	541.1	951.5
化学原料和化学制品制造业	525.4	199.7	292.0	194.5	549.2	620.2	1092.7	1258.1
医药制造业	386.9	293.1	225.6	271.5	207.3	477.1	593.3	1112.1
化学纤维制造业	0.0	0.0	0.0	0.0	0.0	0.0	0.0	0.2
橡胶和塑料制品业	244.3	162.5	187.6	64.0	144.2	280.5	410.7	209.9
非金属矿物制品业	403.6	306.2	104.4	161.4	1039.2	1416.1	476.7	385.6
黑色金属冶炼和压延加工业	39.4	27.3	0.0	0.0	36.1	57.9	0.0	0.0
有色金属冶炼和压延加工业	0.0	0.0	0.0	0.0	0.0	0.0	0.0	0.0
金属制品业	347.1	130.9	103.8	75.7	400.1	578.6	501.5	347.9
通用设备制造业	0.0	1.0	0.0	31.7	0.0	32.9	0.0	75.4
专用设备制造业	31.7	14.5	5.9	8.1	69.4	90.4	71.6	74.6
交通运输设备制造业	629.7	281.7	520.9	489.2	442.7	614.7	1999.4	3404.1
电气机械和器材制造业	788.5	227.5	463.1	534.0	974.6	992.4	1630.9	1654.2

续表

行业	农村居民消费				城镇居民消费			
	1997 年	2002 年	2007 年	2012 年	1997 年	2002 年	2007 年	2012 年
计算机、通信和其他电子设备制造业	306.7	190.1	337.9	333.0	546.1	954.4	1161.9	1208.6
仪器仪表制造业	30.9	25.4	41.3	26.3	21.3	41.9	52.9	67.2
其他制造业	253.6	89.3	127.1	31.4	322.5	398.8	801.8	72.2
电力、热力生产和供应业	415.6	313.3	480.4	421.0	650.1	1292.4	1747.1	1439.5
燃气生产和供应业	0.0	0.0	36.0	30.0	285.1	287.7	212.0	553.0
水的生产和供应业	28.7	32.9	54.2	60.9	169.1	310.3	284.0	533.0
建筑业	0.0	0.0	0.0	0.0	0.0	0.0	1131.8	0.0
交通运输、仓储和邮政业	404.4	292.9	267.4	346.6	371.1	814.6	868.5	1452.1
批发、零售业和住宿、餐饮业	1021.7	716.0	1246.8	751.3	1334.3	2456.1	3764.8	3196.6
其他行业	1522.5	2106.6	2397.3	2465.6	2343.9	5087.3	8963.7	10149.6

（二）城乡居民间接能源消费的行业分布

从城乡居民间接能耗的行业分布来看，农林牧渔水利业，农副食品加工业，食品制造业，批发、零售业和住宿、餐饮业，纺织服装、服饰业，酒、饮料和精制茶制造业，电气机械和器材制造业，交通运输设备制造业，电力、热力生产和供应业，交通运输、仓储和邮政业，其他行业等是城乡居民间接能耗的主要来源行业，这与城乡居民消费支出的类型相一致。其中源于其他行业，农林牧渔水利业的城乡居民间接能耗比重较大，城乡居民源于其他的间接能耗呈现出随时间递增的趋势，到 2012 年，在所有行业中，农村居民的煤炭、石油、天然气、清洁能源间接消费量占比分别是 20.56%、21.80%、20.88%、21.68%，城镇居民的煤炭、石油、天然气、清洁能源间接消费量占比分别是 23.98%、25.06%、21.68%、25.01%，由于其他行业名录下主要包含金融业，房地产业，租赁和商务服务业，研究与试验发展业，综合技术服务业，水利环境和公共设施管理业，居民服务和其他服务业，教育、卫生社会保障和社会福利业，文化体育和娱乐业，公共管理和社会组织等社会服务业。因此，源于其他行业的城乡居民间接能源消费上升态势，一方面，表明城乡居民第三产业的社会服务需求在逐渐增强；另一方面，相对于直接能耗结构，由于其他行业最终使用产品在完全能耗结构方面其煤炭消费比重处于提升状态，这意味着城乡居民第三产业服务产品的消费一定程度上抑制了我国能源消费结构优化进程，所以，注重第三产业的发展基础，关注产业源头发展的低碳化是我国进行产业结构调整、优化产业结构、提升第三产业在国民经济中地位的根本保证。与源于其他行业的城乡居民间接能源消费上升态势不同，源于农林牧渔水利业的城乡居民间接能耗的比重呈现出下降的趋势：在所有行业中，农村居民的煤炭、石油、天然气、清洁能源间接消费量占比分别从 1997 年的 24.87%、27.07%、33.08%、26.92% 下降到 2012 年的 13.29%、15.43%、13.86%、12.85%，城镇居民的煤炭、石油、天然气、清洁能源间接消费量占比分别从 1997 年的 12.09%、13.66%、17.13%、13.22% 下降到 2012 年的 5.88%、6.73%、5.82%、5.62%。显然，在相对规模上，农村居民源于农林牧渔水利业的间接能源消费强于城镇居民源于农林牧渔水利业的间接能源消费。

三　居民间接能源消费与直接能源消费的总量特征

首先，农村与城镇居民人均间接与直接能源消费量呈现出逐年增长的趋势，尤其是进入 21 世纪以来。虽然 1997 年我国农村居民人均间接能源消费量较高，但从 2002 年起，间接能源消费量随着时间逐渐上升的趋势非常明显，从 2002 年的 207.51 千克标准煤/年上升到 2012 年的 306.13 千克标准煤/年（见表 4 - 5）；其直接能源消费随时间递增的趋势比较明显；从其间接能源消费量与直接能源消费量的比值（3.83、2.30、1.48、1.19）变化趋势来看，农村居民人均直接能源消费增速要快于其人均间接能源消费量增速。城镇居民人均间接与直接能源消费量的上升趋势与农村居民间接与直接能源消费量的上升趋势基本一致，不同之处表现在：其一，前者的规模要远大于后者。

在间接能源消费方面，1997—2012 年的 4 年中，城镇居民的消费量是农村居民消费量的 2.33 倍、3.83 倍、3.73 倍、3.21 倍；在直接能源消费方面，1997—2012 年的 4 年中，城镇居民的消费量是农村居民消费量的 3.13 倍、2.37 倍、1.91 倍、1.39 倍，这意味着农村居民人均直接能源消费量在逐渐趋近于城镇居民人均直接能源消费量，农村与城镇居民在这一方面的差异性在缩小。其二，相对于人均直接能源消费量，城镇居民人均间接能源消费一直处于比较突出的地位，城镇居民人均间接能源消费量与其人均直接能源消费量的比较稳定比值（1997—2012 年的 4 年中，比值分别为 2.86、3.71、2.91、2.75）可以说明这一点。

表 4 - 5　　　　　　　　　　　居民能源消费总量特征

	1997 年		2002 年		2007 年		2012 年	
	农村	城镇	农村	城镇	农村	城镇	农村	城镇
人均间接能源消费（千克标准煤/年）	280.95	655.40	207.51	795.74	253.88	947.74	306.13	982.37
人均直接能源消费（千克标准煤/年）	73.30	229.35	90.40	214.54	171.18	326.21	256.74	357.67
间接能源消费/直接能源消费	3.83	2.86	2.30	3.71	1.48	2.91	1.19	2.75
居民间接能源消费占比（%）	17.51	19.14	9.80	24.12	5.94	18.80	5.43	19.30
居民直接能源消费占比（%）	4.57	6.70	4.27	6.50	4.00	6.47	4.55	7.03

其次，逐年下降的居民能源消费量占比意味着居民能耗社会成本在上升。从农村与城镇居民能源消费的总量占比来看，直接能源消费量占比相对比较稳定，1997—2012 年的 4 年，直接能源消费量占比分别是 11.27%、10.77%、10.47%、11.58%；而在间接能源消费量占比方面，农村居民消费量占比表现出下降的趋势、城镇居民消费量表现出波动下降的趋势，1997—2012 年的 4 年，城乡居民间接能源消

费的总能耗占比分别依次为 36.65%、33.92%、24.74%、24.73%。可见，是城乡居民（尤其是农村居民）间接能源消费量占比的下降导致了城乡居民能源消费量占比的下降。结合前述农村与城镇居民人均直接与间接能耗呈现上升趋势说明，伴随城镇化进程，农村人口规模下降导致农村直接与间接能耗占比的下降；另外，伴随城镇化进程，1997—2012 年的 4 年，农村与城镇居民直接与间接能源消费的总能耗占比分别为 47.92%、44.69%、35.21%、36.31%，城乡居民能源消费量的总能耗占比下行说明：同期伴随着居民生活消费，非居民生活消费（政府消费、资本形成、净出口等）拉动了我国间接能源消费的过快增长；考察发现，资本形成的作用最强，其间接能源消费量占比（46.85%、47.60%、51.64%、55.37%）突出并且上升趋势明显。基于层级还原论，非居民生活消费最终目的都是服务于居民生活消费、是居民生活消费的前提基础，因此，非居民生活消费的间接能耗也就是维持同期居民生活消费一定能耗量的前提，两者之比反映了居民单位能耗维持基础的强弱。1997—2012 年的 4 年，居民单位能耗维持基础的强度分别是 1.09、1.24、1.84、1.75，这就意味着，伴随着城镇化进程，我国居民单位能耗维持基础不断被加强，能源消费规模逐年在扩大，环境污染程度在提高，因此，从某种意义上说，居民单位能耗维持基础的加强意味着居民单位能耗社会成本在提高。

四　居民间接能源消费与直接能源消费的结构特征

城镇与农村居民间接能源消费结构趋同，而直接能源消费结构之间差异明显。城镇居民间接能源消费结构是指年度内城镇居民对煤炭、石油、天然气、清洁能源的间接消费量与其同期四类能源间接消费总量之比的构成情况；城镇居民直接能源消费结构、农村居民间接（直接）能源消费结构含义与此相同。从 1997—2012 年前后 4 年的居民间接能源消费结构来看（见表 4−6），同年度城镇与农村居民的四类主要能源消费比重基本一致，呈现出动态特征为：煤炭消费占比趋降、天然气与清洁能源消费占比趋增、石油消费占比相对稳定；这说明我国行业终端能源消费在逐步向清洁能源转化、能源消费结构在不断优化。从 1997—2012 年前后 4 年的居民直接能源消费结构来看，相对于城镇居民，农村居民的煤炭消费始终处于比较突出的位置，即使到了 2012 年，农村居民煤炭消费比重依然保持在 75.13%，而天然气使用量只占 1.10%；城镇居民的能源消费结构虽然处在不断的优化过程中，到 2012 年，煤炭消费比重依然占其总能源消费量的 53.12%，之所以如此，原因在于城镇居民直接消费的电力、热力有相当一部分表现为对煤炭的直接消费；如果说清洁能源主要以电力方式呈现，即使到了 2012 年，我国城镇居民电力消费中，依然只有不到 10.36% 的电力来源于清洁能源，因此，从有效地降低城镇居民煤炭消费比重的角度看，加强可再生能源电力供给有助于实现对电煤的替代，这对于缓解环境压力、优化我国能源消费结构的意义深远；相对于农村居民，城镇居民在石油、天然气上的直接消费取代了其煤炭的消费，这也为优化我国农村居民能源消费结构提供了一个路径。

表 4-6　　　1997—2012 年居民直接与间接能源消费结构　　　单位:%

年份	能源	农村居民间接能源消费结构	城镇居民间接能源消费结构	农村居民直接能源消费结构	城镇居民直接能源消费结构
1997	煤炭	68.97	69.67	88.01	69.40
	石油	22.17	21.58	6.64	20.13
	天然气	2.27	2.15	0.16	3.18
	清洁能源	6.59	6.59	5.20	7.30
2002	煤炭	65.75	66.56	85.70	64.10
	石油	23.77	23.00	7.05	21.80
	天然气	2.77	2.70	0.09	6.28
	清洁能源	7.70	7.74	7.16	7.82
2007	煤炭	68.88	69.35	80.64	61.87
	石油	20.66	20.23	10.40	20.06
	天然气	3.42	3.41	0.53	10.52
	清洁能源	7.05	7.01	8.43	7.56
2012	煤炭	60.99	60.54	75.13	53.12
	石油	23.52	23.68	12.05	20.15
	天然气	5.75	6.01	1.10	16.36
	清洁能源	9.74	9.77	11.72	10.36

五 居民间接能源消费增量结构分解

为了深入剖析居民间接能源消费变动的原因，结合式（4-7）对 1997—2012 年 4 年的三个时期（1997—2002 年、2002—2007 年、2007—2012 年）我国城乡居民间接能源消费的增量进行结构分解（见表4-7）；并采用式（4-8）对结构性因素作用下城乡居民间接能源消费的弧弹性进行考察（见图4-1至图4-4）。

表4-7　　　　　　居民能源消费增量的结构分解　　　　单位：万吨标准煤

年份		农村居民间接能源消费分解				城镇居民间接能源消费分解			
		ΔP	ΔW	ΔB	ΔY	ΔP	ΔW	ΔB	ΔY
1997—2002	煤炭	-544.56	-2516.06	589.28	11774.09	-871.57	-4655.73	948.32	29639.90
	石油	209.47	-829.58	200.19	4073.61	307.59	-1517.38	270.92	9842.15
	天然气	124.92	-86.19	2.37	431.49	201.48	-129.57	-7.32	1036.61
	清洁能源	210.18	-232.93	37.85	1246.52	362.51	-426.32	57.38	3110.20
2002—2007	煤炭	493.90	-2930.90	2501.72	1761.79	1402.84	-9120.96	7835.26	13138.20
	石油	-499.82	51.00	128.31	211.36	-1469.62	10.54	574.85	3319.24
	天然气	131.03	-109.70	84.14	65.16	397.19	-325.53	251.71	559.79
	清洁能源	-125.10	-336.95	287.88	202.25	-330.41	-1067.86	901.63	1432.18
2007—2012	煤炭	-898.54	-4402.80	-438.56	5227.92	-2978.53	-14228.39	-1581.60	21267.73
	石油	-39.90	-522.30	-162.46	1597.33	-277.90	-1558.17	-522.94	7291.73
	天然气	414.40	-203.84	-22.16	322.87	1449.05	-663.28	-90.48	1548.46
	清洁能源	524.04	-461.33	-40.40	614.22	1807.38	-1463.20	-129.17	2591.56

注：ΔP、ΔW、ΔB 与 ΔY 分别表示本期行业能源消费、行业直接消耗强度、产业结构与居民生活消费支出相对于前期的增量；表中的数字分别代表 ΔP、ΔW、、ΔB 与 ΔY 所导致的能源消费变化量。

（1）行业能源消费结构选择对不同类型能源间接消费呈现出选择性的抑制作用。总体上抑制城乡居民煤炭、石油的间接消费，促进城乡居民天然气、清洁能源的间接消费。在研究的三个不同时期，行业能源消费结构选择对城乡居民煤炭、石油间接消费的影响，只是在1997—2002 年城乡居民石油间接消费表现为正增长、2002—2007 年煤炭间接消费表现为正增长，其余情况下均表现为负增长。这说明行业能源消费结构选择对我国居民煤炭与石油间接消费的抑制作用呈现出不确定性。这种不确定性还表现为行业能源消费结构选择约束下的

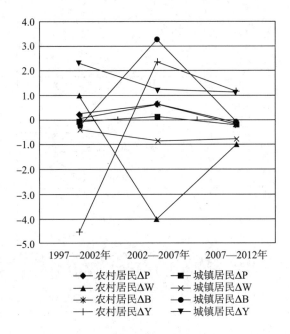

图 4 - 1　城乡居民煤炭间接消费弹性系数变化

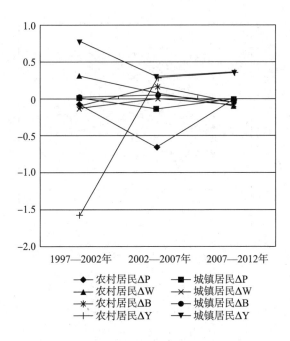

图 4 - 2　城乡居民石油间接消费弹性系数变化

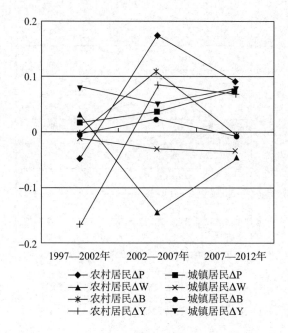

图 4 - 3　城乡居民天然气间接消费弹性系数变化

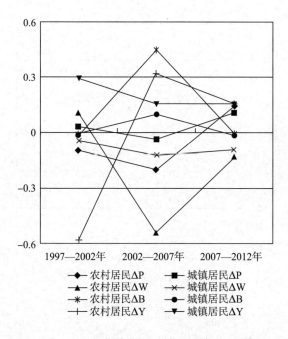

图 4 - 4　城乡居民清洁能源间接消费弹性系数变化

城乡居民间接煤炭、石油消费弹性的波动，呈现出近期城乡居民煤炭间接消费弹性渐趋一致、城乡居民间接石油消费弹性也渐趋一致的特征，比如，1997—2002 年和 2007—2012 年两个时期，城乡居民煤炭的间接消费弹性分别是（-0.07，0.21）和（-0.15，-0.20）。[1] 在城乡居民天然气与清洁能源间接消费上，行业能源消费结构选择约束发挥了较为稳定的促进作用，城乡居民天然气、清洁能源间接消费处于稳定的正增长，并且城镇居民天然气、电力的间接消费增量远大于同期农村居民天然气、清洁能源的间接消费增量；同时，在城乡居民天然气间接消费弹性之间、城乡居民清洁能源间接消费弹性之间也呈现近期趋于一致的特征。比如，2007—2012 年城乡居民天然气、清洁能源间接消费弹性分别是（0.07，0.09）、（0.09，0.11）。

（2）产业结构与行业能源强度在城乡居民间接能源消费方面分别呈现出阶段性和一致性的抑制作用。产业结构调整是优化我国能源消费结构和提高能源效率，进而抑制能源消费过快增长的重要渠道，但1997—2002 年和 2002—2007 年，我国产业结构却加速了农村与城镇居民间接能源消费的增长；只是到了 2007—2012 年，产业结构抑制城乡居民的煤炭、石油、天然气和清洁能源间接消费作用才得以体现，其间，产业结构作用下，城乡居民间接能源消费的弹性系数分别是（-0.080，-0.094）、（-0.026，-0.036）、（-0.005，-0.005）、（-0.007，-0.009），这说明，产业结构影响下，我国城镇与农村居民近期间接能源消费弹性趋于一致。与产业结构阶段性抑制我国居民间接能源消费的特点不同，行业能源强度在城镇与农村居民各种间接能源消费上始终发挥着一致性的抑制作用。从弹性系数来看，行业能源强度对城镇与农村居民间接能源消费抑制作用呈现远期强且两者差异大、近期弱且两者差异小的特点。也就是说，行业能源强度影响下，我国城镇与农村居民近期的间接能源消费弹性趋于一致。

---

① 括号中前后两个数据分别表示城镇、农村居民的间接能耗系数。下文同。

（3）居民生活消费支出是驱动城乡居民间接能源消费的主导因素。城乡居民消费支出变化推动了城乡居民煤炭、石油、天然气、清洁能源的全面上升，并且城镇居民的间接能源消费增幅远大于农村居民的间接能源消费增幅。虽然如此，从时间维度看，农村居民间接能源消费增幅总体上呈现出不断上升的趋势，而城镇居民间接能源消费增幅呈现出震荡下行的特点，这意味着消费支出作用下我国城乡居民间接能耗增幅之间的差异在逐渐缩小。从消费支出作用下我国城乡居民间接能源消费弹性来看，城镇居民煤炭、石油、天然气、清洁能源的间接消费弹性相对比较稳定，到 2012 年，四类能源间接消费弹性系数分别为 1.074、0.368、0.078、0.131；农村居民煤炭、石油、天然气、清洁能源的间接消费弹性呈现出的由前期较大幅度上升转后期较小幅度下行的特征，到 2012 年，四类能源间接消费弹性系数分别为 1.150、0.351、0.071、0.135。显然，城乡居民消费支出的增长更大成分上促进了煤炭、石油消费的增长。

在对同种类型能源的间接消费上，农村与城镇居民的间接消费弹性趋于一致。从农村、城镇居民间接能源消费的弹性变化情况看，在四种影响城乡居民间接能源消费的因素中，1997—2002 年和 2002—2007 年两个时期，这四类因素对居民间接能源消费的影响规律性并不明显，但到了 2007—2012 年，这种影响呈现出了比较鲜明的特征。

其一，行业能源消费结构选择、行业直接能源消费强度、产业结构、居民生活消费支出四类影响因素的城乡居民间接消费弹性趋于一致，这意味着我国城乡居民消费方式在逐渐趋于一致，在借助行业能源消费结构选择、行业能源强度、产业结构、消费支出等手段的调整，以实现我国能源消费总量或结构改变问题的研究中，城乡居民差别性对待应逐渐放宽并取消。

其二，城乡居民消费支出是拉动各类初级能源消费增长的主导因素。行业能源强度是抑制我国能源消费增长的主导因素，但在目前条件下，前者对能源消费增量的拉动强度大于后者，尤其在煤炭与石油的间接消费方面。因此，在保证城乡消费支出相对稳定增速的条件下，借助技术手段降低行业直接能耗强度是抑制我国能源消费增速、优化能源消费结构的必然选择。

其三，行业能源消费结构选择、行业直接能源消费强度、产业结构、居民生活消费支出四类影响因素中，城乡居民的消费支出在拉动了天然气、清洁能源等低碳能源间接消费的同时，也拉动了煤炭、石油等高碳能源的间接消费。从四类能源间接消费增量来看，居民生活消费支出对煤炭、石油的相对拉动作用更强，因此，居民生活消费支出在间接能源消费结构优化方面并没有发挥出作用。其他三类因素则发挥出了抑制煤炭、石油间接消费量增长的作用，尤其是 2007—2012 年；虽然行业能源强度、产业结构在抑制煤炭、石油间接消费增长的同时，也对天然气、清洁能源的间接消费发挥了一定的抑制作用，但相对来说，从其对城乡居民间接消费的四类能源抑制强度看，行业能源强度、产业结构也在发挥着优化能源消费结构的作用；同时，2007—2012 年，行业能源消费结构无论在农村还是城镇居民的间接天然气与清洁能源消费上都发挥了促进作用。因此，要实现我国能源消费结构的优化调整，势必要遵从合理选择配套措施，系统发挥各种手段的能源消费结构的优化功能。

第五节　居民生活消费支出的能源消费结构影响机理

前面从总量的角度对城乡居民消费支出所引致的能源消费量及增量状况进行了研究。在城乡居民间接能源消费增量方面，相对于 1997 年，2002 年城乡居民间接能源消费增量为 5.286 亿吨标准煤，其中，煤炭、石油、天然气、清洁能源间接消费增量分别为 3.436 亿吨标准煤、1.256 亿吨标准煤、0.157 亿吨标准煤、0.437 亿吨标准煤，分别占间接能源消费增量的 65.01%、23.76%、2.98%%、8.26%；相对于 2002 年，2007 年城乡居民间接能源消费增量为 1.942 亿吨标准煤，其中，煤炭、石油、天然气、清洁能源间接消费增量分别为1.508 亿吨标准煤、0.233 亿吨标准煤、0.105 亿吨标准煤、0.096 亿吨标准煤，分别占间接能源消费增量的 77.65%、11.97%、5.42%%、4.96%；相对于2007年，2012年城乡居民间接能源消费增量为1.398亿吨标准煤，其中，煤炭、石油、天然气、清洁能源间接消费增量分别为0.197亿吨标准煤、0.581亿吨标准煤、0.276亿吨标准煤、0.344亿吨标准煤，分别占间接能源消费增量的14.08%、41.55%、19.72%、24.65%。

比较三个时期城乡居民间接能源消费结构变化可以发现，居民间接能源消费增量结构不同时期之间的差异是非常明显的，尤其是2007—2012年与前两个时期比较，能源消费增量更多地体现在石油、天然气和清洁能源上，可见，居民生活消费支出表现出改变能源消费结构的功能。那么，居民生活消费支出影响能源消费结构的机理如何？

表4-8是根据"居民能源消费增量的结构分解（见表4-7）"，将城乡居民间接能源消费增量合并处理而得到，结果显示，城乡居民消费支出所引致的不同初级能源消费比例构成受到与居民生活消费支出相关的因素所影响，这些因素包括居民生活消费支出额、产业结构、行业直接能源效率、行业能源消费结构。以2007—2012年为例，这个时期居民生活消费支出所引致的能源消费结构中，煤炭消费增量比重为14.08%，其构成包括居民生活消费支出额所产生的相对于能源消费增量的189.65%煤炭消费增量、产业结构调整带来的相对于能源消费增量的−14.46%煤炭消费负增长、行业直接能源强度导致的−133.36%的煤炭消费负增长、行业能源消费结构调整所形成的−27.75%的煤炭消费负增长。也就是说，居民生活消费支出额、产业结构、行业直接能源强度、行业能源消费结构四种因素共同作用，形成了居民生活消费支出煤炭消费结构特征，类似可以分析其他初级能源消费结构的形成机理。由此可见，通过居民生活消费支出及支出结构的分析，有助于揭示我国能源消费结构演变特征。

表 4 - 8　　　　　　　　居民生活消费支出能耗增量结构效应

年份		合计	ΔP	ΔW	ΔB	ΔY
1997—2002	能源消费增量（万吨标准煤）	52859.82	0.02	-10393.76	2098.99	61154.57
	煤炭增量比重	0.6501	-0.0268	-0.1357	0.0291	0.7835
	石油增量比重	0.2376	0.0098	-0.0444	0.0089	0.2633
	天然气增量比重	0.0298	0.0062	-0.0041	-0.0001	0.0278
	清洁能源增量比重	0.0826	0.0108	-0.0125	0.0018	0.0824
2002—2007	能源消费增量（万吨标准煤）	19425.12	0.01	-13830.36	12565.50	20689.97
	煤炭增量比重	0.7764	0.0976	-0.6204	0.5321	0.7670
	石油增量比重	0.1197	-0.1014	0.0032	0.0362	0.1818
	天然气增量比重	0.0542	0.0272	-0.0224	0.0173	0.0322
	清洁能源增量比重	0.0496	-0.0234	-0.0723	0.0612	0.0841
2007—2012	能源消费增量（万吨标准煤）	13970.74	0.00	-23503.31	-2987.77	40461.82
	煤炭增量比重	0.1408	-0.2775	-1.3336	-0.1446	1.8965
	石油增量比重	0.4155	-0.0227	-0.1489	-0.0491	0.6363
	天然气增量比重	0.1972	0.1334	-0.0621	-0.0081	0.1339
	清洁能源增量比重	0.2465	0.1669	-0.1378	-0.0121	0.2295

注：ΔP、ΔW、ΔB 与 ΔY 的含义同表 4 - 1。

本章小结

本章基于不变价投入产出表及结构因素分解法，分析了居民生活消费支出（终端需求）的能源消费结构效应及这种效应影响因素的作用。

1996—2015 年，1997 年、2002 年、2007 年和 2012 年我国农村与城镇居民直接、间接能源消费的总能耗占比分别为 47.92%、44.69%、35.21%、36.31%，这种居民直接与间接能源总消费量比重下降并趋稳的特征标志着单位居民生活消费支出的社会成本在上升，这意味着居民消费支出对能源消费影响的杠杆作用在增强，这为从居民生活消费支出视角研究我国能源消费结构问题奠定了基础；而城镇与农村居民间接能源消费结构趋同，这一方面说明我国城乡居民生活消费支出对能源消费结构影响方式一致，不同之处只是在于人均消费支出多少的差异上；另一方面说明在研究城乡居民消费支出对能源消费结构影响问题时，可以弱化城乡居民的划分。

基于公式 E = PWBY 分别得出行业单位产品的直接能源消费结构（PW）和行业单位产品完全能源消费结构（PWA）。结果表明，农林牧渔水利业，石油和天然气开采业，石油加工、炼焦和核燃料加工业，金属制品业，建筑业，交通运输、仓储和邮政业，其他行业的最终产品能耗结构中煤炭消费比重都有较大幅度的提升，尤以建筑业、其他行业更为明显。在诸多居民生活消费支出的关联行业中，农村、城镇居民通过其他行业所形成的间接能源消费都在快速增长的过程中，到 2012 年，城乡居民通过其他行业所形成各类能源的间接消费量远远超过通过其他行业所形成的消费量，因此，居民生活消费支出的行业倾向性是影响能源消费结构的重要因素之一。

城乡居民消费引致的能源消费增量（间接能源消费），其结构分解说明，间接能耗结构的变化与居民生活消费支出的结构直接相关，居民生活消费支出、产业结构、行业直接能源强度、行业能源消费结构四种因素共同作用，形成了居民生活消费支出能源消费结构特征，这种结构性影响表现在：居民生活消费支出是拉动城乡居民间接能源消费的主要结构性因素，而能源资源约束、行业能源强度、产业结构等结构性因素对能源消费过快增长呈现出不同的抑制性效应，其中能源资源约束表现为选择性抑制、行业能源强度表现为一致性抑制，而产业结构表现为阶段性抑制。由此可见，通过居民生活消费支出及支出结构的分析，有助于揭示我国能源消费结构演变特征。

第五章　城乡一体化进程中的能源消费结构统计特征

　　城乡一体化过程也是推动城镇与农村居民消费异质性指标不断趋同的过程，为此，基于城乡一体化比值的衡量方式，设计了包括城乡居民消费支出、经济基础与社会基础的城乡一体化指标体系。探索性分析了以人口城镇化率、经济城镇化率为控制变量情形下各类城乡一体化指标对能源消费结构可能存在的影响；在此基础上，采用主成分分析法重新界定了我国城乡一体化的社会进步进程、经济条件改善进程和基础保障完善进程三个衡量子系统，考察了我国城乡一体化所呈现出的阶段性特征，验证了城乡一体化科学的衡量方法；对社会进步进程、经济条件改善进程、基础保障完善进程的能源消费结构效应进行了分析。

第一节　问题提出

　　工业化与城市化是每个经济社会必经的发展过程，工业化必然带来城市化（郑云鹤，2006）。《国家新型城镇化发展规划（2014—2020年）》在分析我国城镇化发展态势时强调，我国处于城镇化率30%—70%的快速发展区间，与发达国家相比，我国城镇化发展面临着前所未有的能源资源约束。《能源发展战略行动计划（2014—2020年）》强调着力优化能源结构，把发展清洁低碳能源作为调整能源结构的主攻方向。城市和农村作为两种不同的承载人类生产和生活活动的空间载体，对自然资源尤其是能源资源的消费有着本质和数量上的差异（成金华、陈军，2009）。

伴随着城镇化的进程，居民家庭的人口特征、价值取向、消费理念等都会通过社会居民的老龄化、家庭规模、劳动能力、教育水平、环保意识、消费支出等众多指标来体现，这些伴随着城镇化进程而偏向主动演变的家庭人口、社会、消费等方面的动态因素显然会通过家庭居民对社会、经济、文化等产品及服务的消费而对我国能源消费结构产生影响。探究能源消费结构统计特征及影响这种特征趋势的能源消费结构优化机理，对于保证我国城乡一体化可持续性发展具有重要的现实意义。

第二节　研究基础

在人口城镇化（城市化或城乡一体化）、经济城镇化与中国能源消费关系类问题的研究中，一般会将人口城镇化率即当期城镇人口占同期总人口的比率作为人口城镇化（城市化或城乡一体化）的衡量指标，第二、第三产业产值占同期 GDP 比重往往作为经济城镇化的衡量指标；并且从不同研究中对城镇化、城市化、城乡一体化所采用的衡量指标来看，三种概念所表述的含义基本一致，为此，以下的文献梳理是在保持与原始资料表述一致的基础上进行的。

一　城镇化进程带来了能源需求快速增长和刚性问题

林伯强、刘希颖（2010）认为，城镇化进程带来了能源需求快速增长和刚性问题。经济发展水平、能源资源禀赋、第二产业和第三产业比重与中国人均能源消费成正比关系（姜磊等，2011）。随着人们消费水平的提高和居民生活消费结构的升级，结果将使我国对能源的消费有更高的依赖（刘耀彬，2007）。郑云鹤（2006）通过建立中国能源消费与工业化、城市化与市场化之间的回归模型，指出目前工业化与城市化进程加快会导致能源消耗的增加，而市场化进程的推进则会导致能源消耗的降低。Wang 等（2011）将城镇化率纳入 STIRPAT 模型中，认为人口、人均 GDP、城镇化率的提高会增加二氧化碳的排放，能源强度则抑制二氧化碳的排放；王宇澄（2015）借助 LMDI 指数因素分解法，对我国城镇居民家庭能源消费总量影响因素进行分析，强调城镇化带来的人口流入和居民购买力增强是推动城镇能源消费增长的最主要原因。王小斌和邵燕斐（2014）基于 STIRPAT 模型，对 1995—2011 年中国省级面板数据进行分析，探讨了中国城镇化对能源消费和二氧化碳排放的影响效应，认为城镇化率的提高加强了能源消费需求的刚性。张爽等（2014）基于 VECM 模型，借助 1978—2012 年的数据，对中国能源消费的影响因素进行了研究，认为城镇化率和实际 GDP 的上升会导致能源消费增加，城镇化水平对能源消费的影响更大，并且第三产业比重具有弱外生性。

二　城市化对能源消费的影响并不确定

成金华和陈军（2009）采用面板数据模型分区域对中国 1996—2006 年城市化与能源消费的关系进行研究，城市化显著提高了中国区域能源及主要能源产品的消费，在东部地区、中部地区和西部地区，城市化水平对能源消费的影响呈现逐渐降低的趋势。黄献松（2009）验证了 1980—2006 年陕西省城市化与能源消费量之间的协整关系，并通过因素分解模型，测算出这个时期城市化对陕西能源需求的贡献作用比较小且逐年下降，能源需求不会成为制约陕西省城市化的进程。袁晓玲等（2010）借助协整分析与因素分解方法，对陕西省1978—2006 年的工业化、城市化与能源消费之间的动态相关性进行研究，得出了类似结论。但是，杨肃昌和韩君（2012）借助 1990—2010 年的数据，验证了甘肃省城市化是其能源消费的格兰杰原因，其城市化进程对能源消费的贡献作用比较小，却呈逐年增长趋势。刘耀彬（2007）运用向量自回归模型，对我国 1978—2005 年的城市化与能源消费之间关系进行了研究，验证了我国城市化与能源消费量之间存在单向的格兰杰因果联系并存在协整关系，但是，这种长期均衡的短期纠正力量并不强。徐丽娜等（2014）运用 SVAR 模型，对山西省1990—2011 年的城镇化与能源消费时间序列数据进行分析，认为短期内，山西省城镇化加速了其能源消费，中期内城镇化对能源消费有抑制作用，长期内城镇化率的提高对能源消费有微弱的促进作用。谢利平（2015）认为，中国的能源消费最大的决定因素不是城镇化，而是工业化，工业和其中的制造业是中国能源消费的主导因素。经济发展水平、能源资源禀赋、第二产业和第三产业比重与中国人均能源消费成正比关系（姜磊等，2011）。王珂英和张鸿武（2016）应用非平衡面板数据模型，对中国1978—2014年城镇化、工业化与能源强度之间的关系进行分析，认为人均实际GDP增长1%，能源强度将会降低0.412%；工业化水平增长1%，能源强度将会上升0.630%；但是，城镇化对能源强度的影响并不确定。张优智和党兴华（2013）运用非线性平滑转换模型，对我国1953—2011年城市化与能源消费之间的关系进行研究，认为城市化下降速度高于2.388%或者上升速度高于15.368%时，城市化对于能源消费影响的非线性就会显现。梁朝晖（2010）将中国城市化过程分为曲折发展、初期阶段和中期阶段，分析了中国城市化、工业化与能源消费变动之间的关系，认为城市化和工业化是能源消费变动的原因，工业化是城市化的原因；在三个不同阶段，能源消费的增长分别主要受工业化、城市化和工业化的驱动。刘江华等（2015）基于混合面板数据，对国际和国内的城市化对能源消费的影响进行了研究，认为在国际与国内的城市化与能源消费之间均呈现出显著的倒"U"形关系，并且中国的能源消费对城市化的弹性系数要远大于国际水平；对于中国来说，实现城市化与能源消费总量控制是一个"两难问题"。

三 城乡一体化过程中，有待拓展的能源消费问题

城镇化或城市化是推动一个地区或国家经济与社会发展的一种重要策略，城镇化或城市化水平反映一个地区或国家城镇化或城市化发展的进程、质量、可持续性等，也就是城镇化或城市化过程伴随着城镇化或城市化与乡村距离不断缩小以至于弥合的过程，最终实现城乡一体化；从这个角度看，城镇化或城市化是缩小、弥合城镇化或城市化与乡村距离的手段，而城乡一体化则是缩小、弥合城镇与乡村差距的结果。为此，在接下来的研究中，主要以城乡一体化关联指标为研究对象。

在我国城乡一体化过程中，能源消费已经成为学界关注的一个重

要问题，研究主要关注于城镇化或城市化与能源消费量的关系，一种观点强调城镇化或城市化强化了社会、经济发展对能源消费的刚性需求或带来环境的刚性影响；另一种观点则认为，城镇化或城市化过程能源消费需求存在阶段性或不确定性，但是，从其论点的本质来看，依然是强调城镇化推动了地区或国家的能源消费，只是这种推动呈现出阶段性而已。因此，综观两类观点，其本质是一致的。从城乡一体化过程中能源消费问题研究视角来看，主要倾向于人口城镇化或经济城镇化对能源消费量的影响，或者是对能源消费环境效应的影响。因此，在城乡一体化与能源消费的主题方面，至少可以在以下两个方面对该类问题进行拓展。

其一，城乡一体化对能源消费结构演变的影响。能源消费规模尤其是能源消费的环境效应一定程度上源于能源消费结构的状况，而在城乡一体化与能源消费结构的关系方面，很少有研究涉及；虽然有研究提出中国的现代城镇化发育伴随着能源消费总量增长迅速、能源消费结构演进缓慢和能源产出效率提高有限等不足之处（张雷、黄园淅，2010），但是，缺乏基于城乡一体化的能源消费结构演进缓慢的深入分析。

其二，研究因素值得深入挖掘。在目前的城乡一体化与能源消费类问题研究中，更多分析的是单一变量的能耗效应，比如分析人口城镇化或经济城镇化对能源消费（结构）的影响，我们知道，城乡一体化应是一个社会、经济、环境等系统的综合体现，完整地反映其变化特征，单从一个或两个变量对其考察，有可能导致所得出的研究结论脱离实际。因此，合理构建城乡一体化指标，考察这些指标变量对能源消费结构的影响，这种"应变量"前移的研究方法更有利于从更深层次揭示我国城乡一体化导致能源消费规模的演变机理。

第三节 城乡一体化与能源消费结构的衡量

一 家庭消费支出的城乡一体化指标设计原则

(一) 目标性原则

基于研究的目的,将城乡一体化指标设计的关注点放在城乡家庭居民消费支出的指标研究上;同时,考虑到城乡一体化的真谛在于城乡融合,也就是说,城乡一体化指标的设计要能够合理揭示城乡在不同时点的融合程度。基于以上两点,将同一时期城乡家庭居民八类消费支出的比(某类农村家庭居民人均消费支出/同类城镇家庭居民人均消费支出)作为考察城乡家庭消费支出一体化指标,而不是单独考虑城镇或农村家庭居民消费支出变化的单一指标。

(二) 全局性原则

城乡家庭居民消费支出比较性指标是衡量城乡一体化基本面的一个层面,一个时点上的城乡家庭居民消费支出对比反映既定时点城乡一体化程度,连续时点的消费支出对比反映了我国城乡一体化的进程。那么,这种进程演变依赖于城乡经济基础的一体化和城乡社会基础的一体化。所谓城乡经济基础一体化,是指维持和推进城乡居民消费支出差异逐渐缩小、逐步融合的经济性因素,比如反映经济总量的产业结构指标、城乡家庭居民人均收入及支出指标等;所谓城乡社会一体化,是指维持和推进城乡居民消费支出差异逐渐缩减、逐步融合的社会性基础指标,比如反映家庭人口特征的指标、社会保障性指标、环境指标等。

(三) 主导性原则

基于揭示我国能源消费结构统计特征演变的目的,反映我国整体经济发展水平的指标应被纳入指标体系之内,并且这种指标还要能够具有揭示城乡一体化进程的功能。虽然我国的经济发展水平(GDP)与能源消费量之间在不同时间阶段呈现出不同的格兰杰因果关系(1981—1995 年,GDP 单向格兰杰影响能源消费量;1996—2015 年,则相反），这并不影响采用调节产业结构的方式倒逼我国能源消费结构的优化，为此，产业结构这个可以用于衡量经济总量的结构性因素被用作关键控制变量来研究我国能源消费结构统计特征的演变。

（四）客观性原则

城乡一体化指标设计的客观性是指指标变量的设计应便于衡量，并且这种指标变量数据应具有时间的延续性，也就是说，在所研究的时间区间内，不同时点上都应该有可参考具体数据。为此，在家庭消费支出的城乡一体化指标设计时，参考各类数据库，遵循指标变量的可计算性以及指标变量数据的可获得性选择并设计指标，这样，便于借助这些数据对我国能源消费结构统计特征进行考察。当然，这种做法表面上看在一定程度上会影响要研究的结论，为克服这一不足之处，在设计指标变量时，尽量要在设计的指标与存在的指标之间进行合理替代，尽可能规避在指标设计上统计数据短缺或统计数据没有延续性的不足之处。

二　城乡一体化衡量方法

城乡一体化评价指标体系因为研究的着眼点不同而在设计上各有不同。李明秋和郎学彬（2010）认为，城市化或城镇化是城乡一体化的过程，城乡一体化是城市化或城镇化的目的，为此，采用城乡比值法，设计了包括 5 项经济指标和 3 项社会指标的城乡一体化评价体系。曹明霞（2011）侧重于研究城乡一体化发展进程的视角，从城乡一体化总体发展指标、城乡规划一体化、产业布局一体化、基础设施一体化、公共服务一体化、就业和社会保障一体化六个方面制定了一个包含 26 个具体指标的城乡一体化发展指标评价体系，其指标设计的总体理念是城乡比值法。段禄峰和张鸿（2012）制定了包括城乡经济一体化（4 个指标）、城乡社会一体化（5 个指标）、城乡空间一体化（4 个指标）、城乡生态一体化（5 个指标）和城乡政策一体化（3 个指标）的评价体系，该指标体系主体上是城乡比值性指标，同时，也存在一些定性指标，研究过程对指标权重的处理存在一定的主观性。可见，比值法是设计城乡一体化指标的一个重要方法，这主要是因为：一方面，城乡一体化就是城乡发展的趋同化，同类城乡指标变量值之间的比较性指标有利于揭示城乡一体化的进程；另一方面，比值法形成的指标便于进一步研究，如果采用城乡指标的差值（绝对值）的形式，不可避免地会出现由于不同指标量纲而对研究结果产生影响。为此，还需要进一步对指标进行无量纲化处理（如目标值设定、极值比较法、标准化法）；而比值法可以避免无量纲化时可能产生的主观性，使不同时点同一城乡指标之间比值存在客观可比较性（焦必方等，2011）。因此，本书在设定城乡一体化指标时，主要采用城乡居民指标之间的比值予以确定。当然，为了充分揭示城乡一体化的整体趋势，对于部分综合反映城乡一体化进程的不可分割性指标，还是以其原始数据纳入问题的研究之中。

三 家庭消费城乡一体化指标设计

（一）城乡家庭居民消费支出一体化指标

1. 城乡家庭居民消费支出一体化指标构建

农村家庭居民人均消费支出与城镇家庭居民人均消费支出的时间序列分别反映了时间维度上农村与城市家庭居民消费支出的变化趋势，但不能反映农村与城镇家庭居民人均消费趋同的趋势。在消费支出领域，农村家庭居民与成长家庭居民消费支出的对比关系是衡量我国城乡一体化最直接的指标。为此，基于城乡家庭居民八类消费支出，分别构建了城乡居民人均食品（FOOD）、衣着（CLOTH）、居住（RESIDE）、家庭设备用品及服务（FACITY）、医疗保健（MEDIC）、交通通信（TRANS）、教育文化娱乐服务（EDUCA）和杂项商品与服务（OTH-ERS）之比，作为城乡居民消费支出一体化指标，用农村居民人均指标值除以城镇居民对应指标值的商值加以衡量（见表5-1），这样做的优点在于省去了对原始数据进行分析所要进行的年度数据之间的平减过程。鉴于2013年以前城镇居民产品或服务的现金消费支出统计发生变化，为了满足数据时间维度上的可比性，采用第三章第四节的做法，对2014年和2015年的城镇居民现金消费支出进行了调整；为了保证数据前后的一致性，农村居民在八类产品或服务上人均消费支出采用的"农村居民人均收入与支出"中的"人均消费支出"而非"人均现金消费支出"表示，这部分数据主要来源于《中国统计年鉴》（1997—2016）。

表 5 - 1　　　　　基于家庭消费支出视角的城乡一体化指标

一级指标	二级指标	三级指标	含义	代号	计算	资料形成
城乡一体化	消费支出一体化	城乡居民食品消费一体化	城乡居民人均食品消费支出之比	FOOD	农村居民食品消费支出/城镇居民食品消费支出	本书构建
		城乡居民衣着消费一体化	城乡居民人均衣着消费支出之比	CLOTH	农村居民衣着消费支出/城镇居民衣着消费支出	
		城乡居民居住消费一体化	城乡居民人均居住消费支出之比	RESIDE	农村居民居住消费支出/城镇居民居住消费支出	
		城乡居民家庭设备及服务消费一体化	城乡居民人均家庭设备用品及服务消费支出之比	FACITY	农村居民家庭设备用品及服务消费支出/城镇居民家庭设备用品及服务消费支出	
		城乡居民医疗保健消费一体化	城乡居民人均医疗保健消费支出之比	MEDIC	农村居民医疗保健消费支出/城镇居民医疗保健消费支出	
		城乡居民交通通信消费一体化	城乡居民人均交通通信消费支出之比	TRANS	农村居民人均交通通信消费支出/城镇居民人均交通通信消费支出	
		城乡居民教育文化娱乐服务消费一体化	城乡居民人均教育文化娱乐服务消费支出之比	EDUCA	农村居民人均教育文化娱乐服务消费支出/城镇居民人均教育文化娱乐服务消费支出	
		城乡居民杂项商品与服务消费一体化	城乡居民人均杂项商品与服务消费支出之比	OTHERS	农村居民人均杂项商品与服务消费支出/城镇居民人均杂项商品与服务消费支出	
	经济基础一体化	经济城镇化	经济城镇化率	INDSH	三次产业产出值的信息熵	焦必方等（2011）
		城乡居民固定资产投资一体化	城乡居民人均固定资产投资比	FXINV	农村居民人均固定资产投资额/城镇居民人均固定资产投资额	
		城乡居民收入一体化	城乡居民人均年收入比	INCOM	农村居民人均年收入/城镇居民年均人收入	
		城乡居民消费一体化	城乡居民人均生活消费支出比	EXPEN	农村居民人均生活消费支出/城镇居民人均生活消费支出	
		城乡消费总体水平一体化	城乡恩格尔系数比	ENGER	农村居民消费支出的恩格尔系数/城镇居民消费支出的恩格尔系数	

续表

一级指标	二级指标	三级指标	含义	代号	计算	资料形成
城乡一体化	社会基础一体化	人口城镇化	人口城镇化率	PEOUR	年末全国城镇人口数/年末全国总人口数	本书构建
		污染治理投资一体化	工业污染治理完成人均投资	INVPOL	年度工业污染投资总额/年度全国总人口数	
		失业保险一体化	年末失业保险参保率	INSUR	年末失业保险参保人数/当年全国总人口数	
		城乡医疗条件一体化	城乡卫生机构床位之比	BEDS	农村年度卫生机构床位数/城镇年度卫生机构床位数	李明秋、郎学彬(2010)
		城乡高等教育一体化	城乡受高等教育人数之比	COLLEG	年度农村大专以上学历人数/年度城镇大专以上学历人数	
		城乡居民负担能力一体化	城乡居民家庭每一就业者负担人数之比	NUMDEP	农村居民家庭每一就业者负担人数/城镇居民家庭每一就业者负担人数	
		社会老龄化	老年抚养比	OLDER	60岁以上人口/当年全国人口总数	本书构建
		家庭规模	家庭规模	FAMILY	年度家庭平均人口数(人/户)	

2. 城乡家庭居民消费支出一体化指标演变特征

我国城乡居民八类消费支出对比,1996—2015年,整体上看,我国城乡居民在人均消费支出上的差距是比较明显的,八类人均消费支出中,农村居民除在人均居住消费支出与人均医疗消费支出在部分年份超过城镇居民人均消费支出的50%以外,其他六类人均消费支出都在50%以下,并且这些一体化指标大体上呈现出"U"形特征(见图5-1),2003年(前后)是U形图的最低点。也就是说,1996—2002年,农村居民人均消费支出相对于城镇居民呈现出下降的趋势,同期,我国的人口城镇化率由30.48%上升到39.09%,城乡居民消费支出一体化指标与人口城镇化率之间表现出了反向运行的特征,这意味着,农村居民的城乡一体化质量水平有待提高。2003年后,这种特征

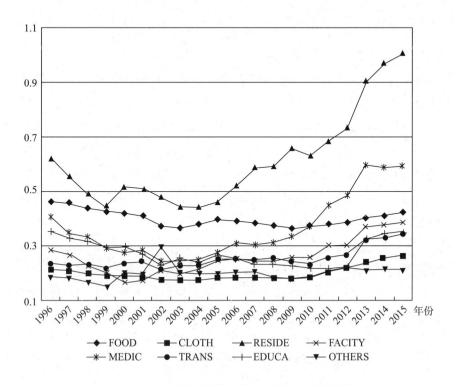

图 5 - 1　城乡居民消费支出一体化指标演变趋势

出现反转，相对于城镇居民人均消费支出，农村居民人均消费支出整体上表现出递增的势头；2003—2010 年，我国的人口城镇化率由40.53% 上升到 49.95%，2011 年我国的人口城镇化率超过 50%（51.27%），也就是说，2003 年以来，我国城乡家庭居民消费支出一体化与人口城镇化实现了协同。2003 年以来，我国农村居民与城镇居民在主要人均消费支出方面的差距呈现出逐渐缩小的趋势，说明这些指标表现出较为稳定的增长态势。其中值得注意的是：城乡居民消费支出一体化指标中，食品和教育文化娱乐消费人均支出总体上表现出递减趋势，也就是说，相对于农村居民，城镇居民在食品和教育文化娱乐上的支出增速更快，只是到了 2013—2015 年，城乡居民在教育文化娱乐消费支出一体化指标才有所回升。另外，杂项消费支出一体化指标的波动性较强，这与杂项涉及支出项目的不确定性有关。

（二）城乡经济基础一体化指标

1. 城乡经济基础一体化指标设计

在进行城乡一体化经济基础方面，主要从城乡一体化的经济总量基础、经济投资基础、城乡居民收支基础等方面予以指标设计，共包括经济城镇化率（INDST）、城乡居民人均固定资产投资比（FX-INV）、城乡居民人均年收入比（INCOM）、城乡居民人均生活消费支出比（EXPEN）、城乡居民恩格尔系数比（ENGER）5 个指标。

（1）经济城镇化。经济城镇化通常是指地区或国家城镇化过程中其第二、第三产业发展状况，因此，常用第二、第三产业产值总和占当年 GDP 比重表示经济城镇化（率）进程，按照常规做法，采用其对我国经济城镇化进行衡量。

（2）城乡居民固定资产投资一体化。拟用城乡居民人均固定资产投资比对城乡居民固定资产投资一体化加以衡量。固定资产投资是经济发展的基础，城乡居民固定资产投资规模推动了城乡一体化进程，而城乡居民人均固定资产投资之比则反映了城乡一体化的进程状况。其中，城镇居民人均固定资产投资采用"固定资产（不含农户）新增固定资产及交付使用率"（《中国统计年鉴》）表中的"固定资产投资额（总额）"除以年度城镇人口数表示；农村居民人均固定资产投资额采用"农村农户固定资产投资和建房"（《中国统计年鉴》）表中的"投资总额（亿元）"除以年度农村居民的总人口数表示。用当年农村居民人均固定资产与同年城镇居民人均固定资产的比值来表示城乡居民人均固定资产投资比。

（3）城乡居民收入一体化、城乡居民消费一体化和城乡消费总体水平一体化。分别采用城乡居民人均年收入比、城乡居民人均生活消费支出比和城乡居民恩格尔系数比对城乡居民收入一体化、城乡居民消费一体化和城乡消费总体水平一体化进行衡量。这三个指标分别从城乡居民消费收支现状及城乡居民整体相对经济水平角度对城乡一体化过程中居民的经济状况对比进行描述，前两个指标用当年农村居民指标值除以同年城镇居民对应指标值的商值加以衡量；城乡居民恩格尔系数则用当年城镇居民恩格尔系数与农村居民恩格尔系数的比值表示，显然，其值越大说明农村居民整体经济水平越接近于城镇居民，城乡一体化水平越高。

2. 城乡经济基础一体化指标演变特征

在五类城乡经济基础一体化指标中，除城乡恩格尔系数比较高即城乡居民食物类消费支出现金比重相似度较高以外，城乡居民人均固定资产投资比、城乡居民人均年收入比、城乡居民人均生活消费支出比所反映出的我国城乡之间的差异是相对比较明显的。其中，城乡居民人均固定资产投资比在1996—2015年处于低位徘徊并表现出下降趋势；城乡居民人均消费收入比相对于城乡居民人均消费支出比表现出了下降的趋势，而且在时间维度上也呈现出下降特征，在城镇居民收支都理性的条件下，这说明，我国农村居民在城乡一体化过程中消费理念在增强；从城乡居民人均收入比（从1996年的0.398演变到2015年的0.339）相对低的角度看，居民人均收入的差异抑制了我国城乡一体化的进程。另外，城乡居民人均年收入比、城乡居民人均生活消费支出比也呈现出与城乡居民消费支出一体化指标类似的特征，以2003年为转折点，1996—2002年三类指标值呈现出下降趋势，2003年以后则呈现出上升的趋势（见图5-2）；这在一定程度上说明我国城乡一体化表现出的是前期数量扩充型、后期质量提升型特征。

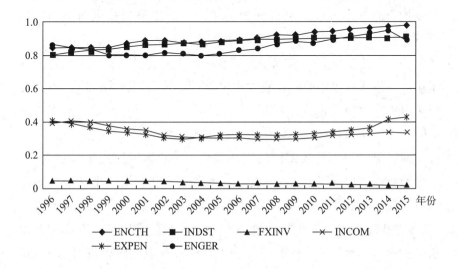

图5-2　城乡经济基础一体化指标演变趋势

（三）城乡社会基础一体化指标

1. 城乡社会基础一体化指标设计

社会保障性提升带动居民非生活必需品需求的增长，同时，居民受教育水平也会影响居民的消费态度与习惯（Zhou and Zheng, 2010；Mai and Wang, 2011）。鉴于人口统计学因素对居民直接与间接能源消费产生的影响，在设计城乡一体化社会影响因素方面，在考虑到一些宏观因素的前提下，将家庭人口部分统计学因素也考虑进来，具体包括人口城镇化率、工业污染治理完成人均投资、年末失业保险参保率、城乡卫生机构床位之比、城乡受高等教育人数之比、城乡居民家庭每一就业者负担人数之比、老年抚养比、家庭规模8个指标。

（1）人口城镇化率：人口城镇化率是反映城乡一体化的重要指标，用当年城镇人口总数占人口总数比例表示；时间维度上的人口城镇化率反映了城乡一体化进程，是城乡一体化的表征指标。

（2）工业污染治理完成人均投资：人口城镇化率直观地反映了城乡一体化进程，城乡一体化环境质量需要借助工业污染治理完成人均投资加以衡量；用"当年的工业污染治理完成投资/当年人口总数"（单位：元/人）表示；在该指标数据的获取方面，由于1996年前的数据及1998年的数据缺失，故采用插值法予以补足，为了实现不同年度投资的可比性，以2005年为基期，用GDP平减指数对该指标值进行折算。

（3）年末失业保险参保率：城乡一体化社会保障类质量指标，衡量城乡一体化过程中居民自我生存风险意识的变化情况，用"城乡居民年末失业保险参保人数/当年人口总数"表示。一般地，年末失业保险参保率伴随着城乡一体化进程会逐渐增大。

（4）城乡卫生机构床位之比：城乡一体化医疗卫生类质量指标，衡量城乡一体化过程中居民医疗卫生条件的变化情况；用"农村每千人口医疗卫生机构床位数/城镇每千人口医疗卫生机构床位数"表示（指标数据来源于《中国卫生统计年鉴》（1997—2016）。2006年及以前的数据，年鉴上显示的是"每千人口医院和卫生院床位（张）：市和县"；2007—2015年，年鉴上显示的是"每千人口医疗卫生机构床位数"（城市、农村）。理论上说，伴随着城乡一体化进程，城乡卫生机构床位之比应呈现出逐年递增的趋势。

（5）城乡受高等教育人数之比：城乡一体化教育类质量指标，衡量城乡一体化发展的潜力指标；用"当年农村大专以上人口/同年城镇大专以上人口"表示，数据来源于《中国人口统计年鉴》（1997—2016），理论上说，伴随着城乡一体化进程，城乡受高等教育人数之比应呈现出逐年递增的趋势。

（6）家庭人口统计指标：家庭人口统计指标共选择城乡居民家庭每一就业者负担人数之比、老年抚养比和家庭规模三项。城乡居民家庭每一就业者负担人数之比采用"农村就业者负担人数/城镇就业者负担人数"表示，衡量农村与城镇居民产出效率的对比情况，其中，农村（城镇）就业者负担人数是指当年农村（城镇）总人数与本年农村（城镇）就业者总数的商，数据来源于《中国人口统计年鉴》（1997—2016）；伴随城乡一体化，理论上说，该指标应保持上升的趋势。老年抚养比是指当年60岁以上人口占总人口的比例，衡量社会老龄化的程度，我国近年来社会老龄化程度在逐年提高，老龄化在影响能源消费总量的同时，也会对能源消费结构产生影响。家庭规模是指我国年度家庭平均人口数，我国家庭规模存在下降的趋势，这种趋势会因为规模效应等问题不仅会导致人均直接能源消费量的上升，也会导致人均间接能源消费量的上升，能源消费量的变化伴随着能源消费结构的变化。其他没有特殊说明的指标数据都来源于《中国统计年鉴》（1997—2016）。

2. 城乡社会基础一体化指标的演变特征

将8个城乡社会基础一体化指标的时间序列绘于同一坐标系内，考虑到指标之间的单位与数据值之间的差异，工业污染治理完成人均投资（INVPOL）、老年抚养比（OLDER）和家庭规模（FAMILY）三类指标的取值体现在次（右）坐标轴上，其余五类指标的取值则体现在主（左）坐标轴上（见图5-3）。以相对量反映城乡一体化的三类指标中，除家庭每一就业者负担人数之比（NUMDEP）稍高以外，城乡受高等教育人数之比（COLLEG）与城乡卫生机构床位之比

（BEDS）都比较低。其中，城乡居民家庭每一就业者负担人数之比（NUMDEP）、城乡卫生机构床位之比（BEDS）与城乡消费支出一体化指标变动趋势基本一致；人口城镇化率（PEOUR）、年末失业保险参保率（INSUR）与老年抚养比呈现明显单调递增趋势；工业污染治理完成人均投资表现出震荡波动上行特征；城乡受高等教育人数之比（COLLEG）呈现出轻微波动上行的趋势；家庭规模则呈现出明显的下行趋势。

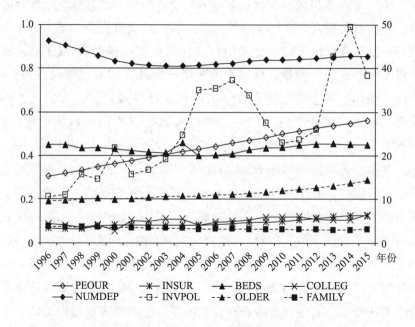

图 5 – 3 城乡社会基础一体化指标演变趋势

第四节 城乡一体化能源消费结构效应

一 能源消费结构影响因素的探索性分析

在能源消费研究方面，经济城镇化率（本书中采用常规的第二、第三产业产值比重表示）与人口城镇化率一般会作为关键的影响因素加以研究，其他因素常常被忽视。下面借助城乡一体化指标与能源消费结构（能耗结构目标导向系数）的相关系数初步探讨能源消费结构的影响因素应该关注的其他因素。

表5-2给出了能源消费结构目标导向系数及其他变量之间的相关系数。与能耗结构目标导向系数表现出强相关性的城乡一体化指标有城乡居民人均居住消费支出比、人口城镇化率、年末失业保险参保率、老年抚养比、经济城镇化率、家庭规模及城乡恩格尔系数比等。可见，我国能源消费结构不仅与宏观经济指标（经济城镇化率、人口城镇化率等）高度相关，而且与我国城乡居民部分家庭人口统计指标（人均居住消费支出比、老年抚养比、家庭规模等）也高度相关；这意味着，在对能源消费结构的研究中，家庭人口统计指标有必要纳入其中。

在我国城乡居民八类消费支出的城乡一体化指标中，城乡居民人均食品消费支出比与能源消费结构（能耗结构目标导向系数）负相关，其余各类人均消费支出比则与之呈正相关；其中，城乡居民人均衣着、家庭设备用品及服务、医疗保健、交通通信四类消费支出之比与能源消费结构呈中度相关；而城乡居民教育文化娱乐服务、杂项商品与服务两项消费支出之比与能源消费结构呈现弱相关。

为了深入考察城乡一体化系统对能源消费结构的影响特征，对能源消费结构高度相关的六类一体化指标与能源消费结构的偏相关系数计算发现（见表5-3）：相对于简单相关系数，每个指标与能源消费结构偏相关系数都发生了改变，其中，人口城镇化率、年末失业保险参保率、经济城镇化率及城乡恩格尔系数等一体化指标与能源结构的偏相关没有发生方向性的偏移，依然保持着与能源消费结构正相关的关系，但是，老年抚养比指标与能源消费结构的偏相关系数则出现了反转。可见，讨论城乡一体化指标对能源消费结构的影响，应在经济（或社会）系统的基础上，考察每种指标对能源消费结构的影响。

表 5-2　能源消费结构与城乡一体化指标相关系数

	ENCTH	FOOD	CLOTH	RESIDE	FACITY	MEDIC	TRANS	EDUCA	OTHERS	INDST	FXINV	INCOM	EXPEND	ENGER	PEOUR	INVPOL	INSUR	BEDS	COLLEG	NUMDEP	OLDER
ENCTH	1.000																				
FOOD	-0.429*	1.000																			
CLOTH	0.566**	0.455**	1.000																		
RESIDE	0.835***	0.092	0.897***	1.000																	
FACITY	0.753***	0.136	0.877***	0.928***	1.000																
MEDIC	0.755***	0.223	0.933***	0.961***	0.948***	1.000															
TRANS	0.776***	0.127	0.893***	0.926***	0.884***	0.902***	1.000														
EDUCA	-0.117	0.880***	0.693***	0.402*	0.399*	0.467**	0.483***	1.000													
OTHERS	0.303	-0.366	0.077	0.159	0.104	0.078	0.073	-0.239	1.000												
INDST	0.899***	-0.722***	0.221	0.551***	0.497***	0.435***	0.552***	-0.427*	0.305	1.000											
FXINV	-0.774***	-0.029	-0.751***	-0.811***	-0.79*	-0.879***	-0.717***	-0.198	-0.169	-0.508**	1.000										
INCOM	-0.548**	0.935***	0.296	-0.065	-0.044	0.081	-0.089	0.727***	-0.350	-0.832***	0.031	1.000									
EXPEND	0.293	0.700***	0.918***	0.743***	0.747***	0.796***	0.706***	0.809***	-0.130	-0.067	-0.572***	0.558***	1.000								
ENGER	0.804***	-0.028	0.742***	0.898***	0.893***	0.901***	0.753***	0.182	0.106	0.548**	-0.706***	-0.112	0.617***	1.000							
PEOUR	0.978***	-0.550**	0.473**	0.754***	0.711***	0.671***	0.727***	-0.217	0.268	0.955***	-0.705***	-0.666***	0.182	0.735***	1.000						
INVPOL	0.751***	-0.330	0.470**	0.643***	0.696***	0.545**	0.762***	0.090	0.169	0.791***	-0.445**	-0.566**	0.217	0.550**	0.804***	1.000					
INSUR	0.971***	-0.321	0.661***	0.874***	0.783***	0.809***	0.839***	0.017	0.260	0.842***	-0.805***	-0.451**	0.379*	0.792***	0.948***	0.799***	1.000				
BEDS	0.313	0.335	0.386*	0.553***	0.599**	0.630***	0.440*	0.363	-0.125	-0.032	-0.608***	0.374	0.593***	0.574***	0.217	-0.033	0.378	1.000			
COLLEG	0.743***	-0.566**	0.209	0.513***	0.488**	0.422*	0.403*	-0.338	0.254	0.720***	-0.495**	-0.606***	0.090	0.523***	0.750***	0.379*	0.667***	0.253	1.000		
NUMDEP	-0.231	0.828***	0.474**	0.257	0.338	0.388*	0.126	0.665***	-0.376	-0.573***	-0.205	0.826***	0.738***	0.325	-0.341	-0.338	-0.182	0.551**	-0.283	1.000	
OLDER	0.959***	-0.288	0.701***	0.888***	0.842***	0.829***	0.862***	0.057	0.231	0.828***	-0.812***	-0.420*	0.443*	0.888***	0.950***	0.763***	0.975***	0.384*	0.706***	-0.128	1.000
FAMILY	-0.917***	0.611***	-0.327	-0.618***	-0.607***	-0.546***	-0.621***	0.338	-0.292	-0.969***	0.601***	0.746***	-0.024	-0.649***	-0.961***	-0.831***	-0.865***	-0.040	-0.645***	0.451***	-0.848***

注：*、**和***表示t检验的显著性水平分别为0.1、0.05和0.01。

表 5 - 3　　　　　能耗结构目标导向系数与部分城乡一体化
因素的偏相关系数

变量	偏相关系数	半偏相关系数	偏相关系数平方	半偏相关系数平方	显著性水平
INDST	0.028	0.004	0.001	0	0.922
ENGER	0.521	0.081	0.272	0.007	0.046
PEOUR	0.419	0.061	0.175	0.004	0.12
INSUR	0.536	0.084	0.288	0.007	0.039
OLDER	−0.323	−0.045	0.104	0.002	0.241
FAMILY	0.261	0.036	0.068	0.001	0.347

二　家庭消费支出城乡一体化指标会影响能源消费结构吗

家庭居民消费支出一体化指标对能源消费结构的影响。以经济城镇化为控制变量和以人口城镇化为控制变量的回归方程中（见表5-4和表5-5），八类城乡居民消费支出一体化指标（食品、衣着、家庭设备用品及服务、医疗保健、交通通信、教育文化娱乐、杂项商品与服务等一体化指标）对能源消费结构（能耗结构目标导向）都呈现正向影响作用，只是杂项商品与服务一体化指标的作用不显著。

城乡居民消费支出经济基础一体化对能源消费结构的影响。由于控制变量经济城镇化、人口城镇化分别作为控制变量，在其余四类经济基础一体化指标中（见表5-6和表5-7），城乡固定资产投资一体化指标逆向作用于能源消费结构，这意味着近年来我国城乡固定资产一体化程度的下降有助于能源消费结构的优化，从另一个侧面也说明，城市固定资产投资也在注重能源消费的低碳化；经济城镇化、城乡居民收入一体化、城乡居民生活消费一体化、城乡消费总体水平一体化等对能源消费结构都呈现出正向影响，并且回归系数在5%的显著性水平下都显著，这种在单一控制变量下获得的作用效果是否与社会经济系统条件下的单一指标作用一致，在接下来的研究中将予以展开。

表 5 – 4　　　　　　以经济城镇化为控制变量的消费支出
一体化指标线性回归模型

	模型	模型 1	模型 2	模型 3	模型 4	模型 5	模型 6	模型 7	模型 8
INDST	1.237 ***	1.695 ***	1.120 ***	0.868 ***	0.959 ***	0.969 ***	0.932 ***	1.429 ***	1.224 ***
	(8.70)	(11.65)	(14.61)	(13.23)	(9.57)	(15.23)	(8.25)	(11.94)	(7.98)
FOOD		0.693 ***							
		(4.35)							
CLOTH			0.657 ***						
			(6.94)						
RESIDE				0.127 ***					
				(10.23)					
FACITY					0.288 ***				
					(5.58)				
MEDIC						0.170 ***			
						(9.70)			
TRANS							0.505 ***		
							(4.91)		
EDUCA								0.299 ***	
								(3.76)	
OTHERS									0.050
									(0.28)
常数项	−0.180	−0.860 ***	−0.208 ***	0.067	−0.012	−0.006	−0.039	−0.431 ***	−0.178
	(−1.44)	(−4.79)	(−3.17)	(1.24)	(−0.14)	(−0.12)	(−0.44)	(−3.71)	(−1.39)
样本数	20	20	20	20	20	20	20	20	20
$R^2\_$ a	0.797	0.898	0.944	0.970	0.924	0.967	0.911	0.883	0.786
F	75.65	85.03	161.1	307.9	116.7	280.7	98.36	72.41	35.93

注：*** 表示相关系数的显著性水平为 0.01，括号内为标准差，$R^2\_$ a 为组内调整后的 R^2，F 为统计量指标值。

表 5 - 5　　　　　　以人口城镇化为控制变量的消费支出

一体化指标线性回归模型

模型	模型	模型 1	模型 2	模型 3	模型 4	模型 5	模型 6	模型 7	模型 8
PEOUR	0.548 ***	0.585 ***	0.512 ***	0.452 ***	0.501 ***	0.481 ***	0.492 ***	0.560 ***	0.541 ***
	(19.89)	(20.27)	(19.28)	(14.91)	(13.53)	(16.27)	(13.35)	(21.83)	(18.79)
FOOD		0.187 **							
		(2.41)							
CLOTH			0.227 **						
			(2.81)						
RESIDE				0.059 ***					
				(4.16)					
FACITY					0.083 *				
					(1.76)				
MEDIC						0.068 ***			
						(3.39)			
TRANS							0.172 *		
							(2.09)		
EDUCA								0.092 **	
								(2.19)	
OTHERS									0.070
									(0.85)
常数项	0.666 ***	0.575 ***	0.636 ***	0.672 ***	0.665 ***	0.671 ***	0.647 ***	0.636 ***	0.655 ***
	(54.57)	(14.60)	(42.80)	(75.13)	(57.41)	(68.48)	(44.93)	(35.63)	(36.51)
样本数	20	20	20	20	20	20	20	20	20
R^2_a	0.954	0.964	0.967	0.976	0.959	0.971	0.961	0.962	0.953
F	395.5	253.7	277.7	385.8	222.3	318.8	236.9	241.8	195.1

注：*、**、*** 分别表示相关系数的显著性水平为 0.1、0.05 和 0.01，括号内为标准差，R^2_a 为组内调整后的 R^2，F 为统计量指标值。

表 5 - 6　　　　　以经济城镇化为控制变量的经济基础

一体化指标线性回归模型

模型	模型	模型 9	模型 10	模型 11	模型 12
INDST	1.237 ***	0.938 ***	1.979 ***	1.282 ***	0.902 ***
	(8.70)	(10.17)	(13.09)	(16.62)	(9.75)
FXINV		-0.459 ***			
		(-6.38)			

续表

	模型	模型 9	模型 10	模型 11	模型 12
INCOM			0.836 *** (5.89)		
EXPEND				0.442 *** (6.68)	
ENGER					0.419 *** (6.62)
常数项	-0.180 (-1.44)	0.123 (1.46)	-1.110 *** (-6.37)	-0.373 *** (-5.08)	-0.244 *** (-3.55)
样本数	20	20	20	20	20
R^2_a	0.797	0.937	0.929	0.941	0.940
F	75.65	141.5	126.1	151.9	149.8

注: *** 表示相关系数的显著性水平为 0.01, 括号内为标准差, R^2_a 为组内调整后的 R^2, F 为统计量指标值。

表 5 - 7 以人口城镇化为控制变量的经济基础
一体化指标线性回归模型

	模型	模型 9	模型 10	模型 11	模型 12	模型 13
PEOUR	0.548 *** (19.89)	0.760 *** (9.65)	0.482 *** (14.65)	0.608 *** (20.11)	0.536 *** (22.49)	0.472 *** (14.11)
INDST		-0.545 ** (-2.82)				
FXINV			-0.180 ** (-2.85)			
INCOM				0.212 ** (3.04)		
EXPEND					0.141 ** (2.81)	
ENGER						0.174 ** (3.09)
常数项	0.666 *** (54.57)	1.052 *** (7.66)	0.711 *** (37.73)	0.569 *** (16.95)	0.623 *** (33.38)	0.551 *** (14.26)
样本数	20	20	20	20	20	20
R^2_a	0.954	0.967	0.967	0.968	0.967	0.969
F	395.5	278.1	280.1	292.8	277.6	296.5

注: ** 、 *** 分别表示相关系数的显著性水平为 0.05 和 0.01, 括号内为标准差, R^2_a 为组内调整后的 R^2, F 为统计量指标值。

城乡居民消费支出的社会基础一体化对能源消费结构的影响（见表5-8和表5-9）。在人口城镇化、污染治理投资、失业保险、城乡医疗条件、城乡高等教育、城乡居民负担能力、社会老龄化、家庭规模等一体化指标中，在两类控制变量条件下多数指标呈现出对能源消费结构正向影响的作用；不过，污染治理投资与城乡高等教育两类一体化指标对能源消费结构的影响是不显著的；家庭规模在以经济城镇化为控制变量的条件下，其对能源消费结构呈现出逆向影响，这种逆向影响并显著（P值小于0.1的显著性）；而在以人口城镇化为控制变量条件下，其对能源消费结构呈现出正向影响，并且显著（P值小于0.1的显著性）；不同控制变量条件下同一种变量对应变量表现出相反的作用，这意味着可能在模型设计上存在不足，因此，有必要对问题展开深入有效的研究。

表 5 - 8 　　　以经济城镇化为控制变量的社会基础
一体化指标线性回归模型

	模型	模型 13	模型 14	模型 15	模型 16	模型 17	模型 18	模型 19	模型 20
INDST	1.237 *** (8.70)	-0.545 ** (-2.82)	1.121 *** (4.74)	0.385 *** (3.31)	1.253 *** (13.69)	1.039 *** (5.19)	1.572 *** (14.43)	0.458 *** (3.61)	0.227 (0.42)
PEOUR		0.760 *** (9.65)							
INVPOL			0.000 (0.62)						
INSUR				1.739 *** (8.70)					
BEDS					0.834 *** (5.15)				
COLLEG						0.485 (1.37)			
NUMDEP							0.614 *** (5.36)		

续表

	模型	模型13	模型14	模型15	模型16	模型17	模型18	模型19	模型20
OLDER								0.022***	
								(7.43)	
FAMILY									-0.145*
									(-1.94)
常数项	-0.180	1.052***	-0.0890	0.410***	-0.555***	-0.0550	-0.991***	0.252***	1.183
	(-1.44)	(7.66)	(-0.46)	(4.70)	(-5.12)	(-0.36)	(-5.82)	(2.96)	(1.66)
样本数	20	20	20	20	20	20	20	20	20
R^2_a	0.797	0.967	0.790	0.961	0.916	0.807	0.920	0.949	0.824
F	75.65	278.1	36.73	232.7	104.8	40.62	110.4	179.2	45.52

注：*、**、***分别表示相关系数的显著性水平为0.1、0.05和0.01，括号内为标准差，R^2_a为组内调整后的R^2，F为统计量指标值。

表5-9　　　　　以人口城镇化为控制变量的社会基础
一体化指标线性回归模型

	模型	模型14	模型15	模型16	模型17	模型18	模型19	模型20
PEOUR	0.548***	0.593***	0.320***	0.535***	0.538***	0.570***	0.383***	0.713***
	(19.89)	(12.97)	(4.73)	(21.20)	(12.60)	(22.20)	(4.78)	(7.56)
INVPOL		0.000						
		(-1.22)						
INSUR			1.014***					
			(3.54)					
BEDS				0.257**				
				(2.35)				
COLLEG					0.0570			
					(0.31)			
NUMDEP						0.168**		
						(2.54)		
OLDER							0.010**	
							(2.17)	

续表

模型	模型 14	模型 15	模型 16	模型 17	模型 18	模型 19	模型 20
FAMILY							0.059 *
							(1.82)
常数项	0.666 ***	0.657 ***	0.674 ***	0.560 ***	0.665 ***	0.515 ***	0.624 ***	0.402 **
	(54.57)	(46.48)	(69.05)	(12.05)	(50.05)	(8.48)	(27.89)	(2.76)
样本数	20	20	20	20	20	20	20	20
R^2_a	0.954	0.955	0.972	0.963	0.952	0.965	0.962	0.959
F	395.5	204.0	331.1	250.0	187.8	260.6	240.6	224.8

注：* 、** 、*** 分别表示相关系数的显著性水平为 0.1、0.05 和 0.01，括号内为标准差，R^2_a 为组内调整后的 R^2，F 为统计量指标值。

　　结合城乡一体化指标的演变趋势及其在经济城镇化、人口城镇化控制指标的作用下对能源消费结构的影响系数分析，初步得出在 2003 年前后我国主要城乡一体化指标对能源消费结构的影响方式、效果（见表 5 - 10）：2003 年前，大部分城乡一体化指标的变化并不有利于能源消费结构的优化；2003 年后，这种形势得以扭转。

表 5 - 10　　　　　单控制变量作用下城乡一体化指标对
能源消费结构的影响

一级指标	二级指标	三级指标	变化趋势		对能源消费结构的影响	是否有利于能源消费结构的优化	
			2003 年前	2003 年后		2003 年前	2003 年后
城乡一体化	消费支出一体化	城乡居民食品消费一体化	↓	↑	正向	否	是
		城乡居民衣着消费一体化	↓	↑	正向	否	是
		城乡居民居住消费一体化	↓	↑	正向	否	是
		城乡居民家庭设备及服务消费一体化	↓	↑	正向	否	是
		城乡居民医疗保健消费一体化	↑	↑	正向	是	是

续表

一级指标	二级指标	三级指标	变化趋势		对能源消费结构的影响	是否有利于能源消费结构的优化	
			2003 年前	2003 年后		2003 年前	2003 年后
城乡一体化	消费支出一体化	城乡居民交通通信消费一体化	↓	↑	正向	否	是
		城乡居民教育文化娱乐服务消费一体化	↓	↑	正向	否	是
		城乡居民杂项商品与服务消费一体化	↓	↑	不显著	否	是
	经济基础一体化	经济城镇化	↓	↓	逆向	是	是
		城乡居民固定资产投资一体化	↑	↓	逆向	否	是
		城乡居民收入一体化	↓	↑	正向	否	是
		城乡居民支出一体化	↓	↑	正向	否	是
		城乡消费总体水平一体化	↓	↑	正向	否	是
	社会基础一体化	人口城镇化	↑	↑	正向	是	是
		污染治理投资一体化	↑	↑	不显著	不确定	不确定
		失业保险一体化	↑	↑	正向	是	是
		城乡医疗条件一体化	↓	↑	正向	否	是
		城乡高等教育一体化	↑	↑	不显著	不确定	不确定
		城乡居民负担能力一体化	↓	↑	正向	否	是
		社会老龄化	↑	↑	正向	是	是
		家庭规模	↓	↓	不确定	不确定	不确定

注:"↓"表示该变量呈现出下降趋势,"↑"表示该变量呈现上升趋势。

在上述众多回归模型中,经济城镇化、人口城镇化都呈现出一致的特征:经济城镇化与人口城镇化正向作用于能源消费结构,并且以人口城镇化为控制变量的一体化指标对能源消费结构影响强度都要低于以经济城镇化为控制变量的一体化指标对能源消费结构影响强度;这一方面向我们展示了两类指标对能源消费结构的影响机理,另一方面说明，同一时期，人口城镇化对能源消费结构影响作用要弱，这一点得到了经济城镇化、人口城镇化同时作为解释变量回归系数的印证。研究中，多数城乡一体化指标在不同的控制变量系统下呈现出对能源消费结构相同的作用，这说明所构建的模型存在一定的合理性。当然，同一指标在不同的控制变量体系下对能源消费结构的影响作用出现差异，意味着所采用的模型有待于进一步完善。对上述模型逐一进行是否存在遗漏变量检验（拉姆齐检验）、多重共线性检验（Vif检验）、异方差检验（怀特检验）、自相关检验（DW检验），发现多数方程存在自相关和遗漏变量等问题。为了克服这些不足，并验证单一控制变量作用下城乡一体化指标对能源消费结构作用的准确性，下面借助主成分分析法深入探讨城乡一体化指标对能源消费结构的作用机理。

三　城乡一体化进程解读

（一）主成分分析法

主成分分析是通过对原始变量进行数据压缩，形成少数几个互不相关，并且尽可能多地保留原始变量信息的主成分变量，以实现对数据内在规律性进行解释的一种方法。一般来说，其数学模型可以表示为：

$$Y_i = e'_i X \quad (i = 1, 2, \cdots, p) \tag{5-1}$$

式中，$X = (X_1, X_2, \cdots, X_p)$ 为 p 维随机变量，$e'_i = (e_{1i}, e_{2i}, \cdots, e_{pi})$ 为随机变量 X 协方差阵的特征根 λ_i 所对应的标准特征向量。

主成分 Y_i 的方差贡献率为 $\lambda_i / \sum_{i=1}^{p} \lambda_i$，这个值越大，意味着主成分 Y_i 携带 X 的原始信息越多；e_{ki} 反映的是第 k 个变量对第 i 个主成分的重要性。主成分分析的一般步骤是：第一步，对原始 p 个指标进行标准化，以消除变量在量纲或数量级上的影响；第二步，计算标准化数据矩阵的协方差阵；第三步，计算协方差阵的特征根与特征向量；第四步，确定主成分，根据基于研究目的进行分析与拓展。

（二）城乡一体化进程的界定

在 SPSS 中，没有将主成分分析作为一种独立的分析方法，而是通过因子分析的过程来完成的，在获得原始指标的主成分时，需要对因子分析输出的结果进行相应转换。

1. 初始特征值与方差贡献率

在对城乡一体化指标数据进行标准化处理的基础上，通过因子分析处理得到初始特征值及对应的方差贡献率，结果显示，有 3 个初始特征值大于 1（见表 5 – 11），分别是 11.164、6.337、1.207；方差贡献率分别是 53.16%、30.18%、5.75%，累计方差贡献率是 89.09%（大于 85%），说明这 3 个主成分变量反映出了城乡一体化指标体系的主要信息。

表 5 –11   初始特征值与方差贡献率

	初始特征值	方差贡献率（%）	累计方差贡献率（%）
主成分 1	11.164	53.16	53.16
主成分 2	6.337	30.18	83.34
主成分 3	1.207	5.75	89.09

2. 城乡一体化的主成分构成

主成分分析本质是一种矩阵转换的过程，每个主成分的实际意义并不会很明确，但是，为了下面研究的需要，将初始特征值对应的初始因子载荷矩阵（旋转前因子载荷矩阵）的载荷值按大小排序（见表 5 –12），可以发现，第一个主成分系数向量中，系数较大的 14 个指标中包含 6 个"社会基础一体化指标"（"城乡居民负担能力一体化、城乡医疗条件一体化"除外）、5 个反映居民总体社会经济水平的"消费支出一体化指标"，还包括"经济城镇化、城乡居民固定资产投资一体化、城乡消费总体水平一体化" 3 个指标，这些指标综合反映了城乡一体化过程中社会进步的状况，为此将其称为城乡一体化的"社会进步进程主成分"，称上述 14 个城乡一体化指标为社会进步进程主成分的主体指标；第二个主成分系数向量中，城乡居民食品消费一体化、城乡居民收入一体化、城乡居民负担能力一体化、城乡居民教育文化娱乐服务消费一体化、城乡居民支出一体化、城乡居民杂项商品与服务消费一体化 6 个指标的系数较大，这些指标综合反映城乡一体化过程中城乡居民的经济实力，为此将其称为城乡一体化的

"经济条件改善进程主成分"，称上述 6 个城乡一体化指标为反映家庭经济条件改善进程主成分的主体指标；第三个主成分系数向量中，系数较大的只有"城乡医疗条件一体化"1 个指标，反映城乡一体化过程中居民生活基础设施的保障水平，故将其称为城乡一体化的"基础保障完善进程主成分"，也是家庭城乡居民基础保障完善进程主成分的主体指标。初始因子载荷矩阵中各分量 a'_{ki} 的系数 a_{ki} 并不是式（5 - 1）中标准化正交向量 e'_i 的 e_{ki}，两者之间存在关系式（5 - 2）。

$$e_{ki} = a_{ki}/\sqrt{\lambda_i} \tag{5 - 2}$$

其中，λ_i 是 e'_i 所对应的特征根。利用式（5 - 2）将初始因子载荷矩阵进行标准化，得出标准化特征向量（简记为 W），即社会进步进程主成分、经济条件改善进程主成分和基础保障完善进程主成分。

表 5 - 12　　　　初始因子载荷矩阵与标准化正交特征向量

指标	初始因子载荷矩阵			标准化正交特征向量（W）		
	成分（1）	成分（2）	成分（3）	社会进步进程	经济条件改善进程	基础保障完善进程
社会老龄化	0.974	- 0.155	- 0.004	0.291	- 0.062	- 0.004
失业保险一体化	0.957	- 0.197	- 0.005	0.286	- 0.078	- 0.004
城乡居民居住消费一体化	0.954	0.237	0.021	0.285	0.094	0.019
城乡居民家庭设备及服务消费一体化	0.923	0.271	0.017	0.276	0.108	0.016
城乡居民医疗保健消费一体化	0.920	0.367	- 0.043	0.275	0.146	- 0.039
城乡居民交通通信消费一体化	0.912	0.212	0.293	0.273	0.084	0.266
人口城镇化	0.901	- 0.421	- 0.017	0.270	- 0.167	- 0.016
城乡消费总体水平一体化	0.892	0.161	- 0.204	0.267	0.064	- 0.185
城乡居民固定资产投资一体化	- 0.850	- 0.170	0.270	- 0.254	- 0.068	0.246
家庭规模	- 0.803	0.545	- 0.078	- 0.240	0.216	- 0.071
城乡居民衣着消费一体化	0.798	0.558	0.143	0.239	0.222	0.130
污染治理投资一体化	0.753	- 0.312	0.511	0.225	- 0.124	0.465
经济城镇化	0.741	- 0.657	0.055	0.222	- 0.261	0.050
城乡高等教育一体化	0.635	- 0.434	- 0.417	0.190	- 0.172	- 0.380
城乡居民食品消费一体化	- 0.138	0.962	0.162	- 0.041	0.382	0.148

续表

指标	初始因子载荷矩阵			标准化正交特征向量（W）		
	成分 （1）	成分 （2）	成分 （3）	社会进步 进程	经济条件 改善进程	基础保障 完善进程
城乡居民收入一体化	-0.294	0.935	-0.056	-0.088	0.372	-0.051
城乡居民负担能力一体化	0.041	0.913	-0.227	0.012	0.363	-0.207
城乡居民教育文化娱乐服务消费一体化	0.186	0.866	0.365	0.056	0.344	0.332
城乡居民支出一体化	0.572	0.787	0.088	0.171	0.313	0.080
城乡居民杂项商品与服务消费一体化	0.208	-0.360	-0.012	0.062	-0.143	-0.011
城乡医疗条件一体化	0.472	0.524	-0.564	0.141	0.208	-0.513

（三）城乡一体化进程评价

根据式（5-1）可以计算我国在不同年份的 3 个主成分得分[①]，即社会进步进程主成分得分（简记为 SOCFCT）、经济条件改善进程主成分得分（简记为 ECOFCT）和基础保障完善进程主成分得分（简记为 LIVFCT），结果如表 5-13 所示。

表 5-13　　　　　　　　城乡一体化主成分得分

年份	社会进步进程 （SOCFCT）	经济条件改善进程 （ECOFCT）	基础保障完善进程 （LIVFCT）
1996	-2.092	5.560	-0.765
1997	-2.634	4.659	-0.569
1998	-3.016	3.484	0.214
1999	-3.370	1.985	-0.111
2000	-3.097	0.883	1.193
2001	-2.697	-0.273	0.153

---

① 此时，式（5-1）中的 X 为变量标准化后的矩阵，e'_i 为表 5-12 所示的标准化正交特征向量。

续表

年份	社会进步进程 （SOCFCT）	经济条件改善进程 （ECOFCT）	基础保障完善进程 （LIVFCT）
2002	− 2.667	− 2.420	− 0.410
2003	− 2.533	− 2.434	− 0.102
2004	− 1.954	− 1.788	− 1.073
2005	− 1.544	− 1.765	2.157
2006	− 0.755	− 2.037	1.530
2007	− 0.473	− 2.452	1.082
2008	0.055	− 2.060	0.206
2009	0.496	− 2.108	− 0.835
2010	1.111	− 1.889	− 1.625
2011	2.622	− 1.251	− 1.827
2012	3.396	− 0.826	− 1.525
2013	5.642	0.961	0.489
2014	6.690	1.747	1.132
2015	6.818	2.024	0.686

　　为了进一步对我国近年来城乡一体化整体水平进行考察，故采用式（5 − 3）对我国城乡一体化综合得分进行计算［式（5 − 3）中的数字分别是主成分 SOCFCT、EWFCT、LIVFCT 的方差贡献率见表(5 − 11)］：

$$y_{综合} = \frac{0.532 \times SOCFCT + 0.302 \times ECOFCT + 0.058 \times LIVFCT}{0.891}$$

(5 − 3)

　　结果如图 5 − 4 所示。显然，综合指标所反映的我国城乡一体化进程呈现出"U"形演变趋势，这种趋势与采用人口城镇化（人口城镇化率逐年提高）、经济城镇化（第二、第三产业产值比重逐年上升）衡量的结果之间存在差异：2003 年是我国城乡一体化进程的一个转折点，1996 年我国城镇人口进入快速增长期，但伴随的是我国城乡一体化整体协调水平的下降，直至 2003 年我国城镇化率达到40.53%；其后，伴随着城镇化率的提高，我国城乡一体化整体协调水平（城乡一体化主成分综合得分）也逐渐提升，直到2010年我国城镇化率达到近50%（49.95%），此时，我国城乡一体化主成分综合得分依然在负数条件下徘徊，这种城乡一体化整体水平下行及在负数环境下徘徊直到2011年才得以扭转。如果说，城乡一体化主成分综合评分下行以及在低位徘徊意味着我国城乡一体化存在社会、经济、基础保障的不协调，那么这种不协调又如何作用于我国的能源消费结构？接下来，将对此问题进行展开。

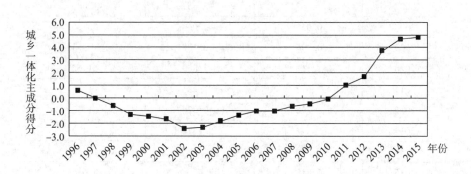

图5-4 城乡一体化进程

四 家庭居民消费支出城乡一体化指标的能耗结构效应

（一）研究对象

鉴于基于家庭消费支出城乡一体化指标之间存在较强的相关性，并且以典型指标为控制变量的回归存在遗漏变量、多重共线性、异方差或自相关等问题，使研究结论在一定程度上呈现出不一致等问题。为此，为揭示我国城乡一体化指标对能源消费结构的影响，下文故采用主成分回归分析对能源消费结构目标导向系数的标准化数据、社会进步进程主成分得分、经济条件改善进程得分、基础保障完善进程得分进行回归分析；在此基础上，探讨城乡一体化具体指标对能源消费结构的影响特征。

（二）研究方法

主成分回归分析步骤：

第一步，将城乡一体化指标进行主成分分析，获取主成分得分变量。表 5 - 12 标准化正交特征向量已经给出主成分系数（21 × 3）矩阵，记为 W，则主成分可以表示成：

$$F_{20 \times 3} = X_{20 \times 21} W_{21 \times 3} \tag{5 - 4}$$

其中，F 代表 3 个主成分得分变量矩阵，X 代表城乡一体化指标变量的标准化数据（20 × 21）矩阵。

第二步，将能源消费结构目标导向系数的标准化数据作为因变量，F 作为解释变量进行线性回归，即：

$$Y_{20 \times 1} = F_{20 \times 3} B_{3 \times 1}^{T} \tag{5 - 5}$$

其中，Y 代表已经标准化的能源消费结构目标导向系数，B 是（1 × 3）系数矩阵。

第三步，将主成分表达式（5 - 4）代入式（5 - 5），得到标准化因变量与自变量的回归模型，即：

$$Y_{20 \times 1} = X_{20 \times 21} W_{21 \times 3} B_{3 \times 1}^{T} \tag{5 - 6}$$

令 $\beta = W_{21 \times 3} B_{3 \times 1}^{T} = (\beta_1, \beta_2, \beta_3)_{21 \times 3}$，则式（5 - 6）可以表示为：

$$Y = \sum_{i=1}^{21} \beta_i X_i \tag{5 - 7}$$

用原始变量替代式（5 - 7）标准化变量，则：

$$\frac{ENCTH - \alpha}{\sigma} = \sum_{i=1}^{21} \beta_i \frac{x_i - \alpha_i}{\sigma_i} \tag{5 - 8}$$

进而，城乡一体化指标原始数据对能源消费结构目标导向影响系数回归方程为：

$$ENCTH = \alpha - \sum_{i=1}^{21} \frac{\sigma}{\sigma_i} \beta_i \alpha_i + \sum_{i=1}^{21} \frac{\sigma}{\sigma_i} \beta_i x_i \tag{5 - 9}$$

其中，α、σ 是能源消费结构目标导向系数的均值和标准差，α_i、σ_i 是城乡一体化指标变量的均值和标准差。

式（5 - 7）与式（5 - 9）比较发现，与标准化数据条件下城乡一体化指标变量对能源消费结构影响系数（偏相关系数）相比，未标准化的城乡一体化指标变量对能源消费结构影响系数受到能源消费结构和这种城乡一体化指标变量的标准差调节，波动幅度较小的城乡一体化指标变量（该指标变量的标准差相对较小）会呈现出对能源消费结构作用较强的作用，从这一点来看，变量标准化回归系数反映城乡一体化指标对能源消费结构偏差的贡献率，变量未标准化回归系数揭示了解释变量对应变量的影响程度。

（三）数据分析

时间序列平稳性检验。基于避免时间序列数据处理过程中"伪回归"，在只有截距项、既有截距项又有趋势项、没有截距项也没有趋势项三种状况下，对能源消费结构目标导向系数标准化数据变量（Z_{ENCTH}）、社会进步进程主成分得分变量（SOCFCT）、经济条件改善进程主成分得分变量（ECOFCT）、基础保障完善进程主成分得分变量（LIVFCT）进行单位根检验，结果表明，LIVFCT 是平稳序列，其他 3 个时间序列都不是平稳的（见表 5 – 14）；为此，对这 4 个原时间序列进行一阶差分后的序列 D（ENCTH）、D（SOCFCT）、D（ECOFCT）、D（LIVFCT））进行单位根检验：在 5% 的显著性水平下，4 个时间序列都是平稳的［其中，D（LIVFCT）在 1% 的显著水平下是平稳的］，这说明 4 个原时间序列都符合一阶单整的要求，这为 4 个时间序列具有协整关系奠定了基础。为了验证这 4 个时间序列之间存在协整关系，对以 Z_{ENCTH} 为应变量，SOCFCT、ECOFCT、LIVFCT 为解释变量的回归方程残差（RESID）序列进行单位根检验，结果发现：在没有截距项、趋势项和滞后 0 期的条件下，残差序列是平稳的，这就印证了在 ENCTH 和 SOCFCT、ECOFCT、LIVFCT 之间的回归分析不会造成"伪回归"。

表 5 – 14　　　　　　　　　　变量单位根检验

序列	检验形式 (c, t, k)	临界值			DF 统计量	P 值	结论
		0.01	0.05	0.10			
ENCTH	(c, t, 1)	−4.572	−3.691	−3.287	−2.675	0.256	不平稳
SOCFCT	(c, t, 4)	−4.728	−3.760	−3.325	−0.260	0.983	不平稳
ECOFCT	(c, t, 0)	−4.533	−3.674	−3.277	−0.791	0.949	不平稳
LIVFCT	(0, 0, 3)	−2.718	−1.964	−1.606	−3.495	0.002	平稳
D(ENCTH)	(c, t, 4)	−4.800	−3.791	−3.342	−3.729	0.055	平稳
D(SOCFCT)	(c, t, 3)	−4.728	−3.760	−3.325	−3.922	0.038	平稳
D(ECOFCT)	(c, t, 1)	−4.616	−3.710	−3.298	−3.737	0.048	平稳

续表

序列	检验形式 (c, t, k)	临界值			DF 统计量	P 值	结论
		0.01	0.05	0.10			
D(LIVFCT)	(0, 0, 3)	-2.728	-1.966	-1.605	-4.115	0.001	平稳
RESID	(0, 0, 0,)	-2.692	-1.960	-1.607	-3.284	0.003	平稳

注：D 表示一阶差分，检验形式中的 c、t 分别表示截距项和趋势项，k 表示滞后期数；滞后期 k 的选择标准遵循 AIC 准则。

回归方程的合理性鉴定及回归结果。

首先，模型设定的准确性检验。为了检验所设定模型的准确性，对以 ENCTH 为应变量，SOCFCT、ECOFCT、LIVFCT（含有常数项）为解释变量进行线性回归；将被解释变量与解释变量的高阶项都加以考虑，进行拉姆齐检验，结果显示，F 统计量取值是 0.52，对应的 P 值是 0.679，从而接受"模型没有遗漏变量"的原假设。

其次，模型的多重共线性与同方差性检验。由于解释变量 SOCF-CT、ECOFCT、LIVFCT 是 21 个城乡一体化指标的主成分，彼此之间显然满足线性无关的要求，这与检验 SOCFCT、ECOFCT、LIVFCT 的 VIF 值都为 1 是相吻合的；同方差性检验方面，在原假设"回归残差是同方差"的前提下，进行怀特检验，检验结果卡方值是 15.90，对应的 P 值是 0.069，为此，在 10% 的显著性水平下拒绝回归模型同方差的假设。

最后，序列相关检验。序列相关是时间序列数据回归模型中通常会存在的问题，为此，需要对模型是否存在序列相关予以关注。回归分析显示，模型的 DW 值是 1.442；在样本容量为 20、解释变量是 4个（包括常数项）的条件下，DW 值的下界是 1.00、上界是 1.68。因此，根据模型回归的 DW 值位于 DW 上下界之间，无法判断模型是否存在序列相关，鉴于此，对回归模型的残差序列的自相关系数图与偏自相关系数图进行考察，如图 5-5 所示，显然，模型的回归残差序列不存在序列相关性。鉴于以上分析及 4 个变量数据的标准化特性所导致模型中常数项不显著问题，对模型分别在数据未标准化和标准化条件下进行稳健性回归，得到模型 1 和模型 2（见表 5 - 15），结果显示，两个模型的拟合程度 R^2 及 DW 值等指标都没有发生变化；标准化下的回归系数是 B =（0.938，- 0.304，- 0.067）。

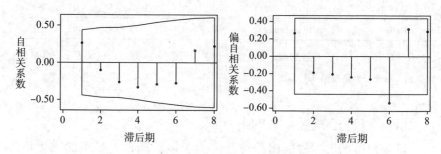

图 5 - 5　残差序列的自相关系数图与偏自相关系数

表 5 - 15　　　　　　　　　能源消费结构的主成分回归

	模型 1	模型 2
SOCFCT	0.0126 ***	0.938 ***
	(32.803)	(24.381)
ECOFCT	- 0.005 ***	- 0.304 ***
	(- 11.207)	(- 7.915)
LIVFCT	- 0.003 *	- 0.067
	(- 1.983)	(- 1.735)
常数项	0.905 ***	
	(538.593)	
样本数	20	20
R^2	0.976	0.976
$R^2\_ a$	0.972	0.972
F	434.5	220.0

注：t 检验的显著性水平：＊为 $p < 0.1$，＊＊为 $p < 0.05$，＊＊＊为 $p < 0.01$，括号内的数据是 t 值，R^2 是模型的拟合优度，$R^2\_ a$ 是调整后的 R^2，F 是统计量。

（四）研究结论

将 B 代入式（5 - 6）可以求得社会进步、经济条件、基础保障完善进程主成分对应的城乡一体化指标标准化变量的系数，进而求得每

个城乡一体化指标变量对能源消费结构目标导向系数标准化数据变量
的影响；根据式（5－9）可以求得原数据（未标准化）条件下社会
进步、经济条件、基础保障完善进程主成分对应的城乡一体化指标变
量的系数，进而求得每个城乡一体化指标变量对能源消费结构目标导
向系数的影响（见表5－16）。

　　标准化与未标准化城乡一体化指标变量数据回归比较。主成分回
归分析获得了两种情形下的指标变量回归系数：一是标准化数据条件
下的系数 β_i，即根据式（5－7）实现的；二是针对原始数据的系数 $\frac{\sigma}{\sigma_i}$
β_i，即根据式（5－9）实现的。两者应用价值在于：前者主要用来反
映数据标准化下解释变量对被解释变量的影响程度，后者主要用来揭
示数据在未标准化下解释变量对被解释变量自身波动的影响。其中，
$\frac{\sigma}{\sigma_i}$ 决定了两者之间的差异，也就是说，相对于被解释变量（能源消费
结构）波动的幅度 σ，指标变量 i 的波动幅度 σ_i 越小，该变量就会呈
现出对被解释变量（能源消费结构）影响的程度就越强的特征。就城
乡居民居住消费一体化与城乡居民家庭设备及服务消费一体化指标变
量对能源消费结构的影响来说，前者对应的实际数据与后者相比，近
年来变化的波动幅度较强，标准化数据条件下两者对能源消费结构的
影响系数分别为 0.2378 和 0.2251，两者的能源消费结构标准差形成
的影响没有太大悬殊；但是，在 $\frac{\sigma}{\sigma_i}$ 作用下，两者对能源消费结构的影
响系数分别是 0.0620 和 0.1596。可见，常规条件下相对平稳的变量，
其变动对被解释变量会产生较强的影响。标准化回归系数的一个重要
作用，可以用来鉴定回归模型的合理性，基于主成分回归分析所得到
的各城乡一体化指标变量对能耗结构目标导向系数标准差的解释度达
到 0.9763（R^2）。标准差的存在使两类城乡一体化指标变量的影响强
度发生了变化，也就是说，在未标准化数据的变量回归模型中，变量
所呈现出的波动性会影响人们对该变量在系统的作用强弱。为此，下
面主要针对数据标准化值后城乡一体化指标变量对能源消费结构的影
响予以分析。

表 5—16　　城乡一体化指标对能源消费结构的影响

指标	标准化数据回归				未标准化（原）数据回归			
	社会进步	经济条件	基础保障	回归系数	社会进步	经济条件	基础保障	回归系数
社会老龄化	0.2733	0.0187	0.0002	0.2923	0.0090	0.0006	0.0000	0.0096
失业保险一体化	0.2684	0.0239	0.0003	0.2926	0.6350	0.0564	0.0007	0.6921
城乡居民居住消费一体化	0.2677	-0.0286	-0.0012	0.2378	0.0697	-0.0075	-0.0003	0.0620
城乡居民家庭设备及服务消费一体化	0.2589	-0.0327	-0.0010	0.2251	0.1836	-0.0232	-0.0007	0.1596
城乡居民医疗保健消费一体化	0.2582	-0.0444	0.0026	0.2163	0.0982	-0.0169	0.0010	0.0822
城乡居民交通通信消费一体化	0.2559	-0.0256	-0.0178	0.2126	0.3209	-0.0321	-0.0223	0.2666
人口城镇化	0.2527	0.0509	0.0011	0.3047	0.1415	0.0285	0.0006	0.1707
城乡消费总体水平一体化	0.2502	-0.0195	0.0124	0.2431	0.2355	-0.0184	0.0116	0.2288
城乡居民固定资产投资一体化	-0.2386	0.0206	-0.0164	-0.2344	-0.2564	0.0221	-0.0176	-0.2519
家庭规模	-0.2252	-0.0658	0.0047	-0.2863	-0.0432	-0.0126	0.0009	-0.0550
城乡居民衣着消费一体化	0.2239	-0.0675	-0.0087	0.1476	0.3807	-0.1148	-0.0148	0.2511
污染治理投资一体化	0.2112	0.0377	-0.0310	0.2179	0.0009	0.0002	-0.0001	0.0009

续表

指标	标准化数据回归				未标准化（原）数据回归			
	社会进步	经济条件	基础保障	回归系数	社会进步	经济条件	基础保障	回归系数
经济城镇化	0.2078	0.0794	-0.0034	0.2839	0.2861	0.1093	-0.0046	0.3908
城乡高等教育一体化	0.1783	0.0525	0.0253	0.2561	0.4332	0.1275	0.0616	0.6223
城乡居民食品消费一体化	-0.0387	-0.1163	-0.0099	-0.1649	-0.0583	-0.1751	-0.0148	-0.2483
城乡居民收入一体化	-0.0826	-0.1131	0.0034	-0.1924	-0.1068	-0.1461	0.0044	-0.2485
城乡居民负担能力一体化	0.0114	-0.1104	0.0138	-0.0852	0.0165	-0.1597	0.0199	-0.1233
城乡居民教育文化娱乐服务消费一体化	0.0522	-0.1047	-0.0222	-0.0747	0.0478	-0.0960	-0.0203	-0.0685
城乡居民支出一体化	0.1604	-0.0952	-0.0053	0.0599	0.1894	-0.1124	-0.0063	0.0707
城乡居民杂项商品与服务消费一体化	0.0583	0.0435	0.0007	0.1025	0.0929	0.0694	0.0011	0.1635
城乡医疗条件一体化	0.1324	-0.0633	0.0342	0.1033	0.3224	-0.1542	0.0833	0.2515

　　城乡一体化指标变量在不同的城乡一体化进程方面对能源消费结构所发挥的作用不同。1996—2015 年，社会进步进程推动了我国能源消费结构的优化，经济条件改善进程与基础保障完善进程则表现出相反的作用，并且前者的作用要大于后者。

　　首先，社会进步进程推动我国能源消费结构优化的表现。从社会老龄化到城乡高等教育一体化等 14 类城乡一体化指标对能源消费结构的影响比较强（见表 5 - 16），社会老龄化这个社会现象在推动社会进步进程的同时，已经成为影响我国 1996—2015 年能源消费结构的主要因素，针对社会老龄化不断提高这一社会问题，注重社会老龄化消费的特点，制定行之有效的能源消费结构调整对策，这一点值得政策决策部门的关注。值得注意的是，城乡居民居住、家庭设备及服务、医疗保健、交通通信 4 个消费一体化指标也对能源消费结构发挥着重要影响，在不考虑其他因素作用下，在推动社会进步进程方面，城乡居民消费支出一体化一些指标对能源消费结构的影响强度甚至超过人口城镇化率、经济城镇化率等一些重要常规变量的作用。可见，注重引导和调整居民生活消费支出是非常必要的。

　　其次，经济条件改善与基础保障完善进程抑制我国能源消费结构优化的表现。相对于社会进步进程，经济条件改善与基础保障完善进程中城乡一体化指标变量对能源消费结构的作用强度整体上都有所降低，尤其在基础保障完善进程方面，并且部分城乡一体化指标变量对能源消费结构呈现出不一样的作用，这也从另一个侧面说明，同样一种政策或措施的实施，其对能源消费结构演变发挥的作用不会简单地表现为促进或抑制，而会呈现出政策或措施效果的多面性；尤其突出的是城乡居民消费支出一体化指标变量（除城乡居民杂项消费一体化以外）在经济条件改善和基础设施完善两个进程中主体上都表现出了与社会进步进程中相反的作用。其中，城乡居民医疗保健消费一体化在三类城乡一体化进程中的多面性尤为明显；比较这些城乡一体化具体指标变量与城乡一体化整体进程，可以发现，这些指标变量不同程度地表现出与城乡一体化整体进程的不同步性，这应该是不同城乡一体化指标在城乡一体化三类进程中之所以呈现出对能源消费结构形成不同影响的原因。

另外，城乡居民收入、城乡居民食品消费、城乡居民负担能力和城乡居民教育文化消费 4 个一体化指标在其他指标对能源消费结构作用保持不变的条件下，其对能源消费结构都呈现出逆向影响，这一点与前面基于单一变量讨论其对能源消费结构的影响并不一致，这说明：单一考察社会、经济系统变量对某一研究对象的影响，而不是将其放在社会经济系统之中进行，不便于揭示出问题的本质。

城乡一体化指标对能源消费结构影响的强度比较。因标准化系数剔除了不同变量量纲的影响，其绝对值大小可以用来说明多元回归模型中各自变量的相对重要性（王海燕等，2006），根据社会进步、经济条件和基础保障三类城乡一体化进程中，同一指标变量综合回归系数的绝对值大小（见表 5-16），将其对能源消费结构的影响程度从强到弱排序，依次为人口城镇化、失业保险一体化、社会老龄化、家庭规模、经济城镇化、城乡高等教育一体化、城乡消费总体水平一体化、城乡居民居住消费一体化、城乡居民固定资产投资一体化、城乡居民家庭设备及服务消费一体化、污染治理投资一体化、城乡居民医疗保健消费一体化、城乡居民交通通信消费一体化、城乡居民收入一体化、城乡居民食品消费一体化、城乡居民衣着消费一体化、城乡医疗条件一体化、城乡居民杂项商品与服务消费一体化、城乡居民负担能力一体化、城乡居民教育文化娱乐服务消费一体化、城乡居民支出一体化。以上城乡一体化对能源消费结构影响的排序说明，除研究中常规认可的指标人口城镇化、经济城镇化等外，对能源消费结构能够产生较强影响的还包括社会老龄化、家庭规模、接受高等教育水平以及反映城乡居民社会保障、教育、环境质量、医疗卫生等，当然，城乡居民消费支出的一体化进程对能源消费结构的影响值得关注，不仅要关注居住、家庭设备及服务一体化对能源消费结构的推动作用，而且还要关注居民在食品、教育文化娱乐服务消费等一体化指标方面，由于农村居民消费相对下降能源消费结构所产生的可能影响。

综合以上分析，在居民家庭状况、消费、教育、环境、社会保障等众多城乡一体化指标中，每个指标变量对能源消费结构的影响方式及强度不同，之所以出现这种现象，本书认为，是社会进步进程、经济条件改善进程、基础保障完善进程中不同指标演变与总体城乡一体化进程不一致所致。基于此，针对政策决策者而言，可以基于各类指标对能源消费结构的影响程度强化诸如人口城镇化类指标，比如通过提高人口城镇化率的增速对能源消费结构产生正面影响。当然，更为科学的方法应该是注重影响能源消费结构影响指标的系统性，合理确定一定时期各类城乡一体化指标协调进程，调整制约能源消费结构一体化指标（如城乡居民食品消费、医疗消费的一体化指标）进程以实现系统性调节，达到能源消费结构合目标性演变的目的。

本章小结

能源消费结构城乡一体化指标影响的探索。基于城乡一体化视角研究居民生活消费支出对能源消费结构存在的影响，将家庭居民消费支出作为城乡一体化系统主要衡量指标之一对能源消费结构的影响进行研究。采用常用的比值指标设定方法，从消费支出一体化、经济基础一体化和社会基础一体化三个方面设定了城乡一体化指标，通过这些指标与能源消费结构的相关及偏相关的分析，提出了研究能源消费结构影响，应将相关变量置于能源消费的综合系统之中。通过设定控制变量法，初步确立每个城乡一体化指标对能源消费结构的影响机理，在不同的阶段，部分城乡一体化指标对能源消费结构影响是不一致的。

城乡一体化的科学衡量。借助主成分分析法对我国城乡一体化（消费支出一体化、经济基础一体化、社会基础一体化）指标重新归类为社会进步、经济条件、基础保障等城乡一体化指标，分析结果表明，单一指标经济城镇化或人口城镇化都不能科学地揭示我国城乡一体化的进程；在"U"形的城乡一体化进程，2003 年是我国城乡一体化的一个转折点，1996—2003 年，我国人口城镇化、经济城镇化进程与城乡一体化的进程并不一致；自 2003 年起，伴随人口城镇化、经济城镇化进程，我国的城乡一体化水平才开始显现。

　　在城乡一体化的社会进步进程、经济条件改善进程、基础保障完善进程中，凸显出了同一种一体化指标变量对能源消费结构的不同作用。基于主成分回归分析，考察了我国城乡一体化过程中社会进步、经济条件改善、基础保障完善进程对能源消费结构目标导向系数的影响，标准化回归系数显示，模型所设计的解释变量很好地解释了被解释变量的变化情况。1996—2015 年，社会进步进程推动了我国能源消费结构的优化，而经济条件改善进程与基础保障完善进程则表现出相反的作用，并且前者的作用要大于后者，这印证了城乡一体化过程中，同样一种政策或措施的实施，其效果会呈现出多面性特征的事实。为了克服这些政策或措施设施效果多面性中的负面效应，应注重居民家庭状况、消费、教育、环境、社会保障等城乡一体化指标演变的系统协调性，达到能源消费结构合目的性演变的要求。

第六章　区域能源消费结构统计特征

我国城乡一体化进程的质量转折点出现在 2003 年，自此以后，反映城乡一体化的城乡居民社会进步、经济条件、基础保障等综合指标之间协调状况开始改变，那么，在城乡一体化各类因素协调效果有利于城乡一体化质量水平提高的情况下，家庭居民人均可支配收入四项指标（工资性收入、经营净收入、财产净收入、转移收入）、消费支出八项指标（食品、衣着、居住、家庭设备及用品、交通通信、文教娱乐、医疗保健、杂项及其他服务）对能源消费结构又会呈现出怎样的影响，这些影响是否存在区域性特征？本章拟对这类问题加以研究。鉴于研究数据的可获得性，本书将研究的时间范围限制在 2005—2015 年。

第一节　不同地区能源消费结构的异质性

根据《中国能源统计年鉴》（2006—2016）中的"地区能源平衡表"推演出部分地区能源消费结构状况，并分别介绍我国 30 个省份 2005—2015 年能源生产、消费的基本状况（西藏自治区相关数据不全，故没有纳入研究范围）。

一　地区能源消费结构统计数据的获取

在获取各省份能源消费结构方面的数据时，主要参考各省份的统计年鉴。由于不同地区统计年鉴在能源生产、消费方面统计目的不尽相同，所设计的统计项目、内容也存在很大不同。由于能源资源禀赋问题，能源消费总量指标就成为部分省份的主要统计对象。在能源消费结构方面，没有涉及（比如天津、山西、上海、江苏、浙江、安徽、湖北等）和有所涉及的也只是体现在近几年的数据（比如北京）；能源产出的数据主要集中在产能大省份有所体现。基于对地区能源消费结构研究需要，特借助《中国统计年鉴》中的地区能源平衡表对以上地区能源消费结构的数据进行近似的推定，理论依据是：能源消费总量（初级能源消费量）包括终端能源消费量、能源加工转换投入量、损失量，其在能源类别上包括全部化石能源、可再生能源及新能源。结合数据表中数据的列示特点，采用"终端能源消费量+损失量+加工转换投入量"获取不同类型能源的初级消费量。为了获得不同类型初级能源的消费量，采取如下做法：

第一步，将地区能源平衡表中的数据标准化。地区能源平衡表中的数据是以实物量的方式展示的，其单位不统一，为此，采用折成标煤系数对不同能源进行折算（见表6-1），获得统一单位"标准煤"。

表6-1　　　　　　　　　　　折标系数

实物量	单位	系数	实物量	单位	系数
原煤	tce/tn	0.7143	转炉煤气	tce/10^4cum	2.7140
洗精煤	tce/tn	0.9000	其他煤气	tce/10^4cum	1.7860
其他洗煤	tce/tn	0.5252	其他焦化产品	tce/tn	1.1540
型煤	tce/tn	0.6072	原油	tce/tn	1.4286
煤矸石	tce/tn	0.2000	汽油	tce/tn	1.4714
焦炭	tce/tn	0.9714	煤油	tce/tn	1.4714
焦炉煤气	tce/10^4cum	5.7140	柴油	tce/tn	1.4571
高炉煤气	tce/10^4cum	1.2860	燃料油	tce/tn	1.4286
石脑油	tce/tn	1.5000	炼厂干气	tce/tn	1.5714
润滑油	tce/tn	1.4143	其他石油制品	tce/tn	1.3300
石蜡	tce/tn	1.3648	天然气	tce/10^4cum	13.300
溶剂油	tce/tn	1.4672	液化天然气	tce/tn	1.7572
石油沥青	tce/tn	1.3100	热力	tce/10^6kJ	0.0341
石油焦	tce/tn	1.0500	电力	tce/10^4kW·h	1.2290
液化石油气	tce/tn	1.7321	其他能源	tce/tce	1.0000

注：根据《中国能源统计年鉴》相关数据整理。

第二步，不同类型能源消费量获取。非电力能源的消费量采用"终端能源消费量＋损失量＋加工转换投入量"方式计算；对于电力能源，为了比较准确获得省份水电、风电、核电的消费量，应从电力总消费量（通过"终端能源消费量＋损失量＋加工转换投入量"获得）中减去净输入的火电量：净输入火电是指地区电力输入与输出差额中的火电份额，可以通过年度地区电力净输入量乘以同年度国家火电产出占比而得到，对于主要以输出火电为主的地区（比如山西、安徽），在计算该地区火电净输出时，输出值用同年度国家火电产出占比调整。为此，一般地区水电、风电、核电等的消费量采用"终端能源消费量＋损失量＋加工转换投入量－（输入电力－输出电力）×同年国家火电产出比"进行计算；以输出火电为主的地区水电、风电、核电等的消费量采用"终端能源消费量＋损失量＋加工转换投入量－（输入电力×同年国家火电产出比－输出电力）"方式计算。为了维持地区年度整体能源消费量的稳定，鉴于煤电是我国火电的主要来源，故将这部分地区的净输入火电归并到煤炭的消费量上。

第三步，初级能源归并。将"原煤、洗精煤、其他洗煤、型煤、煤矸石、焦炭、焦炉煤气、高炉煤气、转炉煤气、其他煤气、其他焦化产品及热力"归并为煤炭；将"原油、汽油、煤油、柴油、燃料油、石脑油、润滑油、石蜡、溶剂油、石油沥青、石油焦、液化石油气、炼厂干气、其他石油制品"归并为石油；将"天然气、液化天然气"归并为天然气。在一次电力转化方面，首先采用电热当量计算法获取万吨标准煤单位下的电力，按照我国能源通常记法，再将电热当量计算方式下的电力转化为"发电煤耗计算法"下的电力（转化系数参照"中国能源平衡表"所提供的标准），考虑到"其他能源"主要是生物质能等能源，故将其归并到一次电力中。

第四步，计算地区能源消费结构。用每种能源的消费量除以四种能源的消费总量。

二 东部各地区能源消费结构的统计

东部地区包括 11 个省份，分别是北京、天津、河北、辽宁、上海、江苏、浙江、福建、山东、广东和海南。

（一）北京能源消费与能源消费结构

2006 年 6 月，北京市统计局正式组建了能源与资源统计处，研究建立能源和资源统计制度与监测评价体系，开展资源循环利用的统计调查，开展对全市节能降耗和能源生产、供应和消费情况的监测评价与分析研究（崔述强，2007）。因此，自 2006 年起，《北京统计年鉴》对能源生产与消费的统计逐渐完善，到 2013 年，统计比较全面，涉及"能源生产量、消费总量、地区能耗强度、行业能源消费总量、电力平衡表、综合能源平衡表、人均生活用能源"等具体内容。从统计内容看，主要侧重于能源生产、消费的总量，2016 年才有能源消费构成情况（2010—2015）的统计数据，并没有给出 2010 年前的数据。为了使研究结果前后具有可比性，借助地区能源平衡表（源于《中国能源统计年鉴》）的数据推演出该地区能源消费结构。能源生产方面，产出相对稳定，2005—2015 年，2005 年产出最高，为 0.068 亿吨标准煤，2015 年为 0.055 亿吨标准煤；一次能源产出中，原煤占有率在 2005 年高达 99.36%、2015 年降到 58.93%，可见，煤炭是北京市主要产出能源。在能源消费方面，2005—2015 年，消费总量呈现出前期较快上升、后期缓慢下降的特征（从 2005 年的 0.563 亿吨标准煤上升到 2010 年的 0.702 亿吨标准煤，再降至 2015 年的 0.686 亿吨标准煤），与一次能源产出对比，整个时期内能源消费自给率[①]不到 8%（2013 年能源消费自给率最高为 7.99%）。在四类初级能源消费中，煤炭消费比重逐年递减，由 2005 年的 59.92% 下降到 2015 年的 30.10%；伴随煤炭消费比重的下降，石油、天然气、清洁能源的消费比重逐年递增，分别由 2005 年的 27.91%、7.56%、4.61% 上升到 2015 年的 33.51%、28.47%、7.59%，显然，石油与清洁能源的消费比重增速比较平缓，天然气的消费比重增速较快。可见，由于煤炭消费比重的下降比较显著，其能源消费结构的低碳化进程比较明显，主要体现在天然气的消费上，清洁能源消费有待加强。

---

① 能源消费自给率是指地区当年能源生产总量与能源消费总量的比。

（二）天津能源消费与能源消费结构

《天津统计年鉴》的"能源生产与消费"条目下"能源生产总量及构成""能源终端消费量"和"综合能源平衡表"从总量角度对天津市的能源生产与消费情况进行统计。在能源产出方面，总量呈现逐年上升的趋势。从 2005 年的 0.266 亿吨标准煤上升到 2015 年的 0.534 亿吨标准煤，2010 年前，石油、天然气构成了天津市的全部能源产出，石油占 95% 左右；2010 年起，清洁能源（其他能源）开始有产出记载，占当年能源产出总量的 0.36%，2015 年达到 1.30%，其间，天然气的产出量占总产出比重低于 5%。在能源消费方面，《天津统计年鉴》没有明确给出天津初级能源消费量及构成，其提供的"能源终端消费量"只是从能耗总量视角给出了三次产业及生活的行业能源消费量分布情况，为此，借助《中国能源统计年鉴》的"地区能源平衡表"对天津市的初级能源消费构成进行了推演，结果表明，能源消费总量逐年上升。由 2005 年的 0.415 亿吨标准煤上升至 2015 年的 0.817 亿吨标准煤，与一次能源产出对比，能源自给率在 60% 上下徘徊。在四类初级能源消费中，2010 年前煤炭消费比重相对稳定在 72% 上下，2010 年起逐年下降，2015 年达到 55.79%；石油消费比重相对稳定，自 2010 年开始，石油消费比重稳定在 28% 上下，并有上升趋势，2015 年达到 30.00%；天然气比重稳步提升，由 2005 年的 2.89% 上升到 2015 年的 10.41%；清洁能源消费比重震荡式小幅上升，2015 年为 3.80%。从降低煤炭消费相对占有率的低碳化能源消费结构来看，天津市的能源消费结构优化进程是明显的，但是，清洁能源较低的消费份额意味着天津市的能源消费结构依然存在比较大的优化空间。

（三）河北能源消费与能源消费结构

《河北统计年鉴》在条目"能源"下对河北省的能源生产与消费有翔实统计。在能源生产方面，2005—2015 年，主要年份的能源产出在 0.7 亿吨标准煤上下，产出较为突出的年份是 2010 年、2011 年和 2012 年，分别产出 0.811 亿吨标准煤、0.860 亿吨标准煤和 0.956 亿吨标准煤；能源产出结构主要以煤炭为主，2005—2012 年煤炭产出占

85%左右，2013—2015年，煤炭产出比重稍有回落，也在77%上下；石油和天然气产出比重相对稳定在12%和2%左右，一次电力等清洁能源产出比重由2005年的0.33%稳步上升至2015年的8.97%。在能源消费方面，能源消费总量从2005年的1.984亿吨标准煤稳步上升至2015年的2.940亿吨标准煤，与一次能源产出对比，河北省的能源自给率由2005年的35.74%下降到2015年的24.14%。在四类初级能源消费中，煤炭是河北省能源消费主体，2005—2009年，煤炭消费比重稳定在92%左右，2010—2015年煤炭消费比重稳定在89%上下；石油消费比重稳定在7%左右，天然气和一次电力等能源分别从2005年的0.61%、0.12%小幅上升至2015年的3.30%、2.17%。可见，河北省高碳能源消费结构比较明显。

（四）辽宁能源消费与能源消费结构

《辽宁统计年鉴》在一级条目"能源"下对辽宁省的能源生产与消费有详细统计。在能源生产方面，2005—2012年，主要年份的能源产出在0.65亿吨标准煤上下，2013—2015年能源产出在0.53亿吨标准煤上下（2013年、2014年是第三次经济普查调整后数据，以前年度未进行调整）；能源产出结构主要以煤炭为主，2005—2012年，煤炭产出占70%左右，2013—2015年，煤炭产出比重在63%上下，石油产出在20%—30%波动，天然气产出稳定在2%上下，水电、核电、其他能发电等清洁能源产出比重由2005年的1.1%升至2015年的7.0%。[1] 能源消费方面，2005—2015年，辽宁省能源消费从2005年的1.288亿吨标准煤稳步上升至2012年的2.231亿吨标准煤，之后稍有回落，2015年能源消费量为2.052亿吨标准煤，与一次能源产出对比，辽宁省能源自给率由2005年的48.28%下降到2015年的24.71%。在四类初级能源消费中，2005—2009年，煤炭消费比重稳定在72%上下，之后有所回落，从2010年的67.93%降至2015年的61.22%；石油消费呈现逐年小幅上升的势头，由2005年的24.10%

---

① 分类型能源产出或消费比重源于统计数据，小数精确位数以原始统计数据为准，一般情形下保留两位有效数字；没有特殊说明，下文同。

上升至 2015 年的 30.98%，天然气和一次电力等能源分别从 2005 年的 1.50%、0.60% 小幅上升至 2015 年的 3.58%、1.74%。辽宁省的能源消费结构低碳化进程表现为煤炭消费比重下降伴随着较大比重的石油与天然气消费上升和清洁能源消费较小比重的上升，因此，辽宁省在提升清洁能源消费比重、优化能源消费结构上有着较大的上升空间。

（五）上海能源消费与能源消费结构

2007—2010 年的《上海统计年鉴》没有能源生产及消费的统计数据。2011 年以后，上海能源生产与消费统计数据才开始以"能源生产和消费""能源与环境"等一级条目呈现，涉及"主要年份能源消费总量""主要年份能源终端消费量""主要年份能源平衡表""能源终端消费量"等子条目，统计的指标以总量为主，没有直接的能源生产与消费结构类指标。在能源生产方面，一次能源生产量只体现在"主要年份能源平衡表"中，是以总量体现的，没有涉及具体分类能源，可查阅数据显示，2005 年上海的能源生产总量是 0.013 亿吨标准煤，2009—2015 年能源产出量在 0.007 亿吨标准煤左右，2006—2008 年的数据缺失，因研究需要，采用线性插值补足。在能源消费方面，借助《中国能源统计年鉴》的"地区能源平衡表"对上海市初级能源消费构成进行了推演，结果表明，上海市能源消费量从 2005 年的 0.819 吨标准煤相对平稳地上升至 2015 年的 1.154 亿吨标准煤，与能源产出对比，上海市的能源自给率在 2005 年是 1.55%，之后只能维持在 0.6% 上下，也就是说，上海市的能源消费几乎全部来源外部输入。在四类初级能源消费中，煤炭消费比重从 2005 年的 57.17% 比较平稳，逐年下降至 2015 年的 43.35%；石油消费比重维持在 42% 上下；天然气、一次电力的消费量比重从 2005 年的 3.04%、1.58% 相对平稳地增加至 2015 年的 8.92%、4.36%。显然，上海能源消费的低碳化程度相对较高。

（六）江苏能源消费与能源消费结构

在《江苏统计年鉴》中，能源相关统计数据一般是在"工业、能源""能源、资源与环境"一级条目下，统计数据的重点在于：工业企业的能耗、社会的电力消耗、地区能源供应与消费的总体对比情况

（综合能源平衡），不足之处在于没有明确的能源消费类型统计指标。在能源产出方面，江苏省一次能源产出呈现出震荡式上升，从2005年的0.227亿吨标准煤上升至2015年的0.290亿吨标准煤；由于数据体现在"能源综合平衡表"中，因此，没有具体分类能源的产出分布。在能源消费方面，能源消费量呈现出稳定增长的态势，从2005年的1.692亿吨标准煤上升到2015年的3.082亿吨标准煤，与能源产出对比，能源自给率呈现逐年下降趋势，从2005年的13.40%下降至2015年的9.39%。在四类初级能源消费结构上，煤炭、石油分别从2005年的79.74%、18.84%下降到2015年的72.82%、14.56%；天然气、清洁能源分别从2005年的1.07%、0.36%上升至2015年的7.12%、5.51%。虽然江苏省的能源消费结构表现出一定优化的趋势，但是，较高的煤炭消费比重以及较低的清洁能源利用率使江苏省能源消费呈现出相对高碳状态。

（七）浙江能源消费与能源消费结构

与江苏省类似，《浙江统计年鉴》也是将能源统计数据放在"工业和能源"一级目录之下，注重于能源总量统计。在能源产出方面，产出量呈现震荡式递增趋势，由2005年的0.127亿吨标准煤上升至2015年的0.213亿吨标准煤（没有不同类型能源的统计量）。在能源消费方面，根据"地区能源平衡表"推导发现，浙江省能源消费总量增长态势明显，从2005年的1.190亿吨标准煤上升至2015年的1.981亿吨标准煤，与能源产出对比，浙江省的能源自给率维持在9%上下；在四类初级能源消费上，煤炭的能耗比重呈现震荡下行趋势，从2005年的63.84%下降到2015年的56.96%；石油与清洁能源消费比重相对稳定在22%与12%上下；天然气消费比重逐年上升，由2005年的0.25%上升到2015年的5.38%。较高的清洁能源消费占有率、逐渐下降的煤炭消费比重与逐渐上升的天然气消费比重等特征标志着浙江省能源消费结构低碳化进程较为明显。

（八）福建能源消费与能源消费结构

在能源生产方面，福建省以煤炭和水电为主，到2007年有风电产出、2013年有核电产出，并且核电的产出规模快速上升，没有石油、天然气的产出；福建省能源产出结构的低碳化特征比较明显，能源消费总量从 2005 年的 0.249 亿吨标准煤震荡式上升至 2015 年的 0.357 亿吨标准煤的过程中，煤炭产出比重下降趋势比较明显，尤其是 2011—2015 年，煤炭产出比重由 2011 年的 66.8% 下降到 2015 年的 32.1%。在能源消费方面，能源消费总量增幅明显，从 2005 年的 0.575 亿吨标准煤上升至 2015 年的 1.218 亿吨标准煤，翻了一番多，对比其能源产出，福建省的能源自给率由 2005 年的 43.3% 逐渐下降到 2015 年的 28.3%，2014 年一度下降到 24.2%。不过，在能源消费结构上，煤炭消费比重从 2005 年的 59.4% 上升到 2009 年的 65.5% 再下降到 2015 年的 50.5%，石油的消费量比重维持在 23.5% 左右，天然气消费比重从 2005 年的 0.1% 消费上升到 2015 年的 5.0%，水电、风电、核电消费比重由 2005 年的 16.7% 小幅震荡演变到 2015 年的 19.9%。在能源消费方面，福建省的能源消费结构低碳化比较明显，这与其地方清洁能源产出有着必然联系。

（九）山东能源消费与能源消费结构

山东省能源生产总量比较稳定。2005—2015 年，煤炭维持在每年 1.084 亿吨标准煤左右，石油维持在 0.393 亿吨标准煤左右，天然气维持在 0.0092 亿吨标准煤左右（"十二五"期间有所下滑）。2010 年以来，"水电、风电和太阳能光伏发电"等清洁能源的产出量持续稳定快速上升，2015 年清洁能源产出量达到 0.016 亿吨标准煤；并且能源产出结构比较稳定，煤炭、原油平均分别维持在占能源总产出的 71.78%、26.13%。与比较准确的能源产出统计结果相对比，《山东统计年鉴》在其能源消费量及能源消费结构统计存在很大的误差，考察 2006 年、2011 年、2012 年、2016 年 4 个年度《山东统计年鉴》中的 2005 年、2010 年、2011 年 4 个时间点数据，可以发现在不连续年份《山东统计年鉴》中存在同年度（2005 年、2011 年）能源消费量与能源消费结构的统计数据前后不相吻合的情况，即使在连续两年年鉴中，关于同年度（2010 年）的统计数据也存在前后不相吻合的情况（见表 6-2）。这一方面说明在能源消费统计方面存在数据调整过于频繁的现象；另一方面意味着统计数据存在较强的主观性，而缺乏客观性的统计数据不利于揭示地方能源消费量与消费结构的变化规律，也不利于该领域能源消费政策的制定与执行。鉴于以上原因，对山东省的能源消费结构通过该省能源平衡表进行推导，结果表明，山东省能源消费由 2005 年的 2.352 亿吨标准煤猛增至 2012 年的 3.816 亿吨标准煤，之后稍有下降，2015 年能源消费量达 3.790 亿吨标准煤，能源消费过快增长导致山东省的能源自给率从 2005 年的 59.52% 下降到 2015 年的 38.61%，其中，煤炭消费比重维持在 78% 上下（上下波动幅度没有超过 2%）；"十二五"规划前石油消费比重相对比较稳定，维持在 18% 左右，"十二五"期间石油消费比重有小幅度下降，从而带来了天然气、清洁能源的消费比重由 2005 年的 1.01%、1.31% 分别小幅度上升至 2015 年的 2.89%、3.29%。可见，山东省能源消费结构的高碳特征比较明显。

表 6-2　　　　　　　　山东能源消费统计调整形成的误差对照

年份	统计年鉴年份	一次能源消费量（万吨标准煤）	煤品（%）	油品（%）	电力（%）	其他（%）	Wind 数据（万吨标准煤）
2005	2006	25044.29	80.23	18.82	0.00	—	24161.95
	2011	25687.50	80.76	18.35	—	—	
2010	2011	36357.25	76.21	21.98	0.09	—	34807.77
	2012	36299.64	76.17	22.01	0.09	—	
2011	2012	38507.29	76.47	21.62	0.14	—	37132.00
	2016	31211.80	79.60	17.12	0.17	3.11	

资料来源：数据来源于《山东统计年鉴》与 Wind 数据库。

（十）广东能源消费与能源消费结构

《广东统计年鉴》有专门"能源生产与消费"一级目录对该省能源生产与消费进行数据统计。在能源生产方面，2005 年及以前，有少量煤炭产出；2005 年以后，广东的能源产出主要以原油、天然气、一次电力为主；2005—2015 年，能源产出呈现出逐年上升趋势，由 2005 年的年产出 0.476 亿吨标准煤上升到 2015 年的 0.686 亿吨标准煤。其中，原油产出量份额呈现出逐年下降趋势，由 2005 年的总产出比重 44.1% 下降到 2015 年的 32.8%；天然气产出量份额呈现出波动性小幅上升趋势，从 2005 年的总产出比重 12.5% 上升到 2015 年的 18.7%；一次电力产出份额逐年上升趋势，并逐渐成为能源产出的主要来源，从 2005 年的总产出比重 36.2% 上升到 2015 年的 48.5%。在能源消费方面，能源消费量从 2005 年的 1.309 亿吨标准煤上升到 2015 年的 2.566 亿吨标准煤，与能源产出量对比，广东省能源自给率从 2005 年的 37.07% 演变到 2015 年的 26.74%，2010 年的能源自给率最低为 20.02%。在能源消费结构方面，煤炭消费比重呈现出逐年下降趋势，由 2005 年的消费比重 52.8% 下降到 2015 年的 42.3%；石油消费比重相对稳定在 27% 左右；天然气消费比重小幅上升，由 2005 年的 0.3% 上升到 2015 年的 6.4%；一次电力在 2005—2010 年稳定在 20% 左右，2011 年以后呈现出上升趋势，2015 年一次电力消费比重达到 24.0%。总体来看，广东省的能源消费结构低碳化特征明显，尤其是在煤炭与清洁能源消费比重方面显然超过了国家的相关规定。

（十一）海南能源消费与能源消费结构

在能源生产方面，主要以原油、天然气、水电风电为主，产出量相对有限，但呈现逐年上升的趋势，从 2005 年的 59.19 万吨标准煤上升到 2015 年的 148.85 万吨标准煤，其中，原油、天然气、水电风电产出量比重大概分布在 25%、15% 和 60%，相对份额较稳定。在能源消费方面，能源消费总量从 2005 年的 822.2 万吨标准煤上升到 2015 年的 1937.8 万吨标准煤，与产出对比，海南省的能源自给率在 7.20%—9.55% 之间徘徊；但是，能源消费结构比较合理，其中，煤炭消费比重在 30%—40% 波动，石油消费比重维持在 34% 左右，天然气与清洁能源消费比重分别在 25% 和 5% 左右。海南省能源消费结构的低碳化特征比较明显。

三 中部地区能源消费结构统计

中部地区有 8 个省份，分别是山西、吉林、黑龙江、安徽、江西、河南、湖北、湖南。

（一）山西能源消费与能源消费结构

山西是我国能源生产大省，《山西统计年鉴》对能源生产进行了比较详细的统计，能源消费更注重终端能源消费。在能源生产方面，山西省能源产出从 2005 年的 4.723 亿吨标准煤震荡式上升至 2015 年的 7.249 亿吨标准煤，其中，98.7% 以上的是煤炭，以煤炭产出为主，水电和瓦斯产出比重从 2005 年的 0.26% 上升至 2015 年的 1.24%；没有石油和天然气产出的统计。在能源消费方面（根据"地区能源平衡表"推导而得），山西省能源消费从 2005 年的 1.224 亿吨标准煤逐渐上升到 2015 年的 1.998 亿吨标准煤，与能源产出相比，其能源自给率在 345% 以上。在能源消费结构方面，煤炭消费占山西省能源消费的主要份额，2005—2015 年，煤炭消费比重维持在 88.6%—93.8%；石油消费量维持在 6% 左右；天然气与清洁能源的消费量比重呈现出小幅上升趋势，由 2005 年的 0.35% 与 1.47% 增加到 2015 年的 4.34% 与 3.18%。山西省的煤炭资源禀赋决定了该省能源消费结构的高碳化。

（二）吉林能源消费与能源消费结构

在能源生产方面，吉林省在煤炭、石油、天然气及清洁能源方面都有产出，能源产出总量从 2005 年的 0.257 亿吨标准煤持续上升到 2012 年的 0.571 吨标准煤，后又持续下降至 2015 年的 0.302 亿吨标准煤。其中，煤炭产出比重从 2005 年的 62.7% 上升至 2012 年的 71.2% 再降至 2015 年的 50.3%，石油产出比重从 2005 年的 30.6% 震荡下行再升至 2012 年的 20.3% 再升至 2015 年的 31.5%，天然气产出比重从 2005 年的 2.8% 升至 2015 年的 9.0%，近年来，水电风电产出比重在 5% 左右。在能源消费方面，从 2005 年的 0.526 亿吨标准煤升至 2012 年的 0.903 亿吨标准煤再降至 2015 年的 0.803 亿吨标准煤，与产出相比，吉林的能源自给率从 2005 年的 48.96% 升至 2012 年的 63.25%，再降至 2015 年的 37.56%。在初级能源消费结构方面，2005—2012 年，煤炭消费比重在 77% 左右；2013—2015 年，煤炭消费比重在 72% 左右。石油消费比重由 2005 年的 20.9% 降至 2012 年的 15.9%，之后维持在 17% 左右；天然气消费量比重从 2005

年的 1.9% 上升至 2015 年的 3.5%；清洁能源消费量比重维持在
1.0%—2.5%。与国家 2020 年能源消费结构的目标结构相比，吉林
省能源消费结构有待于优化，尤其要增强天然气与清洁能源对煤炭的
替代能力。

（三）黑龙江能源消费与能源消费结构特征

在能源生产方面，黑龙江能源产出从 2005 年的 1.376 亿吨标准
煤平稳降至 2015 年的 1.076 亿吨标准煤，煤炭与石油的产出比重在
2005—2011 年分别保持在 52% 与 43% 左右，2012—2015 年，煤炭产
出比重由 49.89% 降至 41.91%，石油产出比重由 44.51% 上升至
50.95%；天然气、清洁能源产出比重分别从 2005 年的 2.36%、
0.40% 演变到 2015 年的 4.43%、2.72%。在能源消费方面，黑龙江
能源消费总体上保持递增势头，从 2005 年的 0.808 亿吨标准煤上升
到 2015 年的 1.213 亿吨标准煤；黑龙江的能源消费包括原煤、原油、
天然气、水电、风电、电力调出和其他能源。2005—2015 年电力主要
呈现出调出状态，根据黑龙江省历年煤炭和石油平衡表发现，石油发
电份额相对于煤炭发电份额来说，非常小，以 2015 年为例，石油发
电份额只是煤炭的 0.39%，为此，将黑龙江省调出（入）的电力归
并为煤电。另外，将水电、风电、其他能源合并，视为清洁能源，由
此得到 2005—2015 年黑龙江省的能源消费结构：煤炭消费比重维持
在 68% 左右，相对比较稳定；石油消费比重呈现弱递减的趋势，从
2005 年的 26.32% 下降到 2015 年的 23.89%；天然气与清洁能源消费
比重分别稳定在 3.9% 和 3.1% 左右。

（四）安徽能源消费与能源消费结构

在可查阅的《安徽统计年鉴》中，安徽省的能源生产与消费统计
数据主要包括能源生产（消费）总量与电力生产（消费）量，没有
能源生产与消费的类型、比重等结构性说明。在能源消费结构方面，
"主要年份平均每天各种能源消费量"中介绍了原煤、焦炭、原油、
燃料油、汽油、柴油、电力的每天消费量，但没有出现天然气的消费
记载；天然气和液化石油气消费量出现在"主要年份生活能源消费
量"的统计条目下，其中还包括煤炭、热力、电力。在能源产出方

面，从 2005 年的 0.622 亿吨标准煤增加到 2011 年的 1.028 亿吨标准煤，并相对稳定下来。在能源消费方面（根据"地区能源平衡表"推导而得），从 2005 年的 0.660 亿吨标准煤稳定上升至 2015 年的 1.313 亿吨标准煤，与能源产出量相比，2005—2012 年，大部分年份的能源自给率达到 90% 以上，其中，2008 年、2009 年能源产出量一度超过能源消费量；2013—2015 年，能源自给率分别为 80.74%、73.09% 和 75.93%。在能源消费结构方面，煤炭消费比重从 2005 年的 88.25% 逐渐降低到 2015 年的 77.87%；石油消费比重在 2005—2007 年维持在 10.5% 左右，2008—2011 年在 9.6% 上下，2012—2015 年石油消费比重从 12.4% 稳步上升到 15.5%；天然气与清洁能源消费结构变化相对比较稳定，分别从 2005 年的 0.17%、1.25% 上升到 2015 年的 3.53%、3.08%。安徽省能源消费结构的高碳特征比较明显。

（五）江西能源消费与能源消费结构

《江西统计年鉴》在对本省能源消费进行统计时，2010 年以后没有将回收能统计在能源消费总量中，这样，导致对能源消费结构的研究带来不便，故采用江西省的能源平衡表进行推导，获得 2005—2015 年能源消费及能源消费结构的相关数据。在能源生产方面，2005—2015 年，能源年产出稳定在 0.240 亿吨标准煤左右，2005—2014 年，煤炭产出占 80% 以上，2015 年降为 66.86%；水电、风电等清洁能源产出呈震荡式增长，尤其是"十二五"期间增长比较明显，由 2011 年的 11.00% 增长到 2015 年的 26.55%；天然气在其总产出中占有比例非常低，2013 年产出比最高为 0.75%，江西省没有原油产出统计数据。在能源消费方面，能源消费总量从 2005 年的 0.430 亿吨标准煤上升至 2015 年的 0.849 亿吨标准煤，与能源产出相比，能源自给率由 2005 年的 46.77% 快速下降到 2015 年的 27.77%，其中，煤炭消费比重经历了从 2005 年的 74.92% 上升至 2009 年的 80.65%、再下降至 2015 年的 69.63% 的起伏过程；石油消费比重经历了从 2005 年的 16.87% 下降至 2009 年的 12.54%，再上升至 2015 年 17.40% 并趋稳的过程；天然气消费比重较低，从 2005 年的 0.03% 升至 2015 年的 2.82%；清洁能源消费比重呈现出震荡变化，2015 年达到 10.16%。可见，天然气消费的提升有助于江西省能源消费结构优化。

（六）河南能源消费与能源消费结构

河南省是能源生产大省，也是能源消费大省。在能源生产方面，从 2005 年的 1.452 亿吨标准煤递增至 2010 年的 1.744 亿吨标准煤；之后逐年快速下降至 2015 年的 1.123 亿吨标准煤，其中，煤炭、石油产出比重一直维持在 90%、5% 左右；天然气产出比重逐年递减，从 2005 年的 1.8% 降至 2015 年的 0.5%；水电、风电的产出比重从 2005 年的 1.9% 逐步递增至 2015 年的 5.0%。在能源消费方面，能源消费总量从 2005 年的 1.463 亿吨标准煤逐步上升至 2015 年的 2.316 亿吨标准煤，与能源产出相比，能源自给率从 2005 年的 99.29% 快速下降至 2015 年的 48.49%，河南省是典型的由能源自给型转型至能源对外依赖型省份。在能源消费结构方面，煤炭消费比重一直维持在较高的消费比例，从 2005 年的 87.20% 下降到 2015 年的 76.47%，其中，2005—2009 年，煤炭消费比重基本维持在 87% 左右，2010 年开始，煤炭消费比重才有明显的下降，2015 年为 76.47%；石油、天然气、清洁能源的消费比重在稳步提升，分别从 2005 年的 8.70%、2.20%、1.90% 上升为 2015 年的 13.13%、4.52%、5.88%。可见，河南省的能源消费结构，尤其在煤炭消费的总能耗比重方面，受到本地资源状况的影响比较明显。煤炭资源的相对丰富影响到地区产业结构、家庭生活能耗选择的煤炭倾向性，这种煤炭倾向性又进一步强化了地区能源消费结构的相对稳定性，致使河南省的能源消费结构呈现出高碳化特征。

（七）湖北能源消费与能源消费结构

以 2011 年为分界点，之前能源统计数据位于"工业与能源"的一级条目下；从 2011 年起，能源作为单独一级条目介绍能源生产消费方面的问题，但是，与前期的能源统计二级项目没有多大的变化，主体部分依然包括规模以上工业能源生产量、规模以上工业能源消费量、规模以上工业分行业原煤消费量、规模以上工业分行业汽油消费量、规模以上工业分行业柴油消费量、规模以上工业分行业电力消费量、全社会综合能源平衡表、全社会煤炭平衡表、全社会石油平衡表、全社会电力平衡表、单位 GDP 能耗、单位 GDP 电耗和单位工业增加值能耗二级子项目，湖北省能源统计是以企业为中心的。在能源生产方面，根据规模以上工业能源产出量并进行折算（其中水电折标准煤的系数采用当年的发电煤耗系数），能源产出量从 2005 年的 0.329 亿吨标准煤震荡式上升到 2015 年的 0.526 亿吨标准煤，历年来，煤炭产出占总能源产出的 12.5% 以下；原油产出比重由 2005 年的 3.39% 逐步下降到 2015 年的 1.93%；水电、风电的产出比重在 80.37%—87.76%；没有天然气产出记录，可见，湖北省的能源产出低碳化程度很高。在能源消费方面（根据"地区能源平衡表"推导而得），能源消费总量从 2005 年的 0.966 亿吨标准煤上升到 2015 年的 1.600 亿吨标准煤，2012 年的消费总量最高为 1.761 亿吨标准煤，与能源产出相比，能源自给率在 33.3% 左右。在能源消费结构方面，煤炭消费比重最高年份是 2011 年（61.7%），其他年份主要在 46.09%—58.47%，2014 年、2015 年的煤炭消费比重分别为 47.7%、48.7%。近年来，石油、清洁能源消费比重稳定在 22% 和 25% 左右；天然气消费比重从 2005 年的 0.8% 逐步递增至 2015 年的 3.4%。综合来看，湖北省能源消费结构低碳化程度较高。

（八）湖南能源消费与能源消费结构

《湖南统计年鉴》在 2008 年及以前对能源统计数据主要体现在"工业"这个一级目录下，并且只在"工业企业能源购进、消费及库存"和"主要能源按工业行业分组消费量"两个子条目下展示。自 2009 年开始，《湖南统计年鉴》将"能源"单独作为一个一级目录，比较全面地对该省能源生产、消费情况进行统计。在能源生产方面，湖南省的主要能源来源是煤炭与清洁能源（水电、核电、风电等），2005—2015 年，两种能源年均产出 0.695 亿吨标准煤，2012 年产出最高，产出值为 1.002 亿吨标准煤，其中，原煤占 79.67%，清洁能源占 20.33%；随后年均产出量逐年下行，到 2015 年产出量只有 0.494 亿吨标准煤，其中，煤炭比重为 60.76%，清洁能源比重为 39.24%。在能源消费方面，单从能源消费总量与地区能源产出量来看，湖南省能源消费对外依存度逐年增强，从 2005 年的 36.79% 上升到 2015 年的 68.07%；能源消费总量逐年递增，从 2005 年的年消耗能源 0.911 亿吨标准煤增加到 2015 年的 1.547 亿吨标准煤。其中，煤炭消费比重呈现出一定的下降趋势，从 2005 年的 73.60% 下降到 2015 年的 59.92%；石油消费比重相对比较稳定，均值在 12.59%，但是，2014 年、2015 年消费比重有明显提升，分别是 14.56% 和 16.07%；天然气消费量比重较低到 2014 年才突破 2%，2015 年比重为 2.28%；清洁能源（水电、核电、风电、其他能源等）在湖南省能源消费中具有相对重要的地位，多数年份比重都超过 20%，2012 年达到 26.48%，不过，2015 年消费比重有所下滑，从上年的 25.24% 下降到 17.53%。总体来看，湖南省的能源消费结构相对比较合理。

四 西部地区能源消费结构统计

西部地区包括 11 个省份（西藏除外），分别是四川、重庆、贵州、云南、陕西、甘肃、青海、宁夏、新疆、广西、内蒙古。

（一）四川能源消费与能源消费结构

在能源产出方面，能源产出总量从 2005 年的 1.141 亿吨标准煤较平稳地增至 2015 年的 1.700 亿吨标准煤，其中，煤炭产出比重从 2005 年的 49.5% 相对平稳地下降到 2015 年的 25.3%；原油、天然气产出比重稳定在 0.2%、20.4% 左右；2005—2012 年，清洁能源产出比重维持在 34% 上下，2013—2015 年，清洁能源产出比重分别达到 44.6%、48.3%、53.7%。在能源消费方面，能源消费总量从 2005 年的 1.227 亿吨标准煤逐年增长至 2015 年的 2.329 亿吨标准煤，与能源产出相比，四川能源自给率维持在 90% 上下。在能源消费结构方面，煤炭消费比重从 2005 年的 50.44% 逐年下降至 2015 的 32.37%；石油消费量比重从 2005 年的 8.01% 递增至 2015 年的 18.70%；天然气消费比重维持在 10% 左右；水电、核电等能源消费量从 2005 年的 31.85% 上升至 2015 年的 39.17%。可见，四川能源消费结构远远优于我国 2020 年的目标。

（二）重庆能源消费与能源消费结构

重庆市能源产出从 2005 年的 0.313 亿吨标准煤上升到 2015 年的

0.427亿吨标准煤，最高产出量是0.458亿吨标准煤，出现在2010年（《重庆统计年鉴》没有能源产出结构方面的数据）。在能源消费方面，从2005年的0.353亿吨标准煤逐年递增至2015年的0.807亿吨标准煤，与产出相比，其能源自给率从2005年的88.9%下降为2015年的53.0%；重庆市的能源消费结构相对比较稳定，煤炭、石油、天然气、清洁能源消费比重分别维持在62%、13%、13%、12%。重庆市的能源消费结构比较接近我国2020年的目标性能源消费结构。

（三）贵州能源消费与能源消费结构

贵州省能源产出呈现逐年递增趋势。自2005年的0.796亿吨标准煤增长至2015年的1.506亿吨标准煤，能源产出主要是以煤炭、清洁能源（水电、风电等）为主（没有原油及天然气产出的统计数据），其中，煤炭产出比重由2005年的95.30%下降至2015年的82.07%。在能源消费方面，贵州省能源消费总量从2005年的0.507亿吨标准煤上升到2015年的0.932亿吨标准煤，能耗增速明显，与其能源产出总量比较来看，贵州省能源自给率维持在1.6上下。在能源消费构成方面，虽然煤炭是贵州省的主要产出能源，但煤炭消费占贵州省能源消费比重相对于相似的其他产煤大省来说却较低，并总体上呈现出逐年下降趋势，从2005年的51.93%下降到2015年的42.57%，2014年煤炭消费比重一度下降到37.91%；石油消费比重维持在20%左右；天然气消费比重较低，维持在1%左右，2015年消费比重达到最高1.56%；清洁能源是贵州省第二大消费的能源，从2005年的30.67%震荡式增长至2015年的35.45%，2013年曾一度达到37.37%。可见，贵州省的能源消费结构低碳化程度很高。

（四）云南能源消费与能源消费结构

2005—2013年，云南省能源产出呈现逐年递增的趋势。能源产出量从2005年的0.535亿吨标准煤上升至2013年的1.253亿吨标准煤，2014—2015年稍有回落，分别为0.981亿吨标准煤和1.109亿吨标准煤；能源产出以煤炭、清洁能源为主，煤炭产出比重从2005年的68.93%下降至2015年的29.93%，而清洁能源产出量则相反，从2005年的26.62%上升至2015年的68.96%，2014年曾达到

72.28%，可见，云南省的能源产出结构受到煤炭资源禀赋的影响，清洁能源逐渐成为该省的主要产出能源。在能源消费方面，消费总量增速比较明显，从 2005 年的 0.602 亿吨标准煤增加至 2012 年的 1.043 亿吨标准煤，增长到 1.5 倍之多。2013—2015 年，云南省能耗总量则维持在该水平左右变动，相对于其能源产出总量来看，云南省的能源自给率维持在 1.0 上下，也就是说，云南省的能源产出与消费基本达到持平。在能源消费的构成方面，其低碳化水平非常明显，清洁能源的消费比重自 2005 年的 21.11% 逐年递增至 2015 年的 41.61%；煤炭消费比重从 2005 年的 62.48% 总体递减至 2015 年的 40.99%，可见，清洁能源的消费量在 2015 年超过了煤炭。近年来，石油消费比重基本稳定在 15% 左右；天然气是该省消费量最少的能源，2011 年以来，一直维持在 0.50%—0.76%。总体上看，云南省的能源消费结构低碳化程度很高。

（五）陕西能源消费与能源消费结构

陕西省能源产出逐年增长，从 2005 年的 1.447 亿吨标准煤增长至 2015 年的 4.817 亿吨标准煤，几乎翻了两番，其中，以煤炭产出为主，每年占产出量的 76% 左右。其次是原油产出量，从 2005 年的 17.56% 逐渐降至 2015 年的 11.08%；天然气产出比重从 2005 年的 6.76% 增加至 2015 年的 11.48%；清洁能源产出比重较低，在 0.27%—0.44% 徘徊。在能源消费方面，能源消费总量从 2005 年的 0.556 亿吨标准煤上升至 2015 年的 1.215 亿吨标准煤，翻了一番多，但是，与能源产出总量相比，能源自给率从 2005 年的 2.60 上升到 2015 年的 3.96，陕西省的能源产出大省特点比较明显。在能源消费总量中，煤炭消费比重维持在 76% 左右；石油消费比重呈现出下降趋势，从 2005 年的 17.40% 下降到 2015 年的 12.78%；天然气消费比重呈现上升趋势，从 2005 年的 4.10% 上升到 2015 年的 9.13%；清洁能源消费比重相对比较稳定，2005—2009 年主要年份都维持在 1% 以下，2010—2015 年稍有上升，2015 年消费比重（1.73%）最高。可见，陕西省能源消费结构中，三类化石能源消费比重较高，其中煤炭消费比重相对稳定，高碳能源消费结构比较明显。

（六）甘肃能源消费与能源消费结构

甘肃省能源产出呈现逐年增长趋势。从 2005 年的 0.361 亿吨标准煤上升到 2015 年的 0.582 亿吨标准煤，其中，煤炭产出比重从 2005 年的 71.72% 逐年递减至 2015 年的 52.02%；石油、清洁能源产出比重分别从 2005 年的 12.07%、15.64% 上升至 2015 年的 20.14%、27.57%；天然气产出比重较低，2011—2015 年维持在 0.22%—0.27%。在能源消费方面，能源消费总量从 2005 年的 0.430 亿吨标准煤逐年上升至 2015 年的 0.752 亿吨标准煤，相对于其能源产出量，甘肃省能源自给率从 2005 年的 0.84 降到 2015 年的 0.77。在能源消费结构方面，煤炭消费比重总体上呈现逐年递减趋势，由 2005 年的 67.84% 下降至 2015 年的 60.03%；石油消费比重相对稳定，维持在 16% 左右；天然气、清洁能源比重总体上呈现逐年递增趋势，分别由 2005 年的 2.88%、13.11% 上升至 2015 年的 4.43%、19.02%。甘肃省能源消费结构比较接近于我国 2020 年所要求的能源消费结构目标。

（七）青海能源消费与能源消费结构

青海省的能源产出量呈现先增后降特征。自 2005 年的 0.187 亿吨标准煤逐年上升至 2013 年的 0.507 亿吨标准煤，之后迅速下降至 2015 年的 0.330 亿吨标准煤，其原因主要在于化石能源产出受限，其中，煤炭产出比重从 2005 年的 26.92% 逐年上升至 2013 年的 48.05%，2014 年和 2015 年迅速下降至 33.47% 与 18.17%，可见，煤炭产出量受限是该省能源产出总量下降的主要原因；原油产出比重也由 2005 年的 16.95% 逐年下降至 2010 年的 6.64%，接下来的几年基本稳定在这个比重水平；天然气产出比重呈现出震荡式上升趋势，由 2005 年的 15.86% 上升至 2015 年的 24.74%；清洁能源是青海省的主要能源产出形式之一，呈现出与煤炭产出比重反向的演变趋势，从 2005 年的 40.27% 下降至 2013 年的 28.91%，2014 年和 2015 年迅速上升到 27.60% 与 47.43%。在能源消费方面，青海省的能耗规模相对较小，从 2005 年的 0.183 亿吨标准煤逐年上升至 2015 年的 0.413 亿吨标准煤，相对于能源产出，青海省的能源自给率维持在

0.86 左右。其中，煤炭消费比重呈现逐年递减趋势，从 2005 年的 44.20% 下降至 2015 年的 32.53%，2011 年曾一度达到 28.58%；石油消费比重相对稳定在 8.53% 左右；天然气、清洁能源消费比重呈现稳定上升趋势，分别从 2005 年的 8.00%、39.17% 下升至 2015 年的 14.28%、44.67%。可见，清洁能源正在成为青海省的主要消费能源，其能源消费体系的低碳化水平是相当高的。

（八）宁夏能源消费与能源消费结构

宁夏的能源产出量从 2005 年的 0.176 亿吨标准煤快速上升至 2013 年的 0.584 亿吨标准煤，之后稍有回落至 2015 年 0.537 亿吨标准煤，其中，每年 96.6% 以上的能源产出都是来源于煤炭，原油产出稳定在 0.2%—0.3%；2005—2010 年，清洁能源产出比重维持在 1% 左右，2011—2015 年，清洁能源产出比重由 0.8% 逐年递增至 3.1%。在能源消费方面，能源消费总量从 2005 年的 0.247 亿吨标准煤逐年递增至 2015 年的 0.568 亿吨标准煤，相对于其能源产出，宁夏能源自给率在 1.0 左右；宁夏的能源消费构成以煤炭为主，始终维持在 87% 上下；天然气维持在 5.0% 左右；石油消费比重总体上呈现递减趋势，从 2005 年的 8.41% 下降至 2015 年的 4.78%；清洁能源消费比重份额较小，但也呈现出递增趋势，从 2005 年的 0.88% 上升至 2015 年的 2.95%。宁夏高碳的能源消费结构相对比较稳定，煤炭始终是消费能源的主体。

（九）新疆能源消费与能源消费结构

新疆的 4 类初级能源都有产出，能源产出量从 2005 年的 0.818 亿吨标准煤逐年上升至 2015 年的 1.978 亿吨标准煤，产出量前后翻了一番多，其中，煤炭、清洁能源产出比重总体上呈现出递增趋势，分别由 2005 年的 37.9%、2.7% 上升至 2015 年的 53.3%、6.8%；石油产出比重呈现下降趋势，从 2005 年的 42.1% 下降至 2015 年的 20.2%。近年来，天然气产出比重维持在 20% 左右。在能源消费方面，能源消费总量从 2005 年的 0.551 亿吨标准煤逐年上升至 2015 年的 1.565 亿吨标准煤，与能源产出量相比，新疆的能源自给率从 2005 年的 1.48 提高到 2009 年的 1.79，再逐年下降到 2015 年的 1.26，新疆是能源输出地区。在能源消费构成方面，煤炭、清洁能源都呈现出一定的递增趋势,分别从 2005 年的 56.10%、4.00% 上升至 2015 年的 65.80%、8.60%;石油消费比重逐年递减,从 2005 年的 26.20% 下降至 2015 年的 13.20%;天然气消费比重稳定在 13% 左右。新疆的能源消费结构中,煤炭消费比重的上升趋势是其他省份所不具备的特征。

(十)广西能源消费与能源消费结构

广西能源产出主要源于煤炭、石油、清洁能源(水电与其他能源)。能源产出量从 2005 年的 0.122 亿吨标准煤逐年递增至 2015 年的 0.327 亿吨标准煤。其中,清洁能源是主体,呈现递增趋势,从 2005 年的 70.21% 上升至 2015 年的 90.72%;煤炭产出比重呈现下降趋势,从 2005 年的 29.38% 下降至 2015 年的 6.86%;天然气比重较低,2013 年前不足 0.40%,2013—2015 年三年的比重分别上升至 2.48%、2.92% 和 2.42%。在能源消费方面,与能源产出统计方式相同,《广西统计年鉴》在能源消费上只涉及煤炭、石油和清洁能源(水电与其他能源),缺少天然气消费量的统计数据,结合"地区能源平衡表"分析发现,广西能源消费总量从 2005 年的 0.513 亿吨标准煤逐步上升到 2015 年的 0.963 亿吨标准煤,与能源产出总量比较,广西的能源自给率较低,分布在 0.20—0.34,可见广西是能源输入型省份。在能耗结构方面,煤炭消费比重总体上呈现下降趋势,从 2005 年的 64.77% 下降至 2015 年的 50.38%;石油消费比重相对比较稳定,在 15.15%—18.30% 波动;天然气、清洁能源总体上呈现为上升趋势,分别从 2005 年的 0.29%、16.83% 上升至 2015 年的 1.15%、30.17%。单从清洁能源消费变动趋势看,广西的能源低碳化势头比较明显。

(十一)内蒙古能源消费与能源消费结构

内蒙古是我国重要的能源产出基地,能源产出一直处于高位并呈现逐年增长的态势。从 2005 年的 1.908 亿吨标准煤持续上升到 2012 年的 6.403 亿吨标准煤,2013 年起,能源产出总量稍有回落,至 2015 年,能源产出量为 5.625 亿吨标准煤。其中,煤炭是其主要产出能源,历年来基本维持在 90% 以上,2005 年一度达到 95.86%,此后则逐渐递减；天然气是内蒙古的第二大产出能源，其与清洁能源的产出比重都呈现逐年递增趋势，分别从 2005 年的 2.69%、0.36% 一直递增至 2015 年的 6.88%、2.86%；石油产出比重则呈现逐年下降趋势，从 2005 年的 1.10% 逐年下降至 2015 年的 0.45%。在能源消费方面，内蒙古也是能源消费大省份，与能源产出变化的趋势类似，其能源消费总量从 2005 年的 1.079 亿吨标准煤持续上升到 2012 年的 2.210 亿吨标准煤，7 年间，能源消费总量翻了一番多，2013 年能耗总量有所下降，2015 年能源消费量达到 1.893 亿吨标准煤，与历年能源产出量比较，内蒙古的能源自给率呈现出递增的趋势，从 2005 年的 1.769 上升至 2013 年的 3.312，2014 年和 2015 年的自给率稍有回落，分别为 3.288 与 2.972。在能源消费结构方面，煤炭是内蒙古的主要消费能源，但消费比重总体上处于下降趋势，从 2005 年的 90.44% 下降至 2015 年的 82.92%；石油消费比重在大部分年份中主要稳定在 8.30% 左右，2014 年后有所下降，2015 年起消费比重为 6.50%；天然气消费比重自 2005 年的 0.78% 逐渐上升至 2009 年的 3.37% 后，稍有回落并稳定在 2.30% 左右；清洁能源消费比重呈现出逐年递增趋势，2012 年前始终处于低位增长，从 2005 年的 0.17% 上升至 2012 年的 1.75%，2013 年猛增至 7.07%，到 2015 年达到 8.49%，这与内蒙古近年来风电开发有着直接关系，虽然如此，总体上看，内蒙古丰富的煤炭资源禀赋影响甚至决定了其高位的煤炭消费比重，从而形成了该地区高碳能源消费结构特征。

第二节　地区能源消费结构目标达成判断

一　目标导向性能源消费结构均衡演变的衡量指标创建

（一）能耗结构目标导向系数与信息熵均衡度的局限性

以设定的我国 2020 年能源消费结构目标为例，煤炭、石油、天然气、清洁能源消费比重分别为 58.0%、17.0%、10.0% 和 15.0%，可以计算出该目标对应的能源消费结构目标导向系数为 1，信息熵均衡度为 0.817。如前文所述，信息熵均衡度是以当系统所有随机变量对系统作用程度一致时所形成的一种平衡态为基准而测算的系统演变趋势指标；能耗结构目标导向系数则是以一种既定系统状态为标准，对系统演变趋势的一种测算。从本质上说，两者都是用来解释系统在系统随机变量共同作用下的演变趋势，选择参照的平衡态基准不同，有利于揭示系统演变的趋势特征。在一个多随机变量系统中，不了解每个系统随机变量变化趋势的条件，系统的结构目标导向系数或信息熵均衡度只能说明系统演变的复杂程度；只有把握了系统变量变动趋势，才有助于判断系统结构目标导向系数或信息熵均衡度在不同取值条件下系统演变趋势是合目的的还是背离目的的。因此，当系统随机变量从一种状态向基准平衡态演变时，系统结构目标导向系数（目标信息熵均衡度）的值会逐渐变大，直至达到最大值 1，此时系统达到了目标系统结构；系统变量如果继续保持原来的演变趋势不变，将会导致系统结构目标导向系数逐渐变小。由此可见，利用能耗结构目标导向系数或信息熵均衡度对能源消费结构演变趋势合理性进行判断，其前提是要对能源消费结构内不同初级能源的消费比重演变趋势有较准确的把握，并对每种初级能源消费比重演变对能源消费结构优化是否有利都要有既定的判断标准。

能耗结构目标导向系数在衡量地区能源消费结构优劣上的不足。在我国整体能源消费结构没有达到既定目标的前提下，能耗结构目标导向系数值的增大标志着能源消费结构处于不断优化的过程之中，相对于信息熵均衡度，能耗结构目标导向系数更有利于揭示我国能源消费结构演变的特征。在衡量我国各省份能源消费结构时，由于地区能源消费结构差异过大，有的地区能源消费结构远优于全国既定的能源消费结构目标，有的则远未达到目标要求，此时，通过能耗结构目标导向系数值的大小只能判断地区能源消费结构与国家目标能源消费结构的相近程度，并不能揭示地区能源消费结构的优劣。以四川省和河南省的能源消费结构为例（见表 6 - 3），2010—2015 年，与四川省能源消费结构相比，河南省的能源消费结构的高碳化特征与四川省能源消费结构的低碳化特征非常明显，两个省份能源消费结构能耗结构目标导向系数变化趋势也比较明显，前者具有随时间递增的趋势，后者则相反。这意味着河南省的能源消费结构远没有达到能源消费结构的既定目标，而四川能源消费结构已远优于既定的能源消费结构目标。由此可见，适应于全局的能源消费结构目标导向系数，并不适应于差异性明显的地区能源消费结构优劣的比较。

（二）目标导向性能源消费结构的均衡演变

所谓能源消费结构演变，是指一种能源对另一种能源不断替代过程所呈现出的不同类能源消费量之间的对比关系。从煤炭取代薪柴、石油替代煤炭到清洁能源替代化石能源，通过这种经济性能源对非经济性能源的替代、高效能源对低效能源的替代、低碳能源对高碳能源的替代，直至最终实现完全的清洁能源消费系统，在这种能源替代过程中，势必要经历一个能源消费替代的均衡点，即不同类型能源的消费量达到均等，从而形成能源消费的一种均衡状态，这种均衡状态就是确定能源消费结构信息熵均衡度的导向性标准。

表6-3　　　　　　　　　四川省与河南省能源消费结构

单位：万吨标准煤、%

省份	指标	2010 年	2011 年	2012 年	2013 年	2014 年	2015 年
四川	能源消费总量	18508.4	19323.3	20409.4	22692.5	22624.3	23291.3
	煤炭消费比重	50.07	45.49	47.23	42.11	37.57	32.37
	石油消费比重	11.78	13.64	13.93	15.53	17.37	18.70
	天然气消费比重	12.59	10.67	9.97	8.69	9.71	9.76
	清洁能源消费比重	25.56	30.20	28.87	33.67	35.35	39.17
	能耗结构目标导向系数	0.9576	0.9395	0.9471	0.9154	0.9105	0.8845
河南	能源消费总量	18594.0	20462.4	20920.0	21909.1	22889.9	23161.2
	煤炭消费比重	82.80	81.64	79.99	77.17	77.66	76.47
	石油消费比重	9.30	10.36	11.49	12.91	12.55	13.13
	天然气消费比重	3.40	3.57	4.70	4.76	4.47	4.52
	清洁能源消费比重	4.50	4.43	3.82	5.16	5.32	5.88
	能耗结构目标导向系数	0.8450	0.8564	0.8737	0.9067	0.9031	0.9146

目标导向性能源消费结构均衡演变是指全局阶段性能源消费结构目标与地区能源消费结构均衡态方向的统一，地区能源消费结构在宏观统一目标导向作用下，其实际发生的能源消费结构调整与演变在推动地区能源消费结构向均衡态演变的同时，也潜在地推动全局宏观能源消费结构目标的达成。

我国制定"到 2020 年，中国清洁能源占一次能源消费比重达到 15%，天然气比重达到 10% 以上，煤炭消费比重控制在 58% 以内"的能源消费结构目标，可以看成是推动我国未来能源消费结构均衡化，甚至形成理想化清洁能源消费系统的一个起点。目前，我国消费的能源主要包括煤炭、石油、天然气、清洁能源（水电、风电、核电、生物质能、太阳能等）等，无论从地区的能源安全还是能源资源的可持续性利用，对揭示在能源消费结构目标导向性影响下我国各省份能源消费结构均衡演变特征都具有一定现实意义。

目标导向性能源消费结构均衡演变的衡量。能耗结构目标导向系数是以既定目标性能源消费结构为导向，在地区能源消费结构处于高碳状态下逐渐向既定目标接近的过程中，也就是煤炭消费量比例逐渐下降、天然气与清洁能源消费量比例逐渐上升的过程，能耗结构目标导向系数是不断上升的；在该地区能源消费结构已经达到或接近目标性能源消费结构时，煤炭（天然气与清洁能源）消费比例依然下降（上升），此时的能耗结构目标导向系数将会逐渐下降，因此，单独从能耗结构目标导向系数大小角度不能很好地揭示能源消费结构所处的状态。应该看到，我国初级能源消费替代过程既是向目标能源消费结构演变的过程，同时也是向更高一级能源消费结构均衡（能源消费系统中每种初级能源消费比重相等）的演变过程；鉴于我国"富煤、缺油、少气"的资源状况，实现我国不同类型能源的消费均衡在一定时期内依然是一个理想化目标，即使部分省份能源消费结构达到了国家层面的既定目标并不断优化，其能源消费结构没有达到均衡态、信息熵均衡度依然会呈现出上升的态势。鉴于能耗结构目标导向系数是基于能源消费结构目标设定所形成的指标，而信息熵均衡度是以系统变量均衡态为目标导向的，因此，将信息熵均衡度通过能耗结构目标导向系数加以调节，以此来衡量目标导向性能源消费结构均衡的演变，并称为能耗结构目标均衡导向系数，其计算公式为：

$$能耗结构目标均衡导向系数 = \frac{能耗结构信息熵均衡度}{能耗结构目标导向系数} \quad (6-1)$$

显然，能耗结构目标均衡导向系数强调了能源消费结构目标导向作用，同时也强调了在这种目标导向作用下能源消费结构向更高一级目标的演变趋势；在各个地区能源消费结构没有达到均衡的条件下，地区能耗结构目标均衡导向系数的递增也就意味着该地区能源消费结构处于向均衡态的演进过程中；由于有能耗结构目标导向系数的调节，所以，地区间能耗结构目标均衡导向系数的大小也可以用来衡量地区能源消费结构的水平。也就是说，在能源消费结构没有接近或达到目标能耗结构之前，能耗结构目标导向系数要大于信息熵均衡度；在能源消费结构超越目标能耗结构向均衡结构演变阶段，伴随着能源消费结构不断优化，能耗结构信息熵均衡度依然在上升，而能耗结构目标导向系数则开始下降，此时将会出现信息熵均衡度超越能耗结构目标导向系数的情形，经过能耗结构目标导向系数调整后的能耗结构信息熵均衡度（能耗结构目标均衡导向系数）呈现出伴随能耗结构优化而不断递增的特征。北京市能耗结构演变验证了这一点（见图6-1）。从能耗结构目标均衡导向系数（RENCTH）、能源消费结构衡量的综合性指标能耗结构目标导向系数（ENCTH）、常规能源消费结构衡量的煤炭消费比重（COALr）和能源消费结构碳系数（CCOEF）的相关性来看（见表6-4），能耗结构目标均衡导向系数与煤炭消费比重相关性最强，也就是说，RENCTH不仅具有反映我国能源消费结构中煤炭消费比重的变化趋势，同时还具有反映我国能源消费结构总体变化特征的性能，故选择该指标对我国地区能源消费结构进行研究。

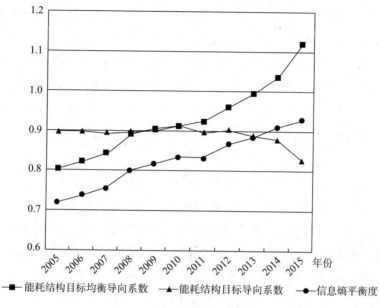

图6-1 北京市能耗结构目标均衡导向系数

二 各省份目标导向性能源消费结构的均衡演变情况对比

表6-4显示,能耗结构目标均衡导向系数与能源消费结构中煤炭消费比重以及煤炭消费结构碳系数的相关性达到-0.989与-0.848,呈现出高度相关状态,因此,能耗结构目标均衡导向系数是融入了4类初级能源消费状况的综合性指标,可以很好地揭示能源消费结构特征:同一地区不同时期,能耗结构目标均衡导向系数持续上升意味着该地区能源消费结构处于不断的优化过程之中;同一时期不同地区之间,较大的能耗结构目标均衡导向系数对应着低碳化程度较高的能源消费结构。

表6-4 能源消费结构衡量指标的相关性

	RENCTH	CCOEF	COALr	ENCTH
RENCTH	1			
CCOEF	-0.848***	1		
COALr	-0.989***	0.855***	1	
ENCTH	0.436***	-0.419***	-0.477***	1

注: ***表示相关系数的显著性水平为0.01。

　　各省份能源消费结构比较。根据式（6－1）计算出我国30个省份能源消费结构目标均衡导向系数（见表6－5），由此可以比较特定年份我国省份能源消费结构间的特征，并在时间维度上比较各地区能源消费结构演变趋势。在各地区能源消费结构比较上，将关注点聚焦在2005—2015年整个时期，而不是单独考虑某一年地区能源消费结构之间的优劣，将整个时期的地区能耗结构目标均衡导向系数作为研究对象。

　　首先，进行主成分得分分析并排序，结果如表6－5所示。

　　其次，用平方欧氏距离公式对地区能耗结构目标均衡导向系数间的距离进行计算，采用系统聚类法对30个省份的能源消费结构进行聚类，结果如图6－2所示。根据系统聚类树状图，可以将我国30个省份能源消费结构分为合理、比较合理和欠合理三个等级（Liu et al.，2016）的话，其中，合理的省份包括海南、青海、贵州、四川、上海、北京、广东、湖北、云南、广西，东部、中部和西部省份占比为40%、10%、50%；这与主成分得分前十位的省份相一致；其中包括四川与广东两个能源消费大省份，2015年，其能耗总量都超过2亿吨标准煤；比较合理的地区包括福建、重庆、新疆、湖南、浙江、辽宁、甘肃、天津、黑龙江，也与主成分得分位于第11—19位的省份相一致；东部、中部、西部省份占比为40%、20%、30%，其中包括辽宁和浙江两个能源消费大省份，2015年其能源消费量分别为2.05亿吨标准煤和1.98亿吨标准煤；欠合理的地区包括江西、陕西、吉林、山东、江苏、安徽、河南、内蒙古、宁夏、河北、山西，也就是主成分得分最后的11个省份；东部、中部、西部省份占比为30%、50%、20%，2015年，能耗总量超过2亿吨标准煤的有山东、江苏、河南、河北、山西5个主要省份。可见，上述列示的我国主要能源消费大省份中有一半以上的能源消费结构都处于欠合理等级，其中年消费量在3亿吨标准煤上下的就有3个（山东、江苏、河北），因此，能源消费结构优化应强化重点能源消费区域的能源消费结构优化。

　　主要能源消费大省份能耗结构演变趋势。以2015年能源消费量居前十位的省份（四川、广东、浙江、辽宁、山东、江苏、河南、内蒙古、

表 6-5　30 个省份能源消费结构均衡导向系数演变情况

省份	2005 年	2006 年	2007 年	2008 年	2009 年	2010 年	2011 年	2012 年	2013 年	2014 年	2015 年	能耗量 10^8 tce（2015）	主成分得分	主成分得分排名
北京	0.803	0.823	0.843	0.892	0.906	0.913	0.926	0.961	0.996	1.036	1.120	0.686	1.008	6
天津	0.733	0.687	0.682	0.693	0.686	0.748	0.783	0.780	0.777	0.800	0.853	0.817	-0.032	18
河北	0.470	0.472	0.458	0.450	0.440	0.466	0.475	0.471	0.471	0.471	0.495	2.940	-1.639	29
山西	0.426	0.426	0.436	0.487	0.502	0.468	0.461	0.467	0.464	0.463	0.488	1.988	-1.664	30
内蒙古	0.485	0.480	0.478	0.488	0.502	0.499	0.496	0.487	0.555	0.552	0.544	1.893	-1.417	27
辽宁	0.733	0.746	0.719	0.718	0.719	0.788	0.796	0.824	0.784	0.786	0.812	2.052	0.078	16
吉林	0.658	0.643	0.650	0.617	0.602	0.621	0.610	0.609	0.643	0.645	0.653	0.803	-0.693	22
黑龙江	0.740	0.747	0.745	0.670	0.727	0.728	0.732	0.726	0.695	0.713	0.718	1.213	-0.171	19
上海	0.894	0.935	0.928	0.917	0.928	0.936	0.926	0.939	0.945	0.947	0.963	1.154	1.038	5
江苏	0.644	0.611	0.607	0.610	0.627	0.607	0.595	0.623	0.621	0.646	0.659	3.082	-0.746	24
浙江	0.810	0.757	0.727	0.730	0.746	0.757	0.751	0.774	0.774	0.785	0.820	1.984	0.080	15
安徽	0.529	0.530	0.514	0.499	0.498	0.504	0.528	0.567	0.572	0.592	0.606	1.313	-1.224	25
福建	0.865	0.861	0.826	0.821	0.759	0.839	0.773	0.820	0.819	0.857	0.883	1.218	0.440	11
江西	0.689	0.671	0.624	0.621	0.596	0.645	0.615	0.659	0.669	0.673	0.697	0.849	-0.586	20
山东	0.658	0.639	0.635	0.607	0.627	0.640	0.645	0.645	0.603	0.589	0.601	3.790	-0.719	23

续表

省份	2005年	2006年	2007年	2008年	2009年	2010年	2011年	2012年	2013年	2014年	2015年	能耗量10⁸tce (2015)	主成分得分	主成分得分排名
河南	0.493	0.487	0.483	0.489	0.490	0.539	0.554	0.574	0.606	0.600	0.614	2.316	-1.229	26
湖北	0.943	0.895	0.908	0.975	0.937	0.843	0.800	0.838	0.892	0.926	0.915	1.600	0.834	8
湖南	0.672	0.675	0.673	0.782	0.780	0.819	0.784	0.836	0.814	0.846	0.782	1.547	0.101	14
广东	0.927	0.922	0.878	0.885	0.916	0.925	0.880	0.914	0.914	0.937	0.949	2.566	0.927	7
广西	0.797	0.815	0.840	0.937	0.879	0.846	0.835	0.872	0.815	0.876	0.946	0.963	0.616	10
海南	1.176	1.143	1.108	1.078	1.051	1.057	1.078	1.050	1.025	1.020	1.010	0.194	1.845	1
重庆	0.765	0.753	0.809	0.809	0.803	0.817	0.782	0.806	0.790	0.811	0.841	0.807	0.269	12
四川	0.916	0.918	0.900	0.903	0.894	0.910	0.945	0.927	0.971	1.003	1.038	2.329	1.067	4
贵州	0.932	0.975	0.995	0.995	0.985	0.988	0.987	0.989	1.056	1.056	1.015	0.932	1.411	3
云南	0.782	0.733	0.747	0.828	0.801	0.868	0.903	0.936	0.972	1.068	1.077	1.036	0.741	9
陕西	0.623	0.632	0.636	0.689	0.667	0.669	0.655	0.642	0.645	0.644	0.637	1.215	-0.590	21
甘肃	0.717	0.700	0.704	0.710	0.737	0.756	0.761	0.778	0.792	0.794	0.797	0.752	-0.015	17
青海	0.981	0.974	0.948	0.978	0.989	1.065	1.086	1.073	1.076	1.089	1.070	0.413	1.596	2
宁夏	0.492	0.487	0.489	0.498	0.502	0.492	0.473	0.499	0.495	0.477	0.478	0.568	-1.508	28
新疆	0.861	0.858	0.847	0.802	0.754	0.752	0.736	0.725	0.752	0.780	0.754	1.565	0.181	13

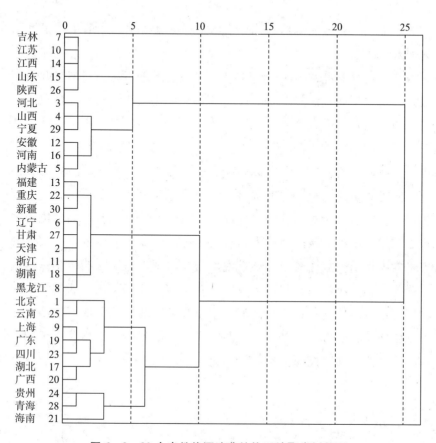

图 6 - 2　30 个省份能源消费结构系统聚类树状图

河北、山西）为研究对象，10 个省份能源消费量占当年能耗总量的56% 左右，其能源消费结构变化直接影响到总体能源消费结构的走向。比较这 10 个省份 2005—2015 年的能源消费结构发现：第一，能源消费结构欠合理的占主导地位。在 10 个能源消费主要省份中，有 6个省份的能源消费结构处于欠合理状态，分别有 2 个省份能源消费结构处于合理（四川、广东）和比较合理（浙江、辽宁）状态（见图 6-3）。第二，能源消费结构演变历程相对比较迟缓。总体上看，2005—2015 年，处于合理、比较合理和欠合理的能源消费结构分别在各自的等级上上下波动，没有一个省份的能耗结构跨越两个不同的等级，这意味着，我国各省份能源消费结构演变存在刚性约束，当然，这种约束显然来自社会、经济发展结构的刚性，虽然 2006 年我国颁布实施了《可再生能源法》，同时首次把能源强度作为量化约束性指标列入经济政策中（李方一、刘卫东，2014），但是，从我国主要能源消费大省份来看，2006—2008年，这些省份的能源消费结构并没有因为《可再生能源法》的颁布实施而得到优化，却是震荡下行，此后两年稍有回升；进入"十二五"以后，《"十二五"节能减排综合性工作方案》《可再生能源发展"十二五"规划》《能源发展"十二五"规划》等政策不仅在控制能源强度和能源消费总量两方面强化目标约束，同时对能源消费结构也做出了明确规定。2011—2015年，主要能源消费大省份的能源消费结构呈现出了向好的趋势，但是幅度依然很小。综观我国主要能源消费大省份的能源消费结构可以发现，大部分省份的能耗结构刚性较强，如果说山西、内蒙古等地区的能源消费结构优化存在能源资源禀赋锁定效应，即能源资源禀赋优势抑制了当地的能源消费结构优化；那么江苏、山东等地区的能源消费结构则存在经济结构锁定效应，即这些以能源输入为主的省份，其相对稳定的经济结构抑制了地区能源消费结构优化。

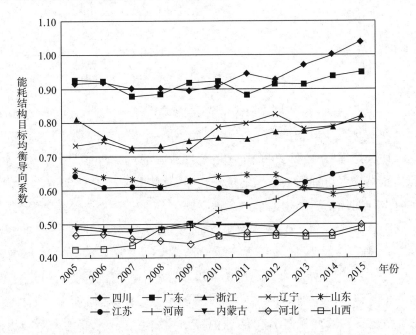

图6-3　10个主要能耗省份的能源消费结构演变趋势

第三节　家庭人均收支能耗效应
面板模型基础

一　能源消费结构问题控制变量研究

（一）能源消费结构问题控制变量的初步探讨

在能源消费总量类问题的研究中，王卉彤、慕淑茹（2010）指出，经济总量对能源消费总量的短期影响大于长期影响；王蕾、魏后凯（2014）强调中国城镇化、工业化对能源消费影响呈现出正的净效应，其中，城镇化的影响作用更为明显；戴彦德等（2015）则强调在产业结构、能源消费结构、技术进步对定基能源消费弹性系数的影响强度上，产业结构的影响更大；秦鹏、代霞（2015）强调中国能源消费总量受到经济规模增速、产业结构构成、城镇化发展等主要因素影响；刘卫东等（2016）认为，地区生产总值、户籍人口、第三产业比重等是影响能源消费总量的主要因素。可见，在能源消费量问题的研究中，基于不同的研究视角，能源消费量影响因素的设计各有侧重，但是，经济总量水平、产业结构、城镇化等则是影响能源消费量的三个基础变量。为了考证这三个变量是否也会对能源消费结构产生显著影响，从而确定能源消费结构问题研究的控制变量，本书构建以地区生产总值（GDPr）、地区第二产业产出比重（INDURSr）、地区人口城镇化率（PEOURr）为解释变量，地区能源消费量（ENC）、能耗结构目标均衡导向系数（RENCTH）[①]为被解释变量的面板模型进行研究。其中，GDPr（单位：亿元，2005 年为基期）、INDURSr、PEOURr 等数据来源于各省份的统计年鉴以及《中国统计年鉴》（1996—2016）。

（二）面板模型的相关检验

在模型选择方面，分别对以 ENC、RENCTH 为被解释变量的固定效应模型与随机效应模型进行豪斯曼检验，结果显示，以能源消费量

---

① 为便于分析的需要，将能耗结构目标均衡导向系数的单位变为 1%。

为被解释变量、能耗结构目标均衡导向系数（能源消费结构）为被解释变量模型的 χ^2 统计量所对应的 P 值都是 0.000，高显著水平拒绝随机效应模型的原假设，故而选择固定效应面板模型。为叙述方便需要，称被解释变量为能源消费量的固定效应面板模型为能源消费固定效应模型，称被解释变量为能耗结构目标均衡导向系数的固定效应面板模型为能源消费结构固定效应模型。接下来，对以上两个模型进行残差的异方差、序列相关及截面相关等特性进行检验。

首先，对能源消费及能源消费结构固定效应模型进行修正的 Wald 检验，两个模型 χ^2 统计量对应的 P 值都是 0.000，因此，高度显著性水平下拒绝模型组间残差同方差性原假设。也就是说，能源消费及能源消费结构固定效应模型残差项呈现出异方差性。

其次，基于 Wooldridge（2002）序列相关理论，对能源消费及能源消费结构固定效应模型进行序列相关性进行检验，其 F 统计量对应的 P 值均为 0.000，因此，高度显著性水平下拒绝模型残差"没有一阶自相关"的原假设，接受模型残差存在一阶自相关的备择假设。

最后，基于 Pesaran（2004）面板数据模型截面相关理论，能源消费量固定效应模型 Pesaran 检验统计量对应的 P 值为 0.000，因此，高度显著性水平下拒绝"截面不相关"的原假设；能源消费结构固定效应模型 Pesaran 检验统计量对应的 P 值为 0.3954，因此，接受"截面不相关"的原假设。

（三）面板模型回归方法及回归效果

鉴于以上检验结果，采用程序 XTSCC（Hoechle，2007）对能源消费及能源消费结构固定效应模型进行回归[①]（如表 6－6 中的模型 1 和模型 2）；同时，鉴于能源消费结构固定效应模型截面不相关的检

---

① XTSCC 相当于 White/Newey 估计扩展到面板的情形，是一个处理面板模型组间异方差、序列自相关及截面相关等残差问题的综合方法。在时间维度增大条件下，这种截面时序数据的标准差是稳健的。由于这种估计标准差的非参数技术在面板表现形式上没有任何限制，因此，有限样本中的界面维度大小并不会对其可行性形成影响，即使是在面板数远大于 T 的条件下。但是，由于这种估计量建立在渐进理论的基础上，所以，在使用这种估计法对一个只有很小时间维度的大截面面板模型进行估计时要小心。由于本面板模型涉及 11 个年度的 30 个省份的数据，时间维度并不是很小，并结合检验结果，模型估计采用 XTSCC 进行。

验结论，作为比较，在兼顾模型存在异方差、序列相关条件下，采用工具变量法对模型进行估计（如表 6 - 6 中的模型 3）。显然，模型 1 验证了能源消费领域问题研究的结论，地区生产总值、第二产业产出比重、城镇化率显著影响着我国的能源消费量；比较模型 2、模型 3 与模型 1，地区生产总值显著影响地区能源消费量，但是，对地区能源消费结构并没有形成显著性影响，地区第二产业产出比重与城镇化率则显著影响着我国的能源消费结构。从三个因素对我国能源消费结构影响来看，各地区第二产业产值比重下降及城镇化率提升有利于提升我国能耗结构目标导向系数，也就是说，有利于降低煤炭在我国能源消费总量中的比重；虽然地区生产总值的产出对能源消费结构影响不显著，但是，从模型回归系数来看，其对能源消费结构的影响呈现出抑制效应。鉴于以上分析，在接下来的研究中，将地区第二产业产出比重（INDURSr）、地区人口城镇化率（PEOURr）作为控制变量对我国能源消费结构进行进一步的研究。

表 6 - 6　　　　能源消费与能源消费结构固定效应面板模型回归

	模型 1	模型 2	模型 3
GDPr	0. 305 ***	− 0. 000	− 0. 000
	(0. 052)	(0. 000)	(0. 000)
INDURSr	55. 972 **	− 0. 1192 ***	− 0. 119 *
	(21. 582)	(0. 039)	(0. 069)
PEOURr	234. 572 ***	0. 4181 ***	0. 418 ***
	(14. 085)	(0. 043)	(0. 101)
常数项	− 6. 3e + 03 ***	59. 260 ***	
	(948. 437)	(3. 433)	
样本数	330	330	330
R^2_ a	0. 847	0. 159	
F	5000	250. 4	16. 09

注：*、**、*** 分别表示相关系数的显著性水平为 0.1、0.05 和 0.01，括号内为标准差，R^2_ a 为组内调整后的 R^2，F 为统计量指标值；GDPr、INDURSr、PEOURr 分别表示地区生产总值、地区第二产业产出比重和地区人口城镇化率。

二 调节变量及变量数据获取

地理区位是我国地区划分的一个常用标准，为了能够从家庭消费视角对我国能源消费结构问题进行探索，我们将微观层面家庭统计指标变量家庭居民受教育水平、家庭老龄化人口、家庭规模等作为调节变量对地区进行划分，分别讨论在各自情形下的家庭居民收入与支出的能耗结构效应。

（一）居民接受高等教育水平

居民接受高等教育水平（COLLEGp）用地区人均大专及以上人口数表示（单位：人/万人）。为此，对地区"大专及以上人口"数（数据来源：《中国统计年鉴》）用该年度的"抽样比"进行调整，得到地区年度接受高等教育人数；为了剔除地区总人口的影响，在此基础上，用年度地区总人口进行调整，得到年度地区居民人均接受高等教育水平。通过对地区 2005—2015 年人均接受高等教育水平均值的测算、地区排序、分类得到三类地区的人均接受高等教育水平均值区间分别是（516.3，703.6）、（703.6，934.4）、（934.4，3158.6），对应的省份是：人均高等教育水平较低的地区有安徽、甘肃、广西、贵州、河北、河南、湖南、江西、四川、云南 10 个省份；人均高等教育水平中游的地区有重庆、福建、广东、海南、黑龙江、吉林、宁夏、青海、山东、山西 10 个省份；人均高等教育水平较高的地区有北京、湖北、江苏、辽宁、内蒙古、上海、天津、新疆、浙江、陕西 10 个省份。

（二）老龄化

近年来，我国老龄化（OLDERr）问题逐渐突出，为了探究不同老龄化背景条件下我国能源消费结构变化趋势，采用"老年抚养比"（单位：%；数据来源：《中国统计年鉴》）对我国老龄化问题进行衡量。通过对地区 2005—2015 年的老年抚养比进行均值测算、地区排序、分类，结果表明，我国三类地区划分的老龄化区间分别是（9.040，11.547）、（11.547，13.541）、（13.541，17.518），对应的省份是：老龄化程度较低的地区有广东、海南、黑龙江、吉林、内蒙古、宁夏、青海、山西、新疆、云南 10 个省份；老龄化中等程度的地区有北京、福建、甘肃、贵州、河北、河南、湖北、江西、陕西、浙江 10 个省份；老龄化程度较高的地区有安徽、重庆、广西、湖南、江苏、辽宁、四川、山东、上海、天津 10 个省份。

（三）家庭规模

家庭规模（FAMILYr）是家庭统计的一项重要指标，家庭规模小型化影响了家庭消费产品、消费方式的变化，势必会间接影响能源消费结构的变化。特采用"平均家庭户规模"（数据来源：《中国统计年鉴》）对家庭规模加以衡量。通过对地区 2005—2015 年的家庭规模进行均值测算、地区排序、分类，结果表明，我国三类地区划分的老龄化区间分别是（2.498，2.938）、（2.938，3.336）、（3.336，3.684），对应的省份是：家庭规模较小的地区有北京、重庆、黑龙江、辽宁、内蒙古、四川、山东、上海、天津、浙江 10 个省份；家庭规模一般的地区有安徽、福建、广东、河北、湖北、湖南、吉林、江苏、陕西、山西 10 个省份；家庭规模较大的地区有甘肃、广西、贵州、海南、河南、吉林、宁夏、青海、新疆、云南 10 个省份。

三　解释变量及分析模型

能源消费与经济发展的关系仅仅在居民收入与能源需求之间存在显著关系（Sari and Soytas，2007；Akinlo，2008；Lee and Chang，2008；Apergis and Payne，2009；Sadoersky，2009）。孙浦阳等（2011）将此关系理解为收入的增加能够通过消费更多的与能源相关类产品来促使能源消费增加，能源消费增加也可以通过促进经济增长来促进收入的增加。虽然居民收入与能源消费需求有密切联系，但是，由于能源消费需求和经济增长之间的传导机制不明确，致使这种关系的验证至今仍不能确定（Sadoersky，2010），尤其是在能源消费结构方面。鉴于此，下文关注家庭居民可支配收入和消费支出两方面对我国能源消费结构表现出的影响。为了考察家庭消费支出指标对能源消费结构存在的影响，将我国 30 个省份居民生活消费关联性指标作为研究对象，分析我国居民生活消费支出水平、收入来源与能源消费结构的关系。

（一）居民可支配收入数据获取

我国城乡居民可支配收入（或纯收入），在多数情况下，统计数据都是以城镇人均（可支配）收入、农村纯收入的方式呈现的，只是

2015 年，《中国统计年鉴》（2016）对 "全国居民分地区人均可支配收入来源（2014）" 才有不分城镇和农村来提供可支配收入数据。为了使不同年份数据之间具有可比性，本书以 2005 年为基期，用 "分地区居民消费价格总指数" 对数据进行了调整；采用 "城镇居民人均可支配收入×城镇人口比重＋农村居民人均可支配收入×农村居民人口比重" 的方式，将城镇与农村居民消费支出归并为一体，得到不分城乡的居民人均可支配收入。另外，2013 年及以前城镇居民可支配收入（2014 年与 2015 年的数据是城镇居民可支配收入）是根据当年城镇居民人均收入调整而来的，具体做法是：采用系数 "城镇居民人均可支配总收入/城镇居民人均总收入" 对城镇居民总收入中对应的工薪收入（SALARIES）、经营净收入（NETBUSI）、财产净收入（PROPERTI）、转移收入（TRANSFERS）四类收入①调整得到（单位：元/年）。

（二）居民人均消费支出数据规整

居民人均消费支出由城镇居民与农村居民人均消费支出融合而成，对于同一年度的居民人均消费支出采用同一年度的 "城镇居民人均消费支出×城镇人口比重＋农村居民人均消费支出×农村居民人口比重" 方式获得（单位：万元/年）。为了在相同购买力下考察我国各省份居民八项支出的对比关系，以 2005 年为基期，用 "分地区居民消费价格分类指数" ［ "分类指数" 中包括食品（FOOD）、衣着（CLOTH）、居住（RESIDE）、家庭设备用品及服务（FACITY）、交通和通信（TRANS）、教育文化娱乐服务（EDUCA）、医疗保健

---

① 可支配收入是指居民可用于最终消费支出和储蓄的总和，即居民可用于自由支配的收入。既包括现金收入，也包括实物收入。从收入来源看，可支配收入包括工资性收入、经营净收入、转移收入和财产净收入。工资性收入是指就业人员通过各种途径得到的全部劳动报酬和各种福利，包括受雇于单位或个人、从事各种自由职业、兼职和零星劳动得到的全部劳动报酬和福利。经营净收入是指住户或住户成员从事生产经营活动所获得的净收入，是全部经营收入中扣除经营费用、生产性固定资产折旧和生产税之后得到的净收入。财产净收入是指住户或住户成员将其所拥有的金融资产、住房或个人支配而获得的回报并扣除相关的费用之后得到的净收入。转移收入是指国家、单位、社会团体对居民家庭的各种转移支付和居民家庭间的收入转移，包括政府对个人收入转移的离退休金、失业救济金、赔偿等；单位对个人收入转移的辞退金、保险索赔、住房公积金、家庭间的赠送和赡养等。资料来源：国家统计局：《中国住户调查年鉴》，中国统计出版社 2016 年版，第 363 页。

（MEDIC）］七类消费支出的价格指数，没有"杂项商品和服务（OTHERS）"的消费价格指数，因此，用"分地区居民消费价格总指数"对其替代，对每种消费支出进行可比价折算。2005—2015 年，主要指标变量的基本变量描述性统计特征如表 6 - 7 所示。

表 6 - 7　　　　　　　　基本变量描述性统计特征

	变量	均值	标准差	最小值	中位数	最大值	偏度	峰度
被解释变量	RENCTH	0.75	0.18	0.43	0.76	1.18	0.03	2.14
控制变量	INDURSr	0.48	0.08	0.20	0.49	0.61	-1.41	5.09
	PEOURr	0.52	0.14	0.27	0.50	0.90	1.02	3.75
支出解释变量	FOOD（元/年）	2354.43	928.35	1229.39	2036.91	5483.86	1.34	4.22
	CLOTH（元/年）	887.71	428.01	176.23	846.09	2555.92	0.91	3.89
	RESIDE（元/年）	1182.30	1035.61	319.40	895.33	8315.33	4.19	26.23
	FACITY（元/年）	547.17	289.64	133.15	517.38	1820.07	1.11	4.77
	TRANS（元/年）	1146.74	751.75	240.61	923.80	4062.09	1.49	5.00
	EDUCA（元/年）	1180.83	778.27	335.78	935.37	4288.42	1.68	6.06
	MEDIC（元/年）	718.04	391.12	143.95	639.38	2408.09	1.21	4.86
	OTHERS（元/年）	268.48	180.89	69.39	213.86	1139.70	2.19	8.70
收入解释变量	SALARIES（元/年）	6794.28	4155.09	1867.40	5587.44	23714.70	1.76	6.26
	NETBUSI（元/年）	1907.59	753.87	452.78	1767.18	4815.72	0.88	3.70
	PROPERTI（元/年）	453.90	708.53	25.39	222.59	5883.80	4.92	32.95
	TRANSFERS（元/年）	2294.31	1466.29	587.00	1918.87	8448.42	1.83	6.69
调节变量	COLLEGp（人/万人）	954.07	595.64	258.75	805.73	3986.18	2.35	9.92
	OLDERr（%）	12.59	2.39	7.44	12.47	20.04	0.47	2.86
	FAMILYr（人/户）	3.11	0.33	2.33	3.09	3.93	0.00	2.37

注：RENCTH 表示能耗结构目标均衡导向系数，INDURSr 与 PEOURr 含义同表 6 - 6，FOOD、CLOTH、RESIDE、FACITY、TRANS、EDUCA、MEDIC、OTHERS 分别表示居民人均食品、衣着、居住、家庭设备用品及服务、医疗保健、杂项商品和服务消费支出，SALARIES、NETBUSI、PROPERTI、TRANSPERS 分别表示居民人均工薪收入、经营净收入、财产净收入、转移收入，COLLEGp、OLDERr、FAMILYr 分别表示地区居民接受高等教育水平、地区老龄化和地区家庭规模。

（三）分析模型确立

鉴于以上分析，为了研究我国居民不同类型收入及消费支出对我国能源消费结构的影响，构建固定效应静态面板模型（6-2）。

$$RENCTH_{it} = \alpha_{it}INDURSr_{it} + \beta_{it}PEOURr_{it} + \gamma_{it}X_{it} + \nu_i\varepsilon_{it} \qquad (6-2)$$

式中，i 和 t 分别代表我国各省份（i = 1，…，30）和年份（t = 2005，…，2015），X_{it} 代表居民可支配收入及消费支出，ν_i 表示地区固定效应，ε_{it} 是随机误差项。

第四节　家庭人均收支能耗结构效应

一　家庭人均可支配收入的能源消费结构效应

能耗结构目标导向均衡系数与居民可支配收入相关性分析。能耗结构目标导向均衡系数与居民可支配收入相关系数矩阵如表 6-8 所示，与能耗结构目标均衡导向系数相关性从强到弱的依次为：地区第二产业产出比重、财产净收入、工薪收入、转移收入、城镇化率、经营净收入。从相关性强度看，控制变量地区第二产业产值比重对能源消费结构的影响强于地区城镇化率的影响；在四类居民可支配收入中，居民财产净收入与工薪收入会对能源消费结构产生较强的影响，而居民经营净收入对能源消费结构影响较弱并且不显著。居民四类收入之间相关系数较小，分别度量了居民收入不同层面的特征，这更有利于揭示居民不同收入对能耗结构的影响。

表6-8　　　　　　　　　收入指标变量相关系数矩阵

	RENCTH	PEOURr	INDURSr	SALARIES	NETBUSI	PROPERTI	TRANSFERS
RENCTH	1.000						
PEOURr	0.166 ***	1.000					
INDURSr	-0.544 ***	-0.195 ***	1.000				
SALARIES	0.219 ***	0.887 ***	-0.287 ***	1.000			
NETBUSI	-0.074	0.099 *	0.113 **	0.202 ***	1.000		

续表

	RENCTH	PEOURr	INDURSr	SALARIES	NETBUSI	PROPERTI	TRANSFERS
PROPERTI	0.225***	0.472***	-0.301***	0.671***	0.315***	1.000	
TRANSFERS	0.194***	0.886***	-0.270***	0.901***	0.109**	0.530***	1.000

注：*、**、***分别表示相关系数的显著性水平为0.1、0.05和0.01；表中变量含量同表6-7。

(一) 居民可支配收入对能源消费结构的影响

基于考察居民不同来源的可支配收入对能源消费结构影响程度，表6-9分别给出了工薪收入（模型1）、经营净收入（模型2）、财产净收入（模型3）、转移收入（模型4）与地区第二产业产值比重、地区城镇化率对能源消费结构影响的标准化系数。比较每个模型各解释变量的系数可以发现：居民可支配收入的四类来源对能源消费结构都呈现出正向影响，居民可支配收入的提高促进了能耗结构目标均衡导向系数的增加，也就是促进了能源消费结构中煤炭消费比重的下降，其不同之处在于，不同可支配收入来源对能耗结构影响的程度存在差异。居民人均可支配的工薪收入对能源消费结构的影响程度要强于地区第二产业产值比重、地区城镇化率对能源消费结构的影响；居民人均可支配的财产净收入、转移收入对能源消费结构的影响则弱于城镇化率而强于第二产业产值比重对能源消费结构的影响；而来源于居民可支配的经营净收入对能源消费结构的影响弱于地区第二产业产值比重、地区城镇化率，并且也不显著。这些结论也进一步印证了表6-8指标之间的相关关系。

表6-9　　居民可支配收入的消费结构效应（标准化系数）

	模型1	模型2	模型3	模型4
INDURSr	-0.005	-0.047***	0.0140	-0.041**
	(0.000)	(0.000)	(0.001)	(0.000)
PEOURr	0.118***	0.279***	0.224***	0.243***
	(0.000)	(0.001)	(0.001)	(0.001)
SALARIES	0.162***			
	(0.000)			

	模型 1	模型 2	模型 3	模型 4
NETBUSI		0.0260 (0.000)		
PROPERTI			0.091*** (0.000)	
TRANSFERS				0.067** (0.000)
样本数	330	330	330	330
R^2_a	0.186	0.161	0.232	0.166
F	57.13	73.45	51.09	25.66

注：*、**、***分别表示相关系数的显著性水平为0.1、0.05和0.01，括号内为标准差，R^2_a为组内调整后的R^2，F为统计量指标值；表中 INDURSr、PEOURr、SALARIES、NETBUSI、PROPERTI 与 GRASFERS 分别表示地区第二产业产出比重、地区人口城镇化率、居民人均工薪收入、居民人均经营净收入、居民人均财产净收入和居民人均转移收入。

（二）基于调节变量的分地区分来源的人均可支配收入对能源消费结构的影响

为了揭示家庭居民各类可支配收入对能源消费结构影响的区域性特征，借助家庭特征指标家庭成员接受的教育水平将我国各省份划分为教育水平低、中、高地区，表示为教育水平1、2、3地区；借助家庭特征指标家庭成员的年龄结构将我国各省份划分为老龄化水平低、中、高地区，表示为老龄化1、2、3地区；借助家庭特征指标家庭成员数将我国各省份划分为家庭规模小、中、大地区，表示为家庭规模1、2、3地区。教育水平、老龄化、家庭规模不同地区的居民四类可支配收入对能源消费结构的影响具有差异性（见表6-9-1至表6-9-4）。

其一，面板模型拟合优度。从面板数据回归的效果来看，教育程度较低与较高地区、老龄化程度居中与较高地区、家庭规模较小与较大地区的以家庭居民人均四类收入为解释变量的面板回归模型对能源

表 6 - 9 - 1　　　　　　　　工资性收入对目标导向性能源消费结构的影响

	教育水平			老龄化			家庭规模		
	1	2	3	1	2	3	1	2	3
INDURSr	-0.089***	0.020	0.007	0.003	-0.336***	0.044	0.128*	-0.007	-0.114***
	(0.001)	(0.000)	(0.001)	(0.001)	(0.001)	(0.001)	(0.001)	(0.001)	(0.001)
PEOURr	0.420***	0.176**	-0.679***	0.495***	-0.185	0.333***	-0.221**	0.059	0.809***
	(0.004)	(0.002)	(0.000)	(0.001)	(0.001)	(0.001)	(0.001)	(0.003)	(0.004)
SALARIES	-0.127	-0.135*	0.615***	-0.234***	0.355***	0.206***	0.566***	0.038	-0.451***
	(0.000)	(0.000)	(0.000)	(0.000)	(0.000)	(0.000)	(0.000)	(0.000)	(0.000)
样本数	110	110	110	110	110	110	110	110	110
R^2_w	0.503	0.0760	0.412	0.196	0.470	0.330	0.464	0.0730	0.389
F	125.3	18.21	67.03	33.85	251.9	30.82	54.23	2.973	33.63

注：表中各系数及符号含义同表 6 - 9；表中变量同表 6 - 7。

表 6 - 9 - 2　　　　经营净收入对目标导向性能源消费结构的影响

	教育水平			老龄化			家庭规模		
	1	2	3	1	2	3	1	2	3
INDURSr	-0.098***	0.025	-0.329***	0.039	-0.498***	0.003	-0.169***	-0.018	-0.030
	(0.001)	(0.000)	(0.001)	(0.001)	(0.001)	(0.001)	(0.001)	(0.001)	(0.001)
PEOURr	0.006	0.104***	-0.366**	0.208***	0.203	0.437**	0.862***	0.004	0.238**
	(0.001)	(0.001)	(0.001)	(0.001)	(0.002)	(0.001)	(0.001)	(0.002)	(0.003)
NETBUSI	0.257***	-0.064	0.210***	-0.011	0.023	0.070	-0.118**	0.081	-0.039
	(0.000)	(0.000)	(0.000)	(0.000)	(0.000)	(0.000)	(0.000)	(0.000)	(0.000)
样本数	110	110	110	110	110	110	110	110	110
R^2_w	0.572	0.0630	0.240	0.120	0.346	0.309	0.226	0.102	0.214
F	95.72	7.510	78.45	45.88	93.06	118.0	23.46	5.337	66.94

注：表中各系数及符号含义同表 6 - 7；表中变量同表 6 - 9。

表6-9-3 财产性收入对目标导向性能源消费结构的影响

	教育水平			老龄化			家庭规模		
	1	2	3	1	2	3	1	2	3
INDURSr	-0.052*	0.042*	-0.193*	0.079*	-0.354***	0.034	0.028	0.014	0.040
	(0.001)	(0.000)	(0.002)	(0.001)	(0.002)	(0.001)	(0.001)	(0.001)	(0.002)
PEOURr	0.192***	0.028	-0.026	0.110**	0.116	0.537***	0.395***	0.008	0.108**
	(0.001)	(0.001)	(0.001)	(0.001)	(0.001)	(0.001)	(0.001)	(0.001)	(0.001)
PROPERTI	0.079**	0.008	0.147***	0.068***	0.121***	0.073***	0.170***	0.082***	0.078**
	(0.000)	(0.000)	(0.000)	(0.000)	(0.000)	(0.000)	(0.000)	(0.000)	(0.000)
样本数	110	110	110	110	110	110	110	110	110
R^2_w	0.515	0.025	0.316	0.149	0.460	0.335	0.405	0.120	0.235
F	153.6	3.279	56.66	18.76	235.1	37.34	26.05	14.75	105.5

注：表中各系数及符号含义同表6-9；表中变量同表6-7。

表 6 - 9 - 4　转移性收入对目标导向性能源消费结构的影响

	教育水平			老龄化			家庭规模		
	1	2	3	1	2	3	1	2	3
INDURSr	-0.082***	0.043**	-0.301**	0.044	-0.437***	0.007	-0.030	-0.004	-0.016
	(0.001)	(0.000)	(0.001)	(0.001)	(0.001)	(0.001)	(0.001)	(0.001)	(0.001)
PEOURr	0.423***	0.107***	-0.152	0.383***	0.029	0.485***	0.193	0.161**	0.588***
	(0.001)	(0.001)	(0.001)	(0.001)	(0.001)	(0.001)	(0.001)	(0.001)	(0.003)
TRANSFERS	-0.127***	-0.052***	0.180**	-0.112***	0.173*	0.103*	0.258***	-0.040	-0.280**
	(0.000)	(0.000)	(0.000)	(0.000)	(0.000)	(0.000)	(0.000)	(0.000)	(0.000)
样本数	110	110	110	110	110	110	110	110	110
R^2_w	0.508	0.0530	0.234	0.182	0.379	0.314	0.290	0.0760	0.300
F	153.5	18.21	87.86	32.82	103.0	39.19	22.16	3.186	167.4

注：表中各系数及符号含义同表 6 - 9；表中变量同表 6 - 7。

消费结构变动解释效果较好，而教育程度居中、老龄化较低、家庭规模居中的地区居民不同类型收入对能源消费结构变动的解释效果欠佳（对比表6-9-1至6-9-4）；之所以出现这种情况，原因在于教育程度中等地区、老龄化程度较低地区、家庭规模中等地区分布的具体省份之间的能源消费结构差异比较明显，也就是说，同类地区之间的能源消费结构差异比较大、数据比较分散；同时，居民四类收入来源波动性也会因地区的教育程度居中、老龄化较低、家庭规模居中等原因而增添了一定的不稳定性，两方面是导致三种情形下面板回归方程拟合程度不高的因素。

其二，四类收入对能源消费结构影响的显著性。经营净收入只有在教育水平较低地区、较高地区以及家庭规模较小的地区，对能源消费结构的影响才是显著的（见表6-9-2）。从变量的系数来看，教育水平较低与较高地区居民的经营净收入推动了当地能源消费结构的低碳化，而家庭规模小型化地区居民的经营净收入则抑制了能源消费结构的低碳化进程，一定程度上是因为：教育水平较低地区居民经营净收入主要来源于传统产业，而教育程度较高地区居民经营净收入主要源于高科技或服务业，介于两者之间的中等教育水平地区的工业化是居民经营净收入的主要来源，从而就出现了中等教育水平地区的居民经营净收入抑制了地区能源消费结构的低碳化，其他两类地区则相反，这与现实也是吻合的；家庭规模小型化或微型化造就了资源或能源消费的规模不经济，这也是家庭小型化地区居民经营净收入带来地区能源消费结构低碳化阻力的主要原因之一。其他三类居民收入对能源消费结构的影响总体来说都是比较显著的（见表6-9-1、表6-9-3和表6-9-4）。

其三，教育水平异质性与地区居民收入对能源消费结构的影响。2005—2015年，教育水平较低地区的居民收入与能源消费结构关系：工薪收入与转移收入的增长导致了能耗结构目标均衡导向系数降低（见表6-9-1和表6-9-4），不利于能源消费结构优化，在能耗结构目标均衡导向系数与能耗结构中煤炭消费比重高度负相关的条件下，居民工薪收入与转移收入的增长会抑制煤炭消费比重的下降，这一点与教育水平较低地区居民所从事的职业技术含量较低的行业相关，这些行业通常与高能耗相关联，这些行业居民受益增加显然不利于地区能源消费结构的优化；经营净收入与财产净收入的作用则相反，这两类居民收入的增加可推动（或拉动）本地区能源消费结构不断优化。教育水平中等地区的居民收入与能源消费结构关系：教育水平中等地区的居民收入主体上是抑制本地区能源消费结构进一步优化的，表现在地区居民工薪收入、经营净收入和转移收入都反向作用于本地区能耗结构目标均衡导向系数，只有财产净收入正向且不显著地影响着本地区的能源消费结构（见表6-9-1至表6-9-4）。教育水平较高地区的居民收入与能源消费结构关系：教育水平较高地区居民的四类收入对能源消费结构呈现出统一的正向推动（或拉动）作用（见表6-9-1至表6-9-4），表现为伴随着居民收入提高，地区能源消费结构目标均衡导向系数的上升，考虑到居民收入的产业性来源，出现这种状况的原因应该归结为地区教育水平的提高加快了地区产业结构的优化升级、高碳化产业退出与低碳化产业兴起，从而带来了地区能源消费结构的不断优化。另外，总体来看，四类居民收入对能源消费结构的影响程度主体上是强于第二产业产出比重而弱于城镇化进程。

其四，老龄化程度异质性与地区性居民收入对能源消费结构的影响。老龄化程度较低地区居民人均可支配收入对能源消费结构的影响：老龄化程度较低地区，除居民财产净收入对能耗结构目标均衡导向系数表现出正向作用以外（见表6-9-3），其他三类收入都起到反向抑制作用（见表6-9-1、表6-9-2和表6-9-4）；而老龄化中等程度与较高程度地区的居民各项收入表现出拉动能耗结构目标均衡导向系数上升的作用，尤其是老龄化中等地区居民的工薪收入相对于地区第二产业产出比重、城镇化基础表现出较强的推动（拉动）能源消费结构优化的功效。另外，老龄化较低地区，四类居民收入（见表6-9-1至表6-9-4）与地区第二产业产出比重、城镇化率对能源消费结构的影响程度由高到低主要次序分别是：（PEOURr、SALA-RIES、INDURSr）、（PEOURr、INDURSr、NETBUS）、（PEOURr、IN-

DURSr、PROPERTI)、(PEOURr、TRANSFERS、INDURSr);老龄化中等地区,四类居民收入与地区第二产业产出比重、城镇化率对能源消费结构的影响程度由高到低主要次序分别是:(SALARIES、INDURSr、PEOURr)、(INDURSr、PEOURr、NETBUS)、(INDURSr、PROPERTI、PEOURr)、(INDURSr、TRANSFERS、PEOURr);老龄化程度较高地区,四类居民收入与地区第二产业产出比重、城镇化率对能源消费结构的影响程度由高到低主要次序分别是:PEOURr、SALARIES(NETBUS/PROPERTI/TRANSFERS)、INDURSr。

其五,家庭规模异质性与地区性居民收入对能源消费结构的影响。家庭规模较小地区经营收入对能耗结构目标均衡导向系数呈现出抑制作用(见表6-9-2),其他三类收入都起到推动作用(见表6-9-1、表6-9-3和表6-9-4);家庭规模中等地区的居民转移收入对能耗结构目标均衡导向系数呈反向作用(见表6-9-4),其他三类收入的作用则相反;家庭规模较高地区只有居民财产净收入(见表6-9-3)对能耗结构目标导向系数呈现正向作用,其他三类收入的影响都呈现出抑制作用,可见,家庭规模较大地区能源消费结构整体上会延缓我国能源消费结构优化的进程。另外,家庭规模较小地区,四类居民收入(对比表6-9-1至表6-9-4)与地区第二产业产出比重、城镇化率对能源消费结构的影响程度由高到低主要次序分别是:(SALARIES、PEOURr、INDURSr)、(PEOURr、INDURSr、NETBUS)、(PEOURr、PROPERTI INDURSr)、(TRANSFERS、PEOURr、INDURSr);家庭规模中等地区,四类居民收入与地区第二产业产出比重、城镇化率对能源消费结构的影响程度由高到低主要次序分别是:(PEOURr、SALARIES、INDURSr)、(NETBUS、INDURSr、PEOURr)、(PROPERTI、INDURSr、PEOURr)、(PEOURr、TRANSFERS、INDURSr);家庭规模较大地区,四类居民收入与地区第二产业产出比重、城镇化率对能源消费结构的影响程度由高到低主要次序分别是:PEOURr、SALARIES(NETBUS/PROPERTI/TRANSFERS)、INDURSr。

二 家庭人均消费支出的能源消费结构效应

家庭居民消费支出属于终端需求，涉及的食品、衣着、居住、家庭设备用品及服务、交通和通信、教育文化娱乐服务、医疗保健及杂项商品和服务等产品或劳务都来源于其他中间或基础产业，与这些产业保持着既定的比例关系。显然，这种比例关系会将家庭消费变化对产业或产业结构的影响传递到产业或产业结构对能源消费或消费结构的直接影响，从而形成家庭居民消费支出对能源消费及能源消费结构的影响。

能耗结构目标导向均衡系数与居民人均消费支出的相关性分析。表6-10是居民生活消费支出及其他解释变量与被解释变量的相关系数矩阵。能耗结构目标均衡导向系数（RENCTH）与家庭居民人均食品消费支出（FOOD）的相关性最高，接下来既是交通和通信（TRANS）、家庭设备用品及服务（FACITY）、教育文化娱乐服务（EDUCA）、居住（RESIDE）、杂项商品和服务（OTHERS），与医疗保健（MEDIC）、衣着（CLOTH）的相关性较弱并且不显著。第二产业产出比重（INDURr）与居民人均各类消费支出的相关性较弱，而城镇化率（PEOURr）与居民各类消费支出的相关性较强，这种自变量之间较高的相关性是否会导致回归模型的多重共线性，在下面的面板回归中将予以讨论。

（一）居民人均消费支出对能源消费结构的影响

表6-11给出了我国30个省份在地区经济城镇化率［第二产业产出比重（INDURSr）］和人口城镇化率（PEOURr）为控制变量条件下八类居民人均消费支出对地区能源消费结构影响的标准化系数。模型1至模型8分别是以食品（FOOD）、衣着（CLOTH）、居住（RESIDE）、家庭设备用品及服务（FACITY）、交通和通信（TRANS）、教育文化娱乐服务（EDUCA）、医疗保健（MEDIC）、杂项商品和服务（DTHERS）为解释变量，地区第二产业产出比重、城镇化率为控制变量的面板回归模型。回归结果的一个典型特征是（见表6-11-1至表6-11-8）：八类居民人均消费支出都分别显著地影响地区能耗结构目标均衡导向系数（RENCTH），这意味着，建立在中间产品

基础行业、中间产品行业及服务基础行业之上的不同类型家庭居民人均消费支出与这些行业直接相关，居民生活消费支出的类型也直接依赖于具体行业，显然，行业的能源消费及能源消费结构与居民生活消费支出规模及类型相关，从而居民不同类型的消费支出通过产业而显著地影响着地区能源消费结构；即使与能耗结构目标均衡导向系数相关性不显著的医疗保健与衣着消费支出在面板回归模型中也呈现出对能源消费结

表6–10

居民生活消费支出指标变量相关系数矩阵

	RENCTH	PEOURr	INDURSr	FOOD	CLOTH	RESIDE	FACITY	TRANS	EDUCA	MEDIC	OTHERS
RENCTH	1.000										
PEOURr	0.166***	1.000									
INDURSr	-0.544***	-0.195***	1.000								
FOOD	0.342***	0.891***	-0.266***	1.000							
CLOTH	0.015	0.747***	-0.098*	0.634***	1.000						
RESIDE	0.179***	0.565***	-0.265***	0.551***	0.555***	1.000					
FACITY	0.206***	0.795***	-0.234***	0.785***	0.870***	0.722***	1.000				
TRANS	0.244***	0.853***	-0.282***	0.889***	0.798***	0.713***	0.918***	1.000			
EDUCA	0.195***	0.862***	-0.298***	0.859***	0.799***	0.726***	0.916***	0.958***	1.000		
MEDIC	0.066	0.775***	-0.204***	0.628***	0.837***	0.771***	0.842***	0.814***	0.845***	1.000	
OTHERS	0.174***	0.897***	-0.234***	0.885***	0.788***	0.531***	0.839***	0.909***	0.914***	0.734***	1.000

注：*、**、***分别表示相关系数的显著性水平为10%、5%和1%。

表 6－11　消费支出对目标导向性能源消费结构的影响（标准化系数）

	模型 1	模型 2	模型 3	模型 4	模型 5	模型 6	模型 7	模型 8	模型 9
INDURSr	-0.060***	-0.047**	0.008	-0.014	0.002	0.015	-0.029	-0.049**	0.018
	(0.000)	(0.000)	(0.001)	(0.001)	(0.000)	(0.001)	(0.000)	(0.000)	(0.049)
PEOURr	0.498***	0.225***	0.203***	-0.056	0.068	0.070	0.228***	0.293***	0.293***
	(0.001)	(0.001)	(0.001)	(0.001)	(0.001)	(0.001)	(0.000)	(0.001)	(0.113)
FOOD	-0.210**								-0.569***
	(0.000)								(0.003)
CLOTH		0.055**							0.022
		(0.000)							(0.002)
RESIDE			0.088***						0.091***
			(0.000)						(0.000)
FACITY				0.181***					0.127*
				(0.000)					(0.004)

续表

	模型 1	模型 2	模型 3	模型 4	模型 5	模型 6	模型 7	模型 8	模型 9
TRANS					0.171*** (0.000)				0.197*** (0.001)
EDUCA						0.173*** (0.000)			0.023 (0.001)
MEDIC							0.052** (0.000)		−0.170*** (0.002)
OTHERS								0.043** (0.000)	0.039 (0.004)
样本数	330	330	330	330	330	330	330	330	330
R^2_a	0.173	0.166	0.217	0.210	0.198	0.196	0.165	0.163	0.328
F	219.1	16.79	54.43	30.47	75.00	35.14	57.10	17.75	1245

注：*、**、***分别表示相关系数的显著性水平为10%、5%和1%，括号内为标准差，R^2_a 为组内调整后的拟合优度，F 为统计量指标值；表中变量含义同表 6-7。

构显著的影响。回归结果的另一个典型特征是：居民食品消费支出是唯一显著反向作用于能耗目标均衡导向系数的变量，从某种程度上说，食品消费产业链中相关行业的能源消费选择是阻碍我国各个地区能源消费结构低碳化进程的一个主要因素。比较八类居民消费支出与其他两个控制变量对能耗结构影响的程度来看，食品、衣着、居住、医疗保健、杂项商品和服务这六类消费支出对能耗结构的影响强度弱于城镇化率而强于地区第二产业产出比重对能源消费结构的影响；而家庭设备用品及服务、交通和通信、教育文化娱乐服务三类居民消费支出对能源消费结构的影响强于地区人口城镇化，也强于地区第二产业产出比重对能源消费结构的影响。

（二）基于调节变量的分地区分来源的人均消费支出对能源消费结构的影响

下面以地区教育水平、老龄化、家庭规模等因素为调节变量，分地区探讨居民各类消费支出对能源消费结构的影响特征，表6-11-1至表6-11-8给出了分别以居民八类消费支出为解释变量、地区第二产业产值比重（INDURSr）和人口城镇化率（FEOURr）为控制变量面板模型解释变量系数标准化的回归结果。考虑到解释变量中人口城镇化率与食品消费支出较高的相关性，对以食品消费支出为自变量的回归模型进行多重共线性检验，结果表明，地区第二产业产出比重、人口城镇化率、食品消费支出的 VIF 值分别是 1.09、4.90、5.07，因此，可以排除模型共线性对回归结果的影响。

教育水平异质性与地区性居民消费支出对能源消费结构的影响。总体来看，相对于教育水平较低地区食品、衣着、居住、杂项商品和服务四类居民消费支出抑制了能耗结构目标均衡导向系数的上升，教育水平中等地区的家庭居民平均消费支出中除了居住收入的七类也表现出这样的作用，而教育水平较高地区居民各类消费支出都呈现出推动能耗结构目标导向系数上升的特征，这意味着地区教育发展到一定程度有利于影响当地居民消费支出规模及结构的选择，进而影响上游产业产品和服务的安排，从而对能源消费结构优化（低碳化）发挥推动作用，在教育发展相对滞后的条件下，这种功能则相对难以发挥。

表 6-11-1   食品消费支出对目标导向性能源消费结构的影响

| | 教育水平 | | | 老龄化 | | | 家庭规模 | | |
	1	2	3	1	2	3	1	2	3
INDURSr	-0.077***	0.046**	-0.342***	0.041	-0.504***	0.010	-0.091*	-0.007	-0.135***
	(0.000)	(0.000)	(0.001)	(0.001)	(0.001)	(0.001)	(0.001)	(0.001)	(0.001)
PEOURr	0.387***	0.193***	-0.308***	0.468***	0.197	0.272***	0.118	0.126	0.608***
	(0.001)	(0.001)	(0.001)	(0.002)	(0.002)	(0.000)	(0.001)	(0.002)	(0.001)
FOOD	-0.158**	-0.307***	0.467***	-0.460***	0.059	0.376***	0.441**	-0.040	-0.551***
	(0.000)	(0.000)	(0.000)	(0.000)	(0.000)	(0.000)	(0.000)	(0.000)	(0.000)
样本数	110	110	110	110	110	110	110	110	110
R^2_a	0.513	0.168	0.235	0.307	0.345	0.332	0.248	0.072	0.519
F	195.5	25.00	25.65	113.5	65.48	38.17	19.81	3.655	760.7

注: 表中各系数及符号含义同表 6-7; 变量含义同表 6-11。

表6-11-2 衣着消费支出对目标导向性能源消费结构的影响

	教育水平			老龄化			家庭规模		
	1	2	3	1	2	3	1	2	3
INDURSr	-0.090***	0.050**	-0.294***	0.061**	-0.429***	-0.003	-0.066	0.007	-0.048
	(0.001)	(0.000)	(0.001)	(0.001)	(0.001)	(0.001)	(0.001)	(0.001)	(0.001)
PEOURr	0.283**	0.129***	-0.563***	0.490***	-0.128	0.482***	-0.170	0.283***	0.444***
	(0.003)	(0.001)	(0.001)	(0.001)	(0.001)	(0.001)	(0.001)	(0.001)	(0.002)
CLOTH	-0.005	-0.072***	0.275***	-0.182***	0.227**	0.070***	0.251***	-0.113**	-0.205**
	(0.000)	(0.000)	(0.000)	(0.000)	(0.000)	(0.000)	(0.000)	(0.000)	(0.000)
样本数	110	110	110	110	110	110	110	110	110
R^2_a	0.496	0.057	0.346	0.217	0.430	0.313	0.347	0.115	0.274
F	128.8	8.459	44.24	98.08	120.8	38.05	11.88	9.459	137.4

注：表中各系数及符号含义同表6-11；变量含义同表6-7。

表 6 - 11 - 3　　　　　　居住消费支出对目标导向性能源消费结构的影响

	教育水平			老龄化			家庭规模		
	1	2	3	1	2	3	1	2	3
INDURSr	-0.101***	0.051**	-0.191	0.033	-0.340***	0.0340	0.041	0.012	-0.087。*
	(0.001)	(0.000)	(0.002)	(0.001)	(0.002)	(0.001)	(0.001)	(0.001)	(0.001)
PEOURr	0.311***	0.003	-0.0760	0.216***	0.059	0.510***	0.346***	-0.027	0.315***
	(0.001)	(0.001)	(0.001)	(0.001)	(0.001)	(0.001)	(0.001)	(0.001)	(0.002)
RESIDE	-0.030	0.030	0.151***	-0.016	0.134***	0.081***	0.180***	0.098***	-0.092**
	(0.000)	(0.000)	(0.000)	(0.000)	(0.000)	(0.000)	(0.000)	(0.000)	(0.000)
样本数	110	110	110	110	110	110	110	110	110
R^2_a	0.498	0.036	0.309	0.121	0.474	0.336	0.401	0.150	0.236
F	119.2	3.563	52.37	30.89	133.1	37.11	25.87	47.78	32.99

注：表中各系数及符号含义同表 6 - 11；变量含义同表 6 - 7。

表6-11-4　　家庭设备及服务消费支出对目标导向性能源消费结构的影响

	教育水平			老龄化			家庭规模		
	1	2	3	1	2	3	1	2	3
INDURSr	-0.084***	0.037*	-0.151*	0.039	-0.302***	0.021	0.065	-0.011	-0.069
	(0.001)	(0.000)	(0.001)	(0.001)	(0.001)	(0.001)	(0.001)	(0.001)	(0.001)
PEOURr	0.0790	0.131**	-0.912***	0.389***	-0.437***	0.190	-0.696**	0.070	0.492***
	(0.001)	(0.002)	(0.001)	(0.001)	(0.001)	(0.001)	(0.002)	(0.002)	(0.004)
FACITY	0.164***	-0.069	0.468***	-0.110**	0.364***	0.171***	0.493***	0.023	-0.204*
	(0.000)	(0.000)	(0.000)	(0.000)	(0.000)	(0.000)	(0.000)	(0.000)	(0.000)
样本数	110	110	110	110	110	110	110	110	110
R^2_a	0.507	0.042	0.464	0.146	0.531	0.330	0.506	0.072	0.237
F	257.7	6.539	28.83	54.66	496.9	32.23	17.80	2.911	42.56

注：表中各系数及符号含义同表6-11；变量含义同表6-7。

表 6 - 11 - 5　　　　　　　　交通通信消费支出对目标导向性能源消费结构的影响

	教育水平			老龄化			家庭规模		
	1	2	3	1	2	3	1	2	3
INDURSr	-0.089*** (0.001)	0.0290 (0.000)	0.006 (0.001)	0.030 (0.001)	-0.320*** (0.001)	0.072* (0.001)	0.129** (0.001)	-0.004 (0.001)	-0.100** (0.001)
PEOURr	0.182** (0.002)	0.124 (0.002)	-0.796*** (0.001)	0.389*** (0.002)	-0.150 (0.002)	0.122** (0.000)	-0.399*** (0.001)	-0.003 (0.002)	0.493*** (0.002)
TRANS	0.080 (0.000)	-0.080 (0.000)	0.557*** (0.000)	-0.134* (0.000)	0.312** (0.000)	0.280*** (0.000)	0.537*** (0.000)	0.095 (0.000)	-0.222*** (0.000)
样本数	110	110	110	110	110	110	110	110	110
R^2_a	0.501	0.044	0.423	0.152	0.442	0.363	0.482	0.088	0.285
F	196.6	9.391	13.24	39.35	215.9	22.38	10.89	3.473	70.86

注：表中各系数及符号含义同表 6 - 11；变量含义同表 6 - 7。

表6-11-6　教育文化娱乐服务消费支出对目标导向性能源消费结构的影响

	教育水平			老龄化			家庭规模		
	1	2	3	1	2	3	1	2	3
INDURSr	-0.080***	0.031	-0.0290	0.030	-0.270***	0.037	0.141**	-0.006	-0.061
	(0.000)	(0.000)	(0.001)	(0.001)	(0.002)	(0.001)	(0.001)	(0.001)	(0.001)
PEOURr	0.234***	0.067*	-0.677***	0.250***	-0.255	0.390**	-0.161	0.064	0.271***
	(0.001)	(0.001)	(0.001)	(0.001)	(0.002)	(0.001)	(0.001)	(0.001)	(0.002)
EDUCA	0.0360	-0.026	0.513***	-0.037	0.368**	0.153**	0.515***	0.030	-0.055
	(0.000)	(0.000)	(0.000)	(0.000)	(0.000)	(0.000)	(0.000)	(0.000)	(0.000)
样本数	110	110	110	110	110	110	110	110	110
R^2_a	0.498	0.028	0.360	0.123	0.465	0.320	0.435	0.073	0.217
F	168.2	5.404	18.10	37.20	165.7	40.92	13.30	3.155	31.06

注：表中各系数及符号含义同表6-11；变量含义同表6-7。

表6-11-7　医疗消费支出对目标导向性能源消费结构的影响

	教育水平			老龄化			家庭规模		
	1	2	3	1	2	3	1	2	3
INDURSr	-0.078***	0.0320	-0.223**	0.010	-0.389***	0.059	0.076	-0.010	-0.118**
	(0.001)	(0.000)	(0.001)	(0.001)	(0.001)	(0.001)	(0.001)	(0.001)	(0.001)
PEOURr	0.186***	0.065**	-0.338**	0.368***	-0.202	0.279**	0.0170	0.0800	0.437***
	(0.001)	(0.001)	(0.001)	(0.002)	(0.002)	(0.001)	(0.001)	(0.002)	(0.001)
MEDIC	0.078**	-0.022	0.188***	-0.101***	0.244***	0.167***	0.248***	0.016	-0.190***
	(0.000)	(0.000)	(0.000)	(0.000)	(0.000)	(0.000)	(0.000)	(0.000)	(0.000)
样本数	110	110	110	110	110	110	110	110	110
R^2_a	0.501	0.028	0.252	0.161	0.400	0.354	0.312	0.072	0.269
F	146.0	4.626	131.9	18.42	188.0	74.29	42.34	3.169	75.86

注：表中各系数及符号含义同表6-11；变量含义同表6-7。

表6-11-8　杂项商品和服务消费支出对目标导向性能源消费结构的影响

	教育水平			老龄化			家庭规模		
	1	2	3	1	2	3	1	2	3
INDURSr	-0.086***	0.051**	-0.328***	0.064*	-0.467***	-0.009	-0.088	-0.006	0.002
	(0.001)	(0.000)	(0.001)	(0.001)	(0.001)	(0.001)	(0.001)	(0.001)	(0.001)
PEOURr	0.290***	0.120***	-0.129	0.363***	0.099	0.629***	0.342**	0.196***	0.311***
	(0.001)	(0.001)	(0.001)	(0.001)	(0.001)	(0.001)	(0.001)	(0.001)	(0.001)
OTHERS	-0.015	-0.089**	0.207***	-0.156***	0.175**	0.021	0.192***	-0.097**	-0.117*
	(0.000)	(0.000)	(0.000)	(0.000)	(0.000)	(0.000)	(0.000)	(0.000)	(0.000)
样本数	110	110	110	110	110	110	110	110	110
R^2_a	0.497	0.079	0.262	0.178	0.392	0.304	0.273	0.102	0.244
F	157.7	13.30	17.58	65.41	89.52	63.64	18.79	7.693	106.2

注：表中各系数及符号含义同表6-11；变量含义同表6-7。

教育水平较低地区：教育水平较低地区居民人均食品、衣着、居住、杂项商品和服务这四类消费支出对能源消费结构呈现出反向影响，这意味着该类地区应注重以上四类相关行业能耗及能耗结构的调整；在影响地区能耗结构优化主要因素比较上，只是在以"家庭设备用品及服务"为解释变量的回归方程中，家庭设备用品及服务消费支出显示出比城镇化率、地区第二产业产出比重对能源消费结构更强的影响力，其他情况下，城镇化率依然是地区能源消费结构变化的主要因素。教育水平中等地区：八类居民消费支出中，只有居住消费支出对能耗结构目标均衡导向系数表现出不显著的正向作用，这表明近年来在教育水平中等地区，居民居住类消费支出行业的能耗结构调整正在向能源消费结构优化或低碳化方向发展，其他消费支出没有表现出这种作用，而是相反；在影响地区能耗结构优化主要因素比较上，在不同情形下，食品、衣着、家庭设备用品及服务、交通和通信、杂项商品和服务对能源消费结构影响强度弱于地区城镇化率而强于地区第二产业产出比重。教育水平较高地区：八类居民消费支出对能耗结构目标均衡导向系数都表现出显著的正向提升作用，一方面意味着该地区居民消费支出自身能耗结构的合理性，另一方面意味着该地区居民消费支出所依赖的上游中间和基础产业能耗结构也相对比较合理；比较地区能耗结构影响因素的相对重要性，可以发现，在以"食品消费支出"为解释变量的回归方程中，食品消费支出对能源消费结构的影响程度强于地区城镇化率、第二产业产出比重；其他情形下，居民生活消费支出对能源消费结构的影响也发挥着相当重要作用。

其二，地区老龄化率异质性与地区性居民消费支出对能源消费结构的影响。总体上看（见表6-11-1至表6-11-8），老龄化率较低地区各类居民消费支出都呈现出反向影响能耗结构目标均衡导向系数的特征，而中等程度老龄化率及老龄化率较高地区居民消费支出都呈现出与老龄化率较低地区居民相反能耗结构效应，这从某种程度上说明地区人口老龄化状况会影响当地居民消费支出及结构，并进而通过地方产业结构布局影响地方能源消费结构。另外，老龄化较高地区居民消费之所以能够呈现出能耗结构优化效应，应该与地区老龄化人口增多、老龄人口具有更强的低碳节能消费行为意识分不开的。比较地区能耗结构影响因素的相对重要性，可以发现，老龄化率较低地区城镇化率是地区能源消费结构优化（低碳化）的主要推动力，居民生活消费支出的作用（抑制地方能源消费结构低碳化）总体上强于地区第二产业产出比重的作用，因此，在考虑地方能耗结构优化方面，居民消费支出的引致作用是不容被忽视的；老龄化率中等程度地区，大部分情形下，地区第二产业产出比重在推动地区能源消费结构低碳化进程发挥着主要作用，居民生活消费支出的作用会超过城镇化率的作用，值得注意的是，在以"教育文化娱乐服务消费支出"为解释变量的回归方程中，教育文化娱乐服务消费支出对能源消费结构的影响程度强于地区第二产业产出比重、城镇化率的作用；在老龄化率较高地区，不同情形下，三种解释变量对能源消费结构的影响依然保持着城镇化率的作用较强、居民生活消费支出次之的主体特征，在以"食品消费支出"为解释变量的回归方程中，食品消费支出对能源消费结构的影响程度强于地区城镇化率、第二产业产出比重的作用。

　　其三，地区家庭规模异质性与地区性居民消费支出对能源消费结构的影响。总体上看，家庭人口规模较小地区居民的各类消费支出正向影响着地区能耗结构目标均衡导向系数，这与家庭规模较大地区居民各类消费支出反向作用于地区能耗结构目标均衡导向系数相对，家庭规模居中地区居民消费支出对能耗结构目标导向系数影响方式因为消费支出的类型不同而有差异，表现为食品、衣着、杂项商品和服务三类消费支出的反向作用及其他五项消费支出（居住、家庭设备用品及服务、交通和通信、教育文化娱乐服务、医疗保健）的正向作用；家庭规模的小型化是目前家庭人口变化的一个主要特征，虽然有研究认为，家庭人口规模小型化会带来能源消费效率的下降、能源消费总量上升，但基于家庭人口规模分区域研究表明，家庭规模小型化下的居民生活消费支出有利于地区能源消费结构的优化。比较地区能耗结构影响因素的相对重要性，可以发现，家庭规模较小情形下，居民食品、衣着、交通和通信、教育文化娱乐服务、医疗保健五项消费支出相对于地区城镇化率、第二产业发展状况，对地区能耗结构目标均衡导向系数的影响程度较强；家庭规模中等情形下，居住、交通和通信消费支出对能耗结构影响较强；家庭规模加大及其他情形，三类解释变量对能耗结构低碳化的影响主体上表现为城镇化率较强，次之是居民生活消费指标变量，再次是地区第二产业产值比重。由此可见，相对于地区居民整体的教育水平、老龄化率指标的影响，家庭规模的变化导致居民生活消费支出变化对能源消费结构会更明显。

本章小结

我国各省份的能源消费统计缺乏统一的统计模式，为研究地区能源消费结构带来了障碍，为此借助《中国统计年鉴》中的"地区能源平衡表"设计了对地区能源消费结构数据进行近似推定的方法。在此基础上，初步按地理区划标准对我国各地区的能源消费及生产状况进行梳理。鉴于各地区能源消费结构的差异性，构建了与地区能源煤炭消费比重高度负相关的、地区能源消费结构综合衡量指标：能源消费（能耗）结构目标均衡导向系数。基于该指标良好的时间与空间上的属性，对我国各地区能源消费结构进行了合理、比较合理、欠合理三个等级的划分，值得注意的是，我国的能源消费大省往往能源消费结构欠合理、中部地区多数省份能源消费结构不合理。

在控制变量人口城镇化率、经济城镇化率的作用下，我国居民四类人均收入的提高与八类人均消费支出的增加，2005—2015 年，除居民食品消费支出提高表现出不利于能源消费结构优化以外，其他各类指标的提高或增加都表现出了有利于优化能源消费结构的效应。但是，受教育水平、老龄化、家庭规模不同的地区居民人均收支对本地区的能源消费结构又呈现出不同的影响。

教育水平较低地区工薪收入与转移收入增加无助于地区能源消费结构优化，经营净收入与财产净收入的作用则相反；教育水平中等地区居民工薪收入、经营净收入和转移收入提高无助于地区能源消费结构的优化；教育水平较高地区四类收入水平的提高对能源消费结构优化都表现出推动作用。老龄化程度较低地区只有居民财产净收入的提高才具有优化能源消费结构的作用；而老龄化中等及较高程度地区居民各项收入的提高都有利于推动能源消费结构的优化。家庭规模较小地区居民的经营净收入提高无助于能源消费结构的优化，其他三类收入提高的作用则相反；家庭规模中等地区只有居民转移收入的提高不利于能源消费结构的优化；家庭规模较高地区只有居民财产净收入的提高才会对能耗结构目标导向系数呈正向作用。

教育水平较低地区居民人均食品、衣着、居住、杂项商品和服务等消费支出增加无助于地区能源消费结构优化；中等程度教育水平地区只有居住消费支出的增加才表现出对能源消费结构优化的作用，其他消费支出的提高反向影响能源消费结构；教育水平较高地区八类居民消费支出的提高都表现出了优化能源消费结构的功能。老龄化率较低地区各类居民消费支出的提高都表现出了优化能源消费结构的作用；中等程度老龄化率及老龄化率较高地区居民消费支出都呈现出与老龄化率较低地区居民相反能耗结构效应。家庭人口规模较小地区居民各类消费支出的提高有利于地区能源消费结构的优化；家庭规模居中地区居民食品、衣着、杂项商品和服务三类消费支出的增加表现出不利于地区能源消费结构的功效，而居住、家庭设备用品及服务、交通和通信、教育文化娱乐服务、医疗保健消费支出增加的作用则相反；家庭规模的小型化下的居民生活消费支出有利于地区能源消费结构的优化。

综合比较接受高等教育水平、老龄化程度及家庭规模不同地区的家庭居民收入及消费支出对能源消费结构的影响可以发现，高等教育水平中等程度地区、老龄化程度较低地区、家庭规模较高地区（重庆、福建、广东、海南、黑龙江、吉林、宁夏、青海、山东、山西、内蒙古、甘肃、广西、贵州、河南、新疆、云南）的家庭居民人均收入与支出总体上对能源消费结构的优化都呈现出抑制的作用。因此，可以兼顾地区能源禀赋条件、经济发展水平、社会进步程度等的要求及能源消费结构自身演变趋势制定地区性能源消费结构约束目标；对于以上三类地区，更应当强化约束或实施紧约束，以缓解居民人均收入或消费支出对地区能源消费结构优化的负面影响。

第七章　结论与展望

第一节　主要结论

一　从居民生活消费支出角度探究我国能源消费结构演变规律有利于揭示行业和地区能源消费规律及控制机制

推行工业领域能耗限额、关闭落后产能、加强提高能效的财政支持、成立节能服务中心等一系列节能政策，一直是我国抑制能源消费增速过快、缓解能源资源短缺和环境压力的重要手段；直到 2006 年，我国才将能源强度作为量化约束性指标列入经济政策中予以实施；2011 年 8 月，又将"合理控制能源消费总量"作为对地区节能约束一项要求；2013 年，在我国节能战略中，能源消费强度控制和能源消费总量控制（《能源发展"十二五"规划》）的双控约束体系初步形成；2014 年，明确提出了我国 2020 年的能源消费结构优化目标〔《能源发展战略行动计划（2014—2020 年)》〕。以上政策的推行主要靠行政手段，实施对象是能源直接消费主体；调整终端需求源头的消费导向，发挥市场机制，倒逼直接能源消费主体的节能行为；探究其中的倒逼机制，并付诸实施就成为强化市场手段优化能源消费结构对策的有益尝试。

二　相对于清洁能源、天然气、石油消费量系统冲击对煤炭消费的替代影响，能源强度的作用更强

1996—2015 年，由能源强度，煤炭、石油、天然气、清洁能源消费量等因素构成的能源消费系统中，能源消费之间的影响关系主要表现在煤炭消费对石油、天然气的影响，并初步显现清洁能源、天然气消费对煤炭消费的替代机制，但在天然气替代石油、清洁能源替代石油，以及石油替代煤炭等机制方面，该系统并没有体现。外在冲击有利于该系统能源替代机制的形成：该系统在接受煤炭消费单位标准差正向冲击下，其他三类能源消费量的脉冲响应都小于煤炭；在接受其他三类能源单位标准差正向冲击下，这三类能源消费量的脉冲响应都会在短期内强于煤炭；在接受能源强度单位标准差反向冲击下，这三类能源消费量的脉冲响应会长期地强于煤炭。因此，提升我国能源消费效率，合理控制我国能源强度，是低碳化我国能源消费结构的重要手段。

三　1996—2015 年，行业能源消费结构的技术性选择与导向性目标差异显著是行业能源强度不能格兰杰影响行业能源消费结构的原因，但 2011—2015 年，家庭居民消费支出、能源强度的变化都呈现出显著影响整体能源消费结构的特征

1996—2015 年，我国居民生活消费支出直接关联行业、居民生活消费支出基础（服务）行业、中间产品行业、中间产品基础行业的能源消费相对规模（年度能源消费量的总能耗比重）呈现出相对稳定的趋势，意味着在居民生活消费支出与各行业能源消费之间存在一种内在的协同关系，这为从居民生活消费支出视角研究能源消费结构问题奠定了基础。在众多行业中，相对于多油型行业，多碳型行业的能源消费结构演变表现出相对刚性，说明多碳型行业的能源消费技术选择与其能源消费结构的目标导向不一致，因此，实现这类行业能源消费结构调整需要强化能源消费结构目标导向外在动力的推动。也是因为如此，1996—2015 年，我国的主要行业能源强度并没有发挥出显著的格兰杰影响目标导向的行业能源消费结构的作用。但是，延续 2011—2015 年期间居民生活消费支出、能源强度的变化趋势，延续 2014—2015 年的不同能源需求弹性，家庭居民消费支出、能源强度的变化都显著影响能源消费结构，并且前者的影响更强一些。

四　居民生活消费支出能源消费结构效应是居民生活消费支出规模与结构、产业结构、行业直接能源强度、行业能源消费结构等各因素对能源消费结构影响的综合体现

1996—2015 年，1997 年、2002 年、2007 年和 2012 年，我国农村与城镇居民直接、间接能源消费的总能耗比重分别为 47.92%、44.69%、35.21%、36.31%，这种居民直接与间接能源总消费量比重下降的特征标志着单位居民生活消费支出的社会支撑成本在上升，意味着居民生活消费支出对能源消费影响的杠杆作用在增强，这也为从居民生活消费支出视角研究我国能源消费结构问题奠定了基础；结构分解表明，居民生活消费支出能源消费结构效应是居民生活消费支出规模与结构、产业结构、行业直接能源强度、行业能源消费结构共同作用的结果，居民生活消费支出是拉动城乡居民间接能源消费的主要结构性因素，而能源资源约束、行业能源强度、产业结构等结构性因素对能源消费过快增长呈现出不同的抑制性效应，其中，能源资源约束表现为选择性抑制、行业能源强度表现为一致性抑制，而产业结构表现为阶段性抑制。由此可见，通过居民生活消费支出及支出结构的分析，有助于揭示我国能源消费结构演变特征。

五　城乡一体化协调发展有助于我国目标导向性能源消费结构的达成

基于居民生活消费支出、经济基础和社会基础三个方面构建了城乡一体化评价指标体系，在此基础上，把我国城乡一体化过程界定为社会进步进程、经济条件改善进程和基础保障完善进程的融合，2003年前后是我国城乡一体化进程的分水岭。1996—2003 年前后，我国人口城镇化率和经济城镇化率（第二、第三产业产值占社会总产出比重）呈现出持续上升趋势，但我国城乡一体化整体水平是不断下降的，这在一定程度上说明，我国的社会进步、经济发展及基础保障完善进程存在较强的不协调性。2003 年后，城乡一体化三方面进程协调性才得以显现。1996—2015 年，具体城乡一体化对社会进步进程、经济条件改善进程、基础保障完善进程的推动作用不尽相同，综合看来，社会进步进程推动了我国能源消费结构的合目的性演变、经济条

件改善与基础保障完善进程则表现出相反的作用，并且前者的作用要大于后者；抑制城乡一体化能源消费结构合目的性演变的指标主要是那些与城乡一体化进程不相一致的指标，其中，比较典型的有城乡居民食品消费一体化、城乡居民收入一体化、城乡居民负担能力一体化、城乡居民教育文化消费一体化、城乡居民支出一体化指标等。

六　高等教育水平中等程度地区、老龄化程度较低地区、家庭规模较高地区的居民人均可支配收入及支出总体上呈现出对当地能源消费结构优化的抑制作用

2005—2015 年，我国 30 个省份各自的能源消费结构相对稳定，彼此之间差异显著，这种地区能源消费结构特征与地区能源资源禀赋状况或地区的经济结构相对稳定是分不开的。以地区每万人中大专及以上人口数、老年抚养比、平均家庭户规模等为分界指标，将我国 30 个省份按教育程度、老龄化程度和家庭规模三个标准分别分为低、中、高三类地区。研究表明，在三种教育程度不同的地区，教育程度较高地区，无论是居民人均可支配收入还是八类人均消费支出都表现出促进地区能耗结构目标均衡导向系数的功能，之所以如此，是因为在居民教育程度高地区，教育成果因素会融入居民个人或家庭消费理念、地区产业结构、地区行业能源强度、地区行业能源消费结构的选择等要素中，这些都有助于地区能源消费结构优化（低碳化）。值得注意的是，相对于教育程度较低地区，中等教育程度地区居民收入和消费支出总体上表现出的是阻碍地区能源消费结构优化，这其中的原因应该在于：地区受教育程度，在一定程度上与地区经济发展阶段相关，中等教育程度地区与地区经济的中等程度发展相对应，处于这样发展阶段的地区无论是在产业结构、行业能源强度及行业能源消费结构上都会过度重视经济性因素而忽视结构的合理化，这也在一定程度上解释了为什么教育程度低的地区居民人均收入与消费支出主体上有助于能源消费结构优化的原因。在社会老龄化与家庭规模方面，老龄化较低地区及家庭规模较大居民的四类人均支配收入（财产净收入除外）与八类人均消费支出都表现出抑制地区能源消费结构优化的效应，这一方面说明人口老龄化低地区及家庭规模较大地区居民获取收益及消费支出理念与老龄化程度中等及较高地区居民消费理念之间存在差异，另一方面也说明老龄化程度较低及家庭规模较大地区产业结构、行业能源强度及结构方面存在较大的调整空间。

第二节　对策建议

一　在注重能源消费系统"自组织"功能实现能源替代的前提下，通过外在系统的"他组织"推动能源系统低碳能源、清洁能源对高碳能源的替代效能

能源消费结构调整、优化最直接的表现是能源消费系统内清洁能源、低碳能源消费量的相对上升而高碳能源消费量的相对下降，在我国的能源消费系统中，就是清洁能源对化石煤炭、石油的替代，天然气对煤炭、石油的替代，以及石油对煤炭的替代；但是，在我国1996—2015 年的由能源强度、煤炭、石油、天然气、清洁能源构成的能源消费系统中，表现出的能源消费结构优化机制是清洁能源替代煤炭消费、天然气替代煤炭消费的"自组织"机制；其他情形下的替代机制没有体现，但脉冲响应说明，给予石油、天然气、清洁能源消费正向冲击都在一定程度上会导致煤炭消费量下降，并且能源强度冲击更为全面。因此，在目前我国推行实施"节能减排"战略的"双控"约束基础上，把能源消费结构的指导性目标演变为能源消费结构的约束性目标，强化地方能源消费的结构优化意识，通过这种能源消费系统外在政策性的"他组织"方式推动我国的能源消费结构优化进程。

二　在强化政策引导清洁电力能源的开发利用的同时，注重居民生活消费支出的市场倒逼机制对行业能源消费结构优化的功能

电力、热力正逐渐成为终端能源消费主体，并且在70%左右的电力、90%左右的热力源于煤炭的情形下，强化电力、热力的清洁能源（可再生能源）来源渠道是缓解我国过度依赖于煤炭资源、优化初级能源消费结构的有效手段。为此，实现可再生能源的电力、热力形式对煤电、煤热的替代，必须克服两种能源之间获取与利用技术"瓶颈"和成本障碍是目前或今后一个时期内必须要解决的问题（宋辉、魏晓平，2013b），因此，政府应当不断调整税收、信贷、财政补贴等激励手段，在供给侧的相关领域，加大技术投资和研发力度，加快智能电网、分布式能源、低风速风电、太阳能新材料等技术的突破和商业化应用；在需求侧方面，强化政策宣传及引导作用，转变企业、家庭居民的能源消费理念，推动能源系统的清洁替代得以有效执行。能源强度一向被认为是推动能源消费结构的重要手段之一，但是，1996—2015 年，部分行业能源强度的这种作用并没有充分体现出来。近年来（2011 年以来），我国行业能源强度总体上一定程度上表现出了优化能源消费结构的功能，但在强度上还弱于居民生活消费支出的市场倒逼效应。因此，在我国目前大力倡导通过"双控"手段实现"节能减排"战略目标的情况下，应革新"节能减排"战略的实施措施，在推行"双控"对策的同时，更要辅之以强化居民的合理消费支出及消费支出结构引导，借助市场约束机制及产业链传导机制有效推行"节能减排"战略。合理弱化行政手段，提升市场手段功能，从源头调整居民生活消费（需求）及消费结构导向，采用市场倒逼机制推动行业供给侧的合理改革，实现能源消费规模有效控制、能源消费结构优化的目的。

三　强化我国居民生活消费支出的中间产品基础行业以及服务基础行业能源消费结构低碳化进程，优化我国的能源消费结构

在所研究的我国 41 个行业或部门中，农林牧渔水利业，石油和天然气开采业，石油加工、炼焦和核燃料加工业，金属制品业，建筑业，交通运输、仓储和邮政业，其他行业（尤其是建筑业和其他行业）等的最终产品能源消费结构中煤炭消费比重远大于其直接产品能源消费结构中煤炭消费比重，意味着这些行业所提供的产品或劳务依赖于产业链条中其他高碳能耗结构行业的支撑，而这七大行业中的前五个行业主要分布于居民生活消费支出的中间产品基础行业，后两个行业则属于居民生活消费支出的服务基础行业。一般情况下，在能源消费结构调整或优化方面，政策一般会更倾向于注重中间产品基础行业，比如强化石油和天然气开采业，石油加工、炼焦和核燃料加工业，金属制品业等行业的能源消费结构调整，而会忽视居民生活消费支出的服务基础行业对能源消费结构的影响，原因在于这些行业给消费者提供产品的直接能源消费强度较低，并且能源消费结构大多都呈现出低碳化特征，但是，研究发现，服务基础行业产品完全能源消费结构中的煤炭消费比重远大于其直接能源消费结构中煤炭消费比重，因此，应注重服务基础行业产品形成及上游产业链等方面的低碳化，比如在电信和其他信息传输服务、软件和信息技术服务、货币和其他金融服务、资本市场服务金融、房地产、社会保障等方面，从其服务设施、产品提供及售后服务等方面，秉持低碳化理念，设计产业链条构成的各个环节，尤其在我国第三产业在国民经济中地位显著提升、居民对社会服务性需求不断增强的状况下，强化服务行业服务产品全方位低碳化更为重要。

四 合理优化行业能源消费结构，降低行业直接能源强度，升级产业结构以缓解居民生活消费支出所形成的能源消费结构负效应

居民生活消费支出能源消费结构运行机制表现在居民生活消费支出、产业结构、行业直接能源强度、行业能源消费结构等因素综合运行效果的叠加过程。2007 年以来，居民生活消费支出能源消费结构高碳化效应与行业能源消费结构、行业直接能源强度、产业结构的低碳化效应相伴。在行业能源消费结构方面，注重发挥能源消费结构目标导向的约束作用，推动行业能源消费结构的技术安排，从能源资源稀缺及能源消费环境友好性角度，加强政府、企业、家庭消费与生产行为意识的政策（法规）性引导，促进行业能源消费结构的优化调整；在行业直接能源强度方面，注重市场激励与政府规制机制作用的发挥，提高各行各业节能技术的研发投入，强化行业直接能源强度抑制煤炭消费过快增长而优化能源消费结构的功能；在产业结构方面，充分发挥政府的产业决策能力，强制淘汰高能耗、高污染类行业与企业，不断优化并培育合理、低碳化产业结构，充分发挥产业结构抑制能源消费增长和优化能源消费结构的效应。

五 及时关注城乡一体化过程中非和谐发展指标，并出台相应政策、措施，推动城乡一体化的社会进步进程、经济条件改善进程以达到不断改善能源消费结构的目的

城乡一体化系统的和谐运转有助于我国能源消费结构优化。1996—2015 年，城乡一体化社会进步进程与经济条件改善进程主要指标城乡居民固定资产投资一体化和城乡居民食品消费一体化、城乡居民收入一体化、城乡居民负担能力一体化、城乡居民教育文化娱乐服务消费一体化与城乡一体化的主体方向不一致。比较 1996—2015 年以来我国城乡人均投资之间的关系［"城镇人均固定资产投资"采用"按行业分固定资产投资（不含农户）"的数据与当年城镇人口的比，"农村人均固定资产投资"采用"农村农户固定资产投资和建房"的总投资与当年农村人口的比］、城乡人均固定资产投资差距明显，悬殊最小的年份是 1997 年，该年度农村人均固定资产投资只是城镇人均固定资产投资的 5.06%，悬殊最高的年份是 2015 年，该年度农村人均固定资产投资只是城镇人均固定资产投资的 2.41%，并且在时间维度上，总体上呈逐年递减的趋势。由于城乡固定资产投资差异与城乡收入差距之间存在长期均衡关系，并且城乡固定资产投资差异的扩大会导致城乡收入差距扩大（惠宁、熊正潭，2011）。因此，无论是从推动城乡居民固定资产投资一体化还是推动城乡居民收入一体化来看，当前一个有效的措施就是增加农村居民投资规模，这不仅可以促进城乡居民收入一体化过程，同时也会促进城乡居民食品消费支出一体化。当然，在扩大农村固定资产投资、促进城乡固定资产投资一体化的同时，还要提供农村居民更多地接受高等教育的机会，在推动城乡居民教育一体化的同时，也提高了农村居民负担人口的能力，推动了城乡居民负担能力的一体化。综上所述，目前我国城乡一体化过程中，应注重增加农村居民固定资产投资、增加农村居民接受高等教育的机会等手段，推动我国城乡一体化和谐发展，从源头上保证我国能源消费结构优化的顺利推进。

六 规范我国地区能源消费、生产的统计工作，为合理制定、推行相关能源消费生产控制、激励策略提供科学依据；在双控政策基础上，确立地区能源消费结构目标，形成目标约束，推动地区能源消费结构优化

在地区能源生产和消费统计上，需要强化统计规则和统计标准，强化地区间能源生产消费统计时间、统计口径、统计格式、统计内容等的一致性，尤其重视对可再生能源发电和供热的统计，形成体系完备的能源生产、消费及环境效应的统计制度，以避免由于能源统计制度不善而导致地区政府、行业或企业对能源生产、消费及环境效应等问题认识不清所造成的该领域责任不明确、政策措施贯彻不到位等不良现象的发生；这样，不仅有助于增强地区政府的能源效率意识，同时也为制定全局能源生产、消费战略提供科学依据奠定了基础。为了落实节约资源和保护环境的基本国策，我国自 2006 年起开始实施能源强度指标性约束，2011 年又增加了能源消费总量控制约束，自此，能源消费的双控约束机制就成为我国"节能减排综合工作方案"的核心内容之一；制定地区能源消费总量及能源强度指标时，在考虑省份的地理区位差异（孙庆刚等，2013）、合理平衡区域经济公平发展与节能减排效率之间的矛盾（李方一、刘卫东，2014）的前提下，还应当结合地区家庭居民人口特征及目前居民生活消费支出的能源消费结构效应，增加地区能源消费结构的安排（或者是增加地区的煤炭消费比重的指标约束），在我国高等教育水平中等程度地区、老龄化程度较低地区、家庭规模较高地区实施能源消费结构的紧约束，而对其他地区则可以采取软约束。

第三节 研究不足及展望

能源消费结构之所以被用于解释经济或社会运行的影响变量，是因为将能源消费结构作为能源供给的一个附属产品来看待的结果。在这种情景下，能源消费主体（企业、家庭或政府部门）是在被动接受

资源条件安排，能源资源禀赋、能源资源供给状况决定或直接影响了能源消费的构成，因而出现了能源消费结构是影响社会经济现象主要原因之一的研究结论。在人们意识到能源消费安全、环境质量等问题的情况下，探究能源消费结构的影响原因，调整或优化能源消费结构则成为能源消费领域的一个重要议题，而这一问题研究的有效范式应该从终端需求展开，关注终端消费（居民生活消费）、产业结构调整、行业能源强度、行业能源消费结构选择对国家或地区能源消费结构的影响，正是基于以上思想，本书从居民生活消费支出的视角对我国能源消费结构统计特征进行初步探索性分析，对今后开展这方面研究提供了一定的借鉴，但也存在一些不足。能源消费结构调整或优化是一个包容终端需求、产业运转、资源禀赋、政策规制等要素的复杂的系统性问题，本书只是能源消费结构优化大系统的冰山一角，依然存在更新领域值得探索。

一　研究不足

统计数据阶段性统计口径不一致有可能影响到研究结论。在能源消费方面，相对于2013年《中国能源统计年鉴》和2014年《中国能源统计年鉴》文献对我国2000年以来的数据进行了修正，年度能源消费总量都有所增加，能源消费结构也有调整，而对2000年以前的数据没有调整。在城乡居民消费支出方面，2015年《中国统计年鉴》公布的2013年和2014年数据与2014年之前统计口径发生了变化；另外，各地区能源生产及消费数据统计口径、统计重点也不一致。研究中对于以上数据统计方面的问题都做了相应的处理，但依然不能排除其对研究结论的影响。

地区能源消费结构衡量指标的低碳化单调性依然需要进一步的理论论证。由于我国不同地区能源资源状况、经济发展水平差异性明显，为了对地区能源消费结构特征予以衡量，并保持该能源消费结构指标具有衡量能源消费结构优化单调性的功能，采用地区能源消费结构目标导向系数对该地区能源消费结构信息熵均衡度进行调节而得到，形成地区能源消费（能耗）结构目标均衡导向系数；从该系数演变趋势及该系数与地区能源消费结构中煤炭消费比重的相关性两个方面验证了与能源消费结构低碳化呈现正相关的关系，但在理论层面依然需要进一步论证。

二　研究展望

（一）理论基础的进一步强化

终端需求一般包括居民生活消费、政府消费和投资需求，这三者是经济并行的三个系统。值得注意的是，经济系统运行是以服务于人为终极目的的；从这个角度看，居民生活消费应该是系统运行的起点和动力之源，掌握居民生活消费结构演变特点是研究能源消费结构调整及优化的基础，是厘清居民生活消费与和政府消费及投资需求关系的保证，因此，构建居民生活消费结构衡量指标或采用更有效的方式衡量其与其他终端需求及其他经济或社会系统的演变关系就成为该类问题研究的一个基础。

（二）居民生活消费异质性的能源消费结构影响机制进一步探讨

本书只是从居民间接能源消费增量视角给出了居民生活消费异质性的能源消费结构影响机制。当然，从不同视角可以揭示居民生活消费异质性的其他能源消费结构影响机制，比如将居民生活消费支出与政府消费支出、投资需求或进出口等相联系，也就是说，居民生活消费异质性的能源消费结构影响机制是复杂多样的，这在今后的研究中值得进一步深入探讨。

（三）区域能源消费结构系统协调运行机制

针对不同地区，将地区居民生活消费、人口变动、经济发展、技术革新、能源资源禀赋等作为关键的影响因素构建地区能源消费结构系统，探讨不同地区的能源消费结构演变的内在规律。在此基础上，对地区能源消费结构系统进行整合，探讨不同地区的系统结构性因素变动对国家层面能源消费结构的影响，为协调地区能源消费结构决策奠定理论基础。

附　录

附表 3 - 1　非金属矿物制品业能耗结构目标导向系数（1996—2015 年）

年份	初级能源合计（万吨标准煤）	分能源消费占比				结构演变趋势系数				能耗结构目标导向系数增量				结构目标导向系数
		煤炭	石油	天然气	清洁能源	煤炭	石油	天然气	清洁能源	煤炭	石油	天然气	清洁能源	
1996	13266	0.907	0.054	0.004	0.036	-1	1	1	1	-0.108	1.542	10.183	2.367	0.597
1997	12938	0.899	0.059	0.004	0.038	-1	1	1	1	-0.109	1.360	9.566	2.255	0.622
1998	12971	0.876	0.079	0.004	0.041	-1	1	1	1	-0.108	0.879	9.201	2.101	0.667
1999	13821	0.878	0.085	0.003	0.034	-1	1	1	1	-0.109	0.755	10.495	2.468	0.642
2000	11870	0.841	0.108	0.004	0.047	-1	1	1	1	-0.099	0.441	9.042	1.813	0.715
2001	13095	0.843	0.102	0.004	0.052	-1	1	1	1	-0.100	0.531	9.192	1.611	0.718
2002	14039	0.848	0.098	0.004	0.050	-1	1	1	1	-0.101	0.582	9.038	1.673	0.713

续表

年份	初级能源合计（万吨标准煤）	分能源消费占比				结构演变趋势系数				能耗结构目标导向系数增量				结构目标导向系数
		煤炭	石油	天然气	清洁能源	煤炭	石油	天然气	清洁能源	煤炭	石油	天然气	清洁能源	
2003	17978	0.872	0.080	0.003	0.044	-1	1	1	1	-0.107	0.865	9.835	1.923	0.670
2004	23771	0.883	0.065	0.011	0.041	-1	1	1	1	-0.108	1.221	6.050	2.105	0.699
2005	26801	0.888	0.058	0.013	0.041	-1	1	1	1	-0.108	1.425	5.537	2.074	0.700
2006	27747	0.885	0.058	0.013	0.044	-1	1	1	1	-0.108	1.419	5.586	1.915	0.708
2007	29683	0.889	0.053	0.015	0.042	-1	1	1	1	-0.108	1.581	4.993	2.012	0.707
2008	31489	0.877	0.052	0.026	0.045	-1	1	1	1	-0.104	1.626	3.317	1.897	0.760
2009	31874	0.884	0.046	0.023	0.047	-1	1	1	1	-0.106	1.850	3.675	1.786	0.741
2010	34216	0.849	0.076	0.023	0.052	-1	1	1	1	-0.097	0.993	3.653	1.618	0.804
2011	40302	0.862	0.065	0.027	0.046	-1	1	1	1	-0.100	1.261	3.214	1.831	0.790
2012	31156	0.816	0.080	0.036	0.069	-1	1	1	1	-0.078	0.973	2.383	1.139	0.875
2013	38659	0.835	0.070	0.033	0.062	-1	1	1	1	-0.088	1.148	2.605	1.313	0.846
2014	38367	0.824	0.067	0.037	0.072	-1	1	1	1	-0.081	1.247	2.247	1.059	0.866
2015	36156	0.816	0.072	0.037	0.074	-1	1	1	1	-0.077	1.122	2.268	1.014	0.876

附表 3 - 2　　电力、热力生产和供应业能耗结构目标导向系数（1996—2015 年）

年份	初级能源合计（万吨标准煤）	分能源消费占比				结构演变趋势系数				能耗结构目标导向系数增量				结构目标导向系数
		煤炭	石油	天然气	清洁能源	煤炭	石油	天然气	清洁能源	煤炭	石油	天然气	清洁能源	
1996	5829	0.811	0.072	0.001	0.116	-1	1	1	1	-0.083	1.117	11.493	0.284	0.735
1997	7174	0.819	0.067	0.006	0.108	-1	1	1	1	-0.086	1.218	7.738	0.372	0.762
1998	6808	0.833	0.061	0.004	0.102	-1	1	1	1	-0.093	1.372	8.795	0.425	0.735
1999	7276	0.829	0.068	0.003	0.100	-1	1	1	1	-0.092	1.197	9.505	0.464	0.736
2000	7410	0.815	0.068	0.004	0.113	-1	1	1	1	-0.085	1.199	8.730	0.312	0.753
2001	7910	0.800	0.064	0.004	0.133	-1	1	1	1	-0.076	1.319	8.795	0.128	0.751
2002	8845	0.808	0.059	0.003	0.129	-1	1	1	1	-0.081	1.430	9.380	0.144	0.737
2003	10184	0.822	0.058	0.003	0.117	-1	1	1	1	-0.088	1.450	9.643	0.252	0.729
2004	9595	0.796	0.051	0.005	0.148	-1	1	1	1	-0.073	1.676	8.050	0.008	0.739
2005	10001	0.799	0.054	0.006	0.141	-1	1	1	1	-0.075	1.585	7.546	0.059	0.752
2006	10784	0.817	0.033	0.006	0.144	-1	1	1	1	-0.083	2.397	7.598	0.005	0.706
2007	11265	0.823	0.026	0.009	0.142	-1	1	1	1	-0.085	2.842	6.301	0.016	0.707
2008	11708	0.809	0.027	0.008	0.156	-1	1	1	-1	-0.077	2.717	6.427	-0.060	0.709
2009	11973	0.808	0.022	0.013	0.157	-1	1	1	-1	-0.075	3.055	5.089	-0.055	0.724
2010	12765	0.795	0.016	0.017	0.173	-1	1	1	-1	-0.066	3.553	4.393	-0.119	0.719
2011	14784	0.806	0.013	0.018	0.163	-1	1	1	-1	-0.072	3.906	4.204	-0.080	0.715
2012	14133	0.781	0.012	0.018	0.189	-1	1	1	-1	-0.057	3.877	4.167	-0.170	0.709
2013	15201	0.775	0.011	0.018	0.197	-1	1	1	-1	-0.053	4.036	4.143	-0.190	0.702
2014	14964	0.743	0.011	0.019	0.227	-1	1	1	-1	-0.032	3.940	3.896	-0.237	0.697
2015	15456	0.719	0.010	0.024	0.246	-1	1	1	-1	-0.014	3.864	3.343	-0.248	0.706

附表 3－3　交通运输、仓储和邮政业能耗结构目标导向系数（1996—2015 年）

年份	初级能源合计（万吨标准煤）	分能源消费占比				结构演变趋势系数				能耗结构目标导向系数增量				结构目标导向系数
		煤炭	石油	天然气	清洁能源	煤炭	石油	天然气	清洁能源	煤炭	石油	天然气	清洁能源	
1996	9999	0.208	0.769	0.002	0.021	1	-1	1	1	0.377	-0.077	6.511	2.408	0.292
1997	9931	0.195	0.781	0.002	0.022	1	-1	1	1	0.392	-0.073	6.268	2.355	0.286
1998	10030	0.175	0.800	0.003	0.022	1	-1	1	1	0.417	-0.069	5.583	2.308	0.279
1999	10782	0.152	0.824	0.005	0.018	1	-1	1	1	0.448	-0.061	4.873	2.452	0.261
2000	11315	0.139	0.838	0.005	0.018	1	-1	1	1	0.468	-0.056	4.822	2.468	0.249
2001	11644	0.137	0.834	0.008	0.021	1	-1	1	1	0.471	-0.061	4.300	2.289	0.272
2002	12472	0.128	0.841	0.013	0.018	1	-1	1	1	0.485	-0.062	3.552	2.422	0.280
2003	14350	0.143	0.825	0.013	0.019	1	-1	1	1	0.461	-0.067	3.532	2.413	0.297
2004	16991	0.119	0.846	0.016	0.019	1	-1	1	1	0.499	-0.063	3.203	2.398	0.289
2005	18722	0.104	0.857	0.023	0.016	1	-1	1	1	0.526	-0.064	2.724	2.523	0.293
2006	20629	0.101	0.859	0.026	0.015	1	-1	1	1	0.533	-0.065	2.564	2.577	0.297
2007	22318	0.099	0.861	0.025	0.015	1	-1	1	1	0.537	-0.064	2.573	2.571	0.294
2008	23183	0.095	0.850	0.038	0.017	1	-1	1	1	0.542	-0.076	2.027	2.444	0.339
2009	24093	0.094	0.842	0.048	0.017	1	-1	1	1	0.543	-0.084	1.714	2.429	0.367
2010	26623	0.092	0.836	0.052	0.019	1	-1	1	1	0.545	-0.089	1.595	2.297	0.385
2011	29128	0.096	0.823	0.062	0.018	1	-1	1	1	0.534	-0.096	1.373	2.339	0.410
2012	32203	0.089	0.830	0.061	0.021	1	-1	1	1	0.552	-0.095	1.396	2.221	0.408
2013	35174	0.087	0.803	0.064	0.046	1	-1	1	1	0.552	-0.109	1.332	1.522	0.478
2014	36897	0.082	0.795	0.075	0.047	1	-1	1	1	0.562	-0.114	1.134	1.488	0.499
2015	38930	0.078	0.793	0.080	0.048	1	-1	1	1	0.571	-0.116	1.051	1.468	0.507

附表 3-4　其他行业能耗结构结构目标导向系数（1996—2015 年）

年份	初级能源合计（万吨标准煤）	分能源消费占比				结构演变趋势系数				能耗结构目标导向系数增量				结构目标导向系数
		煤炭	石油	天然气	清洁能源	煤炭	石油	天然气	清洁能源	煤炭	石油	天然气	清洁能源	
1996	5480	0.520	0.403	0.004	0.073	1	-1	1	1	0.111	-0.222	6.644	1.167	0.683
1997	5474	0.502	0.420	0.004	0.075	1	-1	1	1	0.124	-0.219	6.752	1.137	0.670
1998	5506	0.514	0.401	0.003	0.081	1	-1	1	1	0.115	-0.220	6.907	1.029	0.690
1999	5791	0.497	0.429	0.003	0.070	1	-1	1	1	0.128	-0.218	6.869	1.213	0.657
2000	6031	0.493	0.429	0.004	0.074	1	-1	1	1	0.131	-0.217	6.704	1.143	0.664
2001	6198	0.486	0.424	0.003	0.087	1	-1	1	1	0.136	-0.214	6.765	0.958	0.680
2002	6551	0.503	0.411	0.002	0.084	1	-1	1	1	0.123	-0.218	8.275	0.992	0.672
2003	7487	0.544	0.374	0.002	0.081	1	-1	1	1	0.093	-0.224	8.594	1.028	0.694
2004	8621	0.520	0.372	0.024	0.084	1	-1	1	1	0.115	-0.203	3.079	0.990	0.804
2005	9711	0.567	0.323	0.016	0.094	1	-1	1	1	0.080	-0.191	4.025	0.828	0.816
2006	10775	0.582	0.305	0.019	0.094	1	-1	1	1	0.070	-0.177	3.629	0.834	0.839
2007	11668	0.589	0.296	0.024	0.091	1	-1	1	1	0.066	-0.165	3.152	0.873	0.859
2008	12311	0.571	0.295	0.029	0.105	1	-1	1	1	0.080	-0.146	2.782	0.703	0.881
2009	13308	0.676	0.154	0.079	0.091	1	1	1	1	0.022	0.309	0.773	0.844	0.981
2010	14414	0.571	0.274	0.037	0.119	1	-1	1	1	0.083	-0.100	2.302	0.563	0.915
2011	15943	0.579	0.277	0.036	0.108	1	-1	1	1	0.076	-0.114	2.355	0.667	0.908
2012	17418	0.564	0.270	0.037	0.129	1	-1	1	1	0.088	-0.084	2.265	0.475	0.922
2013	20594	0.586	0.248	0.034	0.132	1	-1	1	1	0.072	-0.049	2.463	0.429	0.926
2014	20922	0.582	0.230	0.038	0.150	1	1	1	1	0.077	0.011	2.217	0.301	0.943
2015	22743	0.555	0.247	0.041	0.157	1	-1	1	1	0.096	-0.014	2.071	0.277	0.942

附表 3 - 5　　化学原料和化学制品制造业能耗结构目标导向系数（1996—2015 年）

年份	初级能源合计（万吨标准煤）	分能源消费占比				结构演变趋势系数				能耗结构目标导向系数增量				结构目标导向系数
		煤炭	石油	天然气	清洁能源	煤炭	石油	天然气	清洁能源	煤炭	石油	天然气	清洁能源	
1996	19779	0.645	0.247	0.056	0.051	1	-1	1	1	0.033	-0.093	1.432	1.647	0.903
1997	15689	0.714	0.165	0.062	0.059	-1	1	1	1	-0.009	0.183	1.166	1.437	0.941
1998	14615	0.717	0.156	0.068	0.059	-1	1	1	1	-0.010	0.242	0.993	1.440	0.945
1999	13999	0.705	0.157	0.083	0.055	1	1	1	1	0.002	0.263	0.632	1.550	0.947
2000	14569	0.686	0.167	0.087	0.060	1	1	1	1	0.016	0.222	0.588	1.421	0.955
2001	15111	0.686	0.155	0.088	0.070	1	1	1	1	0.017	0.296	0.566	1.200	0.966
2002	17236	0.694	0.159	0.082	0.066	1	1	1	1	0.010	0.262	0.682	1.289	0.960
2003	20334	0.697	0.162	0.082	0.059	1	1	1	1	0.007	0.237	0.666	1.450	0.952
2004	25602	0.725	0.152	0.068	0.055	-1	1	1	1	-0.015	0.260	0.968	1.551	0.939
2005	28706	0.750	0.125	0.069	0.055	-1	1	1	1	-0.030	0.452	0.895	1.559	0.934
2006	31700	0.740	0.129	0.078	0.054	-1	1	1	1	-0.021	0.440	0.692	1.585	0.938
2007	34447	0.738	0.122	0.084	0.055	-1	1	1	1	-0.018	0.506	0.563	1.544	0.939
2008	34247	0.756	0.115	0.069	0.060	-1	1	1	1	-0.033	0.548	0.908	1.404	0.937
2009	34503	0.741	0.122	0.075	0.062	-1	1	1	1	-0.023	0.500	0.765	1.376	0.945
2010	37932	0.658	0.205	0.075	0.062	1	1	1	1	0.031	0.053	0.874	1.378	0.948
2011	42305	0.676	0.180	0.089	0.056	1	1	1	1	0.023	0.164	0.566	1.519	0.949
2012	38907	0.653	0.179	0.093	0.075	1	1	1	1	0.039	0.192	0.525	1.124	0.971
2013	46143	0.668	0.163	0.094	0.075	1	1	1	1	0.030	0.268	0.484	1.126	0.971
2014	49687	0.655	0.171	0.093	0.080	1	1	1	1	0.038	0.234	0.521	1.032	0.976
2015	51330	0.667	0.175	0.077	0.082	1	1	1	1	0.027	0.191	0.826	0.997	0.973

附表 3-6　黑色金属冶炼和压延加工业能耗结构目标导向系数（1996—2015 年）

年份	初级能源合计（万吨标准煤）	分能源消费占比				结构演变趋势系数				能耗结构目标导向系数增量				结构目标导向系数
		煤炭	石油	天然气	清洁能源	煤炭	石油	天然气	清洁能源	煤炭	石油	天然气	清洁能源	
1996	18752	0.919	0.037	0.004	0.040	-1	1	1	1	-0.105	2.276	10.394	2.145	0.562
1997	18868	0.917	0.040	0.003	0.040	-1	1	1	1	-0.105	2.141	11.084	2.124	0.563
1998	18699	0.915	0.041	0.003	0.041	-1	1	1	1	-0.106	2.085	10.808	2.073	0.572
1999	19330	0.919	0.041	0.002	0.038	-1	1	1	1	-0.104	2.074	12.212	2.272	0.549
2000	21543	0.915	0.038	0.003	0.044	-1	1	1	1	-0.106	2.218	11.291	1.899	0.569
2001	23617	0.913	0.034	0.002	0.051	-1	1	1	1	-0.106	2.444	11.622	1.603	0.570
2002	25193	0.916	0.031	0.002	0.051	-1	1	1	1	-0.106	2.686	11.592	1.590	0.558
2003	31398	0.932	0.027	0.002	0.038	-1	1	1	1	-0.099	2.953	12.062	2.219	0.506
2004	36058	0.931	0.022	0.004	0.043	-1	1	1	1	-0.100	3.384	10.194	1.945	0.519
2005	46580	0.941	0.015	0.004	0.040	-1	1	1	1	-0.094	4.347	9.968	2.122	0.475
2006	52520	0.944	0.012	0.004	0.040	-1	1	1	1	-0.092	4.872	9.952	2.115	0.459
2007	60240	0.946	0.009	0.005	0.040	-1	1	1	1	-0.091	5.483	9.159	2.140	0.451
2008	60741	0.942	0.009	0.006	0.043	-1	1	1	1	-0.095	5.385	8.661	1.964	0.471
2009	68270	0.945	0.007	0.007	0.041	-1	1	1	1	-0.093	6.052	8.001	2.086	0.460
2010	59700	0.927	0.007	0.010	0.055	-1	1	1	1	-0.103	5.762	6.540	1.404	0.534
2011	64363	0.929	0.006	0.012	0.053	-1	1	1	1	-0.103	6.124	5.997	1.512	0.533
2012	64523	0.923	0.005	0.013	0.059	-1	1	1	1	-0.105	6.334	5.824	1.270	0.548
2013	74810	0.926	0.004	0.012	0.058	-1	1	1	1	-0.104	6.691	5.995	1.318	0.535
2014	75736	0.919	0.004	0.013	0.064	-1	1	1	1	-0.106	6.742	5.660	1.126	0.554
2015	70575	0.916	0.004	0.015	0.066	-1	1	1	1	-0.107	6.746	5.228	1.075	0.568

附表 3 - 7　有色金属冶炼和压延加工业能耗结构目标导向系数（1996—2015 年）

年份	初级能源合计（万吨标准煤）	分能源消费占比				结构演变趋势目标导向系数				能耗结构目标导向系数增量				结构目标导向系数
		煤炭	石油	天然气	清洁能源	煤炭	石油	天然气	清洁能源	煤炭	石油	天然气	清洁能源	
1996	3300	0.822	0.064	0.003	0.111	-1	1	1	1	-0.088	1.304	9.568	0.320	0.736
1997	3543	0.800	0.077	0.006	0.117	-1	1	1	1	-0.076	1.022	7.459	0.294	0.783
1998	3691	0.798	0.077	0.006	0.119	-1	1	1	1	-0.075	1.020	7.473	0.273	0.783
1999	4118	0.813	0.075	0.005	0.107	-1	1	1	1	-0.084	1.042	8.011	0.402	0.768
2000	4419	0.803	0.074	0.006	0.117	-1	1	1	1	-0.078	1.071	7.420	0.293	0.780
2001	4586	0.784	0.074	0.006	0.136	-1	1	1	1	-0.066	1.094	7.362	0.127	0.785
2002	5198	0.795	0.071	0.005	0.129	-1	1	1	1	-0.073	1.155	7.613	0.175	0.776
2003	6256	0.806	0.069	0.005	0.121	-1	1	1	1	-0.079	1.194	7.956	0.242	0.766
2004	7218	0.794	0.070	0.009	0.127	-1	1	1	1	-0.071	1.168	6.304	0.198	0.797
2005	8320	0.804	0.060	0.011	0.125	-1	1	1	1	-0.076	1.420	5.715	0.205	0.793
2006	10208	0.817	0.053	0.010	0.119	-1	1	1	1	-0.083	1.607	5.871	0.245	0.777
2007	12407	0.820	0.044	0.013	0.122	-1	1	1	1	-0.084	1.908	5.159	0.217	0.777
2008	12751	0.806	0.043	0.015	0.136	-1	1	1	1	-0.075	1.947	4.816	0.107	0.786
2009	12691	0.805	0.040	0.019	0.136	-1	1	1	1	-0.074	2.082	4.147	0.112	0.796
2010	14416	0.777	0.046	0.023	0.153	-1	1	1	1	-0.055	1.817	3.498	0.034	0.830
2011	15804	0.796	0.036	0.028	0.140	-1	1	1	1	-0.065	2.216	3.034	0.110	0.823
2012	15716	0.751	0.034	0.039	0.177	-1	1	1	1	-0.033	2.250	2.207	-0.046	0.844
2013	17548	0.759	0.027	0.042	0.173	-1	1	1	1	-0.037	2.600	2.028	-0.032	0.834
2014	18390	0.735	0.023	0.047	0.194	-1	1	1	-1	-0.020	2.734	1.776	-0.095	0.830
2015	21779	0.717	0.020	0.046	0.216	-1	1	1	-1	-0.007	2.880	1.804	-0.151	0.813

附表 3－8　石油加工、炼焦和核燃料加工业能耗结构目标导向系数（1996—2015 年）

年份	初级能源合计（万吨标准煤）	分能源消费占比				结构演变趋势系数				能耗结构目标导向系数增量				结构目标导向系数
		煤炭	石油	天然气	清洁能源	煤炭	石油	天然气	清洁能源	煤炭	石油	天然气	清洁能源	
1996	3590	0.568	0.362	0.032	0.039	1	-1	1	1	0.081	-0.220	2.610	2.016	0.769
1997	6112	0.343	0.610	0.021	0.025	1	-1	1	1	0.247	-0.151	3.097	2.344	0.518
1998	6689	0.342	0.610	0.023	0.025	1	-1	1	1	0.249	-0.151	2.977	2.341	0.523
1999	7068	0.368	0.587	0.022	0.023	1	-1	1	1	0.227	-0.160	3.126	2.471	0.532
2000	7827	0.370	0.573	0.022	0.035	1	-1	1	1	0.226	-0.167	3.054	1.999	0.573
2001	8007	0.373	0.557	0.025	0.045	1	-1	1	1	0.223	-0.175	2.886	1.712	0.612
2002	8462	0.356	0.574	0.023	0.048	1	-1	1	1	0.237	-0.169	3.025	1.632	0.596
2003	9515	0.355	0.586	0.025	0.035	1	-1	1	1	0.238	-0.163	2.862	1.994	0.570
2004	11462	0.331	0.613	0.020	0.035	1	-1	1	1	0.257	-0.151	3.182	1.958	0.534
2005	11460	0.357	0.593	0.020	0.030	1	-1	1	1	0.236	-0.158	3.241	2.146	0.539
2006	12279	0.382	0.565	0.021	0.032	1	-1	1	1	0.216	-0.170	3.206	2.111	0.568
2007	13568	0.403	0.555	0.022	0.020	1	-1	1	1	0.199	-0.172	3.140	2.698	0.550
2008	13666	0.410	0.547	0.020	0.023	1	-1	1	1	0.194	-0.176	3.358	2.540	0.556
2009	15579	0.386	0.570	0.022	0.022	1	-1	1	1	0.213	-0.167	3.107	2.554	0.545
2010	15053	0.414	0.522	0.037	0.027	1	-1	1	1	0.193	-0.187	2.227	2.299	0.638
2011	16344	0.420	0.501	0.055	0.025	1	-1	1	1	0.190	-0.191	1.552	2.418	0.683
2012	14756	0.318	0.566	0.085	0.031	1	-1	1	1	0.268	-0.170	0.915	2.038	0.682
2013	16686	0.395	0.470	0.103	0.032	1	-1	1	1	0.211	-0.175	0.615	2.055	0.768
2014	17698	0.411	0.456	0.098	0.035	1	-1	1	1	0.199	-0.177	0.672	1.963	0.782
2015	18445	0.393	0.474	0.095	0.038	1	-1	1	1	0.212	-0.177	0.730	1.860	0.772

附表 3－9　居民生活部门能耗结构目标导向系数（1996—2015 年）

年份	初级能源合计（万吨标准煤）	分能源消费占比				结构演变趋势系数				能耗结构目标导向系数增量				结构目标导向系数
		煤炭	石油	天然气	清洁能源	煤炭	石油	天然气	清洁能源	煤炭	石油	天然气	清洁能源	
1996	15179	0.789	0.135	0.019	0.057	-1	1	1	1	-0.070	0.259	4.024	1.476	0.843
1997	15218	0.769	0.147	0.020	0.064	-1	1	1	1	-0.058	0.191	3.979	1.273	0.858
1998	15294	0.758	0.151	0.022	0.069	-1	1	1	1	-0.050	0.175	3.652	1.181	0.873
1999	15801	0.756	0.158	0.025	0.061	-1	1	1	1	-0.048	0.132	3.323	1.379	0.873
2000	16182	0.746	0.157	0.031	0.065	-1	1	1	1	-0.040	0.158	2.762	1.269	0.897
2001	16795	0.730	0.155	0.037	0.078	-1	1	1	1	-0.026	0.209	2.278	1.002	0.927
2002	17845	0.727	0.160	0.038	0.076	-1	1	1	1	-0.024	0.180	2.225	1.058	0.926
2003	20490	0.735	0.161	0.037	0.067	-1	1	1	1	-0.030	0.160	2.295	1.229	0.915
2004	23591	0.710	0.176	0.042	0.071	-1	1	1	1	-0.012	0.103	1.989	1.157	0.929
2005	26288	0.718	0.161	0.046	0.075	-1	1	1	1	-0.016	0.190	1.811	1.070	0.939
2006	28846	0.710	0.161	0.053	0.076	-1	1	1	1	-0.009	0.202	1.501	1.074	0.950
2007	32018	0.690	0.164	0.067	0.079	1	1	1	1	0.008	0.223	1.050	1.030	0.966
2008	33180	0.681	0.152	0.076	0.091	1	1	1	1	0.017	0.316	0.827	0.852	0.979
2009	35271	0.676	0.154	0.079	0.092	1	1	1	1	0.022	0.309	0.777	0.843	0.981
2010	36627	0.643	0.161	0.098	0.098	1	1	1	1	0.048	0.309	0.471	0.779	0.988
2011	39486	0.638	0.168	0.104	0.090	1	1	1	1	0.052	0.272	0.389	0.896	0.983
2012	41948	0.618	0.170	0.104	0.109	1	1	1	1	0.065	0.282	0.421	0.673	0.992
2013	47679	0.593	0.164	0.102	0.142	1	1	1	1	0.082	0.334	0.485	0.397	1.000
2014	49305	0.565	0.177	0.105	0.152	1	1	1	1	0.101	0.283	0.464	0.348	1.000
2015	52133	0.541	0.194	0.107	0.158	1	1	1	1	0.116	0.224	0.464	0.330	0.998

附表 4 – 1　　1997 年行业完全能源消费与行业直接能源消费

单位：万吨标准煤

行业	行业完全能源消费				行业直接能源消费			
	煤炭	石油	天然气	清洁能源	煤炭	石油	天然气	清洁能源
农林牧渔水利业	6777.2	2372.2	296.8	701.3	2478.8	1002.9	11.3	369.7
煤炭开采和洗选业	224.6	29.1	2.6	19.9	3356.9	184.5	9.4	306.6
石油和天然气开采业	– 426.8	– 268.4	– 111.6	– 65.0	1315.5	1121.3	534.7	253.5
黑色金属矿采业	– 351.9	– 81.1	– 7.1	– 38.5	295.5	44.0	2.5	39.7
有色金属矿采选业	– 22.4	– 6.3	– 0.5	– 2.7	373.9	52.9	2.0	64.3
非金属矿采选业	25.9	8.3	0.8	2.4	654.1	99.0	2.9	61.4
农副食品加工业	2580.9	708.0	79.8	246.3	1604.1	136.6	9.8	131.3
食品制造业	2579.0	600.0	63.5	218.6	921.8	65.7	2.6	55.8
酒、饮料和精制茶制造业	1823.6	414.7	41.0	148.6	699.0	50.7	1.4	39.6
烟草制品业	665.5	167.3	20.0	59.1	214.7	27.8	1.4	15.4
纺织业	2341.0	568.1	73.2	234.3	2655.7	217.9	20.2	278.9
纺织服装、服饰业	2939.2	812.9	104.2	296.4	218.5	36.0	0.9	28.9
皮革、毛皮、羽毛及其制品和制鞋业	1158.0	331.2	40.0	114.0	126.7	21.2	0.5	14.6
木材加工和木、竹、藤、棕、草制品业	1021.4	225.6	24.1	88.7	299.9	23.3	0.7	23.0
家具制造业	– 35.1	– 9.5	– 1.1	– 3.7	139.9	14.0	0.7	22.0
造纸和纸制品业	– 169.5	– 30.1	– 3.4	– 14.8	1754.0	107.7	5.6	136.4
印刷和记录媒介复制业	– 12.8	– 2.8	– 0.3	– 1.3	140.2	20.1	0.7	22.3
文教、工美、体育和娱乐用品制造业	917.1	240.7	32.6	87.7	59.0	13.6	0.3	9.2
石油加工、炼焦和核燃料加工业	– 444.1	– 439.5	– 57.5	– 47.7	2097.1	3730.6	131.3	153.0

行业	行业完全能源消费				行业直接能源消费			
	煤炭	石油	天然气	清洁能源	煤炭	石油	天然气	清洁能源
化学原料和化学制品制造业	-1324.7	-361.0	-96.2	-118.1	11194.6	2588.3	974.8	931.0
医药制造业	766.3	156.9	22.1	70.0	734.7	58.5	4.3	65.0
化学纤维制造业	-326.8	-117.2	-20.1	-31.7	848.6	432.3	50.4	91.2
橡胶和塑料制品业	1191.6	309.2	58.3	116.4	1079.2	130.9	4.5	135.8
非金属矿物制品业	2913.0	499.8	48.9	184.1	11625.0	769.0	53.8	489.8
黑色金属冶炼和压延加工业	-3596.5	-399.7	-36.8	-202.1	17306.2	751.6	54.6	755.7
有色金属冶炼和压延加工业	-551.2	-100.4	-9.4	-70.8	2834.8	272.7	20.7	414.6
金属制品业	2677.9	449.5	41.8	206.9	864.0	105.4	7.4	113.5
通用设备制造业	1640.2	293.2	27.7	127.5	1351.7	164.5	6.4	120.7
专用设备制造业	3672.9	631.0	66.6	271.0	781.0	79.8	13.1	60.0
交通运输设备制造业	4350.7	808.4	83.7	373.5	1239.8	161.8	10.8	162.6
电气机械和器材制造业	3504.4	754.4	94.6	337.8	492.5	94.8	15.4	60.2
计算机、通信和其他电子设备制造业	1778.9	452.5	64.3	170.7	322.2	102.2	18.8	56.2
仪器仪表制造业	125.7	26.4	2.7	11.3	100.6	13.9	0.4	13.5
其他制造业	1245.4	291.6	33.6	120.0	807.7	110.1	3.1	99.8
电力、热力生产和供应业	711.5	123.8	12.9	83.2	5875.2	483.0	40.1	775.3
燃气生产和供应业	287.7	61.4	5.4	17.1	297.5	39.8	1.6	10.8
水的生产和供应业	209.6	36.6	4.2	33.9	450.9	37.5	3.4	105.1
建筑业	28395.8	7098.8	621.4	2116.3	965.5	999.2	4.0	126.6
交通运输、仓储和邮政业	1273.1	2211.8	50.2	128.1	1936.3	7758.9	21.8	214.0
批发、零售业和住宿、餐饮业	3755.2	1150.7	105.2	370.9	2180.9	399.8	20.2	253.7
其他行业	11148.8	4804.8	310.4	1129.8	2746.1	2299.3	20.1	409.0

附表 4 – 2　　　　2002 年行业完全能源消费与行业

直接能源消费　　　　单位：万吨标准煤

行业	行业完全能源消费				行业直接能源消费			
	煤炭	石油	天然气	清洁能源	煤炭	石油	天然气	清洁能源
农林牧渔水利业	5885.4	2412.6	315.5	741.7	2627.1	1472.6	5.9	456.5
煤炭开采和洗选业	1213.9	173.3	15.9	125.8	3848.1	225.1	5.9	394.4
石油和天然气开采业	-634.0	-448.8	-206.4	-99.7	1456.1	1522.4	818.3	285.7
黑色金属矿采选业	-291.2	-63.1	-6.5	-39.7	379.1	46.1	0.8	60.4
有色金属矿采选业	-133.0	-38.8	-5.2	-18.8	389.7	44.9	0.9	69.2
非金属矿采选业	52.9	15.6	1.8	6.0	806.9	139.1	3.3	92.0
农副食品加工业	2110.3	626.1	72.7	275.7	1640.4	171.9	6.7	238.5
食品制造业	2713.5	733.0	92.1	288.0	1072.9	98.5	5.7	90.7
酒、饮料和精制茶制造业	1176.7	267.2	30.6	108.5	806.6	60.5	2.4	54.0
烟草制品业	355.9	114.1	9.9	38.7	243.9	67.8	2.1	24.6
纺织业	3092.8	833.4	115.9	366.5	3035.8	337.2	27.1	362.8
纺织服装、服饰业	3022.7	920.8	120.3	364.8	313.7	75.4	0.9	50.3
皮革、毛皮、羽毛及其制品和制鞋业	1223.8	398.6	58.6	147.8	189.6	40.5	0.5	28.1
木材加工和木、竹、藤、棕、草制品业	132.7	40.5	6.8	14.1	375.0	28.2	1.7	30.5
家具制造业	696.0	210.2	29.6	72.5	87.5	16.5	0.4	8.9
造纸和纸制品业	-166.6	-32.3	-5.0	-17.2	2444.2	178.8	15.3	231.8
印刷和记录媒介复制业	110.2	29.3	4.7	12.4	166.4	45.5	1.9	26.7
文教、工美、体育和娱乐用品制造业	1175.5	338.7	50.9	137.8	123.6	34.5	0.4	25.2
石油加工、炼焦和核燃料加工业	-33.7	-33.9	-5.4	-4.7	3012.3	4854.5	190.9	404.6

续表

行业	行业完全能源消费				行业直接能源消费			
	煤炭	石油	天然气	清洁能源	煤炭	石油	天然气	清洁能源
化学原料和化学制品制造业	−3670.9	−1072.4	−367.2	−381.7	11958.4	2735.2	1407.8	1134.9
医药制造业	932.3	209.8	40.4	95.8	931.9	67.0	19.4	85.3
化学纤维制造业	26.8	12.4	1.5	3.3	1206.8	689.1	10.3	165.8
橡胶和塑料制品业	1602.6	464.0	110.7	185.4	1244.7	191.9	5.2	199.0
非金属矿物制品业	1714.8	299.3	27.9	125.7	11904.0	1371.9	57.5	705.2
黑色金属冶炼和压延加工业	−1932.4	−207.1	−22.7	−135.9	23079.6	770.3	62.3	1280.5
有色金属冶炼和压延加工业	−533.1	−91.7	−10.8	−78.3	4130.7	368.0	28.2	670.8
金属制品业	1937.0	333.7	38.9	195.5	1316.9	192.8	14.1	222.0
通用设备制造业	2945.0	590.5	77.7	288.8	1318.7	148.1	6.1	159.0
专用设备制造业	4169.8	784.4	109.7	391.8	763.6	111.6	32.4	82.5
交通运输设备制造业	4694.5	930.4	132.5	474.8	1532.9	184.9	30.3	204.9
电气机械和器材制造业	2651.2	607.3	89.7	310.6	615.2	136.5	15.9	102.6
计算机、通信和其他电子设备制造业	3436.4	931.0	159.1	398.7	562.7	165.2	66.1	118.4
仪器仪表制造业	−245.0	−58.8	−7.3	−27.1	142.9	30.6	0.9	25.3
其他制造业	1060.9	258.0	35.4	141.7	1088.9	195.3	22.3	180.7
电力、热力生产和供应业	1437.3	252.6	26.4	202.7	7150.6	523.9	26.8	1143.8
燃气生产和供应业	366.0	97.7	23.3	34.5	387.0	60.8	26.5	29.3
水的生产和供应业	149.9	19.9	2.6	27.6	479.1	26.7	1.7	110.0
建筑业	34947.4	9699.3	1026.3	3212.1	878.8	1510.3	11.0	116.2
交通运输、仓储和邮政业	2305.4	3923.4	189.2	283.6	1596.3	10485.0	161.6	228.6
批发、零售业和住宿、餐饮业	5140.5	1701.4	216.5	626.1	2573.5	497.0	90.0	377.3
其他行业	16337.3	6434.9	602.0	1931.1	3295.6	2694.1	10.9	550.1

附表 4 - 3　2007 年行业完全能源消费与行业直接能源消费

单位：万吨标准煤

行业	行业完全能源消费				行业直接能源消费			
	煤炭	石油	天然气	清洁能源	煤炭	石油	天然气	清洁能源
农林牧渔水利业	5344.0	1928.9	300.0	565.4	3779.6	2147.5	31.0	542.9
煤炭开采和洗选业	28.4	3.7	0.7	2.3	4912.8	161.0	48.7	375.4
石油和天然气开采业	- 3309.5	- 1381.2	- 632.4	- 334.6	1170.0	1396.7	880.9	193.4
黑色金属矿采选业	- 2629.1	- 484.3	- 88.5	- 303.1	1354.1	76.5	11.1	189.7
有色金属矿采选业	- 1174.6	- 242.3	- 43.7	- 138.5	825.1	39.1	7.5	128.3
非金属矿采选业	- 156.2	- 36.0	- 6.4	- 14.2	1152.6	121.5	8.2	108.6
农副食品加工业	4694.4	1257.8	190.0	537.0	3296.7	177.7	19.4	458.1
食品制造业	4062.5	940.5	167.3	363.3	1627.3	96.6	29.2	109.2
酒、饮料和精制茶制造业	1831.5	371.9	64.2	140.0	1556.0	91.9	15.4	72.0
烟草制品业	657.0	150.4	29.8	65.5	213.5	14.8	5.7	23.1
纺织业	6981.4	1227.7	283.4	738.2	6356.4	266.4	69.5	731.3
纺织服装、服饰	5906.2	1240.1	249.3	621.0	679.4	92.0	6.4	82.3
皮革、毛皮、羽毛及其制品和制鞋业	2293.6	574.4	121.1	230.5	417.3	56.1	3.4	47.3
木材加工和木、竹、藤、棕、草制品业	352.7	78.7	17.7	45.2	946.7	41.5	7.9	213.7
家具制造业	2456.4	517.8	109.2	240.3	158.0	26.9	1.9	22.6
造纸和纸制品业	- 550.3	- 81.3	- 20.3	- 53.1	3787.2	149.2	36.6	365.0
印刷和记录媒介复制业	49.0	9.2	2.3	4.9	296.4	37.5	6.4	46.0
文教、工美、体育和娱乐用品制造业	1984.5	402.3	98.7	197.0	181.4	40.1	1.7	32.9
石油加工、炼焦和核燃料加工业	- 630.7	- 442.5	- 69.8	- 51.1	5473.0	7531.2	297.9	266.4

行业	行业完全能源消费				行业直接能源消费			
	煤炭	石油	天然气	清洁能源	煤炭	石油	天然气	清洁能源
化学原料和化学制品制造业	−5952.6	−1377.8	−570.7	−492.0	25434.5	4215.6	2891.8	1905.2
医药制造业	1152.0	230.9	53.9	100.9	1566.2	64.5	28.8	117.6
化学纤维制造业	277.5	61.9	18.6	28.4	1520.1	174.4	21.3	200.8
橡胶和塑料制品业	2784.3	591.0	196.7	267.3	2824.8	234.1	39.8	403.9
非金属矿物制品业	1816.2	224.0	51.9	112.7	26387.5	1580.7	457.9	1257.3
黑色金属冶炼和压延加工业	3040.4	220.8	46.9	171.3	56998.9	530.3	325.7	2384.8
有色金属冶炼和压延加工业	−2308.4	−312.5	−67.9	−292.2	10179.8	549.6	165.9	1511.8
金属制品业	5689.5	689.5	141.2	480.6	2600.2	237.9	37.1	421.6
通用设备制造业	7936.6	1097.0	220.8	652.7	2735.3	204.5	57.1	279.4
专用设备制造业	9045.8	1251.7	274.7	713.7	1324.1	111.9	56.9	142.7
交通运输设备制造业	14744.5	2311.0	524.7	1252.2	2026.2	255.3	105.6	260.9
电气机械和器材制造业	10806.6	1814.6	401.9	1097.5	1422.1	244.0	35.6	214.6
计算机、通信和其他电子设备制造业	9246.3	1894.3	470.2	955.2	1587.0	220.1	101.2	300.8
仪器仪表制造业	−552.6	−107.4	−23.3	−55.0	227.3	37.2	3.9	38.0
其他制造业	2388.5	448.1	101.5	260.1	1058.3	72.0	11.9	188.2
电力、热力生产和供应业	1106.7	163.5	32.3	143.6	9276.0	287.9	102.1	1598.9
燃气生产和供应业	292.2	128.5	54.9	29.5	250.5	152.8	80.5	27.8
水的生产和供应业	306.5	32.7	8.4	49.1	676.9	19.4	8.8	136.2
建筑业	73751.6	15543.5	2375.7	5295.0	1411.6	2643.6	39.8	191.0
交通运输、仓储和邮政业	3444.6	5833.5	343.1	333.9	2204.4	19216.2	568.2	329.0
批发、零售业和住宿、餐饮业	7586.3	2633.8	421.6	827.0	4367.9	724.8	267.7	575.2
其他行业	26345.5	8381.2	1332.0	2764.0	6876.1	3448.9	285.6	1057.5

附表 4 – 2　　　2002 年行业完全能源消费与行业

直接能源消费　　　单位：万吨标准煤

行业	行业完全能源消费				行业直接能源消费			
	煤炭	石油	天然气	清洁能源	煤炭	石油	天然气	清洁能源
农林牧渔水利业	5885.4	2412.6	315.5	741.7	2627.1	1472.6	5.9	456.5
煤炭开采和洗选业	1213.9	173.3	15.9	125.8	3848.1	225.1	5.9	394.4
石油和天然气开采业	-634.0	-448.8	-206.4	-99.7	1456.1	1522.4	818.3	285.7
黑色金属矿采选业	-291.2	-63.1	-6.5	-39.7	379.1	46.1	0.8	60.4
有色金属矿采选业	-133.0	-38.8	-5.2	-18.8	389.7	44.9	0.9	69.2
非金属矿采选业	52.9	15.6	1.8	6.0	806.9	139.1	3.3	92.0
农副食品加工业	2110.3	626.1	72.7	275.7	1640.4	171.9	6.7	238.5
食品制造业	2713.5	733.0	92.1	288.0	1072.9	98.5	5.7	90.7
酒、饮料和精制茶制造业	1176.7	267.2	30.6	108.5	806.6	60.5	2.4	54.0
烟草制品业	355.9	114.1	9.9	38.7	243.9	67.8	2.1	24.6
纺织业	3092.8	833.4	115.9	366.5	3035.8	337.2	27.1	362.8
纺织服装、服饰业	3022.7	920.8	120.3	364.8	313.7	75.4	0.9	50.3
皮革、毛皮、羽毛及其制品和制鞋业	1223.8	398.6	58.6	147.8	189.6	40.5	0.5	28.1
木材加工和木、竹、藤、棕、草制品业	132.7	40.5	6.8	14.1	375.0	28.2	1.7	30.5
家具制造业	696.0	210.2	29.6	72.5	87.5	16.5	0.4	8.9
造纸和纸制品业	-166.6	-32.3	-5.0	-17.2	2444.2	178.8	15.3	231.8
印刷和记录媒介复制业	110.2	29.3	4.7	12.4	166.4	45.5	1.9	26.7
文教、工美、体育和娱乐用品制造业	1175.5	338.7	50.9	137.8	123.6	34.5	0.4	25.2
石油加工、炼焦和核燃料加工业	-33.7	-33.9	-5.4	-4.7	3012.3	4854.5	190.9	404.6

续表

行业	行业完全能源消费				行业直接能源消费			
	煤炭	石油	天然气	清洁能源	煤炭	石油	天然气	清洁能源
化学原料和化学制品制造业	-3670.9	-1072.4	-367.2	-381.7	11958.4	2735.2	1407.8	1134.9
医药制造业	932.3	209.8	40.4	95.8	931.9	67.0	19.4	85.3
化学纤维制造业	26.8	12.4	1.5	3.3	1206.8	689.1	10.3	165.8
橡胶和塑料制品业	1602.6	464.0	110.7	185.4	1244.7	191.9	5.2	199.0
非金属矿物制品业	1714.8	299.3	27.9	125.7	11904.0	1371.9	57.5	705.2
黑色金属冶炼和压延加工业	-1932.4	-207.1	-22.7	-135.9	23079.6	770.3	62.3	1280.5
有色金属冶炼和压延加工业	-533.1	-91.7	-10.8	-78.3	4130.7	368.0	28.2	670.8
金属制品业	1937.0	333.7	38.9	195.5	1316.9	192.8	14.1	222.0
通用设备制造业	2945.0	590.5	77.7	288.8	1318.7	148.1	6.1	159.0
专用设备制造业	4169.8	784.4	109.7	391.8	763.6	111.6	32.4	82.5
交通运输设备制造业	4694.5	930.4	132.5	474.8	1532.9	184.9	30.3	204.9
电气机械和器材制造业	2651.2	607.3	89.7	310.6	615.2	136.5	15.9	102.6
计算机、通信和其他电子设备制造业	3436.4	931.0	159.1	398.7	562.7	165.2	66.1	118.4
仪器仪表制造业	-245.0	-58.8	-7.3	-27.1	142.9	30.6	0.9	25.3
其他制造业	1060.9	258.0	35.4	141.7	1088.9	195.3	22.3	180.7
电力、热力生产和供应业	1437.3	252.6	26.4	202.7	7150.6	523.9	26.8	1143.8
燃气生产和供应业	366.0	97.7	23.3	34.5	387.0	60.8	26.5	29.3
水的生产和供应业	149.9	19.9	2.6	27.6	479.1	26.7	1.7	110.0
建筑业	34947.4	9699.3	1026.3	3212.1	878.8	1510.3	11.0	116.2
交通运输、仓储和邮政业	2305.4	3923.4	189.2	283.6	1596.3	10485.0	161.6	228.6
批发、零售业和住宿、餐饮业	5140.5	1701.4	216.5	626.1	2573.5	497.0	90.0	377.3
其他行业	16337.3	6434.9	602.0	1931.1	3295.6	2694.1	10.9	550.1

附表 4 – 3　2007 年行业完全能源消费与行业直接能源消费

单位：万吨标准煤

行业	行业完全能源消费				行业直接能源消费			
	煤炭	石油	天然气	清洁能源	煤炭	石油	天然气	清洁能源
农林牧渔水利业	5344.0	1928.9	300.0	565.4	3779.6	2147.5	31.0	542.9
煤炭开采和洗选业	28.4	3.7	0.7	2.3	4912.8	161.0	48.7	375.4
石油和天然气开采业	− 3309.5	− 1381.2	− 632.4	− 334.6	1170.0	1396.7	880.9	193.4
黑色金属矿采业	− 2629.1	− 484.3	− 88.5	− 303.1	1354.1	76.5	11.1	189.7
有色金属矿采选业	− 1174.6	− 242.3	− 43.7	− 138.5	825.1	39.1	7.5	128.3
非金属矿采选业	− 156.2	− 36.0	− 6.4	− 14.2	1152.6	121.5	8.2	108.6
农副食品加工业	4694.4	1257.8	190.0	537.0	3296.7	177.7	19.4	458.1
食品制造业	4062.5	940.5	167.3	363.3	1627.3	96.6	29.2	109.2
酒、饮料和精制茶制造业	1831.5	371.9	64.2	140.0	1556.0	91.9	15.4	72.0
烟草制品业	657.0	150.4	29.8	65.5	213.5	14.8	5.7	23.1
纺织业	6981.4	1227.7	283.4	738.2	6356.4	266.4	69.5	731.3
纺织服装、服饰业	5906.2	1240.1	249.3	621.0	679.4	92.0	6.4	82.3
皮革、毛皮、羽毛及其制品和制鞋业	2293.6	574.4	121.1	230.5	417.3	56.1	3.4	47.3
木材加工和木、竹、藤、棕、草制品业	352.7	78.7	17.7	45.2	946.7	41.5	7.9	213.7
家具制造业	2456.4	517.8	109.2	240.3	158.0	26.9	1.9	22.6
造纸和纸制品业	− 550.3	− 81.3	− 20.3	− 53.1	3787.2	149.2	36.6	365.0
印刷和记录媒介复制业	49.0	9.2	2.3	4.9	296.4	37.5	6.4	46.0
文教、工美、体育和娱乐用品制造业	1984.5	402.3	98.7	197.0	181.4	40.1	1.7	32.9
石油加工、炼焦和核燃料加工业	− 630.7	− 442.5	− 69.8	− 51.1	5473.0	7531.2	297.9	266.4

续表

行业	行业完全能源消费				行业直接能源消费			
	煤炭	石油	天然气	清洁能源	煤炭	石油	天然气	清洁能源
化学原料和化学制品制造业	-5952.6	-1377.8	-570.7	-492.0	25434.5	4215.6	2891.8	1905.2
医药制造业	1152.0	230.9	53.9	100.9	1566.2	64.5	28.8	117.6
化学纤维制造业	277.5	61.9	18.6	28.4	1520.1	174.4	21.3	200.8
橡胶和塑料制品业	2784.3	591.0	196.7	267.3	2824.8	234.1	39.8	403.9
非金属矿物制品业	1816.2	224.0	51.9	112.7	26387.5	1580.7	457.9	1257.3
黑色金属冶炼和压延加工业	3040.4	220.8	46.9	171.3	56998.9	530.3	325.7	2384.8
有色金属冶炼和压延加工业	-2308.4	-312.5	-67.9	-292.2	10179.8	549.6	165.9	1511.8
金属制品业	5689.5	689.5	141.2	480.6	2600.2	237.9	37.1	421.6
通用设备制造业	7936.6	1097.0	220.8	652.7	2735.3	204.5	57.1	279.4
专用设备制造业	9045.8	1251.7	274.7	713.7	1324.1	111.9	56.9	142.7
交通运输设备制造业	14744.5	2311.0	524.7	1252.2	2026.2	255.3	105.6	260.9
电气机械和器材制造业	10806.6	1814.6	401.9	1097.5	1422.1	244.0	35.6	214.6
计算机、通信和其他电子设备制造业	9246.3	1894.3	470.2	955.2	1587.0	220.1	101.2	300.8
仪器仪表制造业	-552.6	-107.4	-23.3	-55.0	227.3	37.2	3.9	38.0
其他制造业	2388.5	448.1	101.5	260.1	1058.3	72.0	11.9	188.2
电力、热力生产和供应业	1106.7	163.5	32.3	143.6	9276.0	287.9	102.1	1598.9
燃气生产和供应业	292.2	128.5	54.9	29.5	250.5	152.8	80.5	27.8
水的生产和供应业	306.5	32.7	8.4	49.1	676.9	19.4	8.8	136.2
建筑业	73751.6	15543.5	2375.7	5295.0	1411.6	2643.6	39.8	191.0
交通运输、仓储和邮政业	3444.6	5833.5	343.1	333.9	2204.4	19216.2	568.2	329.0
批发、零售业和住宿、餐饮业	7586.3	2633.8	421.6	827.0	4367.9	724.8	267.7	575.2
其他行业	26345.5	8381.2	1332.0	2764.0	6876.1	3448.9	285.6	1057.5

附表 4 - 2　　　　2002 年行业完全能源消费与行业

直接能源消费　　　单位：万吨标准煤

行业	行业完全能源消费				行业直接能源消费			
	煤炭	石油	天然气	清洁能源	煤炭	石油	天然气	清洁能源
农林牧渔水利业	5885.4	2412.6	315.5	741.7	2627.1	1472.6	5.9	456.5
煤炭开采和洗选业	1213.9	173.3	15.9	125.8	3848.1	225.1	5.9	394.4
石油和天然气开采业	-634.0	-448.8	-206.4	-99.7	1456.1	1522.4	818.3	285.7
黑色金属矿采选业	-291.2	-63.1	-6.5	-39.7	379.1	46.1	0.8	60.4
有色金属矿采选业	-133.0	-38.8	-5.2	-18.8	389.7	44.9	0.9	69.2
非金属矿采选业	52.9	15.6	1.8	6.0	806.9	139.1	3.3	92.0
农副食品加工业	2110.3	626.1	72.7	275.7	1640.4	171.9	6.7	238.5
食品制造业	2713.5	733.0	92.1	288.0	1072.9	98.5	5.7	90.7
酒、饮料和精制茶制造业	1176.7	267.2	30.6	108.5	806.6	60.5	2.4	54.0
烟草制品业	355.9	114.1	9.9	38.7	243.9	67.8	2.1	24.6
纺织业	3092.8	833.4	115.9	366.5	3035.8	337.2	27.1	362.8
纺织服装、服饰业	3022.7	920.8	120.3	364.8	313.7	75.4	0.9	50.3
皮革、毛皮、羽毛及其制品和制鞋业	1223.8	398.6	58.6	147.8	189.6	40.5	0.5	28.1
木材加工和木、竹、藤、棕、草制品业	132.7	40.5	6.8	14.1	375.0	28.2	1.7	30.5
家具制造业	696.0	210.2	29.6	72.5	87.5	16.5	0.4	8.9
造纸和纸制品业	-166.6	-32.3	-5.0	-17.2	2444.2	178.8	15.3	231.8
印刷和记录媒介复制业	110.2	29.3	4.7	12.4	166.4	45.5	1.9	26.7
文教、工美、体育和娱乐用品制造业	1175.5	338.7	50.9	137.8	123.6	34.5	0.4	25.2
石油加工、炼焦和核燃料加工业	-33.7	-33.9	-5.4	-4.7	3012.3	4854.5	190.9	404.6

行业	行业完全能源消费				行业直接能源消费			
	煤炭	石油	天然气	清洁能源	煤炭	石油	天然气	清洁能源
化学原料和化学制品制造业	-3670.9	-1072.4	-367.2	-381.7	11958.4	2735.2	1407.8	1134.9
医药制造业	932.3	209.8	40.4	95.8	931.9	67.0	19.4	85.3
化学纤维制造业	26.8	12.4	1.5	3.3	1206.8	689.1	10.3	165.8
橡胶和塑料制品业	1602.6	464.0	110.7	185.4	1244.7	191.9	5.2	199.0
非金属矿物制品业	1714.8	299.3	27.9	125.7	11904.0	1371.9	57.5	705.2
黑色金属冶炼和压延加工业	-1932.4	-207.1	-22.7	-135.9	23079.6	770.3	62.3	1280.5
有色金属冶炼和压延加工业	-533.1	-91.7	-10.8	-78.3	4130.7	368.0	28.2	670.8
金属制品业	1937.0	333.7	38.9	195.5	1316.9	192.8	14.1	222.0
通用设备制造业	2945.0	590.5	77.7	288.8	1318.7	148.1	6.1	159.0
专用设备制造业	4169.8	784.4	109.7	391.8	763.6	111.6	32.4	82.5
交通运输设备制造业	4694.5	930.4	132.5	474.8	1532.9	184.9	30.3	204.9
电气机械和器材制造业	2651.2	607.3	89.7	310.6	615.2	136.5	15.9	102.6
计算机、通信和其他电子设备制造业	3436.4	931.0	159.1	398.7	562.7	165.2	66.1	118.4
仪器仪表制造业	-245.0	-58.8	-7.3	-27.1	142.9	30.6	0.9	25.3
其他制造业	1060.9	258.0	35.4	141.7	1088.9	195.3	22.3	180.7
电力、热力生产和供应业	1437.3	252.6	26.4	202.7	7150.6	523.9	26.8	1143.8
燃气生产和供应业	366.0	97.7	23.3	34.5	387.0	60.8	26.5	29.3
水的生产和供应业	149.9	19.9	2.6	27.6	479.1	26.7	1.7	110.0
建筑业	34947.4	9699.3	1026.3	3212.1	878.8	1510.3	11.0	116.2
交通运输、仓储和邮政业	2305.4	3923.4	189.2	283.6	1596.3	10485.0	161.6	228.6
批发、零售业和住宿、餐饮业	5140.5	1701.4	216.5	626.1	2573.5	497.0	90.0	377.3
其他行业	16337.3	6434.9	602.0	1931.1	3295.6	2694.1	10.9	550.1

附表 4 - 3　2007 年行业完全能源消费与行业直接能源消费

单位：万吨标准煤

行业	行业完全能源消费				行业直接能源消费			
	煤炭	石油	天然气	清洁能源	煤炭	石油	天然气	清洁能源
农林牧渔水利业	5344.0	1928.9	300.0	565.4	3779.6	2147.5	31.0	542.9
煤炭开采和洗选业	28.4	3.7	0.7	2.3	4912.8	161.0	48.7	375.4
石油和天然气开采业	- 3309.5	- 1381.2	- 632.4	- 334.6	1170.0	1396.7	880.9	193.4
黑色金属矿采选业	- 2629.1	- 484.3	- 88.5	- 303.1	1354.1	76.5	11.1	189.7
有色金属矿采选业	- 1174.6	- 242.3	- 43.7	- 138.5	825.1	39.1	7.5	128.3
非金属矿采选业	- 156.2	- 36.0	- 6.4	- 14.2	1152.6	121.5	8.2	108.6
农副食品加工业	4694.4	1257.8	190.0	537.0	3296.7	177.7	19.4	458.1
食品制造业	4062.5	940.5	167.3	363.3	1627.3	96.6	29.2	109.2
酒、饮料和精制茶制造业	1831.5	371.9	64.2	140.0	1556.0	91.9	15.4	72.0
烟草制品业	657.0	150.4	29.8	65.5	213.5	14.8	5.7	23.1
纺织业	6981.4	1227.7	283.4	738.2	6356.4	266.4	69.5	731.3
纺织服装、服饰业	5906.2	1240.1	249.3	621.0	679.4	92.0	6.4	82.3
皮革、毛皮、羽毛及其制品和制鞋业	2293.6	574.4	121.1	230.5	417.3	56.1	3.4	47.3
木材加工和木、竹、藤、棕、草制品业	352.7	78.7	17.7	45.2	946.7	41.5	7.9	213.7
家具制造业	2456.4	517.8	109.2	240.3	158.0	26.9	1.9	22.6
造纸和纸制品业	- 550.3	- 81.3	- 20.3	- 53.1	3787.2	149.2	36.6	365.0
印刷和记录媒介复制业	49.0	9.2	2.3	4.9	296.4	37.5	6.4	46.0
文教、工美、体育和娱乐用品制造业	1984.5	402.3	98.7	197.0	181.4	40.1	1.7	32.9
石油加工、炼焦和核燃料加工业	- 630.7	- 442.5	- 69.8	- 51.1	5473.0	7531.2	297.9	266.4

行业	行业完全能源消费				行业直接能源消费			
	煤炭	石油	天然气	清洁能源	煤炭	石油	天然气	清洁能源
化学原料和化学制品制造业	−5952.6	−1377.8	−570.7	−492.0	25434.5	4215.6	2891.8	1905.2
医药制造业	1152.0	230.9	53.9	100.9	1566.2	64.5	28.8	117.6
化学纤维制造业	277.5	61.9	18.6	28.4	1520.1	174.4	21.3	200.8
橡胶和塑料制品业	2784.3	591.0	196.7	267.3	2824.8	234.1	39.8	403.9
非金属矿物制品业	1816.2	224.0	51.9	112.7	26387.5	1580.7	457.9	1257.3
黑色金属冶炼和压延加工业	3040.4	220.8	46.9	171.3	56998.9	530.3	325.7	2384.8
有色金属冶炼和压延加工业	−2308.4	−312.5	−67.9	−292.2	10179.8	549.6	165.9	1511.8
金属制品业	5689.5	689.5	141.2	480.6	2600.2	237.9	37.1	421.6
通用设备制造业	7936.6	1097.0	220.8	652.7	2735.3	204.5	57.1	279.4
专用设备制造业	9045.8	1251.7	274.7	713.7	1324.1	111.9	56.9	142.7
交通运输设备制造业	14744.5	2311.0	524.7	1252.2	2026.2	255.3	105.6	260.9
电气机械和器材制造业	10806.6	1814.6	401.9	1097.5	1422.1	244.0	35.6	214.6
计算机、通信和其他电子设备制造业	9246.3	1894.3	470.2	955.2	1587.0	220.1	101.2	300.8
仪器仪表制造业	−552.6	−107.4	−23.3	−55.0	227.3	37.2	3.9	38.0
其他制造业	2388.5	448.1	101.5	260.1	1058.3	72.0	11.9	188.2
电力、热力生产和供应业	1106.7	163.5	32.3	143.6	9276.0	287.9	102.1	1598.9
燃气生产和供应业	292.2	128.5	54.9	29.5	250.5	152.8	80.5	27.8
水的生产和供应业	306.5	32.7	8.4	49.1	676.9	19.4	8.8	136.2
建筑业	73751.6	15543.5	2375.7	5295.0	1411.6	2643.6	39.8	191.0
交通运输、仓储和邮政业	3444.6	5833.5	343.1	333.9	2204.4	19216.2	568.2	329.0
批发、零售业和住宿、餐饮业	7586.3	2633.8	421.6	827.0	4367.9	724.8	267.7	575.2
其他行业	26345.5	8381.2	1332.0	2764.0	6876.1	3448.9	285.6	1057.5

附表 4 – 2　　　　2002 年行业完全能源消费与行业

直接能源消费　　　　单位：万吨标准煤

行业	行业完全能源消费				行业直接能源消费			
	煤炭	石油	天然气	清洁能源	煤炭	石油	天然气	清洁能源
农林牧渔水利业	5885.4	2412.6	315.5	741.7	2627.1	1472.6	5.9	456.5
煤炭开采和洗选业	1213.9	173.3	15.9	125.8	3848.1	225.1	5.9	394.4
石油和天然气开采业	– 634.0	– 448.8	– 206.4	– 99.7	1456.1	1522.4	818.3	285.7
黑色金属矿采选业	– 291.2	– 63.1	– 6.5	– 39.7	379.1	46.1	0.8	60.4
有色金属矿采选业	– 133.0	– 38.8	– 5.2	– 18.8	389.7	44.9	0.9	69.2
非金属矿采选业	52.9	15.6	1.8	6.0	806.9	139.1	3.3	92.0
农副食品加工业	2110.3	626.1	72.7	275.7	1640.4	171.9	6.7	238.5
食品制造业	2713.5	733.0	92.1	288.0	1072.9	98.5	5.7	90.7
酒、饮料和精制茶制造业	1176.7	267.2	30.6	108.5	806.6	60.5	2.4	54.0
烟草制品业	355.9	114.1	9.9	38.7	243.9	67.8	2.1	24.6
纺织业	3092.8	833.4	115.9	366.5	3035.8	337.2	27.1	362.8
纺织服装、服饰业	3022.7	920.8	120.3	364.8	313.7	75.4	0.9	50.3
皮革、毛皮、羽毛及其制品和制鞋业	1223.8	398.6	58.6	147.8	189.6	40.5	0.5	28.1
木材加工和木、竹、藤、棕、草制品业	132.7	40.5	6.8	14.1	375.0	28.2	1.7	30.5
家具制造业	696.0	210.2	29.6	72.5	87.5	16.5	0.4	8.9
造纸和纸制品业	– 166.6	– 32.3	– 5.0	– 17.2	2444.2	178.8	15.3	231.8
印刷和记录媒介复制业	110.2	29.3	4.7	12.4	166.4	45.5	1.9	26.7
文教、工美、体育和娱乐用品制造业	1175.5	338.7	50.9	137.8	123.6	34.5	0.4	25.2
石油加工、炼焦和核燃料加工业	– 33.7	– 33.9	– 5.4	– 4.7	3012.3	4854.5	190.9	404.6

续表

行业	行业完全能源消费				行业直接能源消费			
	煤炭	石油	天然气	清洁能源	煤炭	石油	天然气	清洁能源
化学原料和化学制品制造业	-3670.9	-1072.4	-367.2	-381.7	11958.4	2735.2	1407.8	1134.9
医药制造业	932.3	209.8	40.4	95.8	931.9	67.0	19.4	85.3
化学纤维制造业	26.8	12.4	1.5	3.3	1206.8	689.1	10.3	165.8
橡胶和塑料制品业	1602.6	464.0	110.7	185.4	1244.7	191.9	5.2	199.0
非金属矿物制品业	1714.8	299.3	27.9	125.7	11904.0	1371.9	57.5	705.2
黑色金属冶炼和压延加工业	-1932.4	-207.1	-22.7	-135.9	23079.6	770.3	62.3	1280.5
有色金属冶炼和压延加工业	-533.1	-91.7	-10.8	-78.3	4130.7	368.0	28.2	670.8
金属制品业	1937.0	333.7	38.9	195.5	1316.9	192.8	14.1	222.0
通用设备制造业	2945.0	590.5	77.7	288.8	1318.7	148.1	6.1	159.0
专用设备制造业	4169.8	784.4	109.7	391.8	763.6	111.6	32.4	82.5
交通运输设备制造业	4694.5	930.4	132.5	474.8	1532.9	184.9	30.3	204.9
电气机械和器材制造业	2651.2	607.3	89.7	310.6	615.2	136.5	15.9	102.6
计算机、通信和其他电子设备制造业	3436.4	931.0	159.1	398.7	562.7	165.2	66.1	118.4
仪器仪表制造业	-245.0	-58.8	-7.3	-27.1	142.9	30.6	0.9	25.3
其他制造业	1060.9	258.0	35.4	141.7	1088.9	195.3	22.3	180.7
电力、热力生产和供应业	1437.3	252.6	26.4	202.7	7150.6	523.9	26.8	1143.8
燃气生产和供应业	366.0	97.7	23.3	34.5	387.0	60.8	26.5	29.3
水的生产和供应业	149.9	19.9	2.6	27.6	479.1	26.7	1.7	110.0
建筑业	34947.4	9699.3	1026.3	3212.1	878.8	1510.3	11.0	116.2
交通运输、仓储和邮政业	2305.4	3923.4	189.2	283.6	1596.3	10485.0	161.6	228.6
批发、零售业和住宿、餐饮业	5140.5	1701.4	216.5	626.1	2573.5	497.0	90.0	377.3
其他行业	16337.3	6434.9	602.0	1931.1	3295.6	2694.1	10.9	550.1

附表 4 - 3　2007 年行业完全能源消费与行业直接能源消费

单位：万吨标准煤

行业	行业完全能源消费				行业直接能源消费			
	煤炭	石油	天然气	清洁能源	煤炭	石油	天然气	清洁能源
农林牧渔水利业	5344.0	1928.9	300.0	565.4	3779.6	2147.5	31.0	542.9
煤炭开采和洗选业	28.4	3.7	0.7	2.3	4912.8	161.0	48.7	375.4
石油和天然气开采业	-3309.5	-1381.2	-632.4	-334.6	1170.0	1396.7	880.9	193.4
黑色金属矿采选业	-2629.1	-484.3	-88.5	-303.1	1354.1	76.5	11.1	189.7
有色金属矿采选业	-1174.6	-242.3	-43.7	-138.5	825.1	39.1	7.5	128.3
非金属矿采选业	-156.2	-36.0	-6.4	-14.2	1152.6	121.5	8.2	108.6
农副食品加工业	4694.4	1257.8	190.0	537.0	3296.7	177.7	19.4	458.1
食品制造业	4062.5	940.5	167.3	363.3	1627.3	96.6	29.2	109.2
酒、饮料和精制茶制造业	1831.5	371.9	64.2	140.0	1556.0	91.9	15.4	72.0
烟草制品业	657.0	150.4	29.8	65.5	213.5	14.8	5.7	23.1
纺织业	6981.4	1227.7	283.4	738.2	6356.4	266.4	69.5	731.3
纺织服装、服饰业	5906.2	1240.1	249.3	621.0	679.4	92.0	6.4	82.3
皮革、毛皮、羽毛及其制品和制鞋业	2293.6	574.4	121.1	230.5	417.3	56.1	3.4	47.3
木材加工和木、竹、藤、棕、草制品业	352.7	78.7	17.7	45.2	946.7	41.5	7.9	213.7
家具制造业	2456.4	517.8	109.2	240.3	158.0	26.9	1.9	22.6
造纸和纸制品业	-550.3	-81.3	-20.3	-53.1	3787.2	149.2	36.6	365.0
印刷和记录媒介复制业	49.0	9.2	2.3	4.9	296.4	37.5	6.4	46.0
文教、工美、体育和娱乐用品制造业	1984.5	402.3	98.7	197.0	181.4	40.1	1.7	32.9
石油加工、炼焦和核燃料加工业	-630.7	-442.5	-69.8	-51.1	5473.0	7531.2	297.9	266.4

续表

行业	行业完全能源消费				行业直接能源消费			
	煤炭	石油	天然气	清洁能源	煤炭	石油	天然气	清洁能源
化学原料和化学制品制造业	-5952.6	-1377.8	-570.7	-492.0	25434.5	4215.6	2891.8	1905.2
医药制造业	1152.0	230.9	53.9	100.9	1566.2	64.5	28.8	117.6
化学纤维制造业	277.5	61.9	18.6	28.4	1520.1	174.4	21.3	200.8
橡胶和塑料制品业	2784.3	591.0	196.7	267.3	2824.8	234.1	39.8	403.9
非金属矿物制品业	1816.2	224.0	51.9	112.7	26387.5	1580.7	457.9	1257.3
黑色金属冶炼和压延加工业	3040.4	220.8	46.9	171.3	56998.9	530.3	325.7	2384.8
有色金属冶炼和压延加工业	-2308.4	-312.5	-67.9	-292.2	10179.8	549.6	165.9	1511.8
金属制品业	5689.5	689.5	141.2	480.6	2600.2	237.9	37.1	421.6
通用设备制造业	7936.6	1097.0	220.8	652.7	2735.3	204.5	57.1	279.4
专用设备制造业	9045.8	1251.7	274.7	713.7	1324.1	111.9	56.9	142.7
交通运输设备制造业	14744.5	2311.0	524.7	1252.2	2026.2	255.3	105.6	260.9
电气机械和器材制造业	10806.6	1814.6	401.9	1097.5	1422.1	244.0	35.6	214.6
计算机、通信和其他电子设备制造业	9246.3	1894.3	470.2	955.2	1587.0	220.1	101.2	300.8
仪器仪表制造业	-552.6	-107.4	-23.3	-55.0	227.3	37.2	3.9	38.0
其他制造业	2388.5	448.1	101.5	260.1	1058.3	72.0	11.9	188.2
电力、热力生产和供应业	1106.7	163.5	32.3	143.6	9276.0	287.9	102.1	1598.9
燃气生产和供应业	292.2	128.5	54.9	29.5	250.5	152.8	80.5	27.8
水的生产和供应业	306.5	32.7	8.4	49.1	676.9	19.4	8.8	136.2
建筑业	73751.6	15543.5	2375.7	5295.0	1411.6	2643.6	39.8	191.0
交通运输、仓储和邮政业	3444.6	5833.5	343.1	333.9	2204.4	19216.2	568.2	329.0
批发、零售业和住宿、餐饮业	7586.3	2633.8	421.6	827.0	4367.9	724.8	267.7	575.2
其他行业	26345.5	8381.2	1332.0	2764.0	6876.1	3448.9	285.6	1057.5

附表 4 - 2　　　　　2002 年行业完全能源消费与行业

直接能源消费　　　单位：万吨标准煤

行业	行业完全能源消费				行业直接能源消费			
	煤炭	石油	天然气	清洁能源	煤炭	石油	天然气	清洁能源
农林牧渔水利业	5885.4	2412.6	315.5	741.7	2627.1	1472.6	5.9	456.5
煤炭开采和洗选业	1213.9	173.3	15.9	125.8	3848.1	225.1	5.9	394.4
石油和天然气开采业	-634.0	-448.8	-206.4	-99.7	1456.1	1522.4	818.3	285.7
黑色金属矿采选业	-291.2	-63.1	-6.5	-39.7	379.1	46.1	0.8	60.4
有色金属矿采选业	-133.0	-38.8	-5.2	-18.8	389.7	44.9	0.9	69.2
非金属矿采选业	52.9	15.6	1.8	6.0	806.9	139.1	3.3	92.0
农副食品加工业	2110.3	626.1	72.7	275.7	1640.4	171.9	6.7	238.5
食品制造业	2713.5	733.0	92.1	288.0	1072.9	98.5	5.7	90.7
酒、饮料和精制茶制造业	1176.7	267.2	30.6	108.5	806.6	60.5	2.4	54.0
烟草制品业	355.9	114.1	9.9	38.7	243.9	67.8	2.1	24.6
纺织业	3092.8	833.4	115.9	366.5	3035.8	337.2	27.1	362.8
纺织服装、服饰业	3022.7	920.8	120.3	364.8	313.7	75.4	0.9	50.3
皮革、毛皮、羽毛及其制品和制鞋业	1223.8	398.6	58.6	147.8	189.6	40.5	0.5	28.1
木材加工和木、竹、藤、棕、草制品业	132.7	40.5	6.8	14.1	375.0	28.2	1.7	30.5
家具制造业	696.0	210.2	29.6	72.5	87.5	16.5	0.4	8.9
造纸和纸制品业	-166.6	-32.3	-5.0	-17.2	2444.2	178.8	15.3	231.8
印刷和记录媒介复制业	110.2	29.3	4.7	12.4	166.4	45.5	1.9	26.7
文教、工美、体育和娱乐用品制造业	1175.5	338.7	50.9	137.8	123.6	34.5	0.4	25.2
石油加工、炼焦和核燃料加工业	-33.7	-33.9	-5.4	-4.7	3012.3	4854.5	190.9	404.6

行业	行业完全能源消费				行业直接能源消费			
	煤炭	石油	天然气	清洁能源	煤炭	石油	天然气	清洁能源
化学原料和化学制品制造业	-3670.9	-1072.4	-367.2	-381.7	11958.4	2735.2	1407.8	1134.9
医药制造业	932.3	209.8	40.4	95.8	931.9	67.0	19.4	85.3
化学纤维制造业	26.8	12.4	1.5	3.3	1206.8	689.1	10.3	165.8
橡胶和塑料制品业	1602.6	464.0	110.7	185.4	1244.7	191.9	5.2	199.0
非金属矿物制品业	1714.8	299.3	27.9	125.7	11904.0	1371.9	57.5	705.2
黑色金属冶炼和压延加工业	-1932.4	-207.1	-22.7	-135.9	23079.6	770.3	62.3	1280.5
有色金属冶炼和压延加工业	-533.1	-91.7	-10.8	-78.3	4130.7	368.0	28.2	670.8
金属制品业	1937.0	333.7	38.9	195.5	1316.9	192.8	14.1	222.0
通用设备制造业	2945.0	590.5	77.7	288.8	1318.7	148.1	6.1	159.0
专用设备制造业	4169.8	784.4	109.7	391.8	763.6	111.6	32.4	82.5
交通运输设备制造业	4694.5	930.4	132.5	474.8	1532.9	184.9	30.3	204.9
电气机械和器材制造业	2651.2	607.3	89.7	310.6	615.2	136.5	15.9	102.6
计算机、通信和其他电子设备制造业	3436.4	931.0	159.1	398.7	562.7	165.2	66.1	118.4
仪器仪表制造业	-245.0	-58.8	-7.3	-27.1	142.9	30.6	0.9	25.3
其他制造业	1060.9	258.0	35.4	141.7	1088.9	195.3	22.3	180.7
电力、热力生产和供应业	1437.3	252.6	26.4	202.7	7150.6	523.9	26.8	1143.8
燃气生产和供应业	366.0	97.7	23.3	34.5	387.0	60.8	26.5	29.3
水的生产和供应业	149.9	19.9	2.6	27.6	479.1	26.7	1.7	110.0
建筑业	34947.4	9699.3	1026.3	3212.1	878.8	1510.3	11.0	116.2
交通运输、仓储和邮政业	2305.4	3923.4	189.2	283.6	1596.3	10485.0	161.6	228.6
批发、零售业和住宿、餐饮业	5140.5	1701.4	216.5	626.1	2573.5	497.0	90.0	377.3
其他行业	16337.3	6434.9	602.0	1931.1	3295.6	2694.1	10.9	550.1

附表 4 - 3　2007 年行业完全能源消费与行业直接能源消费

单位：万吨标准煤

行业	行业完全能源消费				行业直接能源消费			
	煤炭	石油	天然气	清洁能源	煤炭	石油	天然气	清洁能源
农林牧渔水利业	5344.0	1928.9	300.0	565.4	3779.6	2147.5	31.0	542.9
煤炭开采和洗选业	28.4	3.7	0.7	2.3	4912.8	161.0	48.7	375.4
石油和天然气开采业	- 3309.5	- 1381.2	- 632.4	- 334.6	1170.0	1396.7	880.9	193.4
黑色金属矿采选业	- 2629.1	- 484.3	- 88.5	- 303.1	1354.1	76.5	11.1	189.7
有色金属矿采选业	- 1174.6	- 242.3	- 43.7	- 138.5	825.1	39.1	7.5	128.3
非金属矿采选业	- 156.2	- 36.0	- 6.4	- 14.2	1152.6	121.5	8.2	108.6
农副食品加工业	4694.4	1257.8	190.0	537.0	3296.7	177.7	19.4	458.1
食品制造业	4062.5	940.5	167.3	363.3	1627.3	96.6	29.2	109.2
酒、饮料和精制茶制造业	1831.5	371.9	64.2	140.0	1556.0	91.9	15.4	72.0
烟草制品业	657.0	150.4	29.8	65.5	213.5	14.8	5.7	23.1
纺织业	6981.4	1227.7	283.4	738.2	6356.4	266.4	69.5	731.3
纺织服装、服饰业	5906.2	1240.1	249.3	621.0	679.4	92.0	6.4	82.3
皮革、毛皮、羽毛及其制品和制鞋业	2293.6	574.4	121.1	230.5	417.3	56.1	3.4	47.3
木材加工和木、竹、藤、棕、草制品业	352.7	78.7	17.7	45.2	946.7	41.5	7.9	213.7
家具制造业	2456.4	517.8	109.2	240.3	158.0	26.9	1.9	22.6
造纸和纸制品业	- 550.3	- 81.3	- 20.3	- 53.1	3787.2	149.2	36.6	365.0
印刷和记录媒介复制业	49.0	9.2	2.3	4.9	296.4	37.5	6.4	46.0
文教、工美、体育和娱乐用品制造业	1984.5	402.3	98.7	197.0	181.4	40.1	1.7	32.9
石油加工、炼焦和核燃料加工业	- 630.7	- 442.5	- 69.8	- 51.1	5473.0	7531.2	297.9	266.4

续表

行业	行业完全能源消费				行业直接能源消费			
	煤炭	石油	天然气	清洁能源	煤炭	石油	天然气	清洁能源
化学原料和化学制品制造业	-5952.6	-1377.8	-570.7	-492.0	25434.5	4215.6	2891.8	1905.2
医药制造业	1152.0	230.9	53.9	100.9	1566.2	64.5	28.8	117.6
化学纤维制造业	277.5	61.9	18.6	28.4	1520.1	174.4	21.3	200.8
橡胶和塑料制品业	2784.3	591.0	196.7	267.3	2824.8	234.1	39.8	403.9
非金属矿物制品业	1816.2	224.0	51.9	112.7	26387.5	1580.7	457.9	1257.3
黑色金属冶炼和压延加工业	3040.4	220.8	46.9	171.3	56998.9	530.3	325.7	2384.8
有色金属冶炼和压延加工业	-2308.4	-312.5	-67.9	-292.2	10179.8	549.6	165.9	1511.8
金属制品业	5689.5	689.5	141.2	480.6	2600.2	237.9	37.1	421.6
通用设备制造业	7936.6	1097.0	220.8	652.7	2735.3	204.5	57.1	279.4
专用设备制造业	9045.8	1251.7	274.7	713.7	1324.1	111.9	56.9	142.7
交通运输设备制造业	14744.5	2311.0	524.7	1252.2	2026.2	255.3	105.6	260.9
电气机械和器材制造业	10806.6	1814.6	401.9	1097.5	1422.1	244.0	35.6	214.6
计算机、通信和其他电子设备制造业	9246.3	1894.3	470.2	955.2	1587.0	220.1	101.2	300.8
仪器仪表制造业	-552.6	-107.4	-23.3	-55.0	227.3	37.2	3.9	38.0
其他制造业	2388.5	448.1	101.5	260.1	1058.3	72.0	11.9	188.2
电力、热力生产和供应业	1106.7	163.5	32.3	143.6	9276.0	287.9	102.1	1598.9
燃气生产和供应业	292.2	128.5	54.9	29.5	250.5	152.8	80.5	27.8
水的生产和供应业	306.5	32.7	8.4	49.1	676.9	19.4	8.8	136.2
建筑业	73751.6	15543.5	2375.7	5295.0	1411.6	2643.6	39.8	191.0
交通运输、仓储和邮政业	3444.6	5833.5	343.1	333.9	2204.4	19216.2	568.2	329.0
批发、零售业和住宿、餐饮业	7586.3	2633.8	421.6	827.0	4367.9	724.8	267.7	575.2
其他行业	26345.5	8381.2	1332.0	2764.0	6876.1	3448.9	285.3	1057.5

附表 4 – 2　　　　2002 年行业完全能源消费与行业
直接能源消费　　　　单位：万吨标准煤

行业	行业完全能源消费				行业直接能源消费			
	煤炭	石油	天然气	清洁能源	煤炭	石油	天然气	清洁能源
农林牧渔水利业	5885.4	2412.6	315.5	741.7	2627.1	1472.6	5.9	456.5
煤炭开采和洗选业	1213.9	173.3	15.9	125.8	3848.1	225.1	5.9	394.4
石油和天然气开采业	– 634.0	– 448.8	– 206.4	– 99.7	1456.1	1522.4	818.3	285.7
黑色金属矿采选业	– 291.2	– 63.1	– 6.5	– 39.7	379.1	46.1	0.8	60.4
有色金属矿采选业	– 133.0	– 38.8	– 5.2	– 18.8	389.7	44.9	0.9	69.2
非金属矿采选业	52.9	15.6	1.8	6.0	806.9	139.1	3.3	92.0
农副食品加工业	2110.3	626.1	72.7	275.7	1640.4	171.9	6.7	238.5
食品制造业	2713.5	733.0	92.1	288.0	1072.9	98.5	5.7	90.7
酒、饮料和精制茶制造业	1176.7	267.2	30.6	108.5	806.6	60.5	2.4	54.0
烟草制品业	355.9	114.1	9.9	38.7	243.9	67.8	2.1	24.6
纺织业	3092.8	833.4	115.9	366.5	3035.8	337.2	27.1	362.8
纺织服装、服饰业	3022.7	920.8	120.3	364.8	313.7	75.4	0.9	50.3
皮革、毛皮、羽毛及其制品和制鞋业	1223.8	398.6	58.6	147.8	189.6	40.5	0.5	28.1
木材加工和木、竹、藤、棕、草制品业	132.7	40.5	6.8	14.1	375.0	28.2	1.7	30.5
家具制造业	696.0	210.2	29.6	72.5	87.5	16.5	0.4	8.9
造纸和纸制品业	– 166.6	– 32.3	– 5.0	– 17.2	2444.2	178.8	15.3	231.8
印刷和记录媒介复制业	110.2	29.3	4.7	12.4	166.4	45.5	1.9	26.7
文教、工美、体育和娱乐用品制造业	1175.5	338.7	50.9	137.8	123.6	34.5	0.4	25.2
石油加工、炼焦和核燃料加工业	– 33.7	– 33.9	– 5.4	– 4.7	3012.3	4854.5	190.9	404.6

行业	行业完全能源消费				行业直接能源消费			
	煤炭	石油	天然气	清洁能源	煤炭	石油	天然气	清洁能源
化学原料和化学制品制造业	-3670.9	-1072.4	-367.2	-381.7	11958.4	2735.2	1407.8	1134.9
医药制造业	932.3	209.8	40.4	95.8	931.9	67.0	19.4	85.3
化学纤维制造业	26.8	12.4	1.5	3.3	1206.8	689.1	10.3	165.8
橡胶和塑料制品业	1602.6	464.0	110.7	185.4	1244.7	191.9	5.2	199.0
非金属矿物制品业	1714.8	299.3	27.9	125.7	11904.0	1371.9	57.5	705.2
黑色金属冶炼和压延加工业	-1932.4	-207.1	-22.7	-135.9	23079.6	770.3	62.3	1280.5
有色金属冶炼和压延加工业	-533.1	-91.7	-10.8	-78.3	4130.7	368.0	28.2	670.8
金属制品业	1937.0	333.7	38.9	195.5	1316.9	192.8	14.1	222.0
通用设备制造业	2945.0	590.5	77.7	288.8	1318.7	148.1	6.1	159.0
专用设备制造业	4169.8	784.4	109.7	391.8	763.6	111.6	32.4	82.5
交通运输设备制造业	4694.5	930.4	132.5	474.8	1532.9	184.9	30.3	204.9
电气机械和器材制造业	2651.2	607.3	89.7	310.6	615.2	136.5	15.9	102.6
计算机、通信和其他电子设备制造业	3436.4	931.0	159.1	398.7	562.7	165.2	66.1	118.4
仪器仪表制造业	-245.0	-58.8	-7.3	-27.1	142.9	30.6	0.9	25.3
其他制造业	1060.9	258.0	35.4	141.7	1088.9	195.3	22.3	180.7
电力、热力生产和供应业	1437.3	252.6	26.4	202.7	7150.6	523.9	26.8	1143.8
燃气生产和供应业	366.0	97.7	23.3	34.5	387.0	60.8	26.5	29.3
水的生产和供应业	149.9	19.9	2.6	27.6	479.1	26.7	1.7	110.0
建筑业	34947.4	9699.3	1026.3	3212.1	878.8	1510.3	11.0	116.2
交通运输、仓储和邮政业	2305.4	3923.4	189.2	283.6	1596.3	10485.0	161.6	228.6
批发、零售业和住宿、餐饮业	5140.5	1701.4	216.5	626.1	2573.5	497.0	90.0	377.3
其他行业	16337.3	6434.9	602.0	1931.1	3295.6	2694.1	10.9	550.1

附表 4 - 3　2007 年行业完全能源消费与行业直接能源消费

单位：万吨标准煤

行业	行业完全能源消费				行业直接能源消费			
	煤炭	石油	天然气	清洁能源	煤炭	石油	天然气	清洁能源
农林牧渔水利业	5344.0	1928.9	300.0	565.4	3779.6	2147.5	31.0	542.9
煤炭开采和洗选业	28.4	3.7	0.7	2.3	4912.8	161.0	48.7	375.4
石油和天然气开采业	- 3309.5	- 1381.2	- 632.4	- 334.6	1170.0	1396.7	880.9	193.4
黑色金属矿采业	- 2629.1	- 484.3	- 88.5	- 303.1	1354.1	76.5	11.1	189.7
有色金属矿采选业	- 1174.6	- 242.3	- 43.7	- 138.5	825.1	39.1	7.5	128.3
非金属矿采选业	- 156.2	- 36.0	- 6.4	- 14.2	1152.6	121.5	8.2	108.6
农副食品加工业	4694.4	1257.8	190.0	537.0	3296.7	177.7	19.4	458.1
食品制造业	4062.5	940.5	167.3	363.3	1627.3	96.6	29.2	109.2
酒、饮料和精制茶制造业	1831.5	371.9	64.2	140.0	1556.0	91.9	15.4	72.0
烟草制品业	657.0	150.4	29.8	65.5	213.5	14.8	5.7	23.1
纺织业	6981.4	1227.7	283.4	738.2	6356.4	266.4	69.5	731.3
纺织服装、服饰业	5906.2	1240.1	249.3	621.0	679.4	92.0	6.4	82.3
皮革、毛皮、羽毛及其制品和制鞋业	2293.6	574.4	121.1	230.5	417.3	56.1	3.4	47.3
木材加工和木、竹、藤、棕、草制品业	352.7	78.7	17.7	45.2	946.7	41.5	7.9	213.7
家具制造业	2456.4	517.8	109.2	240.3	158.0	26.9	1.9	22.6
造纸和纸制品业	- 550.3	- 81.3	- 20.3	- 53.1	3787.2	149.2	36.6	365.0
印刷和记录媒介复制业	49.0	9.2	2.3	4.9	296.4	37.5	6.4	46.0
文教、工美、体育和娱乐用品制造业	1984.5	402.3	98.7	197.0	181.4	40.1	1.7	32.9
石油加工、炼焦和核燃料加工业	- 630.7	- 442.5	- 69.8	- 51.1	5473.0	7531.2	297.9	266.4

行业	行业完全能源消费				行业直接能源消费			
	煤炭	石油	天然气	清洁能源	煤炭	石油	天然气	清洁能源
化学原料和化学制品制造业	-5952.6	-1377.8	-570.7	-492.0	25434.5	4215.6	2891.8	1905.2
医药制造业	1152.0	230.9	53.9	100.9	1566.2	64.5	28.8	117.6
化学纤维制造业	277.5	61.9	18.6	28.4	1520.1	174.4	21.3	200.8
橡胶和塑料制品业	2784.3	591.0	196.7	267.3	2824.8	234.1	39.8	403.9
非金属矿物制品业	1816.2	224.0	51.9	112.7	26387.5	1580.7	457.9	1257.3
黑色金属冶炼和压延加工业	3040.4	220.8	46.9	171.3	56998.9	530.3	325.7	2384.8
有色金属冶炼和压延加工业	-2308.4	-312.5	-67.9	-292.2	10179.8	549.6	165.9	1511.8
金属制品业	5689.5	689.5	141.2	480.6	2600.2	237.9	37.1	421.6
通用设备制造业	7936.6	1097.0	220.8	652.7	2735.3	204.5	57.1	279.4
专用设备制造业	9045.8	1251.7	274.7	713.7	1324.1	111.9	56.9	142.7
交通运输设备制造业	14744.5	2311.0	524.7	1252.2	2026.2	255.3	105.6	260.9
电气机械和器材制造业	10806.6	1814.6	401.9	1097.5	1422.1	244.0	35.6	214.6
计算机、通信和其他电子设备制造业	9246.3	1894.3	470.2	955.2	1587.0	220.1	101.2	300.8
仪器仪表制造业	-552.6	-107.4	-23.3	-55.0	227.3	37.2	3.9	38.0
其他制造业	2388.5	448.1	101.5	260.1	1058.3	72.0	11.9	188.2
电力、热力生产和供应业	1106.7	163.5	32.3	143.6	9276.0	287.9	102.1	1598.9
燃气生产和供应业	292.2	128.5	54.9	29.5	250.5	152.8	80.5	27.8
水的生产和供应业	306.5	32.7	8.4	49.1	676.9	19.4	8.8	136.2
建筑业	73751.6	15543.5	2375.7	5295.0	1411.6	2643.6	39.8	191.0
交通运输、仓储和邮政业	3444.6	5833.5	343.1	333.9	2204.4	19216.2	568.2	329.0
批发、零售业和住宿、餐饮业	7586.3	2633.8	421.6	827.0	4367.9	724.8	267.7	575.2
其他行业	26345.5	8381.2	1332.0	2764.0	6876.1	3448.9	285.6	1057.5

附表 4-2　　　　2002 年行业完全能源消费与行业
直接能源消费　　　　单位：万吨标准煤

行业	行业完全能源消费				行业直接能源消费			
	煤炭	石油	天然气	清洁能源	煤炭	石油	天然气	清洁能源
农林牧渔水利业	5885.4	2412.6	315.5	741.7	2627.1	1472.6	5.9	456.5
煤炭开采和洗选业	1213.9	173.3	15.9	125.8	3848.1	225.1	5.9	394.4
石油和天然气开采业	-634.0	-448.8	-206.4	-99.7	1456.1	1522.4	818.3	285.7
黑色金属矿采选业	-291.2	-63.1	-6.5	-39.7	379.1	46.1	0.8	60.4
有色金属矿采选业	-133.0	-38.8	-5.2	-18.8	389.7	44.9	0.9	69.2
非金属矿采选业	52.9	15.6	1.8	6.0	806.9	139.1	3.3	92.0
农副食品加工业	2110.3	626.1	72.7	275.7	1640.4	171.9	6.7	238.5
食品制造业	2713.5	733.0	92.1	288.0	1072.9	98.5	5.7	90.7
酒、饮料和精制茶制造业	1176.7	267.2	30.6	108.5	806.6	60.5	2.4	54.0
烟草制品业	355.9	114.1	9.9	38.7	243.9	67.8	2.1	24.6
纺织业	3092.8	833.4	115.9	366.5	3035.8	337.2	27.1	362.8
纺织服装、服饰业	3022.7	920.8	120.3	364.8	313.7	75.4	0.9	50.3
皮革、毛皮、羽毛及其制品和制鞋业	1223.8	398.6	58.6	147.8	189.6	40.5	0.5	28.1
木材加工和木、竹、藤、棕、草制品业	132.7	40.5	6.8	14.1	375.0	28.2	1.7	30.5
家具制造业	696.0	210.2	29.6	72.5	87.5	16.5	0.4	8.9
造纸和纸制品业	-166.6	-32.3	-5.0	-17.2	2444.2	178.8	15.3	231.8
印刷和记录媒介复制业	110.2	29.3	4.7	12.4	166.4	45.5	1.9	26.7
文教、工美、体育和娱乐用品制造业	1175.5	338.7	50.9	137.8	123.6	34.5	0.4	25.2
石油加工、炼焦和核燃料加工业	-33.7	-33.9	-5.4	-4.7	3012.3	4854.5	190.9	404.6

续表

行业	行业完全能源消费				行业直接能源消费			
	煤炭	石油	天然气	清洁能源	煤炭	石油	天然气	清洁能源
化学原料和化学制品制造业	-3670.9	-1072.4	-367.2	-381.7	11958.4	2735.2	1407.8	1134.9
医药制造业	932.3	209.8	40.4	95.8	931.9	67.0	19.4	85.3
化学纤维制造业	26.8	12.4	1.5	3.3	1206.8	689.1	10.3	165.8
橡胶和塑料制品业	1602.6	464.0	110.7	185.4	1244.7	191.9	5.2	199.0
非金属矿物制品业	1714.8	299.3	27.9	125.7	11904.0	1371.9	57.5	705.2
黑色金属冶炼和压延加工业	-1932.4	-207.1	-22.7	-135.9	23079.6	770.3	62.3	1280.5
有色金属冶炼和压延加工业	-533.1	-91.7	-10.8	-78.3	4130.7	368.0	28.2	670.8
金属制品业	1937.0	333.7	38.9	195.5	1316.9	192.8	14.1	222.0
通用设备制造业	2945.0	590.5	77.7	288.8	1318.7	148.1	6.1	159.0
专用设备制造业	4169.8	784.4	109.7	391.8	763.6	111.6	32.4	82.5
交通运输设备制造业	4694.5	930.4	132.5	474.8	1532.9	184.9	30.3	204.9
电气机械和器材制造业	2651.2	607.3	89.7	310.6	615.2	136.5	15.9	102.6
计算机、通信和其他电子设备制造业	3436.4	931.0	159.1	398.7	562.7	165.2	66.1	118.4
仪器仪表制造业	-245.0	-58.8	-7.3	-27.1	142.9	30.6	0.9	25.3
其他制造业	1060.9	258.0	35.4	141.7	1088.9	195.3	22.3	180.7
电力、热力生产和供应业	1437.3	252.6	26.4	202.7	7150.6	523.9	26.8	1143.8
燃气生产和供应业	366.0	97.7	23.3	34.5	387.0	60.8	26.5	29.3
水的生产和供应业	149.9	19.9	2.6	27.6	479.1	26.7	1.7	110.0
建筑业	34947.4	9699.3	1026.3	3212.1	878.8	1510.3	11.0	116.2
交通运输、仓储和邮政业	2305.4	3923.4	189.2	283.6	1596.3	10485.0	161.6	228.6
批发、零售业和住宿、餐饮业	5140.5	1701.4	216.5	626.1	2573.5	497.0	90.0	377.3
其他行业	16337.3	6434.9	602.0	1931.1	3295.6	2694.1	10.9	550.1

附表 4 - 3　2007 年行业完全能源消费与行业直接能源消费

单位：万吨标准煤

行业	行业完全能源消费				行业直接能源消费			
	煤炭	石油	天然气	清洁能源	煤炭	石油	天然气	清洁能源
农林牧渔水利业	5344.0	1928.9	300.0	565.4	3779.6	2147.5	31.0	542.9
煤炭开采和洗选业	28.4	3.7	0.7	2.3	4912.8	161.0	48.7	375.4
石油和天然气开采业	-3309.5	-1381.2	-632.4	-334.6	1170.0	1396.7	880.9	193.4
黑色金属矿采选业	-2629.1	-484.3	-88.5	-303.1	1354.1	76.5	11.1	189.7
有色金属矿采选业	-1174.6	-242.3	-43.7	-138.5	825.1	39.1	7.5	128.3
非金属矿采选业	-156.2	-36.0	-6.4	-14.2	1152.6	121.5	8.2	108.6
农副食品加工业	4694.4	1257.8	190.0	537.0	3296.7	177.7	19.4	458.1
食品制造业	4062.5	940.5	167.3	363.3	1627.3	96.6	29.2	109.2
酒、饮料和精制茶制造业	1831.5	371.9	64.2	140.0	1556.0	91.9	15.4	72.0
烟草制品业	657.0	150.4	29.8	65.5	213.5	14.8	5.7	23.1
纺织业	6981.4	1227.7	283.4	738.2	6356.4	266.4	69.5	731.3
纺织服装、服饰业	5906.2	1240.1	249.3	621.0	679.4	92.0	6.4	82.3
皮革、毛皮、羽毛及其制品和制鞋业	2293.6	574.4	121.1	230.5	417.3	56.1	3.4	47.3
木材加工和木、竹、藤、棕、草制品业	352.7	78.7	17.7	45.2	946.7	41.5	7.9	213.7
家具制造业	2456.4	517.8	109.2	240.3	158.0	26.9	1.9	22.6
造纸和纸制品业	-550.3	-81.3	-20.3	-53.1	3787.2	149.2	36.6	365.0
印刷和记录媒介复制业	49.0	9.2	2.3	4.9	296.4	37.5	6.4	46.0
文教、工美、体育和娱乐用品制造业	1984.5	402.3	98.7	197.0	181.4	40.1	1.7	32.9
石油加工、炼焦和核燃料加工业	-630.7	-442.5	-69.8	-51.1	5473.0	7531.2	297.9	266.4

续表

行业	行业完全能源消费				行业直接能源消费			
	煤炭	石油	天然气	清洁能源	煤炭	石油	天然气	清洁能源
化学原料和化学制品制造业	-5952.6	-1377.8	-570.7	-492.0	25434.5	4215.6	2891.8	1905.2
医药制造业	1152.0	230.9	53.9	100.9	1566.2	64.5	28.8	117.6
化学纤维制造业	277.5	61.9	18.6	28.4	1520.1	174.4	21.3	200.8
橡胶和塑料制品业	2784.3	591.0	196.7	267.3	2824.8	234.1	39.8	403.9
非金属矿物制品业	1816.2	224.0	51.9	112.7	26387.5	1580.7	457.9	1257.3
黑色金属冶炼和压延加工业	3040.4	220.8	46.9	171.3	56998.9	530.3	325.7	2384.8
有色金属冶炼和压延加工业	-2308.4	-312.5	-67.9	-292.2	10179.8	549.6	165.9	1511.8
金属制品业	5689.5	689.5	141.2	480.6	2600.2	237.9	37.1	421.6
通用设备制造业	7936.6	1097.0	220.8	652.7	2735.3	204.5	57.1	279.4
专用设备制造业	9045.8	1251.7	274.7	713.7	1324.1	111.9	56.9	142.7
交通运输设备制造业	14744.5	2311.0	524.7	1252.2	2026.2	255.3	105.6	260.9
电气机械和器材制造业	10806.6	1814.6	401.9	1097.5	1422.1	244.0	35.6	214.6
计算机、通信和其他电子设备制造业	9246.3	1894.3	470.2	955.2	1587.0	220.1	101.2	300.8
仪器仪表制造业	-552.6	-107.4	-23.3	-55.0	227.3	37.2	3.9	38.0
其他制造业	2388.5	448.1	101.5	260.1	1058.3	72.0	11.9	188.2
电力、热力生产和供应业	1106.7	163.5	32.3	143.6	9276.0	287.9	102.1	1598.9
燃气生产和供应业	292.2	128.5	54.9	29.5	250.5	152.8	80.5	27.8
水的生产和供应业	306.5	32.7	8.4	49.1	676.9	19.4	8.8	136.2
建筑业	73751.6	15543.5	2375.7	5295.0	1411.6	2643.6	39.8	191.0
交通运输、仓储和邮政业	3444.6	5833.5	343.1	333.9	2204.4	19216.2	568.2	329.0
批发、零售业和住宿、餐饮业	7586.3	2633.8	421.6	827.0	4367.9	724.8	267.7	575.2
其他行业	26345.5	8381.2	1332.0	2764.0	6876.1	3448.9	285.6	1057.5

附表 4 - 4　2012 年行业完全能源消费与行业直接能源消费

单位：万吨标准煤

行业	行业完全能源消费				行业直接能源消费			
	煤炭	石油	天然气	清洁能源	煤炭	石油	天然气	清洁能源
农林牧渔水利业	4794.0	2146.2	471.5	740.2	3920.9	2326.3	74.0	735.9
煤炭开采和洗选业	-953.5	-116.3	-33.2	-96.4	7768.9	364.6	109.3	639.4
石油和天然气开采业	-4882.5	-2132.0	-1793.0	-818.3	1182.7	1096.3	1339.7	289.9
黑色金属矿采选业	-3152.5	-777.9	-198.8	-572.3	1421.8	183.9	28.8	318.6
有色金属矿采选业	-1117.6	-235.1	-73.6	-214.3	933.6	69.6	21.1	238.2
非金属矿采选业	-183.0	-53.0	-13.6	-28.9	1388.8	352.2	58.3	257.3
农副食品加工业	4390.0	1758.8	376.8	692.1	2374.0	152.1	61.2	385.6
食品制造业	3692.4	1233.7	338.5	539.1	1320.9	73.9	101.0	163.9
酒、饮料和精制茶制造业	1905.9	560.9	162.3	263.0	1025.8	49.6	61.1	116.1
烟草制品业	328.4	92.7	34.3	53.0	189.8	9.1	26.8	37.5
纺织业	3031.3	593.3	201.5	529.5	5433.5	133.7	150.2	1068.4
纺织服装、服饰业	6993.5	1730.0	537.2	1205.8	667.0	66.1	25.2	144.6
占比其制品和制鞋业	906.8	265.1	71.3	163.6	451.4	33.8	12.3	110.0
木材加工和木、竹、藤、棕、草制品业	330.2	94.5	27.6	53.0	953.4	38.0	22.2	192.1
家具制造业	2110.0	565.7	171.2	318.7	141.0	22.2	12.1	33.4
造纸和纸制品业	-133.3	-23.7	-8.8	-18.2	3419.3	92.1	102.3	431.6
印刷和记录媒介复制业	92.6	21.4	7.6	14.3	302.5	23.2	20.2	78.0
文教、工美、体育和娱乐用品制造业	3326.3	769.0	276.9	558.9	193.6	34.1	26.1	46.6
石油加工、炼焦和核燃料加工业	453.4	353.4	122.1	62.7	4692.9	8352.7	1257.5	453.3

行业	行业完全能源消费				行业直接能源消费			
	煤炭	石油	天然气	清洁能源	煤炭	石油	天然气	清洁能源
化学原料和化学制品制造业	-2935.2	-952.8	-403.2	-378.7	25396.3	6973.4	3625.7	2911.6
医药制造业	1521.8	446.7	142.4	221.2	1368.0	59.8	90.2	191.2
化学纤维制造业	183.8	45.5	19.1	28.2	1306.1	34.8	58.2	243.9
橡胶和塑料制品业	1523.6	411.5	161.1	239.2	3120.8	121.1	119.4	745.8
非金属矿物制品业	2317.0	407.2	141.4	245.4	25420.9	2482.6	1107.6	2145.3
黑色金属冶炼和压延加工业	1924.5	154.5	61.2	169.6	59563.6	337.3	809.9	3812.2
有色金属冶炼和压延加工业	-5527.7	-759.8	-354.2	-1130.3	11796.6	530.5	605.9	2782.8
金属制品业	5915.1	824.1	310.0	797.7	3028.7	134.4	165.2	754.5
通用设备制造业	10342.6	1747.5	609.1	1428.0	2875.7	152.1	142.5	508.9
专用设备制造业	12633.1	2215.6	771.9	1681.0	1421.1	109.3	113.6	282.9
交通运输设备制造业	19071.0	3813.6	1406.3	2748.6	2851.3	271.0	386.2	598.3
电气机械和器材制造业	11959.6	2340.3	867.4	1991.0	1743.0	133.2	120.1	446.9
计算机、通信和其他电子设备制造业	6784.8	1631.5	576.3	1174.5	2055.2	73.8	142.5	557.3
仪器仪表制造业	118.8	26.0	8.6	18.8	237.3	19.8	12.8	59.2
其他制造业	-708.4	-119.8	-45.9	-136.2	1355.3	44.0	49.8	342.8
电力、热力生产和供应业	1850.8	244.3	91.4	344.0	11033.0	173.3	255.1	2671.7
燃气生产和供应业	617.9	181.9	143.7	107.4	368.3	10.9	65.0	79.4
水的生产和供应业	589.1	51.8	26.0	142.9	889.8	11.2	24.5	248.8
建筑业	84537.8	19313.2	5042.8	9803.5	2129.0	3783.3	56.9	442.6
交通运输、仓储和邮政业	3659.5	7861.6	917.0	597.7	2851.1	26723.9	1960.8	666.7
批发、零售业和住宿、餐饮业	6673.9	2363.0	689.8	1177.8	6232.1	863.9	631.7	1232.3
其他行业	29659.8	12124.6	2842.2	4995.7	9820.5	4702.2	648.7	2246.7

附表 4 – 5　　城乡居民石油间接消费的行业分布　单位：万吨标准煤

行业	农村居民消费				城镇居民消费			
	1997 年	2002 年	2007 年	2012 年	1997 年	2002 年	2007 年	2012 年
农林牧渔水利业	1419.6	972.3	684.0	713.6	762.2	1090.2	795.0	1114.3
煤炭开采和洗选业	17.3	16.1	12.5	8.0	3.9	31.8	8.6	5.1
石油和天然气开采业	0.0	0.0	0.0	0.0	8.0	26.1	0.0	0.0
黑色金属矿采选业	0.0	0.0	0.0	0.0	0.0	0.0	0.0	0.0
有色金属矿采选业	0.0	0.0	0.0	0.0	0.0	0.0	0.0	0.0
非金属矿采选业	3.6	1.8	0.0	0.0	3.6	6.8	0.0	0.0
农副食品加工业	246.8	205.4	284.3	407.6	366.0	348.2	751.4	1284.1
食品制造业	275.2	181.7	184.2	329.8	248.1	435.7	664.9	814.7
酒、饮料和精制茶制造业	209.8	95.0	94.0	190.4	163.5	143.7	203.2	336.4
烟草制品业	69.4	33.5	38.1	25.8	77.9	58.3	87.6	62.9
纺织业	111.7	91.0	31.7	32.2	83.3	191.4	43.7	54.6
纺织服装、服饰业	134.2	71.2	121.8	168.1	290.9	375.9	480.9	712.9
皮革、毛皮、羽毛及其制品和制鞋业	41.7	28.4	37.4	20.7	115.5	157.2	249.2	103.7
木材加工和木、竹、藤、棕、草制品业	36.1	6.8	5.4	6.0	72.0	22.9	15.1	19.7
家具制造业	5.1	15.4	11.7	22.1	5.4	65.6	53.6	80.9
造纸和纸制品业	12.9	12.5	3.3	4.3	11.6	23.6	14.9	16.6
印刷和记录媒介复制业	1.1	0.4	1.0	1.5	1.4	2.5	3.2	3.5
文教、工美、体育和娱乐用品制造业	14.3	10.0	8.7	35.2	47.1	80.6	49.1	150.4
石油加工、炼焦和核燃料加工业	41.6	53.1	52.3	70.5	50.5	120.0	379.6	741.7
化学原料和化学制品制造业	143.2	58.3	67.6	63.1	149.7	181.2	252.9	408.4
医药制造业	79.2	65.9	45.2	79.7	42.5	107.4	118.9	326.4

续表

行业	农村居民消费				城镇居民消费			
	1997 年	2002 年	2007 年	2012 年	1997 年	2002 年	2007 年	2012 年
化学纤维制造业	0.0	0.0	0.0	0.0	0.0	0.0	0.0	0.0
橡胶和塑料制品业	63.4	47.0	39.8	17.3	37.4	81.2	87.2	56.7
非金属矿物制品业	69.2	53.4	12.9	28.4	178.3	247.2	58.8	67.8
黑色金属冶炼和压延加工业	4.4	2.9	0.0	0.0	4.0	6.2	0.0	0.0
有色金属冶炼和压延加工业	0.0	0.0	0.0	0.0	0.0	0.0	0.0	0.0
金属制品业	58.3	22.6	12.6	10.5	67.1	99.7	60.8	48.5
通用设备制造业	0.0	0.2	0.0	5.4	0.0	6.6	0.0	12.7
专用设备制造业	5.4	2.7	0.8	1.4	11.9	17.0	9.9	13.1
交通运输设备制造业	117.0	55.8	81.6	97.8	82.3	121.8	313.4	680.7
电气机械和器材制造业	169.8	52.1	77.8	104.5	209.8	227.3	273.8	323.7
计算机、通信和其他电子设备制造业	78.0	51.5	69.2	80.1	138.9	258.6	238.0	290.6
仪器仪表制造业	6.5	6.1	8.0	5.7	4.5	10.0	10.3	14.7
其他制造业	59.4	21.7	23.8	5.3	75.5	97.0	150.4	12.2
电力、热力生产和供应业	72.3	55.1	71.0	55.6	113.1	227.2	258.1	190.0
燃气生产和供应业	0.0	0.0	15.8	8.8	60.8	76.8	93.2	162.8
水的生产和供应业	5.0	4.4	5.8	5.4	29.5	41.1	30.3	46.9
建筑业	0.0	0.0	0.0	0.0	0.0	0.0	238.5	0.0
交通运输、仓储和邮政业	702.7	498.5	452.8	744.7	644.7	1386.3	1470.8	3119.6
批发、零售业和住宿、餐饮业	313.1	237.0	432.9	266.0	408.9	812.9	1307.1	1131.8
其他行业	656.2	829.7	762.7	1007.9	1010.2	2003.8	2851.6	4149.0

附表 4-6　　城乡居民天然气间接消费的行业分布　单位：万吨标准煤

行业	农村居民消费				城镇居民消费			
	1997 年	2002 年	2007 年	2012 年	1997 年	2002 年	2007 年	2012 年
农林牧渔水利业	177.6	127.1	106.4	156.8	95.4	142.6	123.7	244.8
煤炭开采和洗选业	1.5	1.5	2.2	2.3	0.3	2.9	1.5	1.5
石油和天然气开采业	0.0	0.0	0.0	0.0	3.3	12.0	0.0	0.0
黑色金属矿采选业	0.0	0.0	0.0	0.0	0.0	0.0	0.0	0.0
有色金属矿采选业	0.0	0.0	0.0	0.0	0.0	0.0	0.0	0.0
非金属矿采选业	0.3	0.2	0.0	0.0	0.3	0.8	0.0	0.0
农副食品加工业	27.8	23.9	42.9	87.3	41.2	40.4	113.5	275.1
食品制造业	29.1	22.8	32.8	90.5	26.3	54.8	118.3	223.6
酒、饮料和精制茶制造业	20.7	10.9	16.2	55.1	16.2	16.5	35.1	97.3
烟草制品业	8.3	2.9	7.6	9.6	9.3	5.1	17.4	23.3
纺织业	14.4	12.7	7.3	10.9	10.7	26.6	10.1	18.6
纺织服装、服饰业	17.2	9.3	24.5	52.2	37.3	49.1	96.7	221.4
皮革、毛皮、羽毛及其制品和制鞋业	5.0	4.2	7.9	5.6	13.9	23.1	52.5	27.9
木材加工和木、竹、藤、棕、草制品业	3.9	1.1	1.2	1.7	7.7	3.9	3.4	5.7
家具制造业	0.6	2.2	2.5	6.7	0.7	9.2	11.3	24.5
造纸和纸制品业	1.5	2.0	0.8	1.6	1.3	3.7	3.7	6.1
印刷和记录媒介复制业	0.1	0.1	0.3	0.5	0.2	0.4	0.8	1.3
文教、工美、体育和娱乐用品制造业	1.9	1.5	2.1	12.7	6.4	12.1	12.0	54.1
石油加工、炼焦和核燃料加工业	5.4	8.4	8.2	24.4	6.6	19.0	59.8	256.2
化学原料和化学制品制造业	38.2	20.0	28.0	26.7	39.9	62.0	104.8	172.8
医药制造业	11.1	12.7	10.5	25.4	6.0	20.7	27.7	104.1

续表

行业	农村居民消费				城镇居民消费			
	1997 年	2002 年	2007 年	2012 年	1997 年	2002 年	2007 年	2012 年
化学纤维制造业	0.0	0.0	0.0	0.0	0.0	0.0	0.0	0.0
橡胶和塑料制品业	12.0	11.2	13.3	6.8	7.1	19.4	29.0	22.2
非金属矿物制品业	6.8	5.0	3.0	9.9	17.4	23.1	13.6	23.5
黑色金属冶炼和压延加工业	0.4	0.3	0.0	0.0	0.4	0.7	0.0	0.0
有色金属冶炼和压延加工业	0.0	0.0	0.0	0.0	0.0	0.0	0.0	0.0
金属制品业	5.4	2.6	2.6	4.0	6.2	11.6	12.4	18.2
通用设备制造业	0.0	0.0	0.0	1.9	0.0	0.9	0.0	4.4
专用设备制造业	0.6	0.4	0.2	0.5	1.3	2.4	2.2	4.6
交通运输设备制造业	12.1	8.0	18.5	36.1	8.5	17.4	71.2	251.0
电气机械和器材制造业	21.3	7.7	17.2	38.7	26.3	33.6	60.6	120.0
计算机、通信和其他电子设备制造业	11.1	8.8	17.2	28.3	19.7	44.2	59.1	102.7
仪器仪表制造业	0.7	0.8	1.7	1.9	0.5	1.3	2.2	4.8
其他制造业	6.8	3.0	5.4	2.0	8.7	13.3	34.1	4.7
电力、热力生产和供应业	7.5	5.7	14.0	20.8	11.8	23.7	51.0	71.1
燃气生产和供应业	0.0	0.0	6.8	7.0	5.4	18.3	39.8	128.6
水的生产和供应业	0.6	0.6	1.5	2.7	3.4	5.3	7.8	23.5
建筑业	0.0	0.0	0.0	0.0	0.0	0.0	36.5	0.0
交通运输、仓储和邮政业	16.0	24.0	26.6	86.9	14.6	66.8	86.5	363.9
批发、零售业和住宿、餐饮业	28.6	30.2	69.3	77.7	37.4	103.5	209.2	330.4
其他行业	42.4	77.6	121.2	236.3	65.3	187.5	453.2	972.6

附表 4 - 7　　　　城乡居民清洁能源间接消费的行业分布

单位：万吨标准煤

行业	农村居民消费				城镇居民消费			
	1997 年	2002 年	2007 年	2012 年	1997 年	2002 年	2007 年	2012 年
农林牧渔水利业	419.7	298.9	200.5	246.1	225.3	335.2	233.0	384.3
煤炭开采和洗选业	11.8	11.7	7.7	6.6	2.6	23.1	5.3	4.3
石油和天然气开采业	0.0	0.0	0.0	0.0	1.9	5.8	0.0	0.0
黑色金属矿采选业	0.0	0.0	0.0	0.0	0.0	0.0	0.0	0.0
有色金属矿采选业	0.0	0.0	0.0	0.0	0.0	0.0	0.0	0.0
非金属矿采选业	1.0	0.7	0.0	0.0	1.0	2.6	0.0	0.0
农副食品加工业	85.8	90.4	121.4	160.4	127.3	153.3	320.8	505.3
食品制造业	100.3	71.4	71.2	144.1	90.4	171.2	256.9	356.0
酒、饮料和精制茶制造业	75.2	38.6	35.4	89.3	58.6	58.4	76.5	157.7
烟草制品业	24.5	11.4	16.6	14.8	27.5	19.8	38.2	35.9
纺织业	46.1	40.0	19.1	28.7	34.4	84.2	26.3	48.8
纺织服装、服饰业	48.9	28.2	61.0	117.2	106.1	148.9	240.8	496.9
皮革、毛皮、羽毛及其制品和制鞋业	14.4	10.5	15.0	12.8	39.8	58.3	100.0	64.0
木材加工和木、竹、藤、棕、草制品业	14.2	2.3	3.1	3.3	28.3	7.9	8.7	11.0
家具制造业	2.0	5.3	5.4	12.5	2.1	22.6	24.9	45.6
造纸和纸制品业	6.4	6.7	2.1	3.3	5.7	12.6	9.8	12.8
印刷和记录媒介复制业	0.5	0.2	0.6	1.0	0.6	1.0	1.7	2.4
文教、工美、体育和娱乐用品制造业	5.2	4.1	4.2	25.6	17.2	32.8	24.0	109.3
石油加工、炼焦和核燃料加工业	4.5	7.3	6.0	12.5	5.5	16.5	43.8	131.6
化学原料和化学制品制造业	46.8	20.8	24.1	25.1	49.0	64.5	90.3	162.3
医药制造业	35.3	30.1	19.8	39.5	18.9	49.0	52.0	161.6

续表

行业	农村居民消费				城镇居民消费			
	1997 年	2002 年	2007 年	2012 年	1997 年	2002 年	2007 年	2012 年
化学纤维制造业	0.0	0.0	0.0	0.0	0.0	0.0	0.0	0.0
橡胶和塑料制品业	23.9	18.8	18.0	10.0	14.1	32.4	39.4	33.0
非金属矿物制品业	25.5	22.4	6.5	17.1	65.7	103.8	29.6	40.8
黑色金属冶炼和压延工业	2.2	1.9	0.0	0.0	2.0	4.1	0.0	0.0
有色金属冶炼和压延工业	0.0	0.0	0.0	0.0	0.0	0.0	0.0	0.0
金属制品业	26.8	13.2	8.8	10.2	30.9	58.4	42.4	46.9
通用设备制造业	0.0	0.1	0.0	4.4	0.0	3.2	0.0	10.4
专用设备制造业	2.3	1.4	0.5	1.1	5.1	8.5	5.6	9.9
交通运输设备制造业	54.1	28.5	44.2	70.5	38.0	62.2	169.8	490.6
电气机械和器材制造业	76.0	26.7	47.0	88.9	93.9	116.3	165.6	275.4
计算机、通信和其他电子设备制造业	29.4	22.1	34.9	57.6	52.4	110.7	120.0	209.2
仪器仪表制造业	2.8	2.8	4.1	4.2	1.9	4.6	5.3	10.6
其他制造业	24.4	11.9	13.8	6.0	31.1	53.3	87.3	13.9
电力、热力生产和供应业	48.6	44.2	62.3	78.3	76.0	182.3	226.7	267.6
燃气生产和供应业	0.0	0.0	3.6	5.2	16.9	27.1	21.4	96.1
水的生产和供应业	4.6	6.1	8.7	14.8	27.3	57.2	45.5	129.2
建筑业	0.0	0.0	0.0	0.0	0.0	0.0	81.3	0.0
交通运输、仓储和邮政业	40.7	36.0	25.9	56.6	37.4	100.2	84.2	237.2
批发、零售业和住宿、餐饮业	100.9	87.2	135.9	132.6	131.8	299.2	410.4	564.1
其他行业	154.3	249.0	251.5	415.3	237.5	601.3	940.4	1709.6

参考文献

Abrahamse, W. and Steg, L. , "How Do Socio – Demographic and Psycho-logical Factors Relate to Households' Direct and Indirect Energy Use and Savings?", *Journal of Economic Psychology*, Vol. 30, No. 5, 2009, pp. 711 – 720.

Achão, C. and Schaeffer, R. , "Decomposition Analysis of the Variations in Residential Electricity Consumption in Brazil for the 1980 – 2007 Pe-riod: Measuring the Activity, Intensity and Structure Effects", *Ener-gy Policy*, Vol. 37, No. 12, 2009, pp. 5208 – 5220.

Allcott, H. , Social Norms and Energy Conservation, MIT Centre for Ener-gy and Environmental Policy Research (MIT REEPR), WP – 2009 – 014.

Anna, Javellana and Lising, M. P. P. , "Buying Down Our Carbon Foot-print: An Econometric Analysis of the Impact of Green Pricing Pro-grams on Electricity Consumption in the US Residential Sector", *Ur-ban Climate*, Vol. 1, 2012, pp. 20 – 39.

Aslani, A. , Naaranoja, M. and Zakeri, B. , "The Prime Criteria for Pri-vate Sector Participation in Renewable Energy Investment in the Middle East (Case Study: Iran)", *Renewable and Sustainable Energy Re-views*, Vol. 16, No. 4, 2012, pp. 1977 – 1987.

Bin, S. and Dowlatabadi, H. , "Consumer Lifestyle Approach to US En-ergy Use and the Related CO_2 Emissions", *Energy Policy*, Vol. 33, No. 2, 2005, pp. 197 – 208.

Bodger, P. S. , Moutter, S. P. and Gough, P. T. , "Spectral Estimation and Time – Series Extrapolation of Prime Indicators of Society", *Technological Forecasting and Social Change*, Vol. 29, No. 4, 1986, pp. 367 – 386.

Botetzagias, I., Malesios, C. and Poulou, D., "Electricity Curtailment Behaviors in Greek Households: Different Behaviors, Different Predictors", *Energy Policy*, Vol. 69, 2014, pp. 415 – 424.

Butnar, I. and Llop, M., "Structural Decomposition Analysis and Input – Output Subsystems: Changes in CO_2 Emissions of Spanish Service Sectors (2000 – 2005)", *Ecological Economics*, Vol. 70, No. 11, 2011, pp. 2012 – 2019.

Cagno, E. and Trianni, A., "Exploring Drivers for Energy Efficiency within Small – and Medium – Sized Enterprises: First Evidences From Italian Manufacturing Enterprises", *Applied Energy*, Vol. 104, 2013, pp. 276 – 285.

Cellura, M., Longo, S. and Mistretta, M., "Application of the Structural Decomposition Analysis to Assess the Indirect Energy Consumption and Air Emission Changes Related to Italian Households Consumption", *Renewable and Sustainable Energy Reviews*, Vol. 16, No. 2, 2012, pp. 1135 – 1145.

Chien, T. and Hu, J., "Renewable Energy and Macroeconomic Efficiency of OECD and Non – OECD Economies", *Energy Policy*, Vol. 35, No. 7, 2007, pp. 3606 – 3615.

Chitnis, M. and Hunt, L. C., "What Drives the Change in UK Household Energy Expenditure and Associated CO_2 Emissions? Implication and Forecast to 2020", *Applied Energy*, Vol. 94, 2012, pp. 202 – 214.

Costan, Za R. and D' De G. Rudolf Arger, "The Value of the World's Ecosystem Services and Natureal Capital", *Nature*, Vol. 387, No. 4, 1997, pp. 253 – 260.

De Lauretis, S., Ghersi, F. and Cayla, J., "Energy Consumption and

Activity Patterns: An Analysis Extended to Total Time and Energy Use for French Households", *Applied Energy*, Vol. 206, 2017, pp. 634 – 648.

Demirba, S. A. , "Recent Advances in Biomass Conversion Technologies", *Energy Edu. Science Technology*, No. 6, 2000, pp. 19 – 40.

Diaz, Arias A. and Van Beers, C. , "Energy Subsidies, Structure of Electricity Prices and Technological Change of Energy Use", *Energy Economics*, Vol. 40, 2013, pp. 495 – 502.

Ding, W. , Wang, L. , Chen, B. , Xu, L. and Li, H. , "Impacts of Renewable Energy on Gender in Rural Communities of North – West China", *Renewable Energy*, Vol. 69, 2014, pp. 180 – 189.

Druckman, A. and Jackson, T. , "Household Energy Consumption in the UK: A Highly Geographically and Socio – Economically Disaggregated Model", *Energy Policy*, Vol. 36, No. 8, 2008, pp. 3177 – 3192.

Fan, H. , MacGill, I. F. and Sproul, A. B. , "Statistical Analysis of Drivers of Residential Peak Electricity Demand", *Energy and Buildings*, Vol. 141, 2017, pp. 205 – 217.

Feng, Z. , Zou, L. and Wei, Y. , "The Impact of Household Consumption on Energy Use and CO_2 Emissions in China", *Energy*, Vol. 36, No. 1, 2011, pp. 656 – 670.

Giuseppe, D. V. , "Renewable Resources and Waste Recycling", *Environmental Modeling and Assessment*, Vol. 9, No. 3, 2005, pp. 159 – 167.

Hager, T. J. and Morawicki, R. , "Energy Consumption During Cooking in the Residential Sector of Developed Nations: A Review", *Food Policy*, Vol. 40, 2013, pp. 54 – 63.

Hamza, N. and Gilroy, R. , "The Challenge to UK Energy Policy: An Ageing Population Perspective on Energy Saving Measures and Consumption", *Energy Policy*, Vol. 39, No. 2, 2011, pp. 782 – 789.

Hartwig, J. , Kockat, J. , Schade, W. and Braungardt, S. , "The Macroeconomic Effects of Ambitious Energy Efficiency Policy in Germany – Combining Bottom – Up Energy Modelling with a Non – Equilibrium Macroeconomic Model", *Energy*, Vol. 124, 2017, pp. 510 – 520.

Hayn, M. , Bertsch, V. and Fichtner, W. , "Electricity Load Profiles in Europe: The Importance of Household Segmentation", *Energy Research & Social Science*, Vol. 3, 2014, pp. 30 – 45.

Hefner, III R. A. , "The Age of Energy Gases", *International Journal of Hydrogen Energy*, Vol. 27, No. 1, 2002, pp. 1 – 9.

Hoechle, D. , "Robust Standard Errors for Panel Regressions with Cross Sectional Dependence", *Stata Journal*, No. 3, 2007, pp. 281 – 312.

IEA, Energy Balances of OECD Countries, 2010 edition.

Jaffe, A. B. , Newell, R. G. and Stavins, R. N. , "Chapter 11 – Technological Change and the Environment", Handbook of Environmental Economics, 2003, pp. 461 – 516.

Jebaraj, S. and Iniyan, S. , "A Review of Energy Models", *Renewable and Sustainable Energy Reviews*, Vol. 10, No. 4, 2006, pp. 281 – 311.

Jaynes, E. T. , "Information Theory and Statistical Mechanics", *The Physical Review*, Vol. 106, No. 5, 1957, pp. 620 – 630.

Kahrl, F. and Roland – Holst, D. , "Growth and Structural Change in China's Energy Economy", *Energy*, Vol. 34, No. 7, 2009, pp. 894 – 903.

Kennedy, C. , Steinberger, J. , Gasson, B. , Hansen, Y. , Hillman, T. , Havránek, M. , Pataki, D. , Phdungsilp, A. , Ramaswami, A. and Mendez, G. V. , "Methodology for Inventorying Greenhouse Gas Emissions from Global Cities", *Energy Policy*, Vol. 38, No. 9, 2010, pp. 4828 – 4837.

Kim, M. J. , Cho, M. E. and Kim, J. T. , "Energy Use of Households in Apartment Complexes with Different Service Life", *Energy and Build-*

ings, Vol. 66, 2013, pp. 591 – 598.

Kostka, G., Moslener, U. and Andreas, J., "Barriers to Increasing Energy Efficiency: Evidence From Small – and Medium – Sized Enterprises in China", *Journal of Cleaner Production*, Vol. 57, 2013, pp. 59 – 68.

Lenzen, M., "Primary Energy and Greenhouse Gases Embodied in Australian Final Consumption: An Input – Output Analysis", *Energy Policy*, Vol. 26, No. 6, 1998, pp. 495 – 506.

Liu, H., Polenske, K. R., Guilhoto, J. J. M. and Xi, Y., "Direct and Indirect Energy Use in China and the United States", *Energy*, Vol. 71, 2014, pp. 414 – 420.

Liu, L. and Wu, G., "Relating Five Bounded Environmental Problems to China's Household Consumption in 2011 – 2015", *Energy*, Vol. 57, 2013, pp. 427 – 433.

Liu, Y., Zhao, G. and Zhao, Y., "An Analysis of Chinese Provincial Carbon Dioxide Emission Efficiencies Based on Energy Consumption Structure", *Energy Policy*, Vol. 96, 2016, pp. 524 – 533.

Mai, X. and Wang, C., "Analysis of Factors Affecting Household Consumption Pattern Change", *Business Economy*, No. 1, 2011, pp. 3 – 4.

Marchetti, C., "Primary Energy Substitution Models: On the Interaction Between Energy and Society", *Technological Forecasting and Social Change*, Vol. 10, No. 4, 1977, pp. 345 – 356.

Marchetti, C. and Nakirenovi, C. N., "The Dynamics of Energy Systems and the Logistic Substitution Model", Laxenburg: ASA, 1979.

Momsen, K. and Stoerk, T., "From Intention to Action: Can Nudges Help Consumers to Choose Renewable Energy?", *Energy Policy*, Vol. 74, 2014, pp. 376 – 382.

Nakata, T., "Energy – Economic Models and the Environment", *Progress in Energy and Combustion Science*, Vol. 30, No. 4, 2004, pp. 417 – 475.

Nässén, J., "Determinants of Greenhouse Gas Emissions From Swedish Private Consumption: Time – Series and Cross – Sectional Analyses", *Energy*, Vol. 66, 2014, pp. 98 – 106.

Pachauri, S. and Spreng, D., "Direct and Indirect Energy Requirements of Households in India", *Energy Policy*, Vol. 30, No. 6, 2002, pp. 511 – 523.

Permana, A. S., Perera, R. and Kumar, S., "Understanding Energy Consumption Pattern of Households in Different Urban Development Forms: A Comparative Study in Bandung City, Indonesia", *Energy Policy*, Vol. 36, No. 11, 2008, pp. 4287 – 4297.

Ramazan, S., Ewing, T. and Soytas, U., "The Relationship Between Disaggregate Energy Consumption and Industrial Production in the United States: An ARDL Approach", *Energy Economics*, Vol. 30, No. 5, 2008, pp. 2302 – 2313.

Reinders, A. H. M. E., Vringer, K. and Blok, K., "The Direct and Indirect Energy Requirement of Households in the European Union", *Energy Policy*, Vol. 31, No. 2, 2003, pp. 139 – 153.

Sari, R., Ewing, B. T. and Soytas, U., "The Relationship Between Disaggregate Energy Consumption and Industrial Production in the United States: An ARDL Approach", *Energy Economics*, Vol. 30, No. 5, 2008, pp. 2302 – 2313.

Schelly, C., "Implementing Renewable Energy Portfolio Standards: The Good, the Bad, and the Ugly in a Two State Comparison", *Energy Policy*, Vol. 67, 2014, pp. 543 – 551.

Schipper, L. and Bartlett, S., "Linking Life – Styles and Energy Use: A Matter of Time?", *Annual Review of Energy*, Vol. 14, No. 1, 1989, pp. 271 – 320.

Shannon, C. E., "A Mathematical Theory of Communication", *The Bell System Technical Journal*, Vol. 27, No. 7, 10, 1948, pp. 379 – 423, 623 – 656.

Terrapon – Pfaff, J. , Dienst, C. , KÖnig, J. and Ortiz, W. , "A Cross – Sectional Review: Impacts and Sustainability of Small – Scale Renewable Energy Projects in Developing Countries", *Renewable and Sustainable Energy Reviews*, Vol. 40, 2014, pp. 1 – 10.

Thomas, B. A. and Azevedo, I. L. , "Estimating Direct and Indirect Rebound Effects for U. S. Households with Input – Output Analysis. Part 2: Simulation", *Ecological Economics*, Vol. 86, 2013, pp. 188 – 198.

Tso, G. K. F. , Liu, F. and Liu, K. , "The Influence Factor Analysis of Comprehensive Energy Consumption in Manufacturing Enterprises", *Procedia Computer Science*, Vol. 17, 2013, pp. 752 – 758.

Vollebergh, H. R. , "The Role of Environmental Taxation in Spurring Technological Change", *Handbook of Research on Environmental Taxation*, No. 1, 2012, pp. 360 – 376.

Vringer, K. , Aalbers, T. and Blok, K. , "Household Energy Requirement and Value Patterns", *Energy Policy*, Vol. 35, No. 1, 2007, pp. 553 – 566.

Vringer, K. , Blok, K. , "The Direct and Indirect Energy Requirements of Households in the Netherlands", *Energy Policy*, Vol. 23, No. 10, 1995, pp. 893 – 910.

Wang, J. and Li, L. , "Sustainable Energy Development Scenario Forecasting and Energy Saving Policy Analysis of China", *Renewable and Sustainable Energy Reviews*, Vol. 58, 2016, pp. 718 – 724.

Wang, M. , Che, Y. , Yang, K. and Wang, M. , Xiong, L. and Huang, Y. , "A Local – Scale Low – Carbon Plan Based on the STIRPAT Model and the Scenario Method: The Case of Minhang District, Shanghai, China", *Energy Policy*, Vol. 39, No. 11, 2011, pp. 6981 – 6990.

Wang, Z. and Yang, L. , "Indirect Carbon Emissions in Household Consumption: Evidence from the Urban and Rural Area in China", *Jour-

nal of Cleaner Production, Vol. 78, 2014, pp. 94 – 103.

Weber, C. and Perrels, A., "Modelling Lifestyle Effects on Energy Demand and Related Emissions", *Energy Policy*, Vol. 28, No. 8, 2000, pp. 549 – 566.

Wei, Y., Liu, L., Fan, Y. and Wu, G., "The Impact of Lifestyle on Energy Use and CO_2 Emission: An Empirical Analysis of China's Residents", *Energy Policy*, Vol. 35, No. 1, 2007, pp. 247 – 257.

Wiedenhofer, D., Lenzen, M. and Steinberger, J. K., "Energy Requirements of Consumption: Urban Form, Climatic and Socio – Economic Factors, Rebounds and Their Policy Implications", *Energy Policy*, Vol. 63, 2013, pp. 696 – 707.

Wu, Z. and Xu, J., "Predicting and Optimization of Energy Consumption Using System Dynamics – Fuzzy Multiple Objective Programming in World Heritage Areas", *Energy*, Vol. 49, 2013, pp. 19 – 31.

Yu, B., Zhang, J. and Fujiwara, A., "Evaluating the Direct and Indirect Rebound Effects in Household Energy Consumption Behavior: A Case Study of Beijing", *Energy Policy*, Vol. 57, 2013, pp. 441 – 453.

Zhao, H. and Magoulès, F., "A Review on the Prediction of Building Energy Consumption", *Renewable and Sustainable Energy Reviews*, Vol. 16, No. 6, 2012, pp. 3586 – 3592.

Zhou, S. and Zheng, X., "Analysis of Factors That Affect Chinese Household Consumption Pattern", *Consuming Guide*, No. 3, 2010, pp. 5 – 7.

［美］尼克·威尔金森：《行为经济学》，贺京同等译，中国人民大学出版社 2012 年版。

鲍健强、苗阳、陈锋：《低碳经济：人类经济发展方式的新变革》，《中国工业经济》2008 年第 4 期。

蔡福安：《世界一次能源替代的系统动力学模型》，《石油大学学报》（自然科学版）1994 年第 5 期。

曹明霞：《城乡一体化监测指标体系及其综合评价模型研究》，《西北农林科技大学学报》（社会科学版）2011 年第 5 期。

曹玉书、尤卓雅：《资源约束、能源替代与可持续发展——基于经济增长理论的国外研究综述》，《浙江大学学报》（人文社会科学版）2010 年第 4 期。

柴建、郭菊娥、卢虎、张利霞：《基于 Bayes 误差修正的我国能源消费需求组合预测研究》，《中国人口·资源与环境》2008 年第 4 期。

陈继勇、彭巍、胡艺：《中国碳强度的影响因素——基于各省市面板数据的实证研究》，《经济管理》2011 年第 5 期。

陈闻君、佘开勇：《实现新疆经济发展和降低碳强度的双赢研究——基于一次能源消费结构优化的实证分析》，《新疆社会科学》2014 年第 2 期。

陈迅、袁海蔚：《中国生活能源消费行为影响因素的实证研究》，《消费经济》2008 年第 5 期。

成金华、陈军：《中国城市化进程中的能源消费区域差异——基于面板数据的实证研究》，《经济评论》2009 年第 3 期。

迟国泰、齐菲、张楠：《基于最优组合赋权的城市生态评价模型及应用》，《运筹与管理》2012 年第 2 期。

揣小伟、黄贤金、王倩倩、钟太洋：《基于信息熵的中国能源消费动态及其影响因素分析》，《资源科学》2009 年第 8 期。

崔述强：《加强能源统计监测工作》，《中国统计》2007 年第 4 期。

戴彦德、吕斌、冯超：《"十三五"中国能源消费总量控制与节能》，《北京理工大学学报》（社会科学版）2015 年第 1 期。

邓可蕴、贺亮：《我国农村地区能源形势分析》，《中国工程科学》2000 年第 6 期。

杜杰慧：《基于模糊 C—均值聚类的能源消费结构分析》，《学术交流》2008 年第 12 期。

段禄峰、张鸿：《城乡一体化发展绩效评估体系研究——以西安市为例》，《干旱区资源与环境》2012 年第 4 期。

范德成、王韶华、张伟：《低碳经济目标下一次能源消费结构影响因素分析》,《资源科学》2012 年第 4 期。

范晓:《台湾能源密集度、能源消费结构与经济结构的关系研究》,
　　《亚太经济》2010 年第 6 期。

方齐云、陈艳、李卫兵:《居民生活行为对能源消费及 CO_2 排放的影
　　响——来自江西省的数据检验》,《江西财经大学学报》2013 年
　　第 1 期。

方时姣:《绿色经济视野下的低碳经济发展新论》,《中国人口·资源
　　与环境》2010 年第 4 期。

凤振华、邹乐乐、魏一鸣:《中国居民生活与 CO_2 排放关系研究》,
　　《中国能源》2010 年第 3 期。

高晓燕:《我国能源消费、二氧化碳排放与经济增长的关系研究——
　　基于煤炭消费的视角》,《河北经贸大学学报》2017 年第 6 期。

耿海青、谷树忠、国冬梅:《基于信息熵的城市居民家庭能源消费结
　　构演变分析——以无锡市为例》,《自然资源学报》2004 年第
　　2 期。

郭菊娥、柴建、席酉民:《一次能源消费结构变化对我国单位 GDP 能
　　耗影响效应研究》,《中国人口·资源与环境》2008 年第 4 期。

郭志、唐绍祥、王鹏:《基于 Cge 模型的能源政策效果模拟分析》,
　　《商业研究》2014 年第 2 期。

杭雷鸣:《我国能源消费结构问题研究》,博士学位论文,上海交通大
　　学,2007 年。

贺灿飞、王俊松:《经济转型与中国省区能源强度研究》,《地理科
　　学》2009 年第 4 期。

胡晓岑、黄栋:《湖北省 2020 年能源消费结构优化路径:基于碳夹点
　　分析》,《统计与决策》2012 年第 18 期。

黄献松:《城市化与能源消费关系的动态计量分析——以陕西省电力
　　消费为例》,《城市发展研究》2009 年第 3 期。

黄莹莹、张明之:《强势国家的能源控制与全球经济增长中的能源瓶
　　颈》,《世界经济与政治论坛》2008 年第 1 期。

惠宁、熊正潭:《城乡固定资产投资与城乡收入差距研究——基于

1980—2009 年时间序列数据》，《西北大学学报》（哲学社会科学版）2011 年第 4 期。

贾彦鹏、刘仁志：《基于 LEAP 模型的城市能源规划与 CO_2 减排研究——以景德镇为例》，《应用基础与工程科学学报》2010 年第 S1 期。

姜磊、柏玲、季民河：《市场机制对中国人均能源消费调节作用的实证研究》，《产经评论》2011 年第 5 期。

姜磊、季民河：《技术进步、产业结构、能源消费结构与中国能源效率——基于岭回归的分析》，《当代经济管理》2011 年第 5 期。

姜磊、吴玉鸣：《中国省域能源边际效率评价——来自面板数据的能源消费结构考察》，《资源科学》2010 年第 11 期。

蒋耒文：《人口变动对气候变化的影响》，《人口研究》2010 年第 1 期。

焦必方、林娣、彭婧妮：《城乡一体化评价体系的全新构建及其应用——长三角地区城乡一体化评价》，《复旦学报》（社会科学版）2011 年第 4 期。

鞠可一、周德群、王群伟、吴君民：《中国能源消费结构与能源安全关联的实证分析》，《资源科学》2010 年第 9 期。

孔婷、孙林岩、何哲、孙荣庭：《能源价格对制造业能源强度调节效应的实证研究》，《管理科学》2008 年第 3 期。

寇建平、赵立欣、郝先荣、田宜水：《我国 2007 年农村可再生能源发展现状与趋势》，《可再生能源》2008 年第 3 期。

雷明、虞晓雯：《我国低碳经济增长的测度和动态作用机制——基于非期望 DEA 和面板 VAR 模型的分析》，《经济科学》2015 年第 2 期。

李方一、刘卫东：《"十二五"能源强度指标对我国区域经济发展的影响》，《中国软科学》2014 年第 2 期。

李国璋、霍宗杰：《中国能源消费、能源消费结构与经济增长——基于 ARDL 模型的实证研究》，《当代经济科学》2010 年第 3 期。

李梦蕴、谢建国、张二震：《中国区域能源效率差异的收敛性分

析——基于中国省区面板数据研究》,《经济科学》2014 年第
1 期。

李明秋、郎学彬:《城市化质量的内涵及其评价指标体系的构建》,
《中国软科学》2010 年第 12 期。

李爽、曹文敬、陆彬:《低碳目标约束下我国能源消费结构优化研
究》,《山西大学学报》(哲学社会科学版) 2015 年第 4 期。

李爽、汤嫣嫣、刘倩:《我国能源安全与能源消费结构关联机制的系
统动力学建模与仿真》,《华东经济管理》2015 年第 8 期。

李艳梅、陈豹、杨涛:《北京市城乡家庭能源消费与 CO_2 排放差异分
析》,《陕西师范大学学报》(自然科学版) 2014 年第 2 期。

李艳梅、杨涛:《城乡家庭直接能源消费和 CO_2 排放变化的分析与比
较》,《资源科学》2013 年第 1 期。

李艳梅、张雷:《中国居民间接生活能源消费的结构分解分析》,《资
源科学》2008 年第 6 期。

李正辉、崔衍安:《中国碳排放演化特征的实证研究》,《统计与决
策》2011 年第 11 期。

李治国、郭景刚:《东北亚清洁能源利用与能源消费结构关系的实证
研究——基于状态空间模型的变参数分析》,《东疆学刊》2012
年第 4 期。

李子奈主编:《计量经济学》,高等教育出版社 2005 年版。

梁毕明:《中日能源消费结构变迁对宏观经济波动影响的差异分析》,
《现代日本经济》2015 年第 3 期。

梁朝晖:《城市化不同阶段能源消费的影响因素研究》,《上海财经大
学学报》2010 年第 5 期。

梁进社、洪丽璇、蔡建明:《中国城市化进程中的能源消费增长——
基于分解的 1985—2006 年间时序比较》,《自然资源学报》2009
年第 1 期。

廖华、魏一鸣:《能源效率及其与经济系统关系的再认识》,《公共管
理学报》2010 年第 1 期。

林伯强、刘希颖:《中国城市化阶段的碳排放:影响因素和减排策

略》，《经济研究》2010 年第 8 期。

林伯强、牟敦国：《能源价格对宏观经济的影响——基于可计算一般
　　均衡（Cge）的分析》，《经济研究》2008 年第 11 期。

林伯强、姚昕、刘希颖：《节能和碳排放约束下的中国能源结构战略
　　调整》，《中国社会科学》2010 年第 1 期。

刘畅、孔宪丽、高铁梅：《中国能源消耗强度变动机制与价格非对称
　　效应研究——基于结构 Vec 模型的计量分析》，《中国工业经济》
　　2009 年第 3 期。

刘春霞、朱青：《信息熵在产业结构演变研究中的应用——兼论我国
　　制造业结构演变的时空分异》，《城市发展研究》2005 年第 4 期。

刘东霖、张俊瑞：《我国能源消费需求的时变弹性分析》，《中国人
　　口·资源与环境》2010 年第 2 期。

刘红琴、丁哲、王泳璇、段海燕、王宪恩：《基于信息熵的省域内能
　　源消费总量分配研究》，《长江流域资源与环境》2014 年第 4 期。

刘洪涛：《中国最终需求变动对能源消费的影响效应研究》，博士学位
　　论文，西安交通大学，2011 年。

刘江华、邵帅、姜欣：《城市化进程对能源消费的影响：我们离世界
　　水平还有多远？——基于国内和国际数据的比较考察》，《财经研
　　究》2015 年第 2 期。

刘明磊、朱磊、范英：《我国省级碳排放绩效评价及边际减排成本估
　　计：基于非参数距离函数方法》，《中国软科学》2011 年第 3 期。

刘瑞翔、姜彩楼：《从投入产出视角看中国能耗加速增长现象》，《经
　　济学》（季刊）2011 年第 3 期。

刘淑花、谭旭红、陈梅：《基于 STIRPAT 模型的碳排放驱动因子研
　　究——以黑龙江省为例》，《资源开发与市场》2014 年第 9 期。

刘卫东、仲伟周、石清：《2020 年中国能源消费总量预测——基于定
　　基能源消费弹性系数法》，《资源科学》2016 年第 4 期。

刘晓逸：《基于经济结构调整的能源消费模式改进研究》，《中外能
　　源》2012 年第 5 期。

刘耀彬：《中国城市化与能源消费关系的动态计量分析》，《财经研

究》2007 年第 11 期。

刘叶、王磊:《我国工业能源强度变动的影响因素分解分析——基于 LMDI 分解法》,《中国矿业大学学报》(社会科学版) 2009 年第 4 期。

刘志彪、安同良:《中国产业结构演变与经济增长》,《南京社会科学》2002 年第 1 期。

刘竹、耿涌、薛冰、郗凤明、焦江波:《城市能源消费碳排放核算方法》,《资源科学》2011 年第 7 期。

柳亚琴、赵国浩:《节能减排约束下中国能源消费结构演变分析》,《经济问题》2015 年第 1 期。

陆莹莹、赵旭:《家庭能源消费研究述评》,《水电能源科学》2008 年第 1 期。

罗光华、牛叔文、赵春升、张玉娟:《中国居民直接生活能源消费结构的演变规律》,《经济问题探索》2010 年第 7 期。

吕涛、张美珍、杨玲萍:《基于扎根理论的家庭能源消费碳锁定形成机理及解锁策略研究》,《工业技术经济》2014 年第 2 期。

马士国:《征收硫税对中国二氧化硫排放和能源消费的影响》,《中国工业经济》2008 年第 2 期。

能源研究所中国可持续发展能源暨碳排放分析课题组:《中国可持续发展能源暨碳排放情景研究》,《中国能源》2003 年第 6 期。

宁亚东、蔡靖雍、丁涛:《我国城市住宅能源消费特征研究》,《北京理工大学学报》(社会科学版) 2013 年第 1 期。

牛晓耕、牛建高:《基于能源消费结构演进的区域节能减排对策探讨》,《工业技术经济》2015 年第 1 期。

牛晓耕、王海兰:《黑龙江省能源消费结构与碳排放关系的实证分析》,《财经问题研究》2011 年第 8 期。

彭希哲、朱勤:《我国人口态势与消费模式对碳排放的影响分析》,《人口研究》2010 年第 1 期。

浦勇超、王祥、潘祺志:《我国省际能耗强度影响因素分析》,《财经问题研究》2012 年第 6 期。

钱晓英、杨娟：《能源消费与中国经济增长关系的统计检验》，《统计与决策》2009 年第 6 期。

秦鹏、代霞：《中国能源消费总量：时序演变、影响因素与管控路径》，《求索》2015 年第 1 期。

秦翊、侯莉：《我国城镇居民收入对间接能源消费的影响实证分析》，《生态经济》2013 年第 1 期。

渠慎宁：《韩国清洁能源利用对其能源消费结构的影响与启示》，《中国社会科学院研究生院学报》2012 年第 1 期。

任晓松、赵涛：《中国碳排放强度及其影响因素间动态因果关系研究——以扩展型 KAYA 公式为视角》，《干旱区资源与环境》2014 年第 3 期。

尚红云、蒋萍：《中国能源消耗变动影响因素的结构分解》，《资源科学》2009 年第 2 期。

师博：《能源消费、结构突变与中国经济增长：1952—2005》，《当代经济科学》2007 年第 5 期。

史丹：《中国能源效率的地区差异与节能潜力分析》，《中国工业经济》2006 年第 10 期。

宋辉、魏晓平：《能源消费结构统计特征研究》，《统计与信息论坛》2013a 年第 10 期。

宋辉、魏晓平：《我国可再生能源替代的动力学模型构建及分析》，《数学的实践与认识》2013b 年第 10 期。

苏本营、张璐、李永庚、蒋高明：《农民家庭收入提高对能源消费结构的影响——以北京市门头沟区为例》，《中国农学通报》2011 年第 8 期。

孙敬水、李志坚、陈稚蕊：《低碳经济发展的驱动因素研究——以浙江省为例》，《中南财经政法大学学报》2011 年第 2 期。

孙浦阳、王雅楠、岑燕：《金融发展影响能源消费结构吗？——跨国经验分析》，《南开经济研究》2011 年第 2 期。

孙庆刚、郭菊娥、师博：《中国省域间能源强度空间溢出效应分析》，《中国人口·资源与环境》2013 年第 11 期。

谭永忠、吴次芳：《区域土地利用结构的信息熵分异规律研究》，《自
　　然资源学报》2003 年第 1 期。

唐建荣、廖祥宾：《基于碳夹点技术的江苏省能源消费结构优化路径
　　研究》，《资源科学》2014 年第 12 期。

田志勇、关忠良、王思强：《基于信息熵的能源消费结构演变分析》，
　　《交通运输系统工程与信息》2009 年第 1 期。

田志勇、刘丙午、霍灵瑜：《能源消费结构对单位 GDP 能耗影响的回
　　归分析模型》，《冶金经济与管理》2011 年第 1 期。

汪克亮、杨宝臣、杨力：《基于环境效应的中国能源效率与节能减排
　　潜力分析》，《管理评论》2012 年第 8 期。

汪小英、成金华、易杏花：《产业结构和能源消费结构协调性分析及
　　对策》，《武汉理工大学学报》（社会科学版）2013 年第 2 期。

王迪、聂锐、李强：《江苏省能耗结构优化及其节能与减排效应分
　　析》，《中国人口·资源与环境》2011 年第 3 期。

王海燕、杨方廷、刘鲁：《标准化系数与偏相关系数的比较与应用》，
　　《数量经济技术经济研究》2006 年第 9 期。

王卉彤、慕淑茹：《北京市能源消费总量、结构与碳排放的趋势研
　　究》，《城市发展研究》2010 年第 9 期。

王珂英、张鸿武：《城镇化与工业化对能源强度影响的实证研究——
　　基于截面相关和异质性回归系数的非平衡面板数据模型》，《中国
　　人口·资源与环境》2016 年第 6 期。

王蕾、魏后凯：《中国城镇化对能源消费影响的实证研究》，《资源科
　　学》2014 年第 6 期。

王琴梅、张泊远、毛艳艳：《对我国能源强度变化影响因素的实证分
　　析——基于 VAR 模型》，《甘肃理论学刊》2012 年第 6 期。

王韶华：《中国工业行业碳强度的因素分析——基于超越对数生产函
　　数》，《北京理工大学学报》（社会科学版）2016 年第 3 期。

王韶华、于维洋：《一次能源消费结构变动对碳强度影响的灵敏度分
　　析》，《资源科学》2013 年第 7 期。

王韶华、于维洋、张伟：《我国能源结构对低碳经济的作用关系及作

用机理探讨》,《中国科技论坛》2015 年第 1 期。

王小斌、邵燕斐：《城镇化对能源消费和二氧化碳排放的影响——基于 1995—2011 年中国省级面板数据的实证研究》,《技术经济》2014 年第 5 期。

王妍、石敏俊：《中国城镇居民生活消费诱发的完全能源消耗》,《资源科学》2009 年第 12 期。

王宇澄：《我国城镇居民能源消费增长影响因素研究》,《城市发展研究》2015 年第 8 期。

吴江、孙彤、石磊：《基于偏离份额法的河北省能源终端消费结构研究》,《资源科学》2013 年第 1 期。

武红、谷树忠、周洪、王兴杰、董德坤、胡咏君：《河北省能源消费、碳排放与经济增长的关系》,《资源科学》2011 年第 10 期。

向书坚、柴士改：《最终需求间接能耗核算模型的改进研究——基于投入产出法的变形与转换》,《中国人口·资源与环境》2014 年第 2 期。

谢利平：《能源消费与城镇化、工业化》,《工业技术经济》2015 年第 5 期。

谢乃明、刘思峰：《一种新的实用弱化缓冲算子》,《中国管理科学》（专刊）2003 年第 10 期。

谢汀、伍文、高雪松、邓良基、刘爱宁、李启权、吴铭：《基于信息熵与偏移—份额模型的建设用地结构变化分析——以成都市为例》,《资源科学》2014 年第 4 期。

徐国泉、刘则渊、姜照华：《中国碳排放的因素分解模型及实证分析：1995—2004》,《中国人口·资源与环境》2006 年第 6 期。

徐丽娜、赵涛、孙金帅、杨晓峰：《基于 Svar 模型的山西省城镇化与能源消费的动态冲击效应分析》,《干旱区资源与环境》2014 年第 9 期。

严陆光、夏训诚、周凤起、赵忠贤、刘东生、匡廷云、张新时、周孝信、李灿、朱瑞兆、陈勇、白克智、陆天虹、孔力、胡学浩、许洪华、赵黛青、吕绍勤、黄常纲：《我国大规模可再生能源基地与技术的发展研究》,《电工电能新技术》2007 年第 1 期。

杨大光、刘嘉夫:《中国碳金融对产业结构和能源消费结构的影响——基于 Cdm 视角的实证研究》,《吉林大学社会科学学报》2012 年第 5 期。

杨肃昌、韩君:《城市化与能源消费:动态关系计量与贡献度测算——基于甘肃省数据的实证分析》,《西北人口》2012 年第 4 期。

杨冶:《产业经济学导论》,中国人民大学出版社 1985 年版。

姚建平:《家庭能源消费行为研究》,《能源研究与利用》2009 年第 4 期。

姚景源:《我国经济结构与能源消费结构的统计研究》,《经济》2011 年第 7 期。

叶晓佳、孙敬水、董立锋:《低碳经济发展中的碳排放驱动因素实证研究——以浙江省为例》,《经济理论与经济管理》2011 年第 4 期。

余翔:《中国工业化进程中能源消费的结构及总量分析》,《经济评论》2007 年第 6 期。

袁晓玲、雷厉、杨万平:《陕西省工业化、城市化进程中的能源消费变动》,《统计与信息论坛》2010 年第 8 期。

翟辅东:《我国农村能源发展方针调整问题探讨》,《自然资源学报》2003 年第 1 期。

曾胜、靳景玉:《能源消费结构视角下的中国能源效率研究》,《经济学动态》2013 年第 4 期。

曾胜、郑贤贵、饶呈祥:《我国能源消费结构与经济增长的关联关系分析》,《软科学》2009 年第 8 期。

张峰:《制造业能源消费结构演变、工资上涨会影响国际竞争力吗?——基于信息熵和 Var 模型的实证分析》,《中央财经大学学报》2016 年第 2 期。

张雷:《经济发展对碳排放的影响》,《地理学报》2003 年第 4 期。

张雷、黄园淅:《中国现代城镇化发育的能源消费》,《中国人口·资源与环境》2010 年第 1 期。

张平淡、朱松、朱艳春：《环保投资对中国 SO_2 减排的影响——基于 Lmdi 的分解结果》，《经济理论与经济管理》2012 年第 7 期。

张爽、王国成、王晨铖：《经济因素及非经济因素对能源消费影响的实证研究》，《工业技术经济》2014 年第 9 期。

张馨：《陕西生产能源消费结构演变及其与产业结构的耦合分析——基于信息熵理论》，《科技与经济》2014 年第 5 期。

张馨、牛叔文、赵春升、胡莉莉：《中国城市化进程中的居民家庭能源消费及碳排放研究》，《中国软科学》2011 年第 9 期。

张艳、秦耀辰：《家庭直接能耗的碳排放影响因素研究进展》，《经济地理》2011 年第 2 期。

张优智、党兴华：《我国城市化与能源消费非线性动态关系研究》，《城市问题》2013 年第 10 期。

张玉卓：《基于供应量和价格的能源动态替代博弈研究》，《中外能源》2008 年第 3 期。

赵晓丽、李娜：《中国居民能源消费结构变化分析》，《中国软科学》2011 年第 11 期。

郑风田、刘杰：《家庭能源消费结构对农村家庭妇女时间分配的影响——来自贵州省织金县的数据》，《农业技术经济》2010 年第 10 期。

郑云鹤：《工业化、城市化、市场化与中国的能源消费研究》，《北方经济》2006 年第 10 期。

周江、李颖嘉：《中国能源消费结构与产业结构关系分析》，《求索》2011 年第 12 期。

周五七、聂鸣：《中国碳排放强度影响因素的动态计量检验》，《管理科学》2012 年第 5 期。

朱妮、张艳芳：《陕西省能源消费结构、产业结构演变对碳排放强度的冲击影响分析》，《干旱区地理》2015 年第 4 期。

后 记

  本书是我 2014 年 6 月承担的国家社会科学基金项目（14BJY215）研究成果。基于 2013 年以及之前对我国新能源产业的发展、新能源供给等方面问题的关注和研究，将视角转移到能源消费领域，前期从国民经济总量视角研究我国能源消费结构统计特征的部分成果，触动了我进一步从居民生活消费支出视角深入探讨中国能源消费结构问题的想法。将这种想法条理化、系统化后形成了国家社会科学基金申报书，并有幸获批。

  项目获批之际，也是辛劳的开始。前期虽然对项目研究体系有了比较好的系统设计，研究深入过程并非完全如设计所愿。申报之前业已形成研究成果主要以系列论文的方式呈现，同时，项目组成员也承担了一定系列论文的研究任务，这在一定程度上缓解了我在这方面的压力。当然，专著更有利于完整体现项目的研究目的、意义、价值，它要求研究者彻底领悟项目相关领域研究现状、前沿研究观点、国家社会经济发展重大需求等关键问题，厘清项目繁杂研究体系内在的轻重缓急细节，合理搭建项目研究架构，选择科学方法合乎逻辑的揭示体系运转机理，有针对性地设计符合社会经济发展的对策建议。为了圆满地完成项目规定的任务，三年来，无论是酷暑还是寒冬、无论是正常工作时间还是节假日，在完成自己的课业教学任务前提下，一个人深夜顶着星星离开办公室、天不亮又顶着星星返回办公室，"泡办公室"已经成了我生活的重要组成部分；常常因为发现了一个创新点而欣喜若狂，又常常因为久久找不到一个问题解决的突破口而烦躁不安。所幸在项目研究的后期，香港中文大学给我提供了一次宝贵的访学机会，该校良好的科研氛围使我真正能够潜下心来投入项目研究当中，利用近两个月独处时间完善了本书的研究体系：从信息熵角度提出了衡量能源消费结构目标导向系数指标，为合理预测下一时期能源消费结构构成提供了方案对策；设计了地区能源消费结构近似推定方法，为研究地区能源消费结构提供了便利；揭示了居民生活消费支出间接能源消费增量演变机理，验证了从居民生活消费视角分析我国能源消费结构演变特征的合理性；揭示了家庭人口统计指标对地区能源消费结构目的影响机理，提出了地区能源消费结构约束性目标制定的依据。

希望本书的出版能够为我国"节能减排综合工作方案"的制订提供些许对策建议。

值此本书付印之际，谨向我的爱人华冬梅女士致以深深的谢意，项目开展过程中，是她完全料理了家务、照顾我的生活还要忍受"科研状态下"我的坏脾气，项目之所以能够顺利完成，一半的功劳应记在爱人的名下；当然，还要感谢我的儿子，他安心于医学学问的追求使我能够把主要精力投入科学研究当中！

谨以此书献给我的爱人和孩子！

宋　辉

于盐城工学院仁和楼 B105

2018 年 9 月 13 日